MÉMOIRES

POUR SERVIR

A L'HISTOIRE DE MON TEMPS

VII

PARIS.—IMPRIMÉ CHEZ BONAVENTURE ET DUCESSOIS,
55, QUAI DES AUGUSTINS.

MÉMOIRES

POUR SERVIR A

L'HISTOIRE DE MON TEMPS

PAR

M. GUIZOT

—

TOME SEPTIÈME

PARIS

MICHEL LÉVY FRÈRES, LIBRAIRES ÉDITEURS

RUE VIVIENNE, 2 BIS, ET BOULEVARD DES ITALIENS, 15

A LA LIBRAIRIE NOUVELLE

—

1865

Tous droits réservés

MÉMOIRES

POUR SERVIR

A L'HISTOIRE DE MON TEMPS

CHAPITRE XXXIX

ÉLECTIONS DE 1842.—MORT DE M. LE DUC D'ORLÉANS.
LOI DE RÉGENCE (1842).

M. Royer-Collard et le général Foy.— Par quels motifs je me suis appliqué à garder toute l'indépendance de ma pensée et de ma conduite en présence des sentiments et des désirs populaires. — Mes entretiens avec le comte Siméon et M. Jouffroy peu avant leur mort. — Leur opinion sur notre politique. — Caractère et résultats des élections de la Chambre des députés en juillet 1842. — Mort de M. le duc d'Orléans. — Ma correspondance diplomatique après sa mort. — Attitude des gouvernements européens. — Conversation du prince de Metternich avec le comte de Flahault. — Obsèques de M. le duc d'Orléans à Paris et à Dreux. — Préparation et présentation du projet de loi sur la régence. — Discussion de ce projet dans les deux Chambres.—Le duc de Broglie, M. Dupin, M. Thiers, M. de Lamartine, M. Berryer et moi. — Sollicitude du roi Louis-Philippe. — Adoption du projet. — M. le duc d'Orléans et son caractère. — Conséquences de sa mort.

M. Royer-Collard voyait un jour le général Foy pensif et un peu triste après un discours excellent qui n'avait pas obtenu un succès aussi populaire ni aussi prompt qu'il l'eût souhaité : « Mon cher général, lui dit-il, vous en demandez trop; vous voulez satisfaire également les connaisseurs et la foule; cela ne se peut pas, il faut choisir. »

M. Royer-Collard parlait en connaisseur plutôt qu'en acteur politique; il était homme de méditation plus que d'action, et il tenait plus à manifester fièrement sa pensée qu'à faire prévaloir sa volonté. Le général Foy avait une ambition plus pratique et plus compliquée; il voulait réussir dans les événements comme dans les esprits, dans la foule comme parmi les connaisseurs. C'est, de nos jours, la difficulté et l'honneur du gouvernement libre que les hommes publics aient besoin de ce double succès. Pendant bien des siècles, ils n'ont eu guère à se préoccuper des spectateurs ni des penseurs : soit qu'ils ne recherchassent que leur propre fortune, soit qu'ils eussent à cœur de servir les intérêts du prince et du pays, ils poursuivaient leur but selon leurs propres idées, sans avoir incessamment affaire à de hardis publicistes, à d'exigeants critiques et à tout un peuple présent à toutes leurs paroles et à tous leurs actes. Il fallait sans doute qu'en définitive ils triomphassent de leurs adversaires et qu'ils réussissent dans ce qu'ils avaient entrepris; mais ils n'étaient pas tenus d'être, à chaque pas, compris et acceptés à tous les degrés de l'échelle sociale. Ils sont maintenant soumis à cette rude condition; ils font les affaires et ils vivent sous les yeux d'une société tout entière attentive, pleine à la fois de doctes et d'ignorants, tous raisonneurs et curieux, tous en mesure de manifester et de soutenir leurs intérêts, légitimes ou illégitimes, leurs idées justes ou fausses. Entre toutes ces influences et toutes ces exigences, tantôt de la foule, tantôt des connaisseurs,

M. Royer-Collard, qui ne leur demandait rien, pouvait librement choisir; mais le général Foy, qui aspirait au pouvoir pour son parti et pour lui-même, ne pouvait se dispenser de compter avec toutes et de leur faire à toutes leur part. Il y eût été encore bien plus obligé si une mort prématurée ne l'eût arrêté dans sa carrière, et si, après la révolution de 1830, il eût été appelé en effet à gouverner.

On m'a souvent reproché de ne pas tenir assez de compte des sentiments et des désirs populaires. On ne sait pas combien, même avant de le subir, je me suis préoccupé de ce reproche. Je suis plus enclin qu'on ne pense au désir de plaire, à l'esprit de conciliation, et je connais tout le prix comme tout le charme de cette sympathie générale qu'on appelle la popularité : « M. Guizot, disait un jour sir Robert Peel à lord Aberdeen, fait beaucoup de concessions à ses amis; moi, je n'en fais qu'à mes adversaires. » Il est vrai que j'ai souvent cédé à mes amis, autant par laisser-aller que par nécessité, et quelquefois avec regret. Plus d'une fois aussi, j'aurais volontiers cédé à mes adversaires; je n'ai jamais, quoi qu'on en ait dit, poursuivi dans le gouvernement l'application et le triomphe d'une théorie; jamais non plus aucun sentiment violent envers les personnes ne m'a fait repousser les transactions et les concessions qui sont partout inhérentes au succès et au progrès. C'est par une tout autre cause et dans une tout autre disposition que j'ai souvent et obstinément résisté aux instincts populaires. Avant d'entrer dans la vie publique, j'ai assisté à la Révolution et à l'Empire ; j'ai vu, aussi clair que le jour, leurs fautes et leurs désastres dériver de leurs entraînements, tantôt des entraînements de l'esprit, tantôt des entraînements de la force ; la Révolution s'est livrée au torrent des innovations, l'Empire au torrent des conquêtes. Ni à l'un ni à l'autre de ces régimes les avertissements n'ont manqué ; ni pour l'un, ni pour l'autre, la bonne politique n'a été un secret tardivement découvert ; elle leur a été bien des fois indiquée et conseillée, tantôt par les événements, tantôt par les sages du temps ; ils n'ont voulu l'accepter ni l'un ni l'autre ; la Révolution a vécu sous le joug des passions populaires, l'empereur Napoléon sous le joug de ses propres passions. Il en a coûté à la Révolution les libertés qu'elle avait proclamées, à l'Empire les conquêtes qu'il avait faites, et à la France des douleurs et des sacrifices immenses. J'ai porté dans la vie publique le constant souvenir de ces deux grands exemples, et la résolution, instinctive encore plus que préméditée, de rechercher en toute occasion la bonne politique, la politique conforme aux intérêts comme aux droits du pays, et de m'y tenir en repoussant tout autre joug. Quiconque ne conserve pas, dans son jugement et dans sa conduite, assez d'indépendance pour voir ce que sont les choses en elles-mêmes, et ce qu'elles conseillent ou commandent, en dehors des préjugés et des passions des hommes, n'est pas digne ni capable de gouverner. Le régime représentatif rend, il est vrai, cette indépendance d'esprit et d'action infiniment plus difficile pour les gouvernants, car il a précisément pour objet d'assurer aux gouvernés, à leurs idées et à leurs sentiments comme à leurs intérêts, une large part d'influence dans le gouvernement; mais la difficulté ne supprime pas la nécessité, et les institutions qui procurent l'intervention du pays dans ses affaires lui en garantiraient bien peu la bonne gestion si elles réduisaient les hommes qui en sont chargés au rôle d'agents dociles des idées et des volontés populaires. La tâche du gouvernement est si grande qu'elle exige quelque grandeur dans ceux qui en portent le poids, et plus les peuples sont libres, plus leurs chefs ont besoin d'avoir aussi l'esprit libre et le cœur fier. Qu'ils aient à justifier incessamment l'usage qu'ils font de leur liberté dans leur pouvoir et qu'ils en répondent, rien de plus juste, ni de plus nécessaire; mais la responsabilité suppose précisément la liberté, et quand Thémistocle disait à Eurybiade irrité de sa résistance : « Frappe, mais écoute, » il tenait la conduite et le langage que doit tenir, dans un pays libre, tout homme digne de le servir.

C'est là le sentiment qui m'a constamment animé dans le cours de ma vie publique. Et non pas moi seul, mais aussi le prince que j'ai servi et les amis politiques qui m'ont soutenu. Le roi Louis-Philippe avait acquis, dans sa vie compliquée et aventureuse, un esprit remarquablement libre en gardant un cœur sincèrement patriote. Imbu, dès sa jeunesse, des idées générales de son temps, il les avait vues à l'épreuve des faits, et les avait mesurées sans les abandonner. Il restait fidèle à leur cause en les jugeant; et quoiqu'il ménageât, et même qu'il partageât trop complaisamment quelquefois les impressions populaires, il démêlait avec un ferme bon sens l'intérêt vrai du pays, et il en faisait la règle de sa politique, doutant souvent du succès et regrettant la popularité, mais bien résolu à la sacrifier plutôt que d'obéir à ses entraînements. Avec moins de finesse et autant de constance, le parti qui, depuis le ministère de M. Casimir Périer, s'était formé autour du gouvernement et lui prêtait dans les Chambres son appui, avait les mêmes instincts de sagesse et d'indépendance dans la conduite des affaires publiques, et luttait honnêtement contre certains penchants du pays, quoique enclin souvent à les partager. C'est un lieu commun sans cesse répété de ne voir, dans la conduite des hommes, grands ou petits, que l'empire de leurs intérêts, ou de leurs passions égoïstes, ou de leurs faiblesses, et j'ai trop vécu pour ne pas savoir que la part de ces mobiles est grande dans les vies humaines; mais il n'est pas vrai qu'ils soient les seuls, ni même toujours les plus puissants; et il y a aussi peu d'intelligence que d'équité à ne pas reconnaître qu'en résistant aux penchants populaires, en même temps qu'ils respectaient scrupuleusement les libertés publiques, le roi Louis-Philippe, ses conseillers et leurs amis faisaient acte de probité politique comme de prévoyance, bien loin d'obéir à de subalternes dispositions ou à de vulgaires intérêts.

J'étais, pour mon compte, profondément convaincu

de la valeur générale comme de l'utilité immédiate de cette politique; et quoiqu'elle n'eût pas toujours, dans ses divers organes, toute la dignité d'attitude ni toute l'harmonie que je lui aurais souhaitées, je la pratiquais avec une entière sympathie. Mais j'étais loin de me dissimuler ses difficultés et ses périls : pendant les sessions de 1841 et 1842, j'avais eu à lutter, dans la question d'Égypte contre les souvenirs et les goûts belliqueux du pays, dans celle du droit de visite contre les susceptibilités et les jalousies nationales; je voyais poindre d'autres questions qui ne seraient pas moins délicates, ni moins propres à susciter des émotions populaires auxquelles il faudrait résister. Nous touchions à la dissolution obligée et à l'élection générale de la Chambre des députés. Je me préoccupais vivement de cette épreuve, et tout en persistant sans hésitation dans notre politique, je sentais le besoin de m'assurer que nous n'abondions pas trop dans notre propre sens. J'avais, à cette époque, deux amis sincères sans être intimes, l'un, jurisconsulte et administrateur éminent par la rectitude et le calme de la raison, l'autre, philosophe et moraliste d'un esprit aussi élevé que fin, et d'un caractère indépendant jusqu'à la fierté ombrageuse; ils siégeaient, l'un dans la Chambre des pairs, l'autre dans la Chambre des députés; et tous deux près de succomber, le comte Siméon sous le poids de l'âge et M. Jouffroy sous les atteintes de la maladie, ils étaient en dehors de l'arène et assistaient à ces luttes avec l'impartialité et la clairvoyance de l'entier désintéressement. J'allai plusieurs fois les voir et m'entretenir avec eux de notre situation : tous deux, avec des impressions très-différentes, nous approuvaient pleinement : « Vous aurez de la peine à réussir, me dit le comte Siméon ; la raison ne réussit pas toujours, bien s'en faut ; mais la déraison finit toujours par échouer ; la politique du juste-milieu est difficile ; celle de vos adversaires deviendrait promptement impossible; durez et continuez, votre cause est bonne; j'espère que votre chance le sera aussi. » Je trouvai M. Jouffroy dans une disposition morale dont je fus ému : « Je ressens, écrivait-il lui-même le 20 décembre 1841, tous les bons effets de la solitude ; en se retirant de son cœur dans son âme et de son esprit dans son intelligence, on se rapproche de la source de toute paix et de toute vérité qui est au centre, et bientôt les agitations de la surface ne semblent plus qu'un vain bruit et une folle écume... La maladie est certainement une grâce que Dieu nous fait, une sorte de retraite spirituelle qu'il nous ménage pour nous reconnaître, nous retrouver, et rendre à nos yeux la véritable vue des choses. » Son opinion avait, après nos derniers débats, beaucoup de valeur ; il avait été, en 1839, à la Chambre des députés, rapporteur de la question d'Égypte et favorable à la politique égyptienne : « Nous nous sommes trompés, me dit-il ; nous n'avons pas bien connu les faits ni bien apprécié les forces ; nous avons fait trop de bruit ; c'est triste ; mais, la lumière venue, il n'y avait pas à hésiter. Vous avez fait acte de courage et de bon sens en arrêtant le pays dans une mauvaise voie. Que le gouvernement libre dure en France et la paix en Europe, c'est là, d'ici à bien des années, tout ce qu'il nous faut. Votre politique a tous mes vœux ; je regrette de ne pouvoir vous donner que le suffrage d'un mourant. »

Ils étaient morts l'un et l'autre quand la session de 1842 arriva à son terme ; mais leur adhésion me confirma dans une confiance à laquelle, même dans mes sollicitudes d'avenir, j'étais d'ailleurs disposé.

Les élections eurent lieu du 9 au 11 juillet 1842, dans la plus entière liberté de la presse, des réunions électorales, des comités, de tous les moyens publics d'influence. Les attaques contre le gouvernement s'y déployèrent avec leurs emportements accoutumés ; le cabinet, disait-on, « n'avait pris le pouvoir que pour servir les intérêts de l'étranger ; — il cherchait des complices qui voulussent l'aider à consommer la ruine et l'avilissement de la France ; — il n'exerçait qu'un despotisme sans gloire, appuyé d'une aristocratie d'argent, la plus mesquine et la plus ignoble. » Quelques désordres matériels se joignirent aux injures ; insignifiants en eux-mêmes, mais où s'entr'ouvrirent des perspectives qui dépassaient infiniment les réformes parlementaire et électorale. Au cimetière du Montparnasse, sur la tombe d'un médecin républicain, un orateur déclama si violemment contre l'*infâme propriété,* que le *National* se crut obligé de déclarer qu'il n'avait ni mission ni envie de défendre un tel discours ; mais, tout en prenant cette précaution, il gourmandait le commissaire de police qui avait interrompu l'orateur. Le péril de 1840 ne pesait plus sur les esprits; les impatiences libérales, les passions révolutionnaires, le goût de l'opposition reprenaient leur cours; l'opposition, ce plaisir des peuples qui n'ont ni tout à fait perdu, ni réellement possédé la liberté. Le mouvement électoral fut favorable à ces penchants du jour; cependant en définitive, après une lutte libre jusqu'à la licence, sur 459 élections, 266 appartinrent au gouvernement, 193 à l'opposition, et sur 92 députés nouveaux, 54 étaient des amis du cabinet et 38 des opposants.

Quand la Chambre se réunit et procéda à la vérification des pouvoirs de ses membres, l'administration fut, comme à l'ordinaire, accusée de corruption électorale; mais, après de longs et minutieux débats qui mirent en pleine évidence la loyauté et la légalité générale des actes du cabinet, trois élections seulement parurent offrir des symptômes de manœuvres locales illégitimes, soit menaces, soit promesses; une commission d'enquête, proposée par M. Odilon Barrot, fut chargée d'examiner les faits, et après de scrupuleuses recherches, la Chambre, sur le rapport de sa commission, annula deux de ces trois élections, et l'une des deux appartenait à un député de l'opposition.

Nous ne connaissions encore qu'incomplétement le résultat des élections, quand, le 13 juillet, vers midi, un garde à cheval m'apporta la nouvelle de la chute que venait de faire M. le duc d'Orléans en se rendant de Paris à Neuilly pour aller dire adieu au roi et à la reine, avant de partir pour Saint-Omer où il allait inspecter plusieurs régiments. La chute était très-grave, disait-on, sans savoir encore à quel point. Le prince évanoui avait été déposé dans une boutique voisine de la porte Maillot; le roi et la reine étaient auprès de lui, les ministres étaient appelés. J'accourus. Je ne reproduirai pas ici aujourd'hui, après vingt-deux ans qui sont un siècle, les détails de ce tragique événement; ils ont été recueillis et racontés, avec autant d'exactitude que d'émotion vraie et saisissante, dans un petit volume intitulé : *Neuilly, Notre-Dame et Dreux*, écrit jour par jour et presque heure par heure, par M. Cuvillier-Fleury, précepteur de M. le duc d'Aumale et resté secrétaire de ses commandements. Le malheur accompli, j'écrivis le lendemain 14 juillet, au comte de Flahault, ambassadeur à Vienne et à tous les représentants du roi auprès des grandes cours étrangères : « Je n'ai rien à vous apprendre. Les détails de notre malheur sont partout. Tout ce que vous lirez dans le *Journal des Débats*, je l'ai vu. J'ai été pendant trois heures dans cette misérable chambre, en face de ce prince mourant sur un matelas, son père, sa mère, ses frères, ses sœurs à genoux autour de lui, se taisant pour l'entendre respirer, écartant tout le monde pour qu'un peu d'air frais arrivât jusqu'à lui. Je l'ai vu mourir. J'ai vu le roi et la reine embrasser leur fils mort. Nous sommes sortis, le corps du prince sur un brancard, le roi et la reine à pied derrière lui ; un long cri de *Vive le Roi!* est parti de la foule, pur peuple, qui s'était assemblée autour de la maison. La plupart croyaient que le prince n'était pas mort, et qu'on le ramenait à Neuilly pour le mieux soigner. La marche a duré plus d'une demi-heure. Je quitte le roi. Hier, durant cette agonie, il a été admirable de courage, de présence d'esprit, d'empire sur lui-même et sur les autres. Il est fatigué ce matin, plus livré qu'hier à sa tristesse, mais d'une force physique et morale qui surmonte tout. Nous avons rapproché de huit jours la réunion des Chambres; elles viendront le 26 de ce mois. Les obsèques n'auront lieu que quelques jours après. La reine est au désespoir, mais soumise; il n'y a point de révolte dans sa douleur. L'impression publique est profonde; la préoccupation se mêle à l'émotion. Tout est et restera fort tranquille. La bonne conduite est indispensable, et tout le monde le sent. Aussi j'espère qu'elle ne manquera pas et qu'elle produira son effet. »

J'avais à cœur que, dans une si grave épreuve, nos agents au dehors fussent bien instruits et pénétrés des sentiments intimes du gouvernement et du pays qu'ils représentaient. Je leur récrivis le 25 juillet, la veille de la réunion des Chambres : « Le roi et la famille royale commencent à être sensibles à la sympathie. Dans les premiers moments, ils ne voyaient rien, n'entendaient rien; c'était ce mélange d'agitation et de saisissement, de trouble et de stupeur que cause un coup de foudre. Le roi se retrouvait tout entier chaque fois que la nécessité l'exigeait absolument; mais, la nécessité passée, il retournait au milieu des siens et retombait dans leur désolation. La présence de ce malheureux cercueil dans la petite chapelle de Neuilly, tout près de l'appartement de la reine, le chant continu des prêtres, le silence de la cour du château où aucune voiture ne pénétrait plus, l'arrivée successive des princes, tout maintenait ou replongeait, à chaque instant, la famille royale dans son déplorable état. Ils allaient vingt fois le jour dans la chapelle. Ils avaient tous les jours quelque nouvelle et cruelle entrevue. Ceci est fini. Ils sont tous ensemble, tous établis en commun dans leur malheur. Samedi prochain, le cercueil quittera Neuilly pour Notre-Dame. Les chants cesseront, les sentinelles s'en iront, les voitures rouleront. Ce sera le retour aux habitudes, le premier soulagement qui se fasse sentir dans une telle épreuve. La reine a retrouvé un peu de sommeil. Madame a recommencé à être exclusivement préoccupée du roi, de sa santé, de sa disposition, de son travail. Madame la duchesse d'Orléans a la douleur pénétrée et pénétrante, mais point abattue, d'une âme haute, forte et jeune. Les princes sont touchants par l'uniformité de leur tristesse et l'assiduité de leurs soins auprès de leur père, de leur mère, de leur tante, de leurs sœurs. Le roi a recouvré toute son activité, toute sa liberté d'esprit. Il était très-éploré et abattu jeudi dernier, à cette lugubre cérémonie où tout le monde est venu le regarder et s'incliner devant lui sans lui parler. Mais c'était de l'ébranlement et de la fatigue momentanée; au fond, l'âme et le corps sont déjà revenus à leur état naturel de vigueur et d'élasticité infatigables. Dans quelques jours, quand nous aurons accompli nos tristes cérémonies funèbres, tout reprendra son cours régulier, son aspect accoutumé; et il ne restera que ce qui doit rester bien longtemps, dans la famille royale une immense douleur, devant nous tous un vide immense et le fardeau qu'il nous impose.

« Tout le monde le sent. Jamais impression n'a été plus générale et plus vive. Tout le monde a l'air et est réellement affligé et inquiet pour son propre compte. Deux choses éclatent à la fois, beaucoup de sollicitude pour l'avenir et une forte adhésion à ce qui est, à la famille royale, à la monarchie. On prévoit des orages, mais certainement les ancres se sont enfoncées et affermies.

« La session s'ouvre demain. Je ne fermerai ma lettre qu'après la séance royale. Le discours du trône, que ce même courrier vous portera, n'élève absolument aucune question et se renferme dans l'événement. Nous agirons comme le discours parle. Les chefs de l'opposition souhaiteraient, je crois, qu'on en fît autant de leur côté, et qu'il n'y eût en ce moment qu'une adresse dynastique et le vote rapide de la loi de régence. Mais les passions de leur parti les entraîneront probablement à quelque débat que nous ne provoquerons point, mais que nous ne refuserons point. Non pas certes pour l'intérêt du cabinet, mais pour la dignité du pays, du gouvernement, de tout le monde, toute lutte devrait être ajournée à l'hiver prochain. J'en doute fort.

« Le projet de loi sur la régence est à peu près

adopté dans le conseil. Il est fort simple : c'est l'application à la régence des principes essentiels de notre royauté constitutionnelle, l'hérédité, la loi salique, l'unité du pouvoir royal, l'inviolabilité. La garde et la tutelle du roi mineur sont confiées à sa mère ou à sa grand'mère. Le projet n'a point la prétention de prévoir et de régler toutes les hypothèses imaginables, toutes les chances possibles ; il résout les questions et pourvoit aux nécessités que les circonstances nous imposent.

« Je ne crois pas que cette petite session dure moins de cinq ou six semaines. La vérification des pouvoirs et la constitution de la Chambre nous prendront au moins huit jours. Puis l'adresse. Puis la loi sur la régence ; une commission, un rapport, un débat. Et ensuite autant dans la Chambre des pairs. Nos formes sont lentes. Je doute que la prorogation ait lieu avant le commencement de septembre.

Mardi, 26 juillet, 3 heures.

« Je reviens de la séance royale et des Tuileries. Assemblée très-nombreuse ; environ cent soixante pairs et quatre cents députés. La salle plus que pleine de public. Tout le monde en deuil. Une émotion très-vraie ; des acclamations très-vives et plusieurs fois répétées à l'entrée du roi. Le roi, troublé d'abord, plein de larmes, parlant à peine. Il s'est remis à la troisième phrase. L'aspect général avait beaucoup de simplicité et de gravité. »

En Europe aussi l'impression fut vive. Vraiment sympathique et générale en Angleterre, où sir Robert Peel s'en fit l'éloquent organe : « Il n'arrive pas en France, dit-il à la Chambre des communes, un malheur qui ne soit profondément et sincèrement déploré dans ce pays. Quand une récente calamité a frappé la famille royale et le peuple de France, n'avons-nous pas vu un sentiment unanime de chagrin se manifester chez nous, comme si ce malheur eût été le nôtre ? » En Allemagne, dans son voyage à Berlin et à Vienne, M. le duc d'Orléans, par l'agrément de sa personne et les qualités de son esprit, avait surmonté des préventions peu bienveillantes et laissé un souvenir populaire; mais les grandes cours du continent, et la plupart des petites, à leur exemple, n'avaient pas cessé d'avoir peu de goût pour le roi Louis-Philippe et pour tout l'établissement de 1830, régime libéral issu d'une révolution ; on se plaisait à lui témoigner des froideurs frivoles, à énumérer ses embarras, à douter de son succès; seulement, quand l'inquiétude sur sa solidité devenait un peu sérieuse, elle ramenait la justice et le bon sens, et l'on s'empressait alors à lui donner des marques d'un prudent intérêt. Dès qu'ils apprirent la mort de M. le duc d'Orléans, l'empereur d'Autriche, le roi de Prusse, tous les souverains de l'Europe adressèrent au roi son père leurs lettres autographes de condoléance, quelques-unes sincèrement émues. L'empereur Nicolas seul, malgré les tentatives de ses principaux conseillers et le désir marqué de la société de Saint-Pétersbourg, persista dans son silence personnel, tout en s'empressant, avec quelque étalage, de prendre immédiatement le deuil, de contremander un bal de cour, et de faire écrire à M. de Kisseleff, par le comte de Nesselrode, une dépêche qui me fut communiquée, et dans laquelle la sympathie du père, chaudement exprimée, essayait de couvrir l'hostilité obstinée du souverain. A Vienne, le prince de Metternich, plus libre que le comte de Nesselrode à Saint-Pétersbourg, ne se borna pas à des témoignages officiels; il se complaisait dans la manifestation de ses idées et mêlait habilement l'abandon à la préméditation : « Depuis la nouvelle du funeste événement qui a plongé la France dans un si profond deuil, m'écrivait le comte de Flahault [1], j'ai eu, avec le prince de Metternich, de longues et fréquentes conversations. En m'entretenant de la douleur dont cette perte cruelle avait dû pénétrer le cœur du roi, il s'est fort étendu sur les regrets que Sa Majesté doit éprouver comme chef de famille et fondateur de sa dynastie : — C'était une grande tâche pour votre roi, m'a-t-il dit, que de former son successeur et de le rendre apte à continuer son œuvre. Le roi y avait mis tous ses soins, et je sais que, depuis un an surtout, il était parfaitement content du résultat qu'il avait obtenu; il éprouvait une grande tranquillité et une extrême satisfaction en voyant que son fils était entré dans ses idées, et qu'il pourrait s'endormir sans trouble, certain que le système d'ordre et

---

[1] Le 31 juillet 1842.

de paix qu'il a établi ne serait point abandonné après lui. Voilà la perte irréparable. Dans ma petite sphère et sans vouloir établir une comparaison entre un humble particulier et le roi des Français, j'ai éprouvé le même malheur. — Le prince m'a fait alors un récit fort étendu de la mort de son fils et des émotions qu'elle lui avait causées, et comme père, et, lui aussi, comme fondateur de la fortune et de l'illustration de sa famille. — Mais c'est assez vous parler de moi, a-t-il ajouté; tout le travail du roi est à refaire, d'abord sur le duc de Nemours si, comme cela est probable, la régence lui est dévolue, puis, sur le comte de Paris, si le ciel, dans sa bonté, prolonge les jours du roi jusqu'à ce que ce royal enfant puisse profiter de ses leçons. »

Je rouvre des tombeaux; je réveille ceux qui y reposent; je les fais penser et parler comme s'ils étaient encore vivants et présents, avec leurs travaux, leurs desseins, leurs craintes et leurs espérances. Rien de tout cela n'est plus; ils sont tous morts. Morts, comme le duc d'Orléans, d'une chute violente et soudaine, le prince de Metternich dans l'Autriche si longtemps immobile, aussi bien que le roi Louis-Philippe dans la France révolutionnaire. Pendant qu'après la catastrophe de 1848, nous étions ensemble à Londres, je dis un jour au prince de Metternich : « Permettez-moi une question ; je sais pourquoi et comment la révolution de Février s'est faite à Paris; mais pourquoi et comment elle s'est faite à Vienne, c'est ce que j'ignore et ce que je voudrais apprendre de vous. » Il me répondit avec un sourire tristement superbe : « C'est que j'ai gouverné l'Europe quelquefois, l'Autriche jamais. » A mon tour, je souris, dans mon âme, de son orgueilleuse et bien vaine explication.

Le 30 juillet, quatre jours après la réunion des Chambres, le cercueil du duc d'Orléans fut transporté de la chapelle de Neuilly dans l'église de Notre-Dame où ses obsèques furent célébrées avec toutes les pompes que le monde peut fournir à la mort, pompe religieuse, pompe civile, pompe militaire, pompe populaire. Le concours était immense et l'émotion aussi profonde que peut l'admettre un spectacle. J'ai pris part aux deux plus grandes solennités funèbres de mon temps et de bien des temps, les obsèques de l'empereur Napoléon et celles du duc d'Orléans, accomplies l'une sous l'empire des souvenirs, l'autre dans le mécompte des espérances. Dans ces deux journées et devant ces deux cercueils, les sentiments étaient, à coup sûr, très-divers et très-diversement manifestés : en décembre 1840, autour du cercueil de Napoléon, il y avait plus de curiosité que de tristesse, et les passions politiques essayaient, par moments, de faire du bruit; en juillet 1842, un regret inquiet et un silence universel régnaient autour du cercueil du duc d'Orléans. Pourtant, dans les deux circonstances, et au-dessus de ces impressions si différentes, un même sentiment s'élevait et dominait au sein de ces vastes foules, le respect instinctif de la grandeur et de la mort. Le cœur humain est naturellement généreux et sympathique. C'est dommage que ses beaux élans soient si courts.

Cinq jours après les pompes de Notre-Dame, le 4 août, une cérémonie moins éclatante s'accomplit au sein d'une douleur plus intime et plus longue : les obsèques de famille succédèrent aux obsèques d'État. La profanation des tombes royales de Saint-Denis avait laissé dans l'âme du roi Louis-Philippe une horreur profonde; il ne supportait pas la pensée que les restes mortels de sa femme, de ses enfants, de sa sœur, de tous les siens, courussent la chance de telles indignités. Il ne voulut pas que sa race allât rejoindre, dans les caveaux où ils les avaient subies, ses royaux ancêtres, et au lieu de l'église de Saint-Denis, il adopta, pour la sépulture de la maison d'Orléans, la chapelle que, sous l'empire du même sentiment, la duchesse d'Orléans, sa mère, avait fait construire à Dreux, sur les ruines du vieux château des comtes de Dreux, dans les anciens domaines du bon et populaire duc de Penthièvre. Ce fut là que, dans le caveau où le cercueil du duc d'Orléans prit sa dernière demeure, le roi vint dire au prince, son fils, un dernier adieu, et que la reine, recueillie dans sa pieuse ferveur maternelle, adressa à Dieu, pour l'âme de son premier-né, des prières qui durent encore.

Au retour de Dreux, et dans l'intérieur de la famille royale, un changement fut remarqué dans la physionomie et l'attitude de la reine; la douleur y restait empreinte, mais toute agitation, toute préoccupation exclusive avaient cessé; une résignation pieuse avait remplacé l'amertume des regrets; cette grande âme semblait se reporter tout entière sur les affections et les devoirs qui lui restaient : « A Neuilly, la reine allait prier près du corps de son fils; la présence de ce corps était encore un lien; la sépulture à Dreux l'avait rompu; le sacrifice était accompli. La reine voulut l'offrir à Dieu, et le rendre plus complet encore en le manifestant moins. »

Pendant que toutes ces cérémonies funèbres s'accomplissaient, couvrant de leurs pompes les douleurs et les inquiétudes paternelles et publiques, au milieu de cette situation si grave, nous étions en présence d'une question aussi grave que la situation : quelle serait la régence pendant la minorité de l'héritier du trône? Ni en 1814, ni en 1830, la Charte n'avait résolu cette question qui s'élevait tout à coup, en 1842, entière et pressante. C'était pour le pays un intérêt suprême, et pour les conseillers de la couronne, un devoir impérieux de la vider sans réserve, sans délai : « Le roi ne meurt point en France, dit le duc de Broglie dans le rapport qu'il fit à ce sujet, le 27 août, à la Chambre des pairs; c'est l'excellence du gouvernement monarchique que l'autorité suprême n'y souffre aucune interruption, que le rang suprême n'y soit jamais disputé, que la pensée même n'y puisse surprendre, entre deux règnes, le moindre intervalle d'attente ou d'hésitation. C'est par là surtout que ce gouvernement domine les esprits et contient les ambitions. La monarchie est l'empire du droit, de l'ordre et de la régle. Tout doit être réglé dans la monarchie; tout ce qui peut être prévu raisonnablement doit l'être; rien n'y doit être livré, par choix ou par oubli, à l'incertitude des événements. Sous un tel gouvernement, en effet, la royauté est le support de l'État; quand ce support vient à manquer, tout s'écroule; tout s'ébranle, dès qu'il paraît chanceler. Nous l'avons éprouvé naguère. A l'instant où la main de Dieu s'est appesantie sur nous, quand cette sagesse infinie, dont les voies ne sont pas nos voies, a frappé la nation dans le premier-né de la maison royale, et moissonné dans sa fleur notre plus chère espérance, les cœurs se sont sentis glacés d'un secret effroi; l'anxiété publique s'est fait jour à travers les accents de la douleur; l'inquiétude était sur tous les fronts en même temps que les larmes coulaient de tous les yeux. Chacun comptait, dans sa pensée, quel nombre d'années sépare désormais l'héritier du trône de l'âge où il pourra saisir d'une main ferme le sceptre de son aïeul et l'épée de son père; chacun se demandait ce qu'il adviendrait d'ici là si les jours du roi n'étaient mesurés aux vœux de ses peuples et aux besoins de l'État; chacun interrogeait la Charte et regrettait son silence. »

Pour faire ce que n'avait pas fait la Charte, nous avions à nous prononcer entre divers systèmes, tous empressés à se manifester et à réclamer le droit de devenir loi. Selon les uns, ce n'était pas aux Chambres, c'était à la nation elle-même à faire cette loi; au pouvoir constituant seul, et à une assemblée formellement investie de ce pouvoir, il appartenait de résoudre une telle question et d'élire cette royauté temporaire. D'autres, en repoussant le pouvoir constituant, voulaient que la régence fût, dans chaque occasion, élective et instituée par les pouvoirs parlementaires, en vertu d'une loi spéciale. D'autres, en admettant le principe de la régence élective, demandaient que la régence des femmes fût aussi admise en principe, et qu'en particulier madame la duchesse d'Orléans en fût investie, pendant la minorité du prince son fils. Et chacun de ces systèmes invoquait à l'appui de sa prétention, non-seulement des principes généraux, mais des faits puisés soit dans notre propre histoire, soit dans l'histoire des nations civilisées, et des considérations de circonstance suscitées par les intérêts actuels du pays et du gouvernement qu'il avait à cœur de fonder.

La question que nous avions à résoudre était en effet une question de circonstance bien plus que de principe; elle ne nous donnait à appliquer ou à ménager aucune de ces grandes vérités morales, aucun de ces droits préexistants qui règlent, mais aussi qui compliquent la marche d'un pouvoir honnête et sensé. Entre les divers systèmes en présence, la raison politique, c'est-à-dire l'intérêt bien entendu du pays et la juste prévoyance de l'avenir, devait seule nous décider. Pour agir avec cette forte indépendance nous étions dans une situation favorable : nous n'avions pas, comme le parlement d'Angleterre en 1788 et 1810, une régence immédiate à instituer pour remplacer un roi fou et hors d'état d'exercer ses fonctions; point de trouble, point de lacune chez nous au sommet de l'État; les trois grands pouvoirs constitutionnels, la royauté et les deux Chambres étaient parfaitement sains et actifs, assurés d'un loyal concours mutuel, et c'était à l'avenir seul, et probablement à un avenir assez éloigné, qu'ils avaient à pourvoir. Les deux principaux systèmes entre lesquels nous avions à délibérer avaient l'un et l'autre de dignes et rassurants représentants. M. le duc de Nemours, à qui devait appartenir la régence masculine si ce principe prévalait, était un prince exempt de toute mauvaise ambition, profondément dévoué à son frère aîné et à ses neveux : « Nemours, disait souvent de lui le duc d'Orléans, est le devoir personnifié; » et les Chambres, comme le pays tout entier, pouvaient avoir dans ce prince la même confiance que la famille royale, car il était aussi attaché au régime constitutionnel qu'à ses devoirs envers sa race, aussi plein de respect pour les lois de sa patrie que pour les droits de ses neveux. D'autre part, si la régence féminine était admise, madame la duchesse d'Orléans donnait à la France, à ses libertés comme à son honneur national, toutes les garanties qu'on peut attendre d'une intelligence élevée et d'une âme droite et grande. Il ne nous venait donc, des personnes mêmes, aucun embarras, aucune inquiétude; nous pouvions choisir entre les systèmes avec pleine sécurité dans les mérites et les vertus de leurs représentants.

Ce fut dans cet affranchissement de toute fâcheuse pression, dans cette entière liberté de résolution comme de pensée et en vue du seul bien futur de l'État que fut préparé le projet de loi présenté le 9 août 1842 à la Chambre des députés. Il était simple et en parfaite harmonie avec les principes fondamentaux de nos institutions. Notre gouvernement était monarchique; la régence fut monarchique aussi, établie d'après une règle fixe et générale qui statuait d'avance. La loi salique était la loi permanente, moderne aussi bien qu'ancienne, de la monarchie française; elle fut aussi la loi de la régence; le prince le plus proche du trône dans l'ordre de succession en fut investi de droit; mais la garde et la tutelle du roi mineur furent réservées à sa mère; au régent l'administration de l'État, sous la responsabilité de ses ministres; à la mère, sous sa propre responsabilité morale, l'éducation du roi, le soin de sa personne, la direction de sa maison et de ses affaires domestiques. La régence élective et la régence féminine ainsi écartées, la régence devenait selon la loi ce qu'elle était en fait, une royauté temporaire, formée à l'image de la royauté véritable dont elle remplissait momentanément les fonctions, investie de tous les pouvoirs royaux, et en même temps soumise à toutes les conditions de liberté publique, de contrôle et de concours parlementaire instituées par le régime constitutionnel.

La discussion fut l'image vraie et vive, avec convenance et non sans grandeur, de l'état des esprits, soit sur la question spéciale du projet de loi, soit sur la situation générale du gouvernement. Tous les partis y prirent part; tous les systèmes s'y produisirent. Pour les deux partis hostiles à la monarchie de Juillet, le républicain et le légitimiste, la difficulté était grande ; l'inquiétude publique suscitée par la mort de M. le duc d'Orléans exaltait le sentiment dynastique, et à aucun moment depuis 1830 l'attaque contre la royauté nouvelle ne pouvait choquer davantage le pays et être plus rudement repoussée. Exposée par M. Ledru-Rollin avec une hardiesse qui ne manquait pas d'habileté, la théorie radicale du pouvoir constituant et de la nécessité d'un appel au peuple pour conférer la régence souleva de violents murmures et n'eut pas besoin d'une longue réfutation. Je la rejetai en quelques paroles : « Si l'on prétend, dis-je, qu'il existe ou qu'il doit exister au sein de la société deux pouvoirs, l'un ordinaire, l'autre extraordinaire, l'un constitutionnel, l'autre constituant, l'un pour les jours ouvrables, permettez-moi cette expression, l'autre pour les jours fériés, on dit une parole insensée, pleine de dangers et fatale. Le gouvernement constitutionnel, c'est la souveraineté sociale organisée. Hors de là il n'y a que la société flottant au hasard, aux prises avec les chances d'une révolution. On n'organise pas les révolutions ; on ne leur assigne pas une place et des procédés légaux dans le cours des affaires des peuples. Aucun pouvoir humain ne gouverne de tels événements ; ils appartiennent à un plus grand maître. Dieu seul en dispose ; et quand ils éclatent, Dieu emploie, pour reconstituer la société ébranlée, les instruments les plus divers. J'ai vu dans le cours de ma vie, trois pouvoirs constituants : en l'an VIII, Napoléon; en 1814, Louis XVIII ; en 1830, la Chambre des députés. Voilà la vérité, la réalité; tout ce dont on vous parle, ces votes, ces bulletins, ces registres ouverts, ces appels au peuple, tout cela c'est de la fiction, du simulacre, de l'hypocrisie. Soyez tranquilles, messieurs ; nous, les trois pouvoirs constitutionnels, nous sommes les seuls organes légitimes et réguliers de la souveraineté nationale. Hors de nous, il n'y a qu'usurpation ou révolution. » M. Thiers, qui se sépara nettement de l'opposition pour appuyer le projet de loi, fut plus sévère encore pour le pouvoir constituant : « J'en ai parlé, dit-il, dans mon bureau avec peu de respect, et je m'en excuse ; mais savez-vous pourquoi j'ai montré pour le pouvoir constituant si peu de respect? C'est qu'en effet je ne le respecte pas du tout. J'admets la différence qu'il y a entre l'article de la Charte et un article de loi ; mais cela ne fait pas que je croie au pouvoir constituant. Le pouvoir constituant a existé, je le sais ; il a existé à plusieurs époques de notre histoire ; mais, permettez-moi de vous le dire, s'il était le vrai souverain, s'il était au-dessus des pouvoirs constitués, il aurait cependant joué par lui-même un triste rôle. En effet il a été, dans les assemblées primaires, à la suite des factions ; sous le Consulat et sous l'Empire, il a été au service d'un grand homme; il n'avait pas alors la forme d'assemblée primaire ; il avait la forme d'un sénat conservateur qui, à un signal donné par cet homme qui faisait tout plier sous l'ascendant de son génie, faisait toutes les constitutions qu'il lui demandait. Sous la Restauration, il a pris une autre forme; il s'est caché sous l'article XIV de la Charte; c'était le pouvoir d'octroyer la Charte et de la modifier. Voilà les divers rôles qu'a joués le pouvoir constituant depuis cinquante ans. Ne dites pas que c'est la gloire de notre histoire, car les victoires de Zurich, de Marengo et d'Austerlitz n'ont rien de commun avec ces misérables comédies constitutionnelles. Je ne respecte donc pas le pouvoir constituant. »

M. Berryer seul pouvait, dans cette circonstance comme dans tant d'autres, suffire à la situation de son parti et à la sienne propre. Ce n'est pas seulement par l'élévation et la souplesse de son esprit, par l'entraînement et le charme de son éloquence qu'il a si longtemps surmonté les insurmontables difficultés d'un rôle couvert et extra-légal dans un régime de légalité, de publicité et de liberté. Il puise à d'autres sources encore sa populaire puissance. Quoiqu'il ait vécu en homme de parti, M. Berryer sent en patriote; il n'est étranger à aucun des instincts, à aucune des émotions et des aspirations de son pays; non-seulement il comprend, mais il partage les joies et les tristesses nationales; il a soutenu les droits et les traditions des temps anciens, et il est, autant que personne, homme du temps actuel et attaché aux droits que les générations modernes ont conquis; il a combattu le gouvernement le plus libre qu'ait jamais possédé la France, et il aime, il veut sincèrement la liberté. Nature large, prompte, facile et sympathique, il peut concilier dans son âme des sentiments très-divers, et conserver, à travers toutes les vicissitudes politiques, l'unité de sa vie et la fidélité à sa cause, sans jamais inspirer, aux adversaires qu'il combat le plus vivement, des colères et des haines qu'il ne ressent pas lui-même envers eux. Il fit valoir, contre le projet de loi sur la régence, tantôt les exemples des régences féminines, sinon heureuses, du moins glorieuses, de notre histoire, tantôt les actes des anciens parlements exerçant, sur de telles questions, un contrôle plus bruyant qu'efficace, soit qu'ils vinssent soutenir ou invalider les testaments des rois. M. Berryer fut, dans ce débat, plus ingénieux qu'incisif et plus brillant qu'ardent, ne se prononçant catégoriquement ni pour la régence féminine, ni pour la régence élective, et uniquement appliqué à aggraver, en les mettant en lumière, les embarras et les inconséquences apparentes du régime qu'il attaquait tout en s'y soumettant. M. Villemain le réfuta aussi solidement que spirituellement, tantôt en rétablissant dans leur exacte et complète vérité les faits historiques dont M. Berryer n'avait rappelé que les côtés favorables à sa thèse, tantôt en faisant ressortir à son tour les inconséquences et les embarras du parti légitimiste et de son éloquent interprète. Dans la Chambre des pairs, le marquis de Brézé reproduisit, avec plus d'amertume et moins d'éclat, les arguments de

M. Berryer contre le projet de loi, et ce fut encore M. Villemain qui lui répliqua avec la même sagacité à la fois courtoise et poignante.

A travers ces attaques pour ainsi dire extérieures, empreintes d'hostilité préconçue et d'arrière-pensées, la lutte des partis intérieurs et légaux de la monarchie de 1830 dura plusieurs jours, animée sans être orageuse; la gravité de la situation et du sentiment public imposait à tous la mesure sans altérer la sincérité. La question se posa nettement entre la régence de droit et la régence élective, entre la régence maternelle et la loi salique appliquée à la régence. M. de Lamartine se fit le champion de la régence maternelle. J'ai déjà dit dans ces *Mémoires*[1], avec franchise et tristesse, l'impression que j'ai reçue et l'idée que je me suis formée du caractère et de la vie de cet homme éminent; je n'y reviendrai pas; je n'aime pas à toucher d'une main froide à de douloureuses blessures; mais je trouve que même les amis de M. de Lamartine ne lui rendent pas pleine justice comme orateur et écrivain politique; c'est comme poëte qu'il est entré dans le monde et qu'il a pris, à bon droit, possession de l'admiration publique; beaucoup de gens, sincèrement ou malicieusement, s'en prévalent pour ne voir en lui qu'un poëte, et pour l'admirer à ce titre plutôt qu'à tout autre. On dit qu'il s'en est lui-même quelquefois impatienté, et qu'il met ses œuvres politiques

---

[1] Tome IV, p. 288.

bien au-dessus de ses vers. Sans prendre parti dans cette comparaison, je suis frappé des qualités supérieures que M. de Lamartine a déployées comme orateur et comme prosateur; il n'a pas seulement un brillant et séduisant langage; il a l'esprit singulièrement riche, étendu, sagace sans subtilité et fin avec grandeur; il abonde en idées habituellement élevées, ingénieuses, profondes même; il peint largement, quelquefois avec autant de vérité que d'éclat, les situations, les événements et les hommes; et il excelle, par instinct autant que par habileté, à apporter de nobles raisons à l'appui des mauvaises causes. Il soutint brillamment celle de la régence maternelle qu'il devait un jour faire si tragiquement échouer. Malgré le prestige de son discours, j'eus peu d'efforts à faire pour lui répondre; une sympathie générale s'attachait à madame la duchesse d'Orléans; mais le sentiment sérieux, dans les Chambres et dans le public, était prononcé en faveur d'une régence virile. Le gouvernement d'une femme peut prendre place au sein d'une monarchie ancienne et bien établie; l'histoire n'offre pas d'exemple d'une dynastie nouvelle et encore contestée fondée par une femme, au nom d'un enfant.

La régence élective conférée, dans chaque occasion, par les Chambres, au lieu de la régence de droit instituée d'avance par la loi, était plus difficile à combattre. Tout le monde reconnaissait que la régence était une royauté temporaire, appelée, pendant la minorité de l'héritier du trône, à tenir lieu de la royauté véritable, et qui devait, sous les conditions constitutionnelles, en exercer tous les pouvoirs. Quelle tentation, pour une assemblée politique, que d'avoir, au sein de la monarchie héréditaire, un roi temporaire à élire ! M. Odilon Barrot, qui soutint avec une éloquence aussi consciencieuse que spécieuse, le système de la régence élective, sentait le péril d'une telle situation et essayait d'y échapper en disant : « Est-ce que nous vous demandons de faire désigner le régent par la Chambre des députés, en vertu d'un pouvoir dictatorial et révolutionnaire ? Non, nous vous demandons le concours régulier, normal, des trois pouvoirs de l'État. Croyez-vous que, dans la désignation du régent, l'initiative du chef de la famille royale, du chef de l'État, n'ait pas toujours une influence nécessaire, irrésistible, je dirai presque légitime ? » M. Odilon Barrot oubliait que, dans la plupart des cas de minorité, le concours des trois pouvoirs de l'État serait impossible, car ce serait après la mort du roi qu'éclaterait la nécessité de choisir un régent. Tout roi régnant serait-il légalement tenu de voter d'avance, par un testament, dans cette question ? S'il l'avait fait, quelle serait, lui mort, l'autorité de son acte ? Et s'il ne l'avait pas fait, s'il n'avait pris à cet égard aucune initiative, les Chambres n'auraient-elles pas seules à décider, et où serait alors le concours régulier des trois pouvoirs de l'État ? M. Dupin, rapporteur du projet de loi au nom d'une commission unanime, avait répondu d'avance à M. Odilon Barrot en indiquant, avec une brièveté simple et forte, la raison

fondamentale de la régence de droit. M. Hippolyte
Passy, qui appuya sans réserve le projet, fit spirituellement ressortir, par les exemples de l'histoire comme
par les présomptions de la raison, combien les inconvénients de la régence élective seraient graves,
soit pour le régent élu, soit pour les Chambres elles-
mêmes, foyer et arène des partis politiques; et le duc de
Broglie, en faisant à la Chambre des pairs le rapport du
projet de loi, traça, des conséquences naturelles de ce
système, un tableau frappant : « Pourquoi préférons-
nous, dit-il, la monarchie à la république, le gouvernement héréditaire au gouvernement électif? Parce que
nous pensons, l'histoire à la main, que le plus grand
des dangers, pour un grand pays, c'est de vivre à l'a-
venture, de laisser l'autorité suprême flotter à tout
vent d'opinion, de l'abandonner périodiquement en
proie à la lutte des partis, à l'ambition des prétendants.
Si cette raison est décisive en faveur de la monarchie
héréditaire, elle est décisive en faveur de la régence
légale, c'est-à-dire de la régence réglée dans un ordre
déterminé. Déclarez la régence élective : aux approches
de chaque minorité, vous verrez les partis se former,
se grossir, se menacer l'un l'autre du geste et de la
voix ; vous verrez les prétendants lever la tête et jeter
le masque. Le ministère ne sera plus, pour les citoyens,
le dernier terme de l'ambition; les orateurs puissants,
les généraux aimés du soldat porteront plus haut leurs
regards et leurs espérances. La famille royale courra
risque de se diviser; admettant qu'elle reste unie, on

ne le croira point ; on affirmera le contraire ; chaque parti s'arrogera le droit d'y chercher un chef et de lui forcer la main s'il résiste. Le jour de l'élection venu, au sein des Chambres, quel vaste foyer d'intrigues et de cabales, quelle carrière ouverte aux insinuations perfides, aux personnalités outrageantes ! La presse, la tribune, les réunions publiques deviendront autant d'arènes où périront les réputations les mieux acquises. Les princes du sang royal, ces princes éventuellement appelés au trône, comparaîtront sur la sellette : leurs qualités, leurs défauts, leurs moindres actes y seront passés au crible d'une polémique ardente, vindicative, impitoyable. S'ils succombent devant un simple sujet, que deviendront-ils? Celui d'entre eux qui l'emportera, s'il l'emporte seulement de quelques voix, que sera-t-il? Que deviendra, dans sa main débile, la prérogative royale? Si ce n'est pas l'héritier présomptif qui l'emporte, où se cachera-t-il en attendant qu'il devienne roi après avoir été déposé comme régent? Si les Chambres ne peuvent s'accorder sur le choix d'un régent, point de régence, point de gouvernement, et l'État en pleine dissolution. »

Ces arguments, ces justes pressentiments ramenaient à la régence de droit les esprits d'abord incertains; c'était le vœu général de la Chambre de donner à la monarchie, dans cette douloureuse épreuve, une éclatante adhésion et un ferme appui. Je n'avais pas de doute sur l'adoption définitive du projet de loi. Cependant la Chambre restait agitée ; deux amendements étaient proposés ; l'un en faveur de la régence féminine ; l'autre demandait qu'on n'attribuât la régence à l'aîné des oncles du prince mineur que d'une façon spéciale et pour le cas actuel, ce qui était, en fait, la régence élective. Le roi, qui avait cette question fortement à cœur, la regardant comme capitale pour l'avenir de sa maison et de sa politique, s'inquiétait de ces dispositions chancelantes et du terme prochain de cette petite session inattendue. Il m'écrivit le vendredi soir, 19 août : « Il me paraît bien désirable que le vote ait lieu demain, car beaucoup de députés ont arrêté leurs places pour dimanche, et il serait à craindre que lundi il n'en manquât un bon nombre à l'appel nominal. Je n'ai pas vu Dupin. Il était fatigué, mais prononcé contre toute concession, ce qui est le principal, car, ce qu'il nous faut, c'est la loi telle que la commission l'a adoptée à l'unanimité. Un plus grand nombre de boules noires serait sans doute regrettable ; mais une majorité réduite ne compromettra pas l'avenir, tandis qu'un accroissement de boules blanches, au prix d'un amendement, serait un abîme. Dupin paraît ferme dans ce système. Ce dont il se plaint, c'est qu'on n'ait pas laissé parler Thiers, et c'est en effet regrettable. Dieu veuille que Thiers parle demain, et parle bien ! Tâchez que demain on laisse briller Dupin ; il est naturel qu'il craigne d'être éclipsé. Ce qui me paraît essentiel, c'est que vous tâchiez de tout enlever rapidement demain, car ce serait le succès, et c'est le succès qui fait la gloire et la sécurité. La séance commençant à midi, si vous êtes en nombre dès le début, vous devez pouvoir prendre le pas accéléré. La Chambre doit être pressée; elle est française et s'animera si on lui sonne la charge; mais les troupes sont molles quand les généraux sont timides. Grâces à Dieu, vous ne l'êtes pas, et j'attendrai demain la victoire avec bonne confiance. Nous avons lu ce matin, en famille, votre admirable discours d'hier; les larmes ont coulé à l'exorde, et tous m'ont bien demandé de vous dire combien nous étions touchés. »

C'était par accident, non par suite d'aucune petite manœuvre cachée que M. Thiers n'avait pas parlé dans la séance du 19 août; il prit la parole le lendemain, avec le plus grand et le plus juste succès, pour le projet de loi comme pour lui-même. Il commença par expliquer, avec une ferme franchise, pourquoi, dans cette circonstance, il se séparait de l'opposition sans en sortir: « Je suis l'adversaire du cabinet, dit-il; des souvenirs pénibles m'en séparent, et je crois qu'il y a même mieux que des souvenirs pour m'en séparer; il y a des intérêts du pays, peut-être mal compris par moi, mais des intérêts vivement sentis. Je suis donc l'adversaire du cabinet... Malgré cela, malgré cet intérêt très-grave de ma position, je viens appuyer aujourd'hui le gouvernement; je viens combattre l'opposition... Je suis profondément monarchique. Rappelez-vous ce que certains hommes m'ont reproché, ce que je ne me reprocherai jamais, d'avoir voté pour l'hérédité de la pairie. Je parlais dans un temps où il était difficile, je ne dirai pas périlleux, car l'ordre était maintenu dans les rues par un ministre puissant, dans un temps où il était difficile de parler comme je le faisais, j'ai parlé pour l'hérédité de la pairie; cela doit vous dire à quel point je suis monarchique dans mes convictions. Quand je vois cet intérêt de la monarchie clair et distinct, j'y marche droit, quoi qu'il arrive; fussé-je seul, entendez-vous ? ....Quoi! parce qu'un instant, sous la parole d'un homme que j'ai appelé, que j'appelle encore mon ami, parole éloquente, sincère, certaines convictions ont flotté hier, certaines conduites ont changé, j'irais déserter ce qui m'a paru une conduite sage, politique, honorable, bien calculée dans l'intérêt de l'opposition elle-même!... Non, fussé-je seul, je persisterais à soutenir la loi telle quelle, sans modification, sans amendement. »

Il la soutint, en effet, avec cette abondance de vues à la fois ingénieuses et pratiques, cette verve naturelle et imprévue, facile, lucide, rapide, même quand elle se répand en longs développements, qui est le propre et original caractère de son talent. Il agit puissamment sur les esprits, persuada les incertains, raffermit les chancelants, et donna à ceux qui étaient déjà décidés le plaisir d'avoir confiance dans leur opinion et dans son succès. M. Dupin termina le débat par un résumé précis et ferme. Les deux amendements, pour la régence féminine et pour la régence élective, furent rejetés sans qu'on eût même besoin d'aller au scrutin, et le projet de loi fut adopté dans cette même séance, par 310 suffrages sur 404 votants. Présenté le surlendemain à la Chambre des pairs, il y fut également adopté, sur le rapport du duc de Broglie, par 163 suffrages sur 177 votants.

Le but était atteint; la question de la régence avait reçu la solution la plus monarchique et la mieux appropriée à l'intérêt du pays comme de la royauté. Mais le coup qu'avait reçu cette royauté par la mort de M. le duc d'Orléans n'était pas guéri; les lois ne remplacent pas les hommes. M. le duc d'Orléans était parfaitement adapté à la mission que l'avenir semblait lui réserver; il n'avait ni l'expérience consommée, ni l'inépuisable richesse d'esprit, ni la profondeur instinctive de jugement du roi son père; mais ses qualités propres, qui n'auraient peut-être pas suffi, en 1830, à bien apprécier la situation de la monarchie naissante, à surmonter ses difficultés et à conjurer ses périls, convenaient admirablement à cette monarchie jeune encore, mais déjà hors de page. Il était jeune lui-même, beau, élégant, d'un esprit prompt, net et aussi agréable que sa personne, de manières dignes et princières au sein même d'une familiarité à laquelle il se prêtait volontiers, sans pourtant s'y abandonner; brave avec grâce, élan et contagion; fait pour plaire également dans les camps et dans les salons, aux soldats et aux femmes, au peuple et au monde des cours. Il avait, en politique, une vive sympathie pour les instincts nationaux, un chaud dévouement à la grandeur de la France, une coquetterie complaisante pour la faveur populaire, quelquefois même pour les entraînements révolutionnaires ; et ces sentiments auraient pu, au premier moment, prendre trop de place dans ses résolutions et dans sa conduite ; mais il était capable de s'arrêter sur cette pente, d'apprécier la juste mesure des choses, la vraie valeur des hommes, et d'apporter dans le gouvernement plus de sagacité froide et de prudence que son attitude et son langage ne l'auraient fait conjecturer. Depuis 1840, il avait fait, dans ce sens, de notables progrès, et quoiqu'il ménageât avec soin l'opposition, son appui sérieux en même temps que réservé ne manqua point au cabinet. Ce n'était pas un prince à l'abri des fautes ; mais il y aurait touché plus qu'il n'y serait tombé, et, s'il y était tombé, il les aurait, je crois, reconnues à temps. Il avait ces qualités brillantes, confiantes et hardies qui, dans les jours de crise, plaisent aux peuples agités et les rallient autour de leur chef. Sa mort laissa, dans la maison royale et dans la France, un vide immense dont le public et les hommes même à qui les dispositions présumées de ce prince inspiraient quelque sollicitude, eurent, au moment où l'événement éclata, un triste et juste pressentiment.

CHAPITRE XL

LES ILES MARQUISES ET TAITI (1841-1846).

Un inconvénient du gouvernement représentatif. — Premières navigations dans l'océan Pacifique. — Découverte de l'île de Taïti. — Divers voyageurs qui l'ont visitée du XVII° au XIX° siècle. — La Nouvelle-Zélande et la Compagnie nanto-bordelaise. — L'amiral Dupetit-Thouars et les îles Marquises. — Motifs de notre prise de possession des îles Marquises. — L'amiral Dupetit-Thouars à Taïti. — Établissement et conditions du protectorat français à Taïti. — Les missionnaires anglais à Taïti. — Les missions protestantes et les missions catholiques dans l'océan Pacifique. — Débats dans la Chambre des députés à ce sujet. — Le capitaine Bruat nommé gouverneur des établissements français dans l'océan Pacifique. — Retour de l'amiral Dupetit-Thouars à Taïti. — Il substitue la complète souveraineté de la France au protectorat. — Réclamation de la reine Pomaré et des Taïtiens. — Fermentation à Taïti. — — Menées de M. Pritchard, ancien missionnaire anglais. — Il abat son pavillon de consul d'Angleterre et en cesse les fonctions. — Le gouvernement français ordonne le rétablissement du protectorat. — Débats dans les Chambres à ce sujet. — Arrestation, emprisonnement et expulsion de M. Pritchard à Taïti. — Effet de cet incident à Londres. — Langage de sir Robert Peel. — Mon langage. — Négociation à ce sujet. — Conduite et correspondance du capitaine Bruat. — L'expulsion de M. Pritchard est maintenue et une indemnité lui est accordée. — Motifs de cette double mesure. — Les amiraux Hamelin et Seymour, commandants des stations française et anglaise dans l'océan Pacifique, sont chargés de s'entendre pour la fixation du taux de l'indemnité. — Lettre que m'écrit le roi Louis-Philippe pour se charger du payement de l'indemnité. — Le cabinet s'y refuse. — Débat dans la Chambre des députés. — Attitude du cabinet. — Il n'obtient qu'une faible majorité. — Il annonce sa résolution de se retirer. — Démarche du parti conservateur. — Le cabinet reste en fonctions. — Appréciation de cet incident.

C'est l'un des inconvénients du gouvernement parlementaire que les événements et les questions, au moment où ils apparaissent et tombent dans le domaine de la discussion, grandissent démesurément et prennent, aux yeux du public, une importance hors de toute proportion avec la vérité des choses et les intérêts du pays. Je me hâte de dire que je préfère beaucoup ce mal à la légèreté insouciante et imprévoyante des gouvernements absolus qui soulèvent des questions et font des entreprises énormes sans se douter de leur gravité, qu'ils s'efforcent ensuite de dissimuler au public chargé d'en porter le poids. Les difficultés qui pèsent sur le pouvoir sont moins fâcheuses que les fardeaux qui tombent sur le pays. Cependant il importe beaucoup aux pays libres de savoir qu'ils doivent se méfier de leurs premières impressions et de l'ardent travail de l'opposition à grossir infiniment, dans le cours des affaires et des discussions publiques, les incidents qui peuvent embarrasser et compromettre le pouvoir. Au premier moment, c'est le pouvoir seul qui souffre de cette aveugle exagération des faits et des débats; mais elle ne tarde pas à avoir des conséquences dont le pays lui-même subit le mal. L'affaire qui porte les noms de Taïti et de Pritchard est l'un des plus frappants, et l'on peut dire, l'un des plus ridicules exemples de ces mensonges du microscope parlementaire, et des périls comme des erreurs où ils peuvent jeter les nations.

Le 25 septembre 1513, après avoir erré, en aventurier avide de découvertes et d'or, au milieu des peuplades de l'Amérique centrale, l'audacieux Espagnol Vasco Nuñez de Balboa, de qui ses compagnons disaient qu'il était « la meilleure tête et la meilleure lance qui eussent jamais protégé un camp en terre de sauvages idolâtres, » aperçut pour la première fois, du haut de l'une des montagnes qui traversent l'isthme de Panama, l'océan Pacifique et quelques-unes des innombrables îles semées sur son immensité. A cette vue, Balboa et ses compagnons s'embrassèrent et élevèrent, au-dessus d'un amas de roches, une grossière croix de bois; puis, ils descendirent sur le rivage, et Balboa, tenant d'une main la bannière de Castille, de l'autre son épée, fit quelques pas dans les flots, et, aux acclamations de sa petite bande, il prit possession, au nom du roi d'Espagne son maître, de cette mer inconnue et des terres qu'elle baignait. Quel espace et quel avenir ouverts à l'imagination, à la cupidité, à l'aventure et à la conquête !

L'Europe maritime ne s'empressa guère à exploiter ce nouveau domaine; pendant deux siècles, ce fut vers les grands continents d'Amérique et d'Asie, plutôt que vers les archipels de l'océan Pacifique, que se portèrent les entreprises des navigateurs et des gouvernements, de la science, du commerce et de l'ambition. Un Portugais au service de l'Espagne, Pedro Fernandez de Queiros, « le dernier des héros espagnols dans le Nouveau-Monde, » dit un chroniqueur, fit presque seul, à cette époque, dans les mers du Sud de hardis voyages et des découvertes qui restèrent longtemps sans résultats. C'est seulement vers le milieu du siècle dernier et dans le nôtre qu'au nom, soit de l'intérêt politique ou commercial, soit des études scientifiques, l'océan Pacifique, mer et terres, a été fréquemment et efficacement visité, parcouru, décrit, conquis. De 1740 à 1840, les noms et les récits des voyageurs abondent : en Angleterre, Anson, Wallis, Carteret, Byron, Cook, le plus célèbre de tous; en France, Bougainville, La Pérouse, d'Entrecasteaux, Baudin, Freycinet, Duperrey, Dumont d'Urville, Dupetit-Thouars, Laplace, courageux et savants marins dont l'Europe entière a suivi avec un vif intérêt les aventures et mis à profit les travaux. Les établissements coloniaux, commerciaux, pénitentiaires, ont surgi à la suite des voyages, et l'Océanie est maintenant l'un des grands théâtres où se déploie la civilisation humaine, et vers lesquels se portent les affaires comme la curiosité du public européen.

Un point dans ces vastes mers, la petite île de Taïti, a été, dès les premiers pas des voyageurs, l'objet d'une attention, on pourrait dire d'une faveur particulière. Queiros la découvrit le premier en 1605, la décrivit avec complaisance, et lui donna le nom de *Sagittaria*, probablement parce que les flèches étaient les seules armes de ses sauvages habitants. Cent soixante ans s'écoulèrent sans qu'aucun voyageur connu visitât cette île ou prît la peine d'en parler. En 1767, Wallis y toucha et s'y arrêta; d'abord attaqué, puis bien accueilli par les insulaires, après plus d'un mois de séjour, l'île lui parut une si bonne station navale et un si agréable lieu de ravitaillement que, sans autorisation ni conséquence officielle, il en prit possession pour l'Angleterre et lui donna, en partant, le nom d'*île du roi George III*. Bougainville y aborda l'année suivante, et les Français, aussi bien accueillis que l'avaient été les Anglais, s'y plurent encore davantage, répondirent joyeusement aux avances qu'ils y reçurent, et en témoignèrent leur reconnaissance en appelant Taïti *la nouvelle Cythère*. Cook, dans le cours de ses voyages, aborda trois fois à Taïti, se loua encore plus que ses prédécesseurs de l'utilité de la station, des procédés des insulaires, et contribua, plus que personne, à répandre en Europe le renom de ce petit coin du monde. Depuis le commencement de ce siècle, tous nos marins savants, dans leurs voyages de circumnavigation, les capitaines Freycinet, Duperrey, Dumont d'Urville, Dupetit-Thouars, Laplace, ont également visité Taïti et tenu, sur les agréments du climat, du pays et des habitants, le même langage. Après tous ces voyages et tous ces récits, cette île avait en Europe une sorte de célébrité gracieuse, et les marins l'appelaient la *Reine des mers du Sud*.

La convenance d'assurer à notre marine, dans ces parages, un lieu de ravitaillement et d'appui, se faisait de plus en plus sentir; l'instinct public prit l'initiative; vers la fin de 1839, une compagnie se forma à Nantes et à Bordeaux pour tenter, dans la Nouvelle-Zélande, une colonisation française; elle demanda et obtint, du cabinet de cette époque, une certaine mesure d'adhésion et de concours; mais, quand on en vint à l'exécution, on reconnut que les Anglais nous avaient de-

vancés dans ces grandes îles; que, depuis 1815, ils y
avaient formé des établissements particuliers qui avaient
pris peu à peu un caractère national; qu'en août 1839,
un officier anglais, le capitaine Hobson, était parti pour
la Nouvelle-Zélande avec des instructions de son gouvernement, et que, dans les premiers mois de 1840,
avant l'arrivée des bâtiments français, la souveraineté
de la reine d'Angleterre y avait été proclamée. L'entreprise, en supposant que, de notre part, la contestation
fût fondée, devenait ainsi singulièrement grave et difficile; les demandes qu'adressa alors au gouvernement
du roi la Compagnie nanto-bordelaise, en vertu des
promesses qu'il lui avait faites, furent pour nous l'objet
d'un sérieux examen qui nous laissa convaincus que, si
cette compagnie avait, pour ses intérêts particuliers,
des titres à notre appui, nous ne pouvions élever, contre
la prise de possession antérieure du gouvernement
anglais, point de réclamations légitimes, ni qui eussent
chance d'être efficaces. Les rapports du capitaine La-
vaud, marin aussi sensé que brave, qui fut envoyé, à
cette époque, dans ces parages, commandant la corvette *l'Aube*, nous confirmèrent dans cette conviction.
Il fallait chercher ailleurs qu'à la Nouvelle-Zélande
l'établissement que nous désirions dans l'océan Pacifique. Revenu en 1840 de son voyage autour du monde
sur la frégate *la Vénus*, le capitaine Dupetit-Thouars
était le dernier de nos marins qui eût visité ces régions
et qui pût donner, à leur sujet, des informations ré-
centes et sûres. Il présenta au ministre de la marine

un rapport sur les îles Marquises qu'il avait naguère observées dans ce dessein. Nous avions un double but à atteindre : en même temps que nous voulions procurer, à notre marine et au commerce français dans ces mers, une bonne station navale, nous étions en présence d'une question importante, depuis longtemps posée par le Code pénal, l'établissement d'un lieu de déportation hors du territoire continental du royaume. Examinées plusieurs fois dans cette vue, nos diverses possessions coloniales avaient rencontré de graves objections de salubrité, de sécurité, d'intérêt politique ou commercial et de convenance morale. Étudiée avec soin par les ministères de la marine, de la justice et des affaires étrangères, la proposition du capitaine Dupetit-Thouars parut répondre aux diverses exigences dont nous devions tenir compte. Les îles Marquises étaient un lieu parfaitement sain, situé sous un beau climat, d'une étendue très-limitée et facile à surveiller ou à défendre; un bon port s'y offrait à notre navigation; les tribus qui les habitaient étaient peu nombreuses et pouvaient être aisément gagnées ou soumises. Depuis qu'au début du XVIIe siècle Queiros les avait découvertes et leur avait donné le nom d'*îles Marquises* en l'honneur de la marquise de Mendoça, femme du vice-roi du Pérou, son patron, aucune puissance européenne n'y avait acquis aucun droit, point de colons étrangers n'y étaient établis. Si l'éloignement du lieu était une cause de lenteur et de dépense, il avait, au point de vue pénal, l'avantage d'agir sur les imaginations sans choquer l'humanité. Notre établissement sur ce point réunissait donc au dedans toutes les conditions politiques et morales du double but que nous nous proposions, et ne pouvait susciter, au dehors, aucun embarras. La proposition du capitaine Dupetit-Thouars fut agréée, et il partit en août 1841 sur la frégate *la Reine-Blanche*, investi, avec le grade de contre-amiral, du commandement de notre station navale dans les mers du Sud, et muni d'instructions formelles pour prendre possession des îles Marquises, au nom du gouvernement du roi [1].

Parmi les preuves que je pourrais apporter de la convenance de notre résolution dans cette circonstance, je n'en veux indiquer aujourd'hui que deux. En 1850, sous le régime de la république, après tout ce qui s'était passé en France et dans l'Océanie, et malgré tous les débats élevés à ce sujet, une loi nouvelle a mis en pratique l'idée que nous avions entrevue pour l'accomplissement de la prescription du Code pénal, et *les Marquises* sont maintenant le lieu assigné, pour la justice française, à la peine de la déportation [2]. Quant à l'importance d'une station navale et d'un établissement fixe dans les mers du Sud, le gouvernement impérial l'a hautement proclamée, car il n'a pas cru que *les Marquises* et *Taïti* pussent suffire à ce dessein, et il y a ajouté la *Nouvelle-Calédonie*.

Arrivé le 26 avril 1842 dans l'archipel des Marquises,

---

[1] *Pièces historiques*, n° 1.
[2] Loi des 5-22 avril, 8-16 juin 1850; art. 4 et 5.

l'amiral Dupetit-Thouars, sans user de la force et en traitant avec les chefs des tribus, prit successivement possession officielle des divers groupes de ces îles. Des missionnaires catholiques, de la congrégation de Picpus, y étaient déjà établis depuis quelques années, courageusement adonnés à leur périlleux travail sur les indigènes anthropophages. L'un de ces religieux, le père François-de-Paule, vint trouver l'amiral à bord de *la Reine-Blanche*, et lui fut utile pour mener à bien ses petites négociations, en leur conservant un caractère pacifique. Au mois d'août, après avoir reçu de tous les chefs de cet archipel la reconnaissance formelle de la souveraineté française, l'amiral Dupetit-Thouars s'éloigna des Marquises, laissant à terre une petite garnison, des travaux d'établissement militaire commencés, et en rade la corvette *la Boussole* chargée de les protéger. Les instructions du gouvernement du roi étaient exécutées, et la mission de l'amiral Dupetit-Thouars accomplie.

L'amiral en pensa autrement : à ses yeux, notre établissement aux Marquises n'était ni suffisant, ni sûr, si notre autorité ne s'étendait sur les *îles de la Société*, spécialement sur Taïti, le centre et la perle de cet archipel voisin. Puisque nous avions été devancés dans la Nouvelle-Zélande, au moins fallait-il que nous ne le fussions pas aussi dans cette petite *Reine des mers du Sud*. A cette considération générale se joignaient des motifs de circonstance : quoique Taïti fût une terre indépendante et que le gouvernement anglais en cût refusé deux fois la possession officielle, des missionnaires anglais et protestants y dominaient, jaloux et inquiets dès que la France et le catholicisme apparaissaient sur ces rivages. Plusieurs bâtiments de commerce ou baleiniers français, en touchant à Taïti, y avaient rencontré un mauvais vouloir vexatoire. En 1836, deux missionnaires catholiques, les Pères Caret et Laval, détachés de la mission des îles Gambier, étaient venus à Taïti et en avaient été violemment expulsés par l'influence du missionnaire anglais M. Pritchard. En 1838, le capitaine Dupetit-Thouars lui-même, touchant à Taïti sur *la Vénus*, avait réclamé et obtenu de la reine Pomaré, pour les deux missionnaires français, une indemnité de 2,000 piastres; mais cette réparation n'avait pas empêché qu'après son départ les mêmes prohibitions et les mêmes vexations ne se renouvelassent, plus générales encore et plus absolues. Les griefs particuliers s'ajoutaient ainsi aux convenances maritimes, et l'amiral trouvait l'occasion bonne pour les faire valoir.

Dans les derniers jours d'août 1842, la frégate *la Reine-Blanche* parut devant Taïti; l'amiral renouvela sévèrement les plaintes qu'avaient eu si souvent à former les Français, marins ou missionnaires, contre les procédés du gouvernement de l'île, et le somma de prendre des mesures efficaces pour en prévenir le retour. Pour la reine Pomaré et ses conseillers, anglais ou indigènes, l'embarras était grand, car on eur demandait autre chose que des promesses toujours vaines. M. Pritchard, qui, peu d'années auparavant, avait reçu de lord Palmerston la commission de consul d'Angleterre à Taïti, ne s'y trouvait pas en ce moment; il était allé faire un voyage. Après quelques jours d'incertitude, et probablement sur la suggestion d'intermédiaires favorables aux demandes françaises, la reine Pomaré, hors d'état de résister en fait à la force et dans son âme à la peur, offrit de se placer, elle et ses îles, sous la protection de la France; et le 9 septembre 1842, l'amiral Dupetit-Thouars, sous la seule réserve de la ratification du roi, accepta la proposition par un traité qui maintenait à la reine Pomaré la souveraineté intérieure et l'administration de ses îles, mais dans lequel elle abandonnait entre les mains du roi des Français et aux soins de son gouvernement, ou à la personne nommée par Sa Majesté et agréée par la reine Pomaré, « la direction de toutes les affaires avec les gouvernements étrangers, de même que tout ce qui concerne les résidents étrangers, les règlements de port, etc., et le droit de prendre telle autre mesure qu'il jugera utile pour la conservation de la bonne harmonie et de la paix. »

Le même traité portait : « Chacun sera libre dans l'exercice de son culte et de sa religion. Les églises établies en ce moment continueront d'exister, et les missionnaires anglais continueront leurs fonctions sans être molestés. Il en sera de même pour tout autre culte; personne ne pourra être molesté ou contraint dans sa croyance. »

Tel était, en ce moment, à Taïti, l'état des esprits, que non-seulement la reine Pomaré et les principaux chefs de l'île, mais les résidents étrangers, entre autres le consul des États-Unis d'Amérique et le vice-consul d'Angleterre lui-même, M. Wilson, en l'absence de M. Pritchard, adhérèrent formellement à ce traité que l'amiral Dupetit-Thouars s'empressa de leur communiquer : « J'ai l'honneur, lui écrivit le 12 septembre M. Wilson, de vous accuser réception de votre communication du 11 de ce mois, et de vous assurer en réponse que je me félicite que les difficultés qui existaient entre les gouvernements français et taïtien aient été réglées sans que vous ayez eu recours à des mesures hostiles, et selon des termes si modérés et favorables. J'ai aussi l'honneur de vous dire que j'aurai grand plaisir à vous voir et à vous prêter, quand il vous plaira de me la demander, mon assistance pour la formation d'une administration propre à maintenir le bon ordre et l'harmonie entre les résidents étrangers à Taïti, ainsi que pour le bien général des habitants. » Plus réservés dans leur adhésion, les missionnaires protestants témoignèrent pourtant la résignation la plus pacifique; ils écrivirent, le 21 septembre 1842, à l'amiral Dupetit-Thouars : « Nous soussignés, ministres de la mission protestante dans les îles de Taïti et de Moorea, réunis en comité et informés des changements qui viennent de s'accomplir à l'égard du gouvernement taïtien, nous assurons votre Excellence que nous, ministres de l'Évangile de paix, nous considérerons comme notre impérieux devoir d'exhorter le peuple de ces îles à une soumission générale et paisible envers les pouvoirs existants. Nous pensons que c'est là le meilleur moyen de servir les intérêts de ce peuple, et surtout que cette soumission est requise par les lois de Dieu que nous avons jusqu'ici pris soin de lui inculquer. »

Malgré ces démonstrations locales, dès que la nouvelle de cet événement nous arriva, je pressentis les embarras qu'il devait nous causer. Il y avait quarante-cinq ans que les missionnaires anglais étaient établis à Taïti; ils y étaient les délégués de la grande *Société des missions de Londres,* fondée en 1795 précisément pour porter la foi chrétienne à *Taïti* et dans ces îles de *la Société* dont les voyageurs anglais et français ne cessaient, depuis un demi-siècle, d'entretenir le public européen. Le départ des premiers missionnaires, au nombre de vingt-neuf, dont neuf emmenaient avec eux leurs femmes et leurs enfants, avait été à Londres l'occasion de réunions religieuses, solennelles et ferventes; un journal spécial, *le Magasin évangélique,* avait été fondé pour les soutenir. En arrivant à Taïti, ils avaient trouvé la population plongée dans l'état moral le plus déplorable; le meurtre, le vol, la débauche, la polygamie, l'infanticide, le mensonge, le parjure y étaient, non-seulement habituellement pratiqués, mais publiquement admis et comme de droit commun; l'infanticide en particulier était l'objet avoué d'une association abominable, dite les *Arreoys,* qui se chargeait de l'accomplir. Quoiqu'ils ne fussent pas anthropophages, les Taïtiens étaient livrés à une idolâtrie aussi cruelle qu'insensée; ils immolaient souvent des victimes humaines, et posaient sur les corps égorgés les grossiers fondements des temples consacrés à leurs idoles. Les missionnaires anglais avaient été aux prises avec ces traditions invétérées de superstitions et de vices; plusieurs d'entre eux avaient été massacrés; quelques-uns, effrayés ou dégoûtés de leur tâche, l'avaient abandonnée et étaient retournés en Angleterre; ceux qui étaient restés avaient eu à surmonter toute sorte d'obstacles et à souffrir toute sorte d'épreuves. Pourtant ils avaient persisté; ils avaient reçu de leurs patrons d'Angleterre le plus constant appui; des recrues successives de chrétiens, aussi dévoués que ceux du premier départ, étaient venues perpétuer et renouveler la mission. Elle avait fait bien plus que persister, elle avait réussi; par leur inépuisable dévouement et leur action prolongée, les missionnaires avaient changé, non-seulement à la surface et en apparence, mais réellement, la foi, les mœurs et l'état social des Taïtiens. Ce n'est pas sur leur propre témoignage, c'est sur celui de voyageurs étrangers à leur nation et à leur œuvre que cette assertion se fonde; en 1824, après avoir passé quinze jours à Taïti, le savant capitaine Duperrey, commandant la corvette *la Coquille,* écrivait : « L'état de l'île de Taïti est maintenant bien différent de ce qu'il était du temps de Cook. Les missionnaires de *la Société de Londres* ont entièrement changé les mœurs et les coutumes des habitants. L'idolâtrie n'existe plus; ils professent généralement la religion chrétienne ; les femmes ne viennent plus à bord des navires, et elles sont très-réservées en toute occasion. Leurs mariages sont célébrés comme en Europe, et le roi se borne à une seule femme. Les femmes sont admises à table avec leurs maris. L'infâme société des Arreoys n'existe plus. Les guerres sanglantes dans lesquelles ce peuple s'engageait et les sacrifices humains ont entièrement cessé depuis 1816. Tous les naturels savent lire et écrire, et ils ont des livres religieux traduits dans leur langue et imprimés à Taïti, ou à Raiatea, ou à Eimeo. Ils ont construit de belles églises où ils se rendent deux fois par semaine, et ils prêtent la plus grande attention aux discours du prédicateur. Il n'est pas rare de voir des individus prenant des notes sur les plus intéressants passages des sermons qu'ils entendent. »

C'était après de tels résultats de leurs travaux, et après quarante ans de domination morale que les missionnaires anglais protestants se voyaient menacés de perdre, dans Taïti, leur prépondérance; c'était une foi et une œuvre à ce point laborieuses et victorieuses qu'ils pouvaient, qu'ils devaient croire compromises par l'empire naissant d'une autre nation et d'une autre foi. Depuis près de vingt ans, Taïti était, entre les missionnaires protestants et les missionnaires catholiques, comme une proie exquise dont ils se disputaient la conquête; le 25 juin 1835, le Frère Colomban écrivait à l'évêque de Nicopolis : « Je suis débarqué à Taïti après un voyage de cinq jours. A l'arrivée d'un enfant du Sacré-Cœur sur cette terre depuis si longtemps consacrée au démon, il n'est pas étonnant que cet ennemi de tout bien ait redoublé de fureur, et que les émissaires protestants aient cru que je venais renverser leur empire. » A cette jalousie fanatique, plus d'un missionnaire protestant répondait par le même sentiment; M. Pritchard, entre autres, assurait aux chefs taïtiens « que le Frère Colomban était le pape, et que, si on le laissait entrer dans le pays, il emporterait, en s'en allant, tout ce qu'ils possédaient[1]. » Il faudrait ignorer bien complétement la nature humaine et l'histoire pour ne pas comprendre l'émotion profonde que, dans un tel état des esprits, le protectorat français à Taïti devait susciter, non-seulement dans les sociétés de missions, mais dans le public d'Angleterre, et le déplaisir plein d'embarras que le cabinet anglais devait en ressentir.

L'amiral Dupetit-Thouars avait agi sans autorisation du gouvernement; les instructions qu'il avait reçues à son départ ne parlaient que des îles Marquises; nous ne nous dissimulions pas les difficultés que pouvait amener, pour nous, ce qu'il venait de faire à Taïti. Nous résolûmes cependant de le ratifier. L'acte ne blessait aucun droit international; le gouvernement anglais n'en avait et n'en réclamait aucun sur les *Iles de la Société*; quels que fussent les motifs qui l'avaient déterminée, la reine Pomaré, dans son indépendance, avait proposé et si-

---

[1] *Annales de la propagation de la foi*, t. X, page 205.

gné le traité qui établissait le protectorat français ; le fait était accompli ; le drapeau de la France, planté aux Marquises, faisait dans les mers du Sud sa première apparition permanente ; il n'y devait pas paraître incertain et timide. Le 20 mars 1843, le *Moniteur* contint cette déclaration : « Le gouvernement a reçu des dépêches du contre-amiral Dupetit-Thouars qui lui annoncent que la reine et les chefs des îles Taïti ont demandé à placer ces îles sous la protection du roi des Français. Le contre-amiral a accepté cette offre et pris les mesures nécessaires, en attendant la ratification du roi qui va lui être expédiée. »

Dès le lendemain 21 mars, le comte Pelet de la Lozère témoigna, dans la Chambre des pairs, quelque inquiétude pour les missions établies à Taïti et pour les progrès du christianisme dans cet archipel. Je lui répondis immédiatement : « La Chambre comprend qu'il m'est impossible d'entrer dans aucun détail sur un fait si récent ; néanmoins je suis bien aise de calmer tout de suite les inquiétudes de l'honorable orateur. Non, certainement, ce ne sera pas le gouvernement du roi, quelque part que son pouvoir pénètre, qui fera jamais rétrograder le christianisme et la civilisation, et qui n'accordera pas aux populations chrétiennes, et à la transformation des populations idolâtres en populations chrétiennes, la protection la plus efficace. Il protégera non-seulement le christianisme, mais le christianisme tolérant et libre. Et ici je vais au-devant d'une difficulté qui est dans l'esprit de l'orateur, mais qu'il n'a pas complétement exprimée. Il est vrai que, dans les archipels des mers du Sud, des missionnaires protestants ont pénétré en même temps que les missionnaires catholiques, et que les uns et les autres ont travaillé, travaillé efficacement, à la conversion des idolâtres. Les uns et les autres ressentiront les effets de la protection de la France, et le christianisme ne reculera dans aucun pays où pénétrera son pouvoir. »

La situation et les intentions du gouvernement du roi ainsi bien déterminées, nous prîmes les mesures nécessaires pour que l'exécution fût sérieuse et efficace. Dès le 8 janvier 1843, le capitaine Bruat, officier d'une intelligence et d'une bravoure éprouvées, avait été nommé gouverneur des îles Marquises ; le 17 avril, quand nous eûmes ratifié le protectorat français à Taïti, il reçut le titre de gouverneur des établissements français dans l'Océanie et commissaire du roi auprès de la reine Pomaré. Des instructions précises, en réglant sa conduite et ses relations à Taïti comme aux Marquises, et avec le commandant supérieur de notre station navale dans les mers du Sud comme avec les indigènes, lui assurèrent tout le pouvoir dont il avait besoin, sans dépasser les limites du traité conclu par l'amiral Dupetit-Thouars le 9 septembre précédent[1] ; et les questions d'outre-mer ainsi résolues, un projet de loi, présenté le 24 avril à la Chambre des députés par l'amiral Roussin, alors ministre de la marine, de-

---

[1] *Pièces historiques*, n° II.

manda, soit pour les premiers frais en 1843, soit pour les dépenses permanentes des nouveaux établissements français dans l'Océanie, un crédit extraordinaire de 5,987,000 francs.

La discussion fut sérieuse sans être vive. L'opposition, dont M. Billault fut le principal organe, y prit une attitude différente de son attitude ordinaire; au lieu de nous accuser d'une excessive prudence, elle nous trouvait trop entreprenants et trop confiants; elle contestait l'opportunité de nos établissements dans l'Océanie; elle les voulait du moins plus restreints et moins chers. Je rappelai les faits; je montrai comment nous avions été conduits, par l'incident de Taïti, à étendre notre entreprise; pour la justifier, je mis en lumière, par les faits et les chiffres, l'état croissant de notre navigation et de notre commerce dans les mers du Sud; j'insistai sur la nécessité, pour la France, de ne pas rester étrangère au grand mouvement d'extension politique et commerciale que d'autres nations poursuivaient si activement entre l'Amérique et l'Asie. La Chambre m'écoutait avec plus de bienveillance que de sécurité, plutôt intéressée que convaincue par la discussion, et admettant la convenance de notre résolution sans compter beaucoup sur les résultats. Quand les questions d'intérêt matériel furent épuisées, M. Agénor de Gasparin éleva la question morale, et témoigna son regret de la protection que le gouvernement annonçait l'intention d'accorder, dans les îles de Taïti, aux missions catholiques, malgré la législation taïtienne qui leur en interdisait l'entrée ; il contesta au protectorat français le droit d'imposer la liberté religieuse à un peuple qui n'en voulait pas. Je saisis avec empressement cette occasion d'expliquer nettement, à ce sujet, nos vues et le principe régulateur de notre conduite : « Ce serait, dis-je, pour un gouvernement, une entreprise insensée que de se charger de la propagande religieuse, et d'imposer la foi par force, même aux païens. Nous n'en avons pas, nous n'en avons jamais eu la pensée. Nous avons, à cet égard, auprès de nous, un grand exemple ; ce que je viens de dire, l'Angleterre le fait : le gouvernement anglais ne fait point de propagande religieuse ; il n'impose point la foi protestante aux nations païennes ; il y a en Angleterre des missionnaires... » Une voix s'écria : « Commerçants ! » Je repris à l'instant : « Il y a en Angleterre des missionnaires commerçants et des missionnaires non commerçants ; il y a des missionnaires anglais uniquement préoccupés des intérêts religieux et du désir de répandre le christianisme ; des hommes qui spontanément, librement, à leurs périls et risques, sans aucune intervention de leur gouvernement, vont promener leur activité et leur dévouement sur la face du monde pour y porter leur foi. Cela, ils ont bien le droit de le faire ; ils ne sont pas le gouvernement de leur pays. Mais, avec leur foi, ils portent, partout où ils pénètrent, le nom, la langue, l'influence de leur gouvernement ; et leur gouvernement qui le sait, qui recueille le fruit de cette activité, leur gouvernement les suit de ses regards, les soutient, les protége partout où ils pénètrent. En cela, il fait son devoir : à chacun sa tâche ; aux missionnaires libres, la propagation de la foi religieuse ; au gouvernement, la protection de ses sujets, même missionnaires, partout où ils vont. Messieurs, la France a ses missionnaires aussi bien que l'Angleterre ; avant que vous vous en occupassiez, avant que vous le sussiez, avant que votre pensée s'y fût un moment arrêtée, des hommes sincères, courageux, dévoués, des prêtres français faisaient dans le monde, avec la langue française et en portant le nom français, ce que les missionnaires anglais font au nom de leur pays. Ils le faisaient précisément dans les parages qui nous occupent, dans les archipels de l'océan Pacifique ; ils travaillaient à conquérir à leur foi les îles Gambier, les Nouvelles-Hébrides, les îles des Navigateurs, la Nouvelle-Zélande et tant d'autres. Pourquoi le gouvernement français ne ferait-il pas, pour les missionnaires français catholiques, ce que le gouvernement anglais fait pour les missionnaires anglais protestants ? Pourquoi ne les suivrait-il pas de ses regards, ne les protégerait-il pas, comme l'Angleterre le fait pour les siens ? On dit : « Vous voulez donc vous faire les patrons de la foi catholique ; vous allez donc vous exposer à toutes les complications, à tous les conflits que la lutte du catholicisme et du protestantisme dans ces parages peut entraîner. » Je ne vois pas pourquoi la France, dans les limites et en gardant les mesures que je viens d'indiquer, ne se ferait pas la protectrice de la religion catholique dans le monde ; c'est son histoire, sa tradition ; elle y est naturellement appelée ; ce qu'elle a toujours fait dans l'intérêt de sa dignité comme de sa puissance, je ne vois pas pourquoi elle cesserait de le faire aujourd'hui. Parce que heureusement la liberté religieuse s'est établie en France, parce que catholiques et protestants vivent ici en paix sous la même loi, serait-ce une raison pour que la France délaissât ses traditions, son histoire, et cessât de protéger dans le monde la religion de ses pères ? Non, messieurs, non ; si la France a introduit chez elle la liberté religieuse, la France la portera partout ; pourquoi la France ne ferait-elle pas, dans l'Océanie, ce qu'elle fait chez elle, sur son territoire ? Ce sera difficile, dit-on ; il y aura des complications, des embarras. Messieurs, c'est le métier des gouvernements de faire des choses difficiles et de suffire aux complications qui se présentent. Voulez-vous que je vous dise quelle sera la conséquence de la situation que je décris ? Elle s'est déjà présentée ; vous avez déjà vu, au milieu de vous, des prêtres catholiques qui avaient vécu au sein de la liberté religieuse, au milieu des protestants et de toutes les sectes ; qu'étaient-ils devenus ? Ils étaient devenus doux, tolérants, libéraux ; vous les avez vus archevêques chez vous ; M. de Cheverus, archevêque de Bordeaux, s'était formé à cette école. Sous l'empire de nos lois, sous l'empire des faits au milieu desquels se passera leur vie, ce même esprit pénétrera chez les prêtres qui iront dans l'Océanie accomplir leur grande œuvre. Et la

France aura été fidèle à son passé ; la France aura protégé dans le monde la religion catholique sans que la liberté religieuse en ait souffert nulle part ; elle y aura gagné au contraire de nouveaux exemples et de nouveaux serviteurs. »

La Chambre ne comptait pas beaucoup sur la tolérance des missionnaires, catholiques ou protestants ; sa disposition, quant à la question religieuse, était un peu inquiète, comme pour la question matérielle ; mais il y a, dans les grandes vérités morales, une puissance dont les honnêtes gens ne peuvent se défendre, même quand ils doutent de leur succès, et c'est à travers les hésitations et les troubles des hommes qu'elles font leur chemin dans le monde. Dominées par l'honneur du drapeau français et par le désir de se montrer protectrices à la fois de la religion et de la liberté, les deux Chambres votèrent, à de fortes majorités, pour nos nouveaux établissements dans l'Océanie, le crédit que nous leur demandions.

Nous nous flattions que nous avions traversé les principales difficultés de l'affaire ; au dedans, la question parlementaire était vidée ; au dehors, la question diplomatique n'avait rien de grave ; sans dissimuler son déplaisir, et en laissant percer ses doutes sur la spontanéité de la demande formée par la reine Pomaré pour l'établissement du protectorat français, le cabinet anglais avait formellement déclaré qu'il n'avait aucun droit ni aucun dessein d'y mettre aucun obstacle, et de donner à la reine Pomaré son secours contre le traité qu'elle avait elle-même conclu. L'ambassadeur d'Angleterre à Paris, lord Cowley, ne m'avait témoigné que la sollicitude de son gouvernement pour les missionnaires anglais à Taïti ; je lui avais donné, à cet égard, les plus fermes comme les plus franches assurances ; et le 11 juillet 1843, au moment même où les Chambres venaient de discuter et de voter la loi relative à nos établissements dans l'Océanie, le sous-secrétaire d'État des affaires étrangères à Londres, M. Addington, avait écrit, par ordre de lord Aberdeen, à sir John Barrow, secrétaire de l'Amirauté [1] : « Quel que puisse être le regret du gouvernement de Sa Majesté de voir la reine Pomaré réduite à se soumettre à une puissance étrangère, dans les communications qui ont eu lieu entre les gouvernements de France et d'Angleterre au sujet des *îles de la Société,* depuis la première nouvelle de l'absorption partielle de la souveraineté par les Français, le gouvernement de Sa Majesté n'a élevé aucune question sur le droit en vertu duquel la France avait pris cette souveraineté. Tout ce qu'on a fait s'est borné à demander que les sujets anglais dans ces îles ne soient pas inquiétés, et à obtenir du gouvernement français l'assurance positive qu'une protection égale serait accordée aux missionnaires protestants et catholiques romains établis dans ces îles. Le gouvernement de Sa Majesté désire qu'aucune difficulté ne soit faite, par les commandants des forces navales de Sa Majesté qui

---

[1] *Parliamentary Papers,* n° 3, 1844.

pourront visiter les *îles de la Société,* quant à saluer le pavillon qui a été introduit par l'amiral français, et qu'aucune dispute ne s'élève quant au droit des Français d'exercer l'autorité dans ces îles, conjointement avec la souveraine.» Le 25 août suivant, lord Aberdeen, dans une dépêche à lord Cowley qui me fut communiquée, avait tenu le même langage. La situation était donc claire et réglée entre le gouvernement anglais et nous comme entre nous et la reine Pomaré, et notre établissement à Taïti n'avait qu'à durer et à se développer dans les limites et aux termes du traité du 9 septembre 1842.

Il n'était pas destiné à un cours si naturel et si paisible. Après avoir passé près de quatorze mois loin de Taïti où il avait laissé, à titre de gouvernement provisoire, deux officiers de marine chargés des intérêts français dans l'île et du premier établissement du protectorat, l'amiral Dupetit-Thouars y revint le 1er novembre 1843, et après cinq jours de pourparlers entre lui et le gouvernement taïtien sur ce qui s'était passé depuis le mois de septembre 1842, notamment sur une question de pavillon planté et maintenu à tort, selon l'amiral, par la reine Pomaré, il mit de côté le traité du protectorat, déclara la reine Pomaré déchue de sa souveraineté, à l'intérieur aussi bien qu'à l'extérieur, et prit le 6 novembre, au nom du roi et de la France, possession complète et définitive des *îles de la Société.* D'après ses rapports, qui nous arrivèrent vers le milieu de février 1844, l'hostilité manifestée contre l'établissement français par quelques-uns des officiers de la marine anglaise venus à Taïti, les menées ardentes du consul anglais, M. Pritchard, revenu dans l'île, pour exciter contre nous la reine Pomaré et les Taïtiens, les difficultés que ces menées avaient suscitées aux deux officiers qui représentaient la France, les prétentions d'entière et malveillante indépendance que témoignaient certains actes de la reine et de ses conseillers, tels étaient les motifs qui avaient fait considérer à l'amiral le traité du 9 septembre 1842 comme violé par le gouvernement taïtien, par conséquent comme annulé, et qui l'avaient déterminé à substituer, au régime du protectorat, la complète souveraineté de la France.

Nous fîmes, de cet acte de l'amiral Dupetit-Thouars et de ses motifs, le plus sérieux examen. L'acte en lui-même était violent et contraire aux plus simples maximes du droit public; on n'abolit pas tout à coup et à soi seul un traité naguère conclu, et l'extrême faiblesse de l'une des parties contractantes n'est qu'une raison de plus de modération et d'équité. Une nécessité certaine et pressante eût pu seule expliquer la résolution de l'amiral; or, ses motifs étaient plus spécieux que réels : malgré les démonstrations malveillantes de quelques officiers de la marine anglaise, malgré les menées hostiles du consul Pritchard et les embarras qu'elles avaient causés aux deux officiers provisoirement chargés des intérêts français, ces deux officiers « laissés seuls à Taïti, sans troupes, sans navires, avec six marins pour tout appui, » comme le disait, dans son rapport, l'amiral lui-même, n'en avaient pas moins accompli leur mission; en définitive, leur autorité avait été respectée; le drapeau du protectorat français n'avait pas cessé un moment de flotter sur l'île. L'amiral Dupetit-Thouars n'avait pas jugé la situation bien périlleuse ni bien pressante puisqu'il avait passé quatorze mois sur la côte occidentale d'Amérique, sans paraître dans l'archipel des *Iles de la Société*. L'officier anglais le plus ennemi du protectorat français, le commodore Toup Nicholas, commandant la frégate *la Vindictive*, sur laquelle M. Pritchard était rentré à Taïti, venait d'être rappelé de cette station par l'amiral Thomas, commandant en chef des forces navales anglaises dans les mers du Sud, et celui qui l'avait remplacé devant Taïti, le capitaine Tucker, commandant la frégate *le Dublin*, tenait une conduite beaucoup plus mesurée, dont les officiers français s'empressaient de se féliciter. M. Pritchard lui-même venait de recevoir de son gouvernement des instructions positives et fort contraires à ses penchants; dès sa rentrée à Taïti, le 13 mars 1843, il avait écrit à lord Aberdeen en lui rappelant les termes de deux dépêches, l'une de M. Canning en 1827, l'autre de lord Palmerston en 1841, qui semblaient promettre au gouvernement taïtien la protection efficace de l'Angleterre quand il en aurait besoin; mais lord Aberdeen lui avait répondu le 25 septembre 1843 : « Vous paraissez vous être complétement mépris sur les passages des lettres de M. Canning et de lord Palmerston que vous citez dans votre dépêche, à l'appui du principe de l'intervention active de la Grande-Bretagne contre la France en faveur de la reine Pomaré. Il résulte de la teneur intégrale de ces lettres que le gouvernement de Sa Majesté Britannique n'était point disposé à intervenir ouvertement en faveur de la souveraine des *Iles de la Société*, bien qu'il lui offrît toute la protection et tous les bons offices qu'il pouvait lui donner, en dehors de l'intervention active. Mais il ne faut pas supposer qu'au moment où il refusait de prendre les *Iles de la Société* sous la protection de la couronne d'Angleterre, le gouvernement de Sa Majesté songeât à interposer ses bons offices en faveur de la souveraine, de manière à s'exposer à la presque certitude d'une collision avec une puissance étrangère. Le gouvernement britannique déplore sincèrement la peine et l'humiliation infligées à la reine Pomaré; il veut faire tout ce qu'il pourra pour alléger sa détresse; mais malheureusement la lettre dans laquelle on demandait la protection française a été librement signée par la reine, et la convention qui a suivi a été également contractée et accomplie par sa volonté..... Le gouvernement de Sa Majesté Britannique se trouve ainsi privé, par l'acte volontaire et spontané de la reine, de tout prétexte juste et plausible pour s'opposer à la prise de possession et à l'exercice du protectorat des Français. Il n'entend donc soulever aucune question relative à l'exercice de ce pouvoir, ni à la légitimité du nouveau pavillon que les Français ont jugé à propos de substituer à l'ancien pavillon taïtien [1].

Ainsi, ni à Taïti même, ni de la part d'aucune puissance européenne, le protectorat français ne courait aucun risque sérieux; il subsistait depuis quinze mois, avec des embarras, mais sans obstacle véritable; la reine Pomaré venait d'adresser au roi une lettre transmise par l'amiral Dupetit-Thouars lui-même, dans laquelle, en invoquant, au nom du traité, sa justice, elle y renouvelait sa plus positive adhésion. Nous pensâmes donc, en vertu des faits comme du droit, que l'amiral Dupetit-Thouars n'avait pas eu de raisons suffisantes de substituer par un acte violent, au régime du protectorat, une situation qui ne pouvait manquer d'amener des difficultés beaucoup plus graves, et le 26 février 1844, le *Moniteur* contint cette déclaration : « Le gouvernement a reçu des nouvelles de l'île de Taïti, en date du 1ᵉʳ au 9 novembre 1843. M. le contre-amiral Dupetit-Thouars, arrivé dans la baie de Papéiti le 1ᵉʳ novembre pour exécuter le traité du 9 septembre 1842 que le roi avait ratifié, a cru devoir ne pas s'en tenir aux stipulations de ce traité et prendre possession de la souveraineté entière de l'île. La reine Pomaré a écrit au roi pour réclamer les dispositions du traité qui lui assurent la souveraineté intérieure de son pays, et le supplier de la rétablir dans ses droits. Le roi, de l'avis de son

---

[1] *Parliamentary Papers*, 1844, n° 9.

conseil, ne trouvant pas, dans les faits rapportés, de motifs suffisants pour déroger au traité du 9 septembre 1842, a ordonné l'exécution pure et simple de ce traité et l'établissement du protectorat français dans l'île de Taïti. »

Le jour même où cette résolution fut annoncée, elle devint, dans la Chambre des députés, de la part de toutes les nuances de l'opposition, l'objet d'une grande attaque; on soutint que, loin de désavouer l'acte de l'amiral Dupetit-Thouars, nous aurions dû l'approuver, et accepter avec empressement la possession complète de Taïti au lieu du régime incertain du protectorat. Mais ce ne fut point là la vraie et chaude guerre; on nous accusa surtout d'avoir agi, dans cette occasion, par faiblesse et complaisance pusillanime envers le gouvernement anglais; on prétendit que l'humeur et les plaintes venues de Londres nous avaient seules décidés; on exploita contre nous les sentiments populaires dont l'Angleterre était l'objet. Jamais, en considérant l'ensemble des faits, une telle accusation n'avait été plus mal fondée; quand nous avions accepté le protectorat qui enlevait à l'Angleterre, et à l'Angleterre protestante, la prépondérance exclusive dont elle jouissait à Taïti, nous ne l'avions pas, à coup sûr, ménagée; nous avions inquiété et blessé, au delà de la Manche, un profond sentiment national; nous aurions agi sans convenance comme sans justice si nous avions renouvelé et aggravé cette blessure en sanctionnant un second acte aussi inutile en fait que contraire au droit. Je repoussai, avec plus d'indignation dans l'âme que je ne me permis d'en exprimer, un grossier et absurde reproche; on s'étonnait que nous eussions attendu huit jours après l'arrivée des dépêches de l'amiral pour nous prononcer; on demandait pourquoi nous n'avions pas pris sur-le-champ notre résolution avant qu'à Londres et dans la Chambre des communes on eût parlé de l'affaire : « J'ai du malheur, dis-je, car ce qui paraît fier à mes honorables adversaires me paraît, à moi, timide et bas. Comment! Parce que nous craindrons que quelques paroles soient dites, dans un parlement voisin, sur une question à laquelle il porte intérêt, il faudra que nous décidions cette question à la course! Il faudra que nous approuvions ou que nous désapprouvions, dans les vingt-quatre heures, la conduite d'un officier français, pour éviter qu'on en dise un avis, qu'on en exprime une opinion de l'autre côté de la Manche! Messieurs, j'ai assez vécu pour voir passer devant moi bien des gouvernements, bien des pouvoirs; j'ai vu l'Empire avec l'ascendant de sa gloire; j'ai vu la Restauration avec l'autorité de ses souvenirs; j'ai vu le pouvoir populaire avec l'entraînement de ses idées et de ses passions. Aucun de ces pouvoirs, j'ose le dire, ne m'a jamais trouvé complaisant ni disposé à plier devant lui. Dans le cours d'une vie déjà longue, j'ai plus souvent résisté que cédé à la force qui dominait dans notre société. Et ce serait devant des pouvoirs étrangers

que j'irais faire acte de concession et de faiblesse!
Messieurs, cela est absurde à supposer. Sans doute,
en prenant notre résolution, nous avons tenu compte
de nos relations avec l'Angleterre ; il eût été, permettez-moi de le dire, absurde de faire autrement.
C'est la première règle du bon sens, c'est le premier devoir d'une politique un peu intelligente d'apprécier chaque question et chaque affaire à sa juste
valeur, et de savoir quelles conséquences elle aura dans
l'ensemble de nos affaires et de nos relations avec d'autres États. Je suis le premier à dire que, lorsque nous
avons examiné cette question, nous avons pensé à nos
relations avec l'Angleterre. Mais cela n'empêche pas
que nous n'ayons résolu la question dans la plus complète indépendance de toute influence étrangère, anglaise ou autre, et uniquement par des considérations
puisées dans l'intérêt de la France elle-même. Je le dis
très-haut, je le dis sans crainte de blesser les hommes
honorables qui siégent dans le Parlement britannique,
pas plus que je ne crains de blesser mes amis ; nous
nous décidons par des raisons françaises et non à cause
des paroles anglaises. Nous n'avons pas craint que ces
paroles fussent prononcées, et nous nous sommes conduits après comme nous nous serions conduits avant.
Je vous conjure, messieurs, d'y bien penser. Il est vrai :
l'avénement et l'établissement de la France dans les
mers du Sud ont été regardés par l'Angleterre avec un
œil de sollicitude, et peut-être de quelque jalousie. Ne
vous y trompez pas ; la force la plus vive, la plus active

qui existe aujourd'hui dans l'Océanie, c'est la force religieuse. Quand je dis la force religieuse, je ne dis pas seulement la force religieuse protestante, je dis aussi la force religieuse catholique; ces archipels sont couverts de missionnaires catholiques en même temps que de missionnaires protestants. On a parlé plusieurs fois, dans cette Chambre, des missionnaires anglais qui résident à Taïti; nous leur avons promis liberté, protection, sécurité, et je n'hésite pas à dire que le gouvernement anglais a pleine confiance dans notre parole. Mais cette parole que nous avons donnée, nous avons à la demander aussi pour nous. A la Nouvelle-Zélande, par exemple, ce sont des missionnaires catholiques qui ont pénétré les premiers et se sont établis; un évêque français, Mgr Pompallier, est à la tête de ces missions, avec beaucoup de zèle et de succès. On dit que déjà plus de vingt mille naturels ont été dans la Nouvelle-Zélande convertis au catholicisme. Ils sont sous l'autorité anglaise; nous avons besoin qu'ils soient protégés, soutenus, qu'ils jouissent de la même liberté, de la même sécurité que nous garantissons aux missionnaires anglais à Taïti. Partout dans cette Océanie, la religion catholique et la religion protestante sont à côté l'une de l'autre; toutes deux se propagent en même temps; l'une et l'autre sincères, convaincues, ardentes; l'une et l'autre faisant des prosélytes qui, dans leur naturel inculte et sauvage, deviennent bien vite ardents et fanatiques. C'est un beau spectacle que donnent en ce moment ces missions travaillant librement, l'une à côté de l'autre, à la propagation de la foi chrétienne ; mais c'est un spectacle difficile, délicat, périlleux, qui ne peut durer qu'à la condition qu'il sera protégé par la bonne intelligence et l'harmonie des deux grands gouvernements sous l'empire desquels ces missions s'exercent. Le jour où, entre ces deux gouvernements, la bonne intelligence aura cessé, le jour où la rivalité politique viendra se placer à côté de la dissidence religieuse, ce jour-là, ne vous y trompez pas, messieurs, du milieu de cet Océan il sortira des tempêtes ; il y aura là des éléments de discorde, des causes de guerre que toute la sagesse de l'Europe aura grand'peine à contenir. Si vous voulez que cette œuvre solennelle et que, pour mon compte, je trouve aussi salutaire que belle, si vous voulez, dis-je, qu'elle continue et qu'elle réussisse, appliquez-vous à maintenir, entre les deux grands gouvernements dont il s'agit, la confiance et l'harmonie. Et lorsque ces deux gouvernements sont eux-mêmes d'accord sur ce point, lorsqu'ils se promettent, lorsqu'ils se donnent effectivement l'un à l'autre, dans les contrées dont je parle, toutes les libertés, toutes les garanties dont l'œuvre que je rappelle a besoin, ne souffrez pas qu'il dépende de la volonté d'un homme, d'un marin, quelque honorable, quelque courageux, quelque dévoué à son pays qu'il soit, (et ce n'est pas moi qui refuserai à l'amiral Dupetit-Thouars aucun de ces mérites), ns souffrez pas, dis-je, qu'il dépende de la volonté d'un seul homme de venir troubler un pareil spectacle et détruire une pareille œuvre en rompant, entre les deux grands pays qui y concourent, la bonne intelligence et l'harmonie dont dépendent son succès et sa durée. »

La Chambre fut touchée et convaincue : un ordre du jour, proposé par l'opposition en ces termes : « La Chambre, sans approuver la conduite du cabinet, passe à l'ordre du jour, » fut rejeté par 233 voix contre 187 ; et le même débat, renouvelé quatre fois en deux mois dans la Chambre des pairs comme dans celle des députés, eut constamment le même résultat.

Mais pendant que nous le discutions à Paris, l'acte de l'amiral Dupetit-Thouars amenait à Taïti les conséquences qu'on en devait attendre, et allumait, dans ce petit coin du monde, le feu de la guerre. La reine Pomaré complétement dépouillée de sa souveraineté, la conquête remplaçant le protectorat, le plus fort abolissant le régime et les droits qu'il avait naguère institués, ces violences inattendues mirent la douce et indolente population de l'île dans une vive fermentation. Le consul Pritchard s'empressa de la fomenter : il avait engagé la reine Pomaré à venir habiter dans une case voisine de la sienne, pour qu'elle fût constamment sous son influence ; au moment même où elle réclamait le maintien du traité du 9 septembre 1842, il lui fit adresser à l'amiral Dupetit-Thouars [1] une lettre où elle affirmait qu'elle n'avait signé ce traité que par peur ; et il écrivit lui-même à l'amiral [2] pour contester les faits sur lesquels reposait le traité, accuser d'ivrognerie son

[1] Le 3 novembre 1842.
[2] Le 6 novembre 1843.

propre suppléant, le vice-consul anglais Wilson, qui en avait témoigné sa satisfaction, et déclarer que, pour lui, il ne pouvait reconnaître même le simple protectorat français, n'en ayant pas encore reçu de son gouvernement l'autorisation. Dès que l'amiral Dupetit-Thouars eut mis de côté le protectorat et pris entière possession de l'île, M. Pritchard amena son pavillon de consul et annonça qu'il cessait ses fonctions, disant en même temps aux indigènes que l'Angleterre ne reconnaîtrait pas le nouveau régime et que ses vaisseaux viendraient bientôt au secours de la reine Pomaré. Il le persuada si bien à la reine elle-même, que le 10 janvier 1844, au moment où la frégate anglaise *le Dublin*, rappelée par l'amiral Thomas, quittait la rade de Taïti, elle écrivit aux chefs et au peuple de six districts de l'île : « Je vous informe que *notre* vaisseau de guerre est près de partir, ayant été rappelé par l'amiral ; il y a ici un petit bâtiment de guerre qui prend soin de nous, et il en vient un autre. Ne croyez donc pas à la personne qui vous dit que nous ne serons pas secourus. La Grande-Bretagne ne nous abandonnera jamais. Tenez-vous tranquilles en attendant l'arrivée de sa parole. Voici ma parole, à moi, pour vous ; ne faites aucun mal en aucune occasion ; ne maltraitez jamais ceux de France ; attendez patiemment ; c'est à moi que vous devez regarder ; c'est moi que vous devez suivre. Et prions Dieu qu'il nous délivre de nos peines, comme Ezéchias fut délivré. » Quelques jours après enfin, le 31 janvier 1844, au moment où la sédition éclatait sur divers points de l'île, M. Pritchard détermina la reine Pomaré à se retirer à bord du petit bâtiment anglais *le Basilic,* en station dans la rade de Papéiti, comme dans le seul lieu où elle pût être en sûreté. Et pendant que Papéiti était en proie à cette agitation, une lettre y arrivait du commodore Toup Nicholas, l'adversaire déclaré du protectorat français, et qui, en station sur la côte du Pérou avec sa frégate *la Vindictive,* écrivait[1] à l'un de ses amis à Taïti : « Puisse la nouvelle année vous apporter plus de contentement que la précédente, et puissé-je voir la chère et bonne reine rendue à sa pleine souveraineté et à son indépendance ! » Le bâtiment qui portait à Taïti cette lettre y portait en même temps plusieurs numéros du *Dublin-University Magazine* et du *Times* pleins d'articles violents contre les Français, articles dont les copies faites à la main furent aussitôt répandues avec profusion.

Dans cette situation compliquée et délicate, le capitaine Bruat, qui venait de prendre, depuis quelques semaines seulement, le gouvernement des établissements français dans l'Océanie, se conduisit avec autant d'intelligence que d'énergie. Il se porta de sa personne, avec des forces suffisantes, sur les points de l'île où l'insurrection était flagrante ou prochaine, et prit partout les mesures nécessaires pour la réprimer ou la prévenir, opposant aux faux bruits sa présence et ses actes, prompt à intimider les indigènes par sa fermeté

---

[1] Le 13 janvier 1844.

confiante, les frappant au besoin sans hésitation mais avec mesure, s'abstenant de paroles bruyantes, préoccupé des difficultés du cabinet à Paris comme des siennes propres dans les îles, et déployant avec vigueur l'autorité dont il était revêtu, sans rien dire ni rien faire qui pût aggraver les embarras ou compromettre les résolutions du gouvernement de qui il tenait sa mission.

Mais M. Bruat ne pouvait être en même temps partout, au foyer où couvait l'insurrection comme sur les points où elle éclatait. Il avait laissé, en partant, à Papéiti, avec le commandement de la place auquel l'appelait son grade, le capitaine de corvette d'Aubigny, officier aussi brave, mais moins prévoyant et moins patient que lui. Les menées hostiles de M. Pritchard étaient, dans ce moment de crise, l'objet des préoccupations et sans doute aussi le sujet des conversations habituelles des Français, militaires ou civils, en résidence à Taïti. Sur le compte de ce sournois ennemi, tous les bruits devaient être accueillis, toutes les suppositions admises avec une crédulité passionnée, et le commandant d'Aubigny partageait probablement les méfiances comme les colères de ses compagnons. Dans la nuit du 2 au 3 mars 1844, un matelot français en faction fut attaqué, à coups de poing, par un indigène qui se saisit de son fusil et qui, forcé de lâcher prise, s'enfuit en emportant la baïonnette. Dans l'état des affaires, un tel incident n'avait rien d'étrange, ni de bien grave : il n'en jeta pas moins le commandant d'Aubigny dans la plus violente irritation. A l'instant, par un arrêté qui contenait les prohibitions et les prescriptions les plus rigoureuses [1], il mit la ville de Papéiti en état de siége, et le même jour, sans aucun éclaircissement préalable, il fit acrêter M. Pritchard au moment où celui-ci mettait le pied dans un canot pour faire une visite sur l'un des bâtiments anglais en rade, le fit enfermer dans un étroit réduit situé au-dessous d'un blockhaus, en lui

---

[1] Je ne citerai ici que quelques articles de cet arrêté :
« Article 2. Tout résidant, Européen ou Indien, doit être rentré dans son habitation au coup de canon de retraite, et n'y recevoir personne après cette heure.
« Art. 3. Depuis le coup de canon de retraite jusqu'à celui de diane, les patrouilles commandées par un officier et les rondes de police commandées par le commissaire de police pourront se faire ouvrir de force et visiter en détail toute maison qui leur paraîtra suspecte, ou dans laquelle on soupçonnera une réunion de personnes autres que celles qui habitent la maison.
« Art. 4. Si les patrouilles ou rondes de gendarmerie trouvent, dans les maisons qu'elles visiteront, des personnes qui ne les habitent pas, en outre de l'arrestation de ces personnes et de celle du propriétaire, de la confiscation ou de la destruction immédiate de tous vins, alcools ou autres esprits, les maisons pourront être détruites et leurs matériaux transportés à la convenance du commandant particulier, pour construire des corps-de-garde, magasins ou abris utiles à la garnison.
« Art. 5. Les embarcations des bâtiments étrangers, à quelque nation qu'ils appartiennent, devront avoir quitté le rivage au coup de canon de retraite, emmenant avec elles les personnes de leur équipage et tous les passagers descendus à terre dans la journée. Il est interdit à tout officier, matelot ou passager, d'avoir à terre un logement de nuit.
« Art. 6. D'un coup de canon à l'autre, les bâtiments étrangers sont prévenus qu'en outre des coups de feu auxquels ils exposeraient leurs hommes en envoyant un canot à terre, l'équipage sera arrêté, et l'embarcation immédiatement sabordée ou détruite. »

interdisant toute communication au dehors, même avec sa femme, et publia une proclamation ainsi conçue : « Une sentinelle française a été attaquée dans la nuit du 2 au 3 mars 1844. En représailles, j'ai fait saisir le nommé Pritchard, seul moteur et instigateur journalier de l'effervescence des naturels. Ses propriétés répondent de tout dommage occasionné à nos valeurs par les insurgés, et si le sang français venait à couler, chaque goutte en rejaillirait sur sa tête[1]. »

[1] M. Pritchard, de retour à Londres, rendit compte à lord Aberdeen (le 31 juillet 1844) de son arrestation et de sa détention en ces termes :
« Le jour même où la loi martiale (la mise en état de siége de Papéiti) fut proclamée, je fus jeté en prison sans qu'on me donnât la moindre indication de la cause de ce traitement. Le 3 mars, vers quatre heures, comme j'étais sur le quai, près de mettre le pied sur le bateau qui devait me conduire à bord du navire de Sa Majesté *le Cormoran*, le principal agent de la police courut sur moi et me saisit par le bras. Il fut immédiatement rejoint par quelques soldats. On me conduisit, à travers la ville, jusqu'au haut d'une colline sur laquelle avait été construit un blockhaus. Nous montâmes par une petite échelle à l'étage supérieur du blokhaus qui formait le corps-de-garde. Au milieu de la pièce était une trappe. Je fus descendu, par cette trappe, dans le cachot situé au-dessous, et j'y fus tenu, sans une goutte d'eau pour étancher ma soif et apaiser ma fièvre, jusqu'au lendemain matin, vers huit ou neuf heures. On ouvrit alors la trappe, et je reçus la proclamation de M. d'Aubigny, du 3 mars. Quant à la sentinelle attaquée par un natif de l'île, je n'en savais pas plus que n'en eût pu savoir l'un des officiers de Sa Majesté résidant à Londres. On me dit alors qu'on m'apporterait des aliments de chez moi, deux fois par jour. L'humidité du cachot était telle que, le troisième jour, je fus pris d'un violent accès de dysenterie. Je demandai qu'un médecin pût venir me voir. Cette faveur me fut accordée à certaines conditions; on mit dans le cachot une échelle sur laquelle je montai assez haut pour que le docteur pût me tâter

CHAPITRE XI.

Quatre jours après ces mesures de son lieutenant, le 9 mars 1844, le gouverneur Bruat rentra à Papéiti : « J'ai trouvé, écrivait-il au ministre de la marine[1], que Papéiti avait l'air d'une ville assiégée. J'ai immédiatement fait remettre à terre les effets français que l'on avait fait porter à bord des bâtiments. Le missionnaire anglais, M. Orsmond, de qui j'avais eu déjà beaucoup à me louer, m'a encore parfaitement secondé ; il avait déjà engagé le peuple de Papéiti à répondre par un refus aux émissaires des insurgés.... Le nombre de ces insurgés diminue tous les jours ; de tous côtés la confiance renaît, et les grands chefs du pays qui, tous, sont restés fidèles à notre cause, m'annoncent qu'avec de la patience chacun rentrera chez soi... Les copies de la correspondance que m'a adressée le commandant d'Aubigny, pendant mon séjour à Taravaï, vous feront connaître la nécessité où il s'est trouvé

le pouls, m'examiner et me faire des questions sur ma santé. Il écrivit au gouverneur que, si je n'étais pas tiré de cet humide cachot, je serais bientôt mort. D'après cette lettre, je fus emmené de nuit sur un vaisseau de guerre français à l'ancre dans le port. Je fus encore tenu là dans la solitude, mais tout était sec et clair, et j'y étais beaucoup mieux que dans le cachot. Le vaisseau de Sa Majesté, *le Cormoran*, ayant reçu du gouverneur, M. Bruat, l'ordre de quitter le port, il fut convenu que je serais mis à bord de ce vaisseau quand il serait hors du port, à condition que je ne serais débarqué dans aucune des *Iles de la Société*, et que je serais emmené dans quelqu'une des îles de ma juridiction. *Le Cormoran* se rendant à Valparaiso, j'ai cru de mon devoir de venir ici et de mettre mon affaire sous les yeux de Votre Seigneurie, pour que le gouvernement de Sa Majesté la prenne en considération. »

[1] Les 13 et 21 mars 1844.

de mettre Papéiti en état de siége et d'arrêter M. Pritchard, ex-consul d'Angleterre. Dans l'agitation où se trouvait le pays, cette mesure était nécessaire; mais je n'ai dû approuver ni la forme, ni le motif de cette arrestation. Cependant la gravité des événements était telle que je ne pouvais revenir sur ce qui avait été fait sans décourager notre parti et raffermir les révoltés. A mon arrivée, j'ai de suite fait transférer M. Pritchard du blockhaus à bord de notre frégate *la Meurthe*, en donnant au commandant Guillevin l'ordre de le recevoir à sa table. Considérant que M. Pritchard n'était plus qu'un simple résident anglais dont l'influence sur l'ex-reine Pomaré et le parti révolté était devenue dangereuse pour la tranquillité de l'île, j'ai écrit au capitaine du bâtiment anglais, *le Cormoran*, M. Gordon, pour l'engager à quitter Papéiti où il n'avait aucune mission, et à emmener M. Pritchard, que je promis de mettre à sa disposition dès que le bâtiment quitterait le port. Après avoir reçu l'adhésion du commandant Gordon, j'ai donné l'ordre à M. Guillevin, commandant de *la Meurthe*, de prévenir M. Pritchard que *le Cormoran* le prendrait à son bord et qu'il était libre de recevoir sa famille.... Le départ du *Cormoran*[1] a produit le meilleur effet; tous les rapports m'annoncent, et votre Excellence peut être assurée que l'espoir du secours promis depuis si longtemps par les agents et les capitaines anglais est la seule cause de la résistance qui

---

[1] Ce bâtiment quitta le 13 mars la rade de Papéiti, emmenant M. Pritchard.

s'est manifestée et qui cessera quand on saura que les promesses sont fausses. Désirant n'employer la force qu'à la dernière extrémité et lorsque toutes les chances seront favorables, je ne profiterai du surcroît de moyens que me procure momentanément notre frégate *la Charte*[1], que si j'en vois la nécessité absolue et si les propositions faites par les missionnaires échouent. »

Plusieurs des missionnaires anglais avaient, en effet, écrit, le 19 mars, au gouverneur : « Nous soussignés, missionnaires protestants, réunis en comité à Paofaï de Taïti, profondément convaincus que c'est notre devoir, comme ministres de l'Évangile de paix, de tenter collectivement ce que des efforts individuels n'ont pas réussi à accomplir, c'est-à-dire de décider les natifs maintenant rassemblés dans la partie orientale de l'île, à rentrer paisiblement dans leurs demeures, et connaissant la grande influence que les chefs maintenant insurgés ont sur le peuple, nous croyons que même notre effort collectif demeurerait vain à moins que nous ne fussions autorisés par S. E. le gouverneur à leur offrir, en retour de leur soumission, des termes d'amitié. Nous serons heureux de recevoir de S. E. une prompte réponse. » Dix missionnaires avaient signé cette lettre. M. Bruat leur répondit le jour même : « Je viens de recevoir la lettre que vous m'avez fait l'honneur de m'adresser, et j'ai vu avec un véritable plaisir que vous

---

[1] Cette frégate était venue, le 13 mars, des îles Marquises, amenant à Taïti plusieurs passagers et la 26ᵉ compagnie d'infanterie que M. Bruat avait fait demander.

étiez animés des sentiments qui doivent présider à toute réunion religieuse. Je suis persuadé que ceux que vous exprimez aujourd'hui ont toujours servi de base à votre conduite vis-à-vis d'un peuple que vous avez entrepris de diriger spirituellement. Puisque vous désirez sincèrement la paix, mon opinion est que la démarche qui amènerait le plus promptement ce résultat serait que vous vinssiez me voir et que vous reconnussiez franchement mon autorité. Alors votre concours aurait toute sa puissance pour le maintien de la tranquillité si nécessaire à l'œuvre pour laquelle vous travaillez depuis longtemps, et que mes instructions et ma conviction particulière me font un devoir de soutenir. Il me semble que, tant que vous n'aurez pas fait cette démarche, les Indiens, quelque peu versés qu'ils soient dans les usages européens, trouveront toujours, lorsque vous les engagerez à la soumission, quelque chose qui, dans votre propre conduite, n'est pas en rapport avec les instructions que vous leur donnez. Quelle que soit d'ailleurs votre détermination, la démarche que vous me proposez a mon assentiment puisque vous l'avez soumise à mon approbation ; mais je ne puis vous autoriser à parler en mon nom puisque vous n'avez pas mes instructions. Néanmoins, pour arriver aux résultats si désirables que vous espérez obtenir, vous pouvez promettre, aux chefs qui viendront immédiatement à Papéiti faire leur soumission pleine et entière au gouvernement français, qu'ils ne seront ni arrêtés ni exilés. »

Les missionnaires anglais n'hésitèrent point; ils demandèrent au gouverneur une audience qu'il s'empressa de leur accorder; et après cette démarche qui prouva la sincérité de leurs intentions pacifiques, ils se mirent en effet à l'œuvre pour calmer l'insurrection. Ils n'y parvinrent pas aussi promptement qu'ils l'avaient espéré; une fois en mouvement, les Taïtiens se montrèrent plus passionnés et plus hardis qu'on ne s'y attendait; M. Bruat fut obligé de déployer, dans cette petite guerre contre une petite peuplade perdue au milieu de l'océan, tout ce qu'il avait d'habileté militaire et de courage personnel, comme de savoir-faire et de patience politique. Il ne réussit pleinement qu'après une lutte qui se prolongea pendant deux ans ; car ce ne fut qu'en 1846 que la reine Pomaré, qui s'était retirée dans d'autres îles de cet archipel, consentit enfin à rentrer dans Taïti en reprenant possession de la souveraineté intérieure de son île, et que le protectorat français fut paisiblement rétabli, aux termes du traité du 9 septembre 1842.

Pendant que la question se débattait ainsi, par la guerre, dans l'océan Pacifique, elle se posa plus directe et plus grave entre les deux rives de la Manche. Nous reçûmes dans les derniers jours de juillet les nouvelles de l'incident survenu à Taïti à l'égard de M. Pritchard, et au même moment M. Pritchard lui-même arrivait à Londres et entretenait son gouvernement de son aventure. J'écrivis le 30 juillet au comte de Jarnac, notre chargé d'affaires à Londres pendant l'absence de M. de Sainte-Aulaire en congé : « Voici de bien désagréables nouvelles de Taïti. Les faits sont racontés et expliqués dans les pièces que je vous envoie. Communiquez-les à lord Aberdeen. Comment se peut-il qu'au mois de mars dernier, les menées de M. Pritchard et de quelques officiers de la marine anglaise contre nous aient recommencé avec tant d'ardeur? Comment M. Pritchard, qui savait déjà sa nomination en qualité de consul aux *Iles des Amis,* a-t-il pu s'obstiner à rester, sans caractère, à Taïti? Comment, loin de se conformer aux instructions de lord Aberdeen du 25 septembre 1843, les a-t-il soigneusement tenues secrètes? Tout cela me contrarie vivement. Tout cela rendra, à Taïti même, le retour au protectorat plus difficile, et à Paris comme à Londres les discussions plus aigres et plus embarrassantes. J'ai fait, dans cette affaire, tout ce qui était en mon pouvoir; j'ai accepté, sans hésiter, ma bien grosse part du fardeau, il serait juste et nécessaire que rien ne vînt l'aggraver, et que les intentions du gouvernement anglais fussent respectées et accomplies par ses agents. Je n'ai pas le temps, ce matin, de vous en dire davantage et de discuter les détails de ce fâcheux incident. Je vous transmets sur-le-champ ce que j'en sais. »

Avant que ma lettre fût arrivée au comte de Jarnac et qu'il eût pu rien dire ni rien communiquer à lord Aberdeen, le 31 juillet au soir, dans la Chambre des communes, interpellé par sir Charles Napier sur les bruits qui couraient au sujet de Taïti et de M. Pritchard, sir Robert Peel répondit : « J'ai l'honneur de déclarer que le gouvernement de Sa Majesté a reçu de Taïti des rapports; et, présumant qu'ils sont exacts, je n'hésite pas à dire qu'un outrage grossier, accompagné d'une injure grossière, a été commis contre l'Angleterre dans la personne de son agent. Ces rapports ne nous sont parvenus que lundi dernier; mais le gouvernement de Sa Majesté a pris immédiatement des mesures pour venger l'honneur du pays, et il a été reconnu depuis que cet outrage avait été commis par des personnes revêtues, à Taïti, d'une autorité temporaire. Me fondant, quant à l'affirmation de ce fait, sur l'autorité du gouvernement français, je dois présumer qu'il prendra des mesures immédiates pour faire à ce pays l'ample réparation qu'il a droit de demander. »

Ces paroles me surprirent; elles étaient violentes et, sous quelques rapports, inexactes; quand M. Pritchard avait été arrêté, il n'était plus, à Taïti, agent de l'Angleterre, et nous n'avions encore eu, avec le gouvernement anglais, aucune communication sur cet incident. Mais en même temps la vivacité de sir Robert Peel me donna la mesure de l'émotion publique autour de lui; il avait évidemment parlé avec précipitation et sous une forte pression extérieure. Interpellé à mon tour, les 3 et 5 août, dans la Chambre des pairs par M. de Boissy et dans la Chambre des députés par MM. Berryer et Billault, mon attitude fut réservée et en contraste marqué avec celle de sir Robert Peel : « Les questions de politique extérieure, dis-je, ont des phases diverses, et elles ne peuvent pas, à toutes ces phases indifféremment, entrer dans cette Chambre. Elles ne sont pas telles que la porte leur en doive être ouverte toutes les fois qu'elles viennent y frapper. Il y a un moment où la discussion porte la lumière dans ces questions; il y a d'autres moments où elle y met le feu. Convaincu que, pour celle dont il s'agit, il y aurait un inconvénient réel à la débattre aujourd'hui, je m'y refuse complétement. Il y a là, entre les deux gouvernements, des faits et des droits à éclaircir et à mettre d'accord. C'est ce que j'ai à faire dans ce moment. Je le ferai en respectant les règles et les convenances qui président aux bons rapports internationaux, et en maintenant les droits, l'honneur, la dignité des agents de la France et de ses officiers de marine en particulier. Quand le débat viendra à son heure, j'aurai à justifier devant la Chambre ce que le gouvernement aura fait et les motifs pour lesquels il l'aura fait. Aujourd'hui, je manquerais à tous mes devoirs envers le roi et envers le pays si j'en disais davantage. »

Malgré l'insistance de l'opposition, je persistai dans mon silence; nous touchions au terme de la session; elle fut close le 5 août 1844, et j'eus du temps devant moi pour discuter avec le cabinet anglais les questions que soulevait cet incident et pour en dissiper les embarras.

J'avais, dès le premier moment[1], écrit à M. de

---

[1] Le 1er août 1844.

Jarnac : « Ne laissez pas établir que M. Pritchard fût encore consul d'Angleterre à Taïti, et que c'est le consul d'Angleterre qui a été arrêté et renvoyé de l'île. Cela n'est point ; M. Pritchard n'était plus consul à Taïti, car il avait abdiqué lui-même ce caractère en amenant son pavillon en novembre dernier, au moment où l'amiral Dupetit-Thouars avait pris possession de la souveraineté de l'île. Et M. Pritchard avait amené son pavillon, non point à cause d'un tort quelconque de l'autorité française envers lui, non point à cause d'une injure à lui faite, mais pour ne pas reconnaître cette autorité, et en déclarant formellement qu'il ne la reconnaissait pas et que c'était par ce motif qu'il cessait ses fonctions de consul. Il serait trop commode de conserver la situation et les droits de consul auprès d'un gouvernement auquel on ne reconnaîtrait ni la situation, ni les droits de gouvernement, et qu'on travaillerait à renverser.

« *Post-scriptum*. — Je retrouve à l'instant et je joins ici copie de la lettre du 7 novembre 1843, par laquelle M. Pritchard a annoncé lui-même à l'amiral Dupetit-Thouars qu'il amenait son pavillon et cessait ses fonctions de consul britannique. Je demande si, après cette lettre, on a pu, à Taïti, le considérer encore comme consul. »

M. de Jarnac s'acquitta sur-le-champ de sa mission ; et en même temps, avec une fermeté douce, il exprima à lord Aberdeen son regret des paroles qu'au premier moment sir Robert Peel avait prononcées ; la différence

entre mon langage et le sien avait été sentie à Londres ;
lord Aberdeen répondit à M. de Jarnac que sir Robert
Peel ne reconnaissait la complète exactitude d'aucune
des versions que les journaux avaient donnée de son
discours, et M. de Jarnac fut autorisé à me le déclarer.
« Je suis fort aise de cette déclaration, lui écrivis-je [1] ;
vous n'avez pas d'idée de l'effet qu'ont produit ici les
paroles de sir Robert Peel, et de ce qu'elles ont ajouté
de difficultés à une situation déjà bien difficile. Le fond
de l'affaire a presque disparu devant ce langage de sir
Robert Peel, tenu si soudainement, avant d'avoir reçu
d'ici aucun éclaircissement, aucune information ; devant cette déclaration, pour moi si inattendue, qu'on
s'était déjà adressé au gouvernement français et qu'on
pouvait compter sur une ample réparation, quand j'étais
en droit de dire que je n'avais reçu aucune représentation officielle et que les deux gouvernements
examineraient les faits avant de se prononcer. Quand
j'ai été interpellé samedi et lundi derniers dans nos
Chambres, j'aurais pu me servir de votre petite dépêche et affirmer l'inexactitude des journaux anglais ;
j'ai mieux aimé n'en rien faire et ne pas créer à sir
Robert Peel cette difficulté de plus ; je comprends les
siennes et n'y veux rien ajouter. Mais, de tout ceci, il
reste une impression très-vive et qui aggrave beaucoup
les embarras de l'affaire. »

Le premier de ces embarras ne tarda pas à être écarté ;

---

[1] Le 8 août 1844.

le gouvernement anglais reconnut que M. Pritchard, ayant lui-même amené son pavillon et cessé ses fonctions de consul à Taïti, n'y avait plus aucun caractère public; mais il n'en restait pas moins, dirent lord Aberdeen et sir Robert Peel à M. de Jarnac [1], « qu'un citoyen anglais, encore officier de la reine, puisque M. Pritchard avait un brevet de consul dans d'autres archipels de la mer du Sud, avait été arrêté, emprisonné, expulsé sans qu'aucun grief positif contre lui eût été constaté sous aucune forme de juridiction. Il y avait toujours lieu, pour le gouvernement anglais, à demander, pour ce procédé, une réparation; mais il retarderait, sur ce point, toute demande officielle, dans l'espoir que, pleinement informés, nous lui offririons spontanément celle qui nous paraîtrait convenable. »

La réparation que désirait le cabinet anglais, tout en hésitant à la demander officiellement, c'était que nous permissions le retour momentané de M. Pritchard à Taïti, ne fût-ce que pour y aller reprendre sa famille qui y était encore, et que nous éloignassions, momentanément aussi, de l'île M. d'Aubigny qui l'avait si brutalement emprisonné, et M. Mœrenhout, consul de Belgique et de France, que M. Pritchard regardait comme son plus ardent ennemi et le principal auteur des accusations portées contre lui. « Lord Aberdeen, m'écrivit le 10 août M. de Jarnac, m'avait prié hier

[1] Le 7 août 1844.

d'aller le voir pour parler de l'affaire de Taïti qui devait se traiter de nouveau en conseil dans la matinée. Il m'a exprimé avec beaucoup d'insistance le regret qu'il éprouvait de ne rien recevoir de vous à ce sujet. Il m'a dit qu'il était réellement inquiet de cette affaire que le temps aggrave en Angleterre, tandis qu'il la simplifie peut-être en France. Il tient à bien établir qu'il n'y a eu aucune accusation précise formulée contre Pritchard. Il déplore surtout l'absence de toute réponse de vous sur l'ouverture qu'il a faite quant au retour, au moins momentané, dudit Pritchard à Taïti; et il m'a même exprimé quelque regret de n'avoir pas encore saisi officiellement lord Cowley de l'affaire. J'ai lieu de croire qu'une portion du cabinet penche pour le renvoi immédiat de M. Pritchard à Taïti, sur le vaisseau *le Collingwood*, avec ordre d'y rester jusqu'au départ de M. Mœrenhout. Lord Aberdeen et sir Robert Peel m'ont laissé, l'un et l'autre, entrevoir cette alternative. J'ai répondu que vous ne pourriez guère y voir qu'une de ces provocations qui rendent les hostilités à peu près inévitables. »

Je m'empressai de ne laisser au gouvernement anglais aucun doute sur mon sentiment et ma résolution à cet égard. J'écrivis le 15 août à M. de Jarnac : « Je réponds à l'idée qui me paraît surtout préoccuper lord Aberdeen, la possibilité d'un retour, au moins momentané, de M. Pritchard à Taïti. Je mets de côté ce qui se passe depuis quinze jours à Paris et à Londres, l'effet que produirait chez nous une telle mesure, la situation où elle placerait le cabinet, et dès à présent et à l'ouverture de la prochaine session. Je n'examine la mesure qu'en elle-même, dans son effet à Taïti même, dans son rapport avec ce qui se passe maintenant là et ce qui s'y passera bientôt. Une insurrection a éclaté à Taïti. L'établissement français est attaqué, sur quelques points à main armée, sur d'autres par des menées très-actives. On dit, on affirme que des moyens d'organisation et de résistance sont fournis, du dehors, aux naturels, que des armes et des munitions de guerre ont été débarquées. Ce qu'il y de certain, c'est que la guerre est flagrante. Peut-on penser, dans un tel état de choses, à laisser retourner, reparaître seulement dans l'île l'homme qui, à tort ou raison, y est considéré, par les Français et par les naturels, comme l'instigateur, comme le drapeau du moins de la résistance, de l'insurrection et de la guerre? Évidemment ce serait envoyer à la guerre un nouvel aliment, à l'insurrection de nouvelles espérances. Ce serait affaiblir momentanément les Français dans la lutte qu'ils ont à soutenir et compromettre leur sûreté. Je manquerais, en autorisant un pareil fait, à tous mes devoirs comme à toutes les règles du bon sens.

« Il y a plus. Quand l'insurrection sera réprimée à Taïti et la guerre terminée, quand l'autorité française sera bien rétablie et incontestée, tout ne sera pas fini, tant s'en faut ; il restera à faire quelque chose de très-difficile ; il restera à exécuter l'ordre du roi du 26 février dernier, à faire cesser le régime de la complète souveraineté française pour revenir à la stricte exécution du traité du 9 septembre 1842, c'est-à-dire au protectorat pur et simple. J'en appelle à l'impartialité de lord Aberdeen ; croit-il que ce retour soit une chose simple et facile? Il n'a pas été facile, Dieu le sait, de l'ordonner et de le soutenir ici. C'eût été en tous cas, et quand même il ne serait rien arrivé dans l'intervalle, une opération délicate que de l'exécuter à Taïti. Mais depuis les derniers événements, au sortir d'une insurrection, après toutes les démarches qui ont de plus en plus irrité et compromis, sur ce petit théâtre, les partis et les hommes, à coup sûr le rétablissement du protectorat, au lieu de la complète souveraineté, sera une grave affaire. Dans la séance de clôture de la Chambre des députés, et à raison des dernières circonstances, on nous a de nouveau et fortement attaqués pour cette mesure ; bien plus, on nous a formellement demandé d'y renoncer. Que ne dirait-on pas si nous en aggravions encore les difficultés et les inconvénients, si le retour de M. Pritchard précédait ou suivait de près la réintégration de la reine Pomaré? Qui peut prévoir les conséquences d'un tel rapprochement? Je n'hésite pas à l'affirmer : jusqu'à ce que la situation de Taïti soit éclaircie et rassise, jusqu'à ce que la guerre ait cessé et que le protectorat français soit définitivement établi, la prudence, qui est ici un devoir impérieux, me commande de ne rien faire, de ne rien dire qui aggrave les périls d'une situation déjà si épineuse, et qui envoie aveuglément, d'Europe à Taïti, de nouvelles et inappréciables chances de perturbation qui nous reviendraient en Europe avec un retentissement déplorable.

« Je suis d'autant plus obligé à cette prudence, mon cher Jarnac, que personnellement je suis convaincu que M. Pritchard est bien réellement le principal instigateur de la résistance et de l'insurrection contre l'établissement français. Plus j'ai examiné sa conduite, soit en remontant aux premières origines de tout ceci, soit en pénétrant dans tous les détails, plus ma conviction de son hostilité active, opiniâtre, et de ses menées contre nous, s'est affermie. C'est, il me semble, un homme fin, retors, précautionneux, habile à sauver les apparences, mais qui ne perd jamais de vue son but et y marche par toutes sortes de voies. Je regarde sa présence à Taïti comme inconciliable avec la paix de l'île et l'exercice tranquille et régulier du protectorat français. Tenez donc bon. Nous sommes dans notre droit. Nous agissons selon les plus évidents conseils de la plus nécessaire prudence. Si Pritchard retourne à Taïti, les autorités françaises qui l'ont éloigné sont démolies; il faut les rappeler; tout ascendant moral français est perdu; il faut envoyer des troupes de plus, des vaisseaux de plus, élever partout dans l'île de nouvelles fortifications. Cela n'est pas possible, cela n'est pas proposable, et quel que soit l'empire des préoccupations personnelles, je ne puis croire que lord Aberdeen ne le reconnaisse pas lui-même.

« Quant à ce que je pense de l'emprisonnement et de la mise au secret de Pritchard, ainsi que de la proclamation du commandant d'Aubigny, je vous l'ai dit. Si, de Londres, on me parle officiellement, je pourrai exprimer, à cet égard, du regret et une certaine mesure de blâme. En aucun cas, le langage de la proclamation ne vaut rien. Quelques circonstances qui ont, à ce qu'il paraît, accompagné l'emprisonnement, sont également regrettables. D'après les faits tels qu'ils me sont connus jusqu'à présent, il ne me semble pas que l'emprisonnement même fût nécessaire; M. d'Aubigny pouvait faire, dès le premier moment, ce qu'a fait M. Bruat à son retour, c'est-à-dire renvoyer M. Pritchard de l'île, à bord d'un bâtiment anglais. Voilà ce qu'on pourrait reconnaître, avec grande réserve dans le langage, car M. d'Aubigny a cru agir sous l'empire d'une nécessité pressante, et l'on ne saurait abandonner tout à fait le droit d'emprisonnement préventif et temporaire. Il y a tel cas où ce serait le seul moyen d'arrêter des menées coupables, et où les moyens matériels d'éloigner du sol un étranger dangereux manqueraient absolument. Contenez vos paroles dans ces limites, en admettant que, prêt à reconnaître ce qui est vrai et juste, je pourrais dire, dans une forme un peu officielle, quelque chose d'analogue à ce que je vous dis confidentiellement.

« On ne saurait non plus admettre que, pour l'expulsion d'un étranger regardé comme dangereux, une procédure préalable et l'intervention des formes ou du pouvoir judiciaires soient nécessaires. C'est un droit de police qui appartient à l'autorité publique, et dont elle use selon sa conviction. Plus d'un Français a été ainsi renvoyé de l'île Maurice, par un simple acte du gouverneur anglais et sans aucune forme de procès. »

Quatre jours après, je transmis à M. de Jarnac des informations précises sur six cas particuliers dans lesquels des Français avaient été expulsés de l'île Maurice aussi rudement et avec bien moins de motifs qu'on n'en avait eus à Taïti pour renvoyer M. Pritchard. Il fut ainsi bien établi que, non-seulement l'expulsion des étrangers, mais leur arrestation et leur emprisonnement préalables étaient le droit commun et la pratique habituelle dans les colonies anglaises, et que cette pratique avait souvent donné lieu à des actes de rigueur commis sans formes judiciaires; actes qui cependant n'avaient point été considérés, par le gouvernement anglais, comme des outrages envers le pays auquel appartenait l'étranger expulsé, et n'avaient donné lieu, de sa part, à aucune réparation.

En traitant avec des hommes tels que lord Aberdeen et sir Robert Peel, c'était beaucoup, pour vider la question, que d'affirmer ainsi franchement notre droit et notre dessein; ce n'était pas assez pour les mettre eux-mêmes en état de résister à la pression qu'exerçaient sur eux l'opposition dans le parlement, les diverses sociétés de missions et tout le protestantisme ardent de l'Angleterre. Sir Robert Peel surtout, par sympathie ou par laisser-aller, était tenté de leur donner une satisfaction éclatante; chaque fois que M. de Jarnac voyait lord Aberdeen, il le trouvait perplexe : « J'ai été obligé, lui dit-il un jour, pour contenter mes collègues, de préparer moi-même une note officielle que lord Cowley serait chargé de remettre à M. Guizot, et qui lui annoncerait que M. Pritchard serait ramené à Taïti par *le Collingwood*; elle est là, sur mon bureau; mettez-moi en mesure de l'y laisser. » Un conseil fut tenu le 13 août, et tous les membres du cabinet, sauf le ministre des affaires étrangères, se prononcèrent pour une forte et immédiate augmentation des armements maritimes de l'Angleterre. Une telle mesure eût fort aggravé la situation, et lord Aberdeen eut besoin de toute son influence personnelle, comme de toute l'autorité de sa position, pour la faire écarter : « Je ferai tout ce qui sera en mon pouvoir, dit-il à M. de Jarnac, pour aplanir les voies au Roi et à M. Guizot; mais je suis préparé au pire. »

J'étais, de mon côté, bien résolu à ne pas aller, en fait de réparation, au delà de ce que j'avais indiqué; je répétais sans cesse à M. de Jarnac : « Tournez et retournez en tous sens cette idée qu'il est impossible que la paix du monde soit troublée par Pritchard, Pomaré et d'Aubigny, sans aucun vrai ni sérieux motif. Ce serait une honte pour les deux cabinets. C'est là le cri du bon sens. Donnons à la foule, des deux côtés de la Manche, le temps de le sentir; elle finira par là. Pour moi, j'irai aussi loin que me le permettront la justice envers nos agents et notre dignité. S'il y a de l'humeur à Londres, j'attendrai qu'elle passe; mais s'il y a un acte d'arrogance, ce ne sera pas moi qui le subirai. »

Je m'en expliquai avec le Roi : « Je ne sais, lui dis-je, comment finira cette sotte affaire Pritchard ; je présume qu'en aucun cas le Roi ne voudra faire la guerre à l'Angleterre pour Taïti ; mais si, pour éviter la guerre, il fallait sortir de Taïti, je ne pourrais me charger de cet abandon, et je demanderais au Roi la permission de me retirer. » Le Roi se récriait sans me contredire : « Je désire, m'écrivit-il[1] en me renvoyant deux lettres de M. de Jarnac, que lord Aberdeen soit bien assuré qu'il peut compter sur mes efforts comme sur les vôtres pour ensevelir cette déplorable tracasserie par tous les moyens *praticables,* c'est-à-dire par tous ceux qui n'exposeraient pas la France et le monde aux dangers d'une crise ministérielle chez nous. Mais qu'on ne nous renvoie pas Pritchard à ce malheureux Taïti. »

Presque dès le début de la querelle à Londres[2], M. de Jarnac m'avait écrit : « J'ai cru remarquer, dans ma dernière entrevue avec lord Aberdeen, que M. Pritchard lui avait peut-être donné à entendre qu'une indemnité en argent le satisferait plus qu'une infinité de mesures politiques que le cabinet discute pour dégager l'amour-propre public de cette difficile affaire. Je n'ai naturellement pas poussé lord Aberdeen qui, il va sans dire, n'appuierait ou n'indiquerait rien de semblable ; mais j'ai pensé qu'il était bon de porter à votre connaissance cette induction que j'ai tirée de quelques paroles essen-

---

[1] Le 20 août 1844.
[2] Le 6 août 1844.

tiellement inofficielles de mon interlocuteur. Vous jugerez s'il y a quelque parti à en tirer.» Cette façon de vider la question n'avait rien qui pût nous surprendre ni nous blesser; c'était celle que M. Pritchard lui-même avait employée lorsque, en 1836, après avoir fait expulser de Taïti les deux missionnaires catholiques, les Pères Caret et Laval, il leur avait fait accorder par la reine Pomaré, sur la demande formelle de l'amiral Dupetit-Thouars, une indemnité de deux mille piastres; il y avait là un précédent introduit par le représentant de la France et accepté par celui de l'Angleterre. Je répondis à M. de Jarnac [1] : « Si vous pouvez donner quelque suite aux insinuations dont vous me parlez sur une indemnité en argent, je suis disposé à m'y prêter. Suivez ce filon. Puisqu'on vous l'a fait entrevoir, il doit y avoir moyen de l'exploiter. »

Dans la première chaleur de la négociation, cette idée resta lointaine et obscure; mais quand le cabinet anglais fut convaincu que nous ne lui ferions aucune des concessions qu'il nous demandait, que nous ne consentirions ni au retour de M. Pritchard à Taïti, ni au rappel d'aucun de nos officiers, et que le renvoi de l'ancien consul à Taïti sur *le Collingwood* aurait des conséquences plus graves que ne le voulaient ceux-là mêmes qui le réclamaient, l'idée de l'indemnité rentra dans la négociation et en changea le caractère; toute apparence de menace d'une part et de faiblesse de l'autre s'évanouit;

[1] Le 8 août 1844.

nous avions reconnu qu'il y avait eu, dans l'expulsion, d'ailleurs légitime et nécessaire, de M. Pritchard, des rigueurs inconvenantes et inutiles qui avaient pu lui causer des souffrances et des dommages dont nous pouvions trouver équitable de l'indemniser. J'écrivis à M. de Jarnac que nous étions prêts à déclarer officiellement ce que nous croyions juste de faire; et après l'échange de quelques observations amicales sur les termes de notre déclaration, j'adressai à M. de Jarnac, avec ordre de les communiquer à lord Aberdeen, ces deux dépêches :

1º — « Paris, 29 août 1844.

« Monsieur le Comte, j'ai rendu compte au Roi dans son conseil des entretiens que j'ai eus avec M. l'ambassadeur de Sa Majesté Britannique, relativement au renvoi de M. Pritchard de l'île de Taïti et aux circonstances qui l'ont accompagné. Le gouvernement du Roi n'a voulu exprimer aucune opinion, ni prendre aucune résolution sur cet incident avant d'avoir recueilli toutes les informations qu'il pouvait espérer, et mûrement examiné tous les faits, car il a à cœur de prévenir tout ce qui pourrait porter quelque altération dans les rapports des deux États.

« Après cet examen, le gouvernement du Roi est demeuré convaincu :

« 1º Que le droit d'éloigner de l'île de Taïti tout résident étranger qui troublerait ou travaillerait à troubler et à renverser l'ordre établi, appartient au gouverne-

ment du Roi et à ses représentants; non-seulement en vertu du droit commun de toutes les nations, mais aux termes mêmes du traité du 9 septembre 1842 qui a institué le protectorat français, et qui porte:— « La di-
« rection de toutes les affaires avec les gouvernements
« étrangers, de même que tout ce qui concerne les rési-
« dents étrangers, est placé à Taïti entre les mains du
« gouvernement français, ou de la personne nommée
« par lui; »

« 2° Que M. Pritchard, du mois de février 1843 au mois de mars 1844, a constamment travaillé, par toutes sortes d'actes et de menées, à entraver, troubler et détruire l'établissement français à Taïti, l'administration de la justice, l'exercice de l'autorité des agents français et leurs rapports avec les indigènes.

« Lors donc qu'au mois de mars dernier une insurrection a éclaté dans une partie de l'île et se préparait à Papéiti même, les autorités françaises ont eu de légitimes motifs et se sont trouvées dans la nécessité d'user de leur droit de renvoyer M. Pritchard du territoire de l'île, où sa présence et sa conduite fomentaient, parmi les indigènes, un esprit permanent de résistance et de sédition.

« Quant à certaines circonstances qui ont précédé le renvoi de M. Pritchard, notamment le mode et le lieu de son emprisonnement momentané, et la proclamation publiée, à son sujet, à Papéiti, le 3 mars dernier, le gouvernement du Roi les regrette sincèrement, et la nécessité ne lui en paraît point justifiée par les faits.

M. le gouverneur Bruat, dès qu'il a été de retour à Papéiti, s'est empressé de mettre un terme à ces fâcheux procédés en ordonnant l'embarquement et le départ de M. Pritchard. Le gouvernement du Roi n'hésite point à témoigner, au gouvernement de Sa Majesté Britannique, comme il l'a fait connaître à Taïti même, son regret et son improbation des circonstances que je viens de rappeler.

« Le gouvernement du Roi a donné, dans *les Iles de la Société*, des preuves irrécusables de l'esprit de modération et de ferme équité qui règle sa conduite. Il a constamment pris soin d'assurer, aux étrangers comme aux nationaux, la liberté de culte la plus entière et la protection la plus efficace. Cette égalité de protection pour toutes les croyances religieuses est le droit commun et l'honneur de la France. Le gouvernement du Roi a consacré et appliqué ce principe partout où s'exerce son autorité. Les missionnaires anglais l'ont eux-mêmes reconnu, car la plupart d'entre eux sont demeurés étrangers aux menées de M. Pritchard, et plusieurs ont prêté aux autorités françaises un concours utile. Le gouvernement du Roi maintiendra scrupuleusement cette liberté des consciences et le respect de tous les droits ; et en même temps il maintiendra aussi et fera respecter ses propres droits, indispensables pour garantir à Taïti le bon ordre ainsi que la sûreté des Français qui y résident et des autorités chargées d'exercer le protectorat.

« Nous avons la confiance que l'intention du cabinet

britannique s'accorde avec la nôtre, et que pleins l'un pour l'autre d'une juste estime, les deux gouvernements ont le même désir d'inspirer à leurs agents les sentiments qui les animent eux-mêmes, de leur interdire tous les actes qui pourraient compromettre les rapports des deux États, et d'affermir, par un égal respect de leur dignité et de leurs droits mutuels, la bonne intelligence qui règne heureusement entre eux. »

2º — « Paris, le 2 septembre 1844.

« Monsieur le Comte, en exprimant au gouvernement de Sa Majesté Britannique son regret et son improbation de certaines circonstances qui ont précédé le renvoi de M. Pritchard de l'île de Taïti, le gouvernement du Roi s'est montré disposé à accorder à M. Pritchard, à raison des dommages et des souffrances que ces circonstances ont pu lui faire éprouver, une équitable indemnité. Nous n'avons point ici les moyens d'apprécier quel doit être le montant de cette indemnité, et nous ne saurions nous en rapporter aux seules assertions de M. Pritchard lui-même. Il nous paraît donc convenable de remettre cette appréciation aux deux commandants des stations française et anglaise dans l'océan Pacifique, M. le contre-amiral Hamelin et M. l'amiral Seymour. Je vous invite à faire, de notre part, cette proposition au gouvernement de Sa Majesté Britannique, et à me rendre compte immédiatement de sa réponse. »

Le cabinet anglais accepta volontiers ce mode de règlement de l'indemnité promise, et trois jours après, le 5 septembre 1844, le discours prononcé au nom de la reine d'Angleterre pour la prorogation du Parlement contint ce paragraphe : « Sa Majesté s'est trouvée récemment engagée dans des discussions avec le gouvernement du roi des Français, sur des événements de nature à interrompre la bonne entente et les relations amicales entre ce pays et la France. Vous vous réjouirez d'apprendre que, grâce à l'esprit de justice et de modération qui a animé les deux gouvernements, ce danger a été heureusement écarté. »

Entre les deux pays et les deux gouvernements l'affaire était terminée ; elle ne l'était pas en France et pour le cabinet français. Nous avions à soutenir dans les Chambres la conduite que nous avions tenue dans la négociation et à en faire approuver l'issue. Le vif déplaisir qu'avaient causé, dès le premier moment, les paroles âpres de sir Robert Peel, avait été ardemment propagé et fomenté par les journaux de l'opposition; ils répétaient tous les matins que nous serions certainement dans cette occasion, comme nous l'étions toujours, disaient-ils, d'une complaisance pusillanime envers l'Angleterre. Dans un tel état des esprits, l'incident Pritchard ne pouvait manquer d'être, dans la session prochaine, l'objet d'un grave débat; le roi Louis-Philippe s'en inquiétait plus que personne, dans l'intérêt et des bons rapports avec l'Angleterre et de la stabilité du cabinet dont il avait le maintien fort à cœur. Le soir même du jour où le conseil avait décidé en principe l'indemnité et où je l'avais annoncé à Londres, je reçus de lui la lettre suivante [1] :

« Mon cher ministre, j'ai beaucoup réfléchi sur ce qui s'est passé aujourd'hui au conseil, relativement à l'affaire Pritchard. Nous avons reconnu qu'une indemnité lui était due pour les dommages qu'il a éprouvés. Nous avons résolu que vous en informeriez officiellement lord Aberdeen, et que vous lui proposeriez d'en faire régler le montant par les deux amiraux Hamelin et Seymour qui commandent les forces navales des deux puissances dans l'océan Pacifique. Je trouve ce mode de règlement à la fois équitable et convenable. Cependant il me présente, pour la mise en pratique, plus d'une difficulté.

« La première de toutes, c'est que les deux amiraux devant nécessairement se réunir à Taïti pour l'examen et l'appréciation des dommages que M. Pritchard a éprouvés, il est certain qu'on ne peut refuser à M. Pritchard de faire valoir ses droits et de plaider sa cause devant les deux amiraux, soit en personne, soit par un fondé de pouvoirs. Or, je crois que le conseil pense, comme moi, que nous ne pouvons consentir à ce que, dans aucun cas, M. Pritchard retourne à Taïti, et, par conséquent, à ce qu'il y paraisse pour plaider sa cause en personne devant les amiraux. Les plaidoyers par un fondé de pouvoirs, dans un lieu où tout est public

[1] Du 2 septembre 1844.

et d'où tout nous revient avec commentaires pour être imprimé dans les journaux, me paraissent présenter aussi de grands inconvénients, et je crois très-désirable qu'ils soient évités.

« Une seconde difficulté se trouve dans le temps énorme qui doit s'écouler : 1° pour porter aux deux amiraux l'ordre de procéder à l'évaluation dont ils doivent être chargés ; 2° pour qu'ils combinent leurs mouvements maritimes dans la vaste étendue du Pacifique, de manière à se trouver réunis, à jour fixe, à Taïti ; 3° pour faire leur travail ; 4° pour que le résultat de ce travail nous parvienne en Europe.

« N'oublions pas, en outre, que d'aussi longs délais feront un mauvais effet en Angleterre, et qu'ils donneront lieu inévitablement à un accroissement de dommages pour M. Pritchard. Et cependant ces délais, déjà si longs, doivent encore être nécessairement allongés de tout le temps qui s'écoulera avant que nos Chambres aient accordé le crédit nécessaire pour faire payer l'indemnité que nos amiraux auront allouée à M. Pritchard. Vous savez pendant combien d'années le vote nécessaire pour solder la somme allouée aux États-Unis d'Amérique a été remis d'une session à l'autre, et que ces retards ont failli allumer la guerre entre la France et les États-Unis.

« Le meilleur moyen, l'unique, selon moi, d'échapper à ces difficultés, c'est de prier lord Aberdeen de régler, avec M. Pritchard, un forfait dont celui-ci donnerait quittance *in full of all demands*[1], et dont le payement serait immédiatement effectué sans demander ni attendre aucune sanction législative. Dès lors, il est évident que les fonds de ce payement ne peuvent être pris que dans deux sources : l'une, pour laquelle je suis aussi décidé à refuser mon concours que vous l'êtes à me le demander, puisque ce serait de puiser, pour cet objet, dans les fonds secrets des affaires étrangères ou de l'intérieur, déjà insuffisants pour les besoins de l'État auxquels ils sont destinés à satisfaire; l'autre moyen consiste dans mes ressources personnelles, les revenus de ma liste civile, de mon domaine privé et de la couronne; et je serai charmé, malgré les charges et les embarras dont ils sont grevés aujourd'hui, qu'on prenne là, sans mystère, la somme nécessaire à solder l'indemnité de M. Pritchard. D'ailleurs, d'après ce que lord Aberdeen a indiqué, la somme nécessaire pour cet objet n'est pas de nature à apporter aucune augmentation réelle à la masse de mes dettes, puisqu'il ne s'agirait que d'environ mille livres sterling, c'est-à-dire 25,000 francs. Je trouve très-convenable que ce soit le roi seul qui supporte une dépense que son gouvernement et lui regardent à la fois comme équitable, par conséquent comme honorable et comme propre à faciliter la continuation de nos bons rapports avec l'Angleterre. J'ajouterai, pour ne rien taire de ma pensée et de mon sentiment, que je jouirai, comme roi,

---

[1] Pour le montant de toutes ses demandes.

d'assurer cet avantage à la France sans l'exposer aux inconvénients des retards et des difficultés que pourraient entraîner la demande de la sanction législative pour une pareille bagatelle, et même l'attente du moment où il serait possible de la soumettre aux Chambres.

« Je désire donc, mon cher ministre, que, sans rien changer ni modifier à la proposition de mon gouvernement, qui est de charger les amiraux Hamelin et Seymour de régler à Taïti le montant de l'indemnité qu'ils reconnaîtront due à M. Pritchard, vous chargiez le comte de Jarnac de prier lord Aberdeen de proposer à M. Pritchard le payement immédiat, à titre de forfait, d'une somme de mille livres sterling ou vingt-cinq mille francs, que je fournirais contre sa quittance *in full of all demands*. Et alors, quel que fût le résultat de l'investigation des amiraux, il n'y aura plus rien à demander aux Chambres ; leur décision ne sera plus qu'une pièce justificative constatant qu'il était réellement dû une indemnité à M. Pritchard; et néanmoins, comme il faudrait qu'il fût connu que M. Pritchard est satisfait, si des interpellations vous étaient faites à cet égard dans nos Chambres, vous les déclineriez en disant qu'il n'y a rien à leur demander ; et si l'on ajoutait la question de savoir si M. Pritchard a reçu une indemnité, vous déclareriez qu'il n'a rien reçu sur les fonds publics, avec une déclaration sur l'honneur qu'il n'a rien reçu non plus sur les fonds secrets des ministères. Tout le monde pourrait savoir que c'est moi qui n'ai pas voulu laisser peser sur le revenu public la somme que j'ai jugé à propos de payer. »

Je ne pensai pas que la proposition du Roi fût acceptable; elle aurait paru n'avoir d'autre objet que d'éviter au cabinet la nécessité, qu'elle ne lui aurait pas évitée, d'obtenir, pour l'indemnité Pritchard, un vote des Chambres. Ce n'était évidemment pas dans la somme de cette indemnité, mais dans l'approbation ou le blâme du parlement que résidait l'importance du vote; et, loin d'hésiter devant le débat, il nous convenait de l'accepter hautement, quelle qu'en dût être l'issue. Tous mes collègues partagèrent mon avis, et le Roi s'y rendit sans difficulté.

A l'ouverture de la session de 1845, nous fîmes plus qu'accepter le débat; nous nous empressâmes d'aller au-devant. Le discours du Roi répondit, quant à l'incident Pritchard, aux sentiments qu'avait manifestés dans le sien, en prorogeant le parlement, la reine d'Angleterre : « Mon gouvernement, dit-il, était engagé, avec celui de la reine de la Grande-Bretagne, dans des discussions qui pouvaient faire craindre que les rapports des deux États n'en fussent altérés; un mutuel esprit de bon vouloir et d'équité a maintenu, entre la France et l'Angleterre, cet heureux accord qui garantit le repos du monde. »

Dans la commission nommée par la Chambre des députés pour préparer l'adresse en réponse au discours du trône, les amis du cabinet étaient en grande majorité; ils proposèrent à la Chambre un paragraphe en parfaite harmonie avec ce discours, et qui donnait, à la conduite du cabinet, une entière approbation : « Des incidents qui, au premier moment, semblaient de nature à troubler les bons rapports de la France et de l'Angleterre, avaient ému vivement les deux pays et appelé toute l'attention de votre gouvernement. Nous sommes satisfaits d'apprendre qu'un sentiment réciproque de bon vouloir et d'équité a maintenu, entre les deux États, cet heureux accord qui importe à la fois à leur prospérité et au repos du monde. »

La question était ainsi nettement posée. L'opposition y entra avec ardeur. Pour la première fois depuis 1840, grâce à la vivacité de l'émotion populaire et à l'hésitation que laissaient entrevoir quelques membres du parti conservateur, elle concevait l'espoir de renverser le cabinet. La discussion se prolongea pendant six jours, tour à tour passionnée ou adroite, tantôt dispersée sur les divers points de la politique extérieure, tantôt fortement concentrée sur Taïti et M. Pritchard. Je n'en reproduirai pas ici les diverses phases ; le point d'attaque était toujours le même ; on accusait le cabinet d'avoir manqué, dans ses rapports avec le gouvernement anglais, de fermeté et de dignité ; ma défense fut l'exposé des faits et de la négociation tel que je viens de le retracer. Dans le cabinet, MM. Duchâtel et Dumon m'apportèrent le plus ferme concours. Deux membres de la commission d'adresse, MM. de Peyramont et Hébert, maintinrent, avec une vigueur éloquente, le paragraphe approbateur qu'elle proposait. Deux amendements, qui à l'approbation substituaient le blâme, furent proposés, l'un par M. de Carné, l'autre par M. Léon de Malleville : le premier, général et un peu contenu, fut rejeté par 225 suffrages contre 197 ; le second était plus spécial et plus explicite; il exprimait un regret formel « qu'en concédant une réparation qui n'était pas due, le cabinet n'eût pas tenu un compte suffisant des règles de justice et de réciprocité que la France respecterait toujours. » Après l'avoir énergiquement repoussé, je terminai en disant : « Je remercie la commission de son adhésion si franche ; je remercie l'opposition de son attaque si franche. Nous sommes convaincus que nous faisons, depuis quatre ans, de la bonne politique, de la politique honnête, utile au pays, conforme à ses intérêts et moralement grande. Mais cette politique est difficile, très-difficile ; elle a bien des préventions, bien des passions, bien des obstacles à surmonter, sur ces bancs, hors de ces bancs, dans le public, partout, grands et petits obstacles. Elle a besoin, pour réussir, du concours net et ferme des grands pouvoirs de l'État. Si ce concours, je ne dis pas nous manquait complétement, mais s'il n'était pas assez ferme pour que cette politique pût être continuée avec succès, nous ne continuerions pas à nous en charger. Nous ne souffrirons pas que la politique que nous croyons bonne soit défigurée, énervée, abaissée entre nos mains, et qu'elle devienne médiocre par sa faiblesse. Tout ce que nous demandons, c'est que la décision soit parfaitement claire, parfaitement intelligible pour tout le monde. Quelle qu'elle soit, le cabinet s'en réjouira. » L'amendement de M. Léon de Maleville fut rejeté, sans qu'il y eût même lieu de recourir au scrutin.

Quand le blâme réclamé par l'opposition contre le cabinet eut été ainsi écarté, restait à voter l'approbation contenue dans le paragraphe proposé par la commission. Ce fut dans ce dernier retranchement que l'opposition concentra ses efforts ; elle essaya d'intimider la majorité sur la portée et l'effet d'une adhésion à ce point décidée et explicite : « Si la Chambre, dit M. Billault, s'associe à un tel acte par un éloge aussi complet, aussi précis que celui qui lui est proposé, le ministère pourra désormais lui tout demander, et n'aura, sur quoi que ce soit, aucun refus à craindre. Je supplie la Chambre de prendre la seule attitude qui me semble digne dans cette affaire, le silence, et puisque malheureusement elle ne peut faire mieux, la résignation. — Savez-vous, s'écria vivement M. Dumon, ce que l'honorable préopinant propose à la Chambre? C'est de n'avoir point de politique, point d'avis sur les grandes affaires du pays, d'abdiquer. Personne ne reconnaît plus que nous le grand rôle qui appartient à la Chambre ; mais à quelle condition est-elle un pouvoir politique? A condition d'avoir un avis sur tout, de le dire toujours, de prendre, sur toutes choses, sa part de responsabilité. On vous dit : « Vous avez refusé de blâmer, refusez au moins d'adhérer. » Quelle serait donc la situation de la Chambre devant le pays ? Une grande question se sera élevée, une grande mesure aura été prise, une politique aura été suivie; la France demandera à la Chambre quel est son avis, et la Chambre n'aura point d'avis! Elle n'aura pas blâmé; elle n'aura pas adhéré! Elle se tiendra dans une abstention muette et impuissante! J'adjure solennellement la Chambre de dire son avis avec netteté, avec franchise, comme il convient à son indépendance et sans s'inquiéter des influences extérieures dont on l'a menacée. Je lui demande d'affermir ou de renverser la politique du gouvernement. »

La loyauté de M. Odilon Barrot refusa de se prêter aux tentatives d'intimidation et aux conseils d'abdication que M. Billault adressait à la Chambre; il accepta pleinement la question telle que la posait le cabinet, et quand on en vint au vote sur le paragraphe approbateur, 213 voix l'adoptèrent et 205 le repoussèrent.

Ce n'était pas là, pour l'opposition, un triomphe suffisant; c'était cependant un grave échec pour le ministère. Encore en minorité, et en présence d'une majorité irritée en même temps qu'affaiblie, l'opposition eût été, à coup sûr, hors d'état de gouverner, et elle n'eût pu se dispenser de demander au Roi la dissolution de la Chambre; mais le gouvernement devenait, pour nous, beaucoup plus difficile et précaire. Nous résolûmes de ne pas accepter cette situation, et d'en laisser retomber le poids sur ceux qui l'avaient amenée, l'opposition par ses violences, quelques membres de la majorité par leur faiblesse. Dès que le bruit de notre résolution de nous retirer se répandit, une vive réaction, mêlée de colère et d'inquiétude, se manifesta; le surlendemain du vote de l'adresse, les députés conservateurs, au nombre de cent soixante-dix, se réunirent, et quarante-sept, qui n'avaient pu assister à la réunion, lui envoyèrent leur complète adhésion. Ils résolurent de faire, auprès du cabinet, une démarche solennelle pour lui demander de rester aux affaires et de maintenir sa politique. Les hommes les plus considérables de la majorité, MM. Hartmann, Delessert, Salvandy, Bignon, Jacqueminot, les maréchaux Sébastiani et Bugeaud avaient provoqué et inspiraient cette réunion. Une députation se rendit, en son nom, d'abord chez le maréchal Soult, puis chez moi, et nous exprima vivement son vœu. Le Roi, triste et inquiet, se tenait immobile : tout le monde comprenait que c'était au parti conservateur lui-même à se relever de son échec et à témoigner sa constance dans notre politique commune. Pour le régime parlementaire l'épreuve était sérieuse et elle fut efficace; la résolution du parti conservateur détermina la nôtre; la majorité et le cabinet se raffermirent mutuellement en resserrant leur alliance; la question Pritchard rentra dans l'ombre dont elle n'aurait jamais dû sortir, et la session reprit sans trouble son cours.

Quand je dis que la question Pritchard rentra dans l'ombre, cela était vrai dans les Chambres, non dans le public; l'impression qu'avaient soulevée, à propos de cette affaire, ses premières apparences et les déclamations dont elle avait été l'objet, demeura et demeure probablement encore dans bien des esprits. Je ne connais guère d'exemple d'une impression plus superficielle et plus fausse. Par l'occupation de Taïti, nous avions profondément blessé le sentiment religieux de l'Angleterre, et porté à sa prépondérance dans les mers du Sud une déplaisante atteinte. Par l'arrestation et l'emprisonnement de M. Pritchard, nous avions paru tenir peu de compte de la qualité de citoyen anglais, et choqué ainsi l'amour-propre national. Ni l'un ni l'autre de ces actes n'était nécessaire en soi, ni commandé par nos instructions. Nous les avions cependant maintenus l'un et l'autre, en nous refusant à toutes les satisfactions de principe qu'avait réclamées le cabinet anglais, et en lui accordant seulement, à raison de certaines inconvenances commises par l'un des agents français, la plus modeste des satisfactions, une indemnité en argent. En droit, il était difficile de refuser davantage et d'accorder moins. En fait, il eût été insensé de compromettre, pour une cause et une réparation si minces, la bonne intelligence et peut-être la paix des deux États. Les deux gouvernements eurent le droit de dire que c'était « grâce à leur mutuel esprit de justice et de modération que ce danger avait été écarté. » Ils firent plus, dans cette circonstance, qu'écarter un grave danger : en présence des passions anglaises et des passions françaises vivement excitées, le cabinet anglais et le cabinet français ne tinrent compte, dans leur résolution définitive, que de l'équité et de ces considérations morales qui sont le gage et l'honneur de la civilisation. Politique difficile et rare après le long règne de la force, car les peuples en méconnaissent alors les conditions et se vengent, sur les gouvernements sensés et justes, des revers et des tristesses que leur ont attirés les gouvernements despotiques et violents [1].

---

[1] Si des exemples étaient nécessaires pour prouver combien notre conduite dans cette affaire fut naturelle et légitime, je pourrais en citer un tout récent et d'une autorité incontestable. En 1855, dans une circonstance et par des motifs bien moins graves que ceux qui, en 1844, nous décidèrent à accorder à M. Pritchard une indemnité pécuniaire, la République des États-Unis d'Amérique n'a pas hésité à donner à l'Empire français une réparation plus éclatante. Le consul de France à San Francisco de Californie, M. Dillon, avait été sommé de comparaître en personne, comme témoin, devant la cour de district, dans une poursuite intentée contre le consul du Mexique. Il s'y refusa formellement en vertu d'une convention consulaire conclue le 23 février 1853, entre la France et les États-Unis, se déclarant prêt d'ailleurs à donner son témoignage, de vive voix ou par écrit, au magistrat délégué pour le recevoir à son domicile ; les autorités judiciaires de Californie reconnurent d'abord, puis repoussèrent le droit que réclamait le consul de France ; un mandat d'arrêt fut lancé contre lui, et le 25 avril 1854, le maréchal des Etats-Unis se présenta au consulat accompagné d'agents armés, et procéda à l'arrestation de M. Dillon qui, après avoir protesté contre cet acte de violence, le suivit devant le tribunal où il renouvela sa protestation. Le juge, après quelques observations, lui dit qu'il pouvait se retirer ; mais M. Dillon maintint fortement son droit, réclama une réparation comme ayant été illégalement arrêté, et fit amener son pavillon consulaire ; après divers incidents et une longue discussion, le cabinet de Washington reconnut officiellement le droit qu'avait eu le consul de France de décliner l'injonction de la cour de district de San Francisco, et témoigna son regret de l'excès de pouvoir commis envers cet agent. Le rétablissement des relations officielles entre le consulat de France et les autorités fédérales suivit cette déclara-

tion. Le 30 novembre 1855, la frégate américaine l'*Indépendance*, commandée par le commodore Mervine, et qui, depuis la veille, était mouillée en face de San Francisco, salua de vingt et un coups de canon le pavillon français flottant à bord de la corvette impériale l'*Embuscade*, commandée par M. Gizolme, capitaine de frégate. La corvette ayant, à son tour, salué le pavillon américain du même nombre de coups, le pavillon français fut relevé aussitôt au-dessus de la maison consulaire aux cris de : *Vive la France ! vive le consul !* répétés par la nombreuse population française qui assistait à la cérémonie. Puis le consul de France, revêtu de son uniforme, s'avança sur le péristyle de sa maison, adressa à ses compatriotes une allocution reçue avec les mêmes applaudissements ; et l'affaire fut ainsi terminée à la satisfaction des deux gouvernements, qui eurent parfaitement raison, l'un de réclamer, l'autre d'accorder cette juste réparation d'un acte violent et inutile.

CHAPITRE XLI

L'ALGÉRIE ET LE MAROC

(1841-1847).

Le général Bugeaud gouverneur général de l'Algérie. — Son caractère et ses deux idées principales sur sa mission. — Désaccord entre ces idées et les dispositions des Chambres. — Le cabinet est résolu à soutenir fortement le général Bugeaud dans l'œuvre de la complète domination française sur toute l'Algérie. — Campagnes et succès du général Bugeaud. — Son jugement sur Abd-el-Kader. — Sa susceptibilité dans ses rapports avec le ministère de la guerre, les Chambres et les journaux. — Ses brochures. — Sa correspondance particulière avec moi. — Il est fait maréchal. — Abd-el-Kader se replie sur le Maroc. — Dispositions du peuple marocain et embarras de l'empereur Abd-el-Rhaman. — Invasion des Marocains sur le territoire de l'Algérie. — Nos réclamations à l'empereur du Maroc. — Mes instructions au consul général de France à Tanger. — Le prince de Joinville est nommé commandant d'une escadre qui se rend sur les côtes du Maroc. — Inquiétude du gouvernement anglais. — Méfiance de sir Robert Peel. — Sagacité et loyauté de lord Aberdeen. — Ses démarches pour décider l'empereur du Maroc à se rendre à nos demandes. — Elles ne réussissent pas ; la guerre est déclarée. — Le prince de Joinville bombarde Tanger et prend Mogador. — Le maréchal Bugeaud bat et disperse l'armée marocaine sur les bords de l'Isly. — L'empereur du Maroc demande la paix. — Elle est conclue à Tanger. — Ses conditions et ses motifs. — Débats dans les Chambres à ce sujet. — Négociation pour la délimitation des frontières entre l'Algérie et le Maroc. — Traité de Lalla-Maghrania. — Velléités de retraite du maréchal Bugeaud. — Abd-el-Kader recommence la guerre en Algérie. — Incident des grottes du Dahra. — Le maréchal Bugeaud met en avant son plan de

L'ALGÉRIE ET LE MAROC (1841-1847).

colonisation militaire. — Ce plan est mal vu dans les Chambres et dans le ministère de la guerre. — Le maréchal Bugeaud veut se retirer. — Il vient en France. — Nouvelle et générale insurrection en Algérie. — Le maréchal Bugeaud y retourne et triomphe de l'insurrection. — Il est disposé à poursuivre Abd-el-Kader dans le Maroc. — Je lui écris à ce sujet. — Il y renonce. — Il insiste sur son plan de colonisation militaire. — Sa lettre au Roi pour le réclamer. — Présentation à la Chambre des députés d'un projet de loi conforme à ses vues. — Mauvais accueil fait à ce projet. — Le maréchal Bugeaud en pressent l'insuccès. — Il est souffrant et ne se rend pas à Paris. — La commission de la Chambre des députés propose le rejet du projet de loi. — Le gouvernement le retire. — Le maréchal Bugeaud donne sa démission. — Le duc d'Aumale est nommé gouverneur général de l'Algérie.

Quand, le 29 décembre 1840, le Roi, sur la demande du cabinet, nomma le général Bugeaud gouverneur général de l'Algérie, je ne me dissimulai point les conséquences de ce choix et les obligations, j'ajoute les difficultés qu'il nous imposait. Le général Bugeaud n'était pas un officier à qui l'on pût donner telles ou telles instructions, avec la certitude qu'il bornerait son ambition à les exécuter de son mieux et à faire son chemin dans sa carrière en contentant ses chefs. C'était un homme d'un esprit original et indépendant, d'une imagination fervente et féconde, d'une volonté ardente, qui pensait par lui-même et faisait une grande place à sa propre pensée en servant le pouvoir de qui il tenait sa mission. Ni l'éducation ni l'étude n'avaient, en la développant, réglé sa forte nature ; jeté de bonne heure dans les rudes épreuves de la vie militaire, et trop tard dans les scènes compliquées de la vie politique, il s'était formé par ses seules observations et sa propre expérience, selon les instincts d'un bon sens hardi qui manquait quelquefois de mesure et de tact, jamais de justesse ni de puissance. Il avait sur toutes choses, en particulier sur la guerre et les affaires d'Algérie, ses idées à lui, ses plans, ses résolutions ; et non-seulement il les poursuivait en fait, mais il les proclamait d'avance, en toute occasion, à tout venant, dans ses conversations, dans ses correspondances, avec une force de conviction et une verve de parole qui allaient croissant à mesure qu'il rencontrait la contradiction ou le doute; il s'engageait ainsi passionnément, soit envers lui-même, soit contre ceux qui n'acceptaient pas toutes ses vues, tellement plein de son ferme jugement et de sa patriotique intention, qu'il ne s'apercevait pas des préventions qu'inspirait l'intempérance de son langage, et ne pressentait pas les difficultés que ces préventions sèmeraient sur ses pas quand, après avoir tant parlé, il aurait à agir.

En même temps qu'il se créait ainsi lui-même des difficultés factices, il ne se faisait aucune illusion sur les difficultés naturelles de sa mission et sur l'étendue des moyens nécessaires pour les surmonter. Cet esprit qui, par son exubérance et sa confiance dans ses conceptions, semblait quelquefois chimérique, était remarquablement exact et pratique, attentif à se rendre un compte sévère des obstacles qu'il devait rencontrer et des forces dont il avait besoin, n'en dissimulant rien à personne pas plus qu'à lui-même, sans complaisance pour les idées fausses et les vaines espérances du public, sans ménagement pour les embarras ou les faiblesses de ses supérieurs. C'était un agent parfaitement véridique et puissamment efficace, mais peu commode, et qui mêlait avec rudesse l'exigence à l'indépendance. Il était de plus ombrageux, susceptible, prompt à croire qu'on ne faisait pas une assez large part à ses services ou à sa gloire. Quand les difficultés naturelles de sa mission ou celles qu'il s'attirait quelquefois lui-même le rendaient mécontent ou inquiet, quand il croyait avoir à se plaindre du Roi, du ministre de la guerre, des Chambres, des journaux, c'était à moi qu'il s'adressait pour épancher ses mécontentements, ses inquiétudes, et me demander d'y porter remède. Non qu'il y eût, entre lui et moi, une complète intimité ; nos antécédents, nos goûts, nos habitudes d'esprit et de vie ne se ressemblaient pas assez pour nous unir à ce point; mais il savait le cas que je faisais de lui, il comptait sur mon bon vouloir et sur mon aptitude à le soutenir dans le conseil, dans les Chambres, devant le public. Il était d'ailleurs, dans la politique générale, ardent conservateur, touché surtout des conditions comme des besoins de l'ordre, et l'un de mes plus fermes adhérents : « Pendant que je poursuivrai l'Émir dans ses retraites, m'écrivait-il [1], vous lutterez pour maintenir votre majorité contre l'inconstance et l'inconséquence. Vous verrez, comme moi, qu'il est aussi difficile de conserver que de conquérir ; mais

---

[1] Le 18 octobre 1842.

vous combattrez avec talent et fermeté ; j'espère, autant que je le désire, que vous triompherez. Vous me défendez, vous me soutenez dans l'occasion; et vous ne le faites que par justice et bienveillance pour un vieil ami politique en qui vous avez aussi confiance comme général. C'est à votre insu que vous acquittez, envers moi, une vieille dette; combien de fois vous ai-je défendu contre les préjugés absurdes des esprits creux ou passionnés ! »

Plus tard, après quatre années de fortes campagnes et de brillants succès, devenu maréchal de France et duc d'Isly, il eut, dans un accès d'humeur, une tentation de prudence personnelle; il voulut se retirer; je venais, à la même époque, d'être assez malade; il m'écrivit[1] : « Avant d'aborder la chose que j'ai à traiter dans cette lettre, je veux vous parler des inquiétudes que m'a données votre santé, pour vous, pour nous, pour le pays. Je ne vous ai pas écrit pour vous ménager; mais j'ai chargé M. Blondel, directeur des services civils en Algérie, d'aller vous voir de ma part et de me tenir au courant de la marche de votre maladie. Je le chargeais aussi de vous féliciter de l'heureuse issue de la négociation sur le droit de visite. Mais qu'ai-je besoin de protestations? Vous connaissez mes vieux sentiments pour vous; ils ne pouvaient s'affaiblir en cette double occasion. Je suis bien heureux de vous voir rétabli en même temps que

---

[1] Le 30 juin 1845.

vous obtenez un traité qui enlève à vos adversaires leur meilleur champ de bataille. Cela dit, je passe à un sujet moins important, mais qui a votre intérêt, j'en suis sûr, car il s'agit de moi; vous ayant toujours regardé comme le principal auteur de la position qui m'a permis de rendre quelques services au pays, je vous dois compte de la détermination que j'ai prise de la quitter. »
Il m'exposait alors les motifs de sa détermination, motifs puisés dans les déplaisirs personnels de ses relations avec le maréchal Soult et le département de la guerre plutôt que dans un sérieux sentiment des difficultés de sa situation après ses victoires. Aussi renonça-t-il bientôt à ses velléités de retraite, et quelques mois après me l'avoir annoncée, il m'écrivit[1] : « Je suis arrivé, dans mon gouvernement de l'Algérie, à une période qui ressemble beaucoup à deux époques de votre vie parlementaire. Quand, après la révolution de Juillet, le ministère du 11 octobre 1832 eut consolidé la nouvelle monarchie et refoulé les passions révolutionnaires, une partie de ses amis se débandèrent et voulurent s'emparer d'une situation qui était devenue bonne. La même chose s'est vue après la formation et les premiers succès de votre ministère du 29 octobre 1840. Et maintenant, pour moi, ayant résolu les grandes et premières questions, à savoir, le système de guerre pour vaincre et soumettre les Arabes, la question de domination du pays et de sécurité pour les Européens, ayant mis la colonisation en train, la population européenne étant

---

[1] Le 18 août 1845.

quadruplée, les revenus du pays quintuplés, le commerce décuplé, de grands travaux colonisateurs ayant été exécutés, tels que routes, ponts, barrages, édifices de toute nature, plusieurs villes et bon nombre de villages ayant été fondés, il est clair que j'ai fait mon temps et que je ne suis plus bon à rien. Malheureusement ces attaques ont commencé dans un journal subventionné par le ministère de la guerre, et dont les rédacteurs vivaient dans la plus grande intimité avec les bureaux de la direction des affaires de l'Algérie. C'est une des causes qui m'ont fait demander mon remplacement. Les bureaux se vengeaient ainsi des contrariétés que je leur faisais éprouver en combattant les fausses mesures qu'ils proposaient à M. le maréchal ministre de la guerre. Il est probable qu'une grosse intrigue d'envieux et d'ambitieux est venue s'emparer de ces ficelles pour tâcher de me démolir. C'est là leur expression.

« Je vous prie de croire que les attaques de la presse ordinaire n'ont fait et ne feront aucune impression sur moi. J'irai mon droit chemin tant que je serai soutenu par le gouvernement du Roi. Je serai dédommagé des déclamations des méchants par l'assentiment général de l'armée et de la population générale de l'Algérie. Le 6 ou le 7 septembre, je serai près de M. le maréchal Soult à Saint-Amand. Je traiterai avec lui quelques-unes des principales questions. Si nous pouvons nous entendre, comme j'en ai l'espoir d'après les bonnes dispositions qu'il me montre depuis quelque temps, je me remettrai de nouveau à la plus rude galère à laquelle ait jamais été condamné un simple mortel. »

En rentrant, comme gouverneur général, dans cette galère où, depuis plusieurs années déjà, il avait vécu et ramé, il y apportait, avec une conviction passionnée, deux idées dominantes, la nécessité de soumettre les Arabes dans toute l'étendue de l'ancienne Régence, la nécessité de la colonisation militaire pour fonder et féconder notre établissement. C'était la guerre partout en Algérie, avec une forte armée pour la soutenir, et après le succès de la guerre, longtemps encore l'armée comme principal acteur au sein de la paix.

Rien n'était moins en harmonie que ces deux idées avec les dispositions des Chambres et les préventions du public. Très-décidément on voulait rester en Algérie; mais on souhaitait vivement d'y restreindre la guerre et les dépenses de la guerre. On regardait la prépondérance prolongée du régime militaire comme mauvaise, et la colonisation militaire comme impossible, soit en elle-même, soit à cause des charges énormes qu'elle devait imposer au pays. On avait hâte de voir l'Algérie entrer sous les lois de l'administration civile et dans les voies de la colonisation civile, la seule que l'État pût protéger sans la payer et sans en répondre.

Quant à la nécessité de soumettre complétement les Arabes et d'établir la domination française dans toute l'étendue de l'Algérie, j'étais de l'avis du général Bugeaud; la question n'était plus, comme de 1830 à 1838, entre l'occupation restreinte et l'occupation étendue ; la situation de la France dans le nord de l'Afrique avait changé ; les faits s'étaient développés et avaient amené leurs conséquences ; la conquête effective de toute l'Algérie était devenue la condition de notre établissement à Alger et sur la côte. Les esprits hostiles à cet établissement et les esprits timides qui en redoutaient les charges essayaient encore de résister à ce qu'ils appelaient un dangereux entraînement; mais, pour les esprits plus fermes et à plus longue vue, cet entraînement était un résultat nécessaire de la situation et comme un fait déjà accompli. Ainsi se sont faites la plupart des grandes choses qui ont fait les grandes nations par la main des grands hommes; ce fut la gloire du général Bugeaud de comprendre fortement la nécessité de celle-ci et de s'y attacher avec une passion persévérante; sous le roi Charles X, la France avait conquis Alger ; c'est sous le roi Louis-Philippe et par le général Bugeaud qu'elle a conquis l'Algérie. Le mérite du cabinet fut de mettre résolûment le général Bugeaud à la tête de cette œuvre, de l'y soutenir fermement et de lui fournir, malgré bien des difficultés et des résistances, les moyens de l'accomplir [1].

---

[1] Au 1er juillet 1840, avant la formation du cabinet du 29 octobre 1840 et la nomination du général Bugeaud comme gouverneur général de l'Algérie, nos forces militaires en Algérie étaient de 64,057 hommes.

Au 1er juillet 1841, elles s'élevaient à 78,989 hommes, tant troupes françaises qu'auxiliaires et indigènes.

Au 1er juillet 1842, elles s'élevaient à 83,281 hommes.

L'ALGÉRIE ET LE MAROC (1841-1847).

Appelé aujourd'hui à retracer et à apprécier les principaux faits de la guerre d'Algérie à cette époque, je n'ai pas voulu me contenter de mes souvenirs personnels, nécessairement superficiels et incomplets ; j'ai cherché, parmi les hommes qui ont vécu et servi auprès du maréchal Bugeaud, un témoin sûr et un juge compétent. Le maréchal Bugeaud me l'avait lui-même indiqué d'avance ; il m'écrivait le 2 juillet 1846 : « Vous me comblez de satisfaction en m'apprenant que le capitaine Trochu aura le premier grade vacant parmi les chefs d'escadron. Si vous le connaissiez, vous en seriez aussi satisfait que moi ; il a une tête et des sentiments comme vous les aimez. Il est apte à parvenir à tout. Je ne connais dans l'armée aucun homme plus distingué que lui ; veillez donc, je vous prie, à ce que la promesse soit tenue. » Elle fut tenue, en effet, et le général Trochu, placé aujourd'hui aussi haut dans l'estime que dans les rangs de l'armée, a pleinement justifié l'opinion de son illustre chef. C'est à lui que j'ai demandé un résumé caractéristique des idées et des procédés du maréchal Bugeaud dans la guerre d'Algérie, et il a répondu à mes questions d'une façon si nette et si frappante que je me garderai de rien changer à ses paroles ; je les reproduirai ici textuellement

---

Au 1er juillet 1843 elles s'élevaient à 85,664 hommes.
Au 1er juillet 1844 .... à 90,562 hommes.
Au 1er juillet 1845.............. à 89,099 hommes.
Au 1er juillet 1846.............. à 107,688 hommes.
Au 1er juillet 1847.............. à 101,520 hommes.

comme un fidèle portrait de l'homme et de la guerre qui y sont peints :

« Le nouveau gouverneur de l'Algérie, m'écrivait, le 8 novembre dernier, le général Trochu, apportait avec lui une force qui fit autant pour la conquête que les soldats et l'argent; force toute morale qui a été, entre les mains du maréchal Bugeaud, l'instrument de tous les succès de sa carrière. Il ne doutait pas; et il sut prouver qu'il ne fallait pas douter à une armée qu'une perpétuelle alternative de succès et de revers, dans une entreprise dont le but était resté jusque-là mal défini, avait laissée dans l'incertitude.

« Les lieutenants du maréchal Bugeaud, dont je ne crois pas diminuer la valeur et les services en faisant cette déclaration, étaient des hommes supérieurs qui s'étaient formés eux-mêmes dans cette guerre, et qui étaient déjà formés, pour la plupart, quand il vint prendre la direction de leurs efforts. Ainsi ce qu'ils ont fait leur appartient en propre, et le maréchal en a largement bénéficié. Il n'est pas un vieil officier de l'armée d'Afrique qui n'ait présentes à la pensée les opérations si intelligentes et si hardies par lesquelles le général de Lamoricière, dans la campagne d'hiver de 1841 à 1842, tournant dans la province d'Oran le massif qui était le siége principal de l'influence personnelle et de la puissance gouvernementale d'Abd-el-Kader, fit tomber en quelques mois les deux tiers de cette province entre nos mains; et les entreprises audacieuses du général Changarnier dans la province d'Alger, entreprises au milieu desquelles brille d'un si vif éclat le combat de l'*Oued-Fodda*, qui restera, dans l'histoire militaire du pays, comme un de ces actes hasardés que le succès seul peut justifier, mais où général, officiers et troupes, avec de cruels sacrifices, se couvrent de gloire et impriment à la marche des événements une impulsion décisive.

Mais le système de guerre en Afrique avait pour point de départ antérieur une théorie qui appartient au général de brigade Bugeaud, théorie dont l'application au combat de la Sikkak (6 juillet 1836), alors que ses futurs lieutenants étaient tous encore peu connus ou inconnus, avait appelé sur lui une haute et très-légitime notoriété.

« Une colonne française, considérable par la valeur des officiers et de la troupe, après de pénibles opérations dans l'ouest de la province d'Oran, se trouvait acculée à la mer, dans le delta sablonneux que forment les embouchures de la Tafna. Elle était entourée par tous les rassemblements armés du pays, attaquée chaque jour dans sa position à peine défendable, assujettie à des efforts continuels, à des sacrifices douloureux. Son état moral, comme son état matériel, touchait au désarroi. La situation était grave. Le gouvernement et l'opinion s'en montrèrent émus. Un envoi immédiat de troupes partant directement des ports de la Méditerranée fut résolu. Le commandement en fut donné au général Bugeaud. Il débarqua à la Tafna avec une brigade, réunit autour de lui tous les officiers présents, et leur dit, avec une netteté et une fermeté de vues auxquelles ils n'étaient pas accoutumés, comment il envisageait la crise et comment il entendait en sortir : — « Les Arabes sont vaillants, mais ils ne le sont pas plus que vous. Vous opposez votre discipline et votre organisation à leurs masses confuses qui sont d'autant plus faciles à jeter dans le désordre qu'elles sont plus nombreuses. Ils sont mal armés; vous avez un excellent armement. Ils ont peu de munitions; vous n'avez pas à ménager les vôtres. Que vous manque-t-il donc pour les battre ? Je vais vous le dire et vous montrer en même temps que je vous apporte ce qui vous manque. Ayez le sentiment de votre incontestable supériorité, et portez-le avec vous dans le combat, de manière à le faire passer dans l'âme de vos adversaires. Ils vous croient compromis, livrés à l'abattement, réduits à une défensive sans remède et sans issue. Eh bien, nous allons les surprendre par une offensive si rapide, énergique et imprévue, que, par un revirement moral dont l'effet est immanquable, le trouble et l'incertitude remplissant leurs esprits, nous frapperons un grand coup qui les abattra à leur tour. Mais comment, traînant avec vous tant de canons et tant de voitures dans un pays montagneux, très-difficile, sans routes, comment prendre l'offensive sur un ennemi qui l'a toujours eue jusqu'à présent, qui va partout, qui est dégagé d'attirail, et mobile à ce point que vous le déclarez insaisissable ? Il faut vous faire aussi légers que lui ; il faut vous defaire de ces *impedimenta* qui, bien loin d'être une force, sont pour vous une cause permanente de faiblesse et de péril. Vous êtes liés à leur existence ; vous les suivez péniblement là où ils peuvent passer, quand ils peuvent passer ; vous ne marchez jamais à l'ennemi quand il serait à propos ; et tout votre temps s'use, tous vos efforts s'épuisent à défendre vos canons et vos voitures, alors que l'ennemi, habile à choisir le moment de vos embarras, fond sur vous. Je vous déclare que j'ordonne l'embarquement de ce matériel de campagne et son renvoi à Oran. Nos soldats porteront plus de vivres. Une petite réserve sera chargée sur des chevaux et des mulets avec lesquels nous organiserons aussi le transport de nos blessés et de nos malades. Avec ces moyens sommairement constitués, je vous promets de vous mener immédiatement à l'ennemi et de le battre. — »

« Cet ordre de renvoi des canons de campagne produisit, sur l'auditoire du général, un effet marqué d'étonnement et de mécontentement. Annoncé par un commandant en chef qui débutait en Algérie, à des officiers qui étaient déjà, en grand nombre, des vétérans algériens prétendant à l'expérience et considérant une puissante artillerie comme la grande force et la principale sauvegarde de l'armée à de certains moments, il fut très-mal accueilli. Le doyen des chefs de corps présents, le colonel Combe, officier de l'Empire, homme énergique, à qui une mort glorieuse sous les murs de Constantine fit, l'année suivante, une notoriété méritée, voulut être l'organe du sentiment général. Dans une réponse peut-être hors de mesure et qui ne fut pas sans quelque amertume, il combattit les vues du général Bugeaud, donnant à entendre que son inexpérience africaine avait seule pu lui conseiller des dispositions qui étaient notoirement compromettantes. Il railla à mots couverts la confiance qu'en exposant les détails de son système de marche et de combat, le général avait montrée de pouvoir tourner les masses arabes et leur faire des prisonniers, résultat qui était en effet, à cette époque, considéré comme très-difficile ou même impossible à attendre.

« Le général Bugeaud dut mettre un terme à la discussion par l'argument militaire *sic volo, sic jubeo*; et à quelques jours de là il répondait à ses contradicteurs par la victoire de la Sikkak, qui fut décisive, complète, enlevée, qui mit, en effet, entre nos mains des prisonniers en grand nombre, et qui eut, en Algérie et en France, un si légitime retentissement. Le système de la guerre d'Afrique était fondé. »

Ce fut là, en effet, le système que, dès son arrivée en Algérie comme gouverneur général et dans sa première campagne comme dans les suivantes, le général Bugeaud appliqua sur une grande échelle et avec autant de souplesse que de persévérance ; il donna immédiatement à la guerre un caractère d'initiative hardie, de mobilité dégagée et imprévue, de prompte et infatigable activité. Il s'appliqua à poursuivre ou à prévenir, à atteindre et à vaincre ou à déjouer, sur tous les points du territoire arabe, Abd-el-Kader, c'est-à-dire la nation arabe elle-même personnifiée dans son héros : « On est dans une étrange erreur, m'écrivait-il [1], quand on dit dans la presse, et même dans les Chambres, que nous ne sommes occupés qu'à combattre un chef de partisans qui mène avec lui sept ou huit cents cavaliers. Si nous n'avions à redouter que cette petite force, il faudrait que nous eussions bien dégénéré pour nous en tant préoccuper. On oublie que c'est à la nation arabe tout entière que nous avons affaire, et que, si nous manœuvrons avec tant d'activité pour empêcher Abd-el-Kader de pénétrer dans l'intérieur du pays, ou du moins de s'y fixer, c'est pour qu'il ne vienne pas mettre le feu aux poudres amoncelées derrière nous, pour qu'il n'ait le temps de rien organiser ou consolider. Nous connaissons le prestige immense qu'il exerce sur les Arabes par son génie, par son caractère éminemment religieux, par l'influence qu'il a gagnée en dix ans de règne. Il n'y a rien de plus faux que de le comparer à un chef ordinaire de partisans qu'on jette sur les flancs ou sur les derrières d'une armée pour enlever des convois, des détachements isolés, des dépêches, pour brûler des magasins et prendre ou détruire tout ce qu'une armée laisse derrière elle en avançant. Un tel chef doit avoir de grandes qualités militaires, mais il n'a rien de politique; ses coups de main seuls sont à craindre et non pas son influence; les actions militaires d'Abd-el-Kader sont ce qu'il y a de moins redoutable; son influence sur les peuples est excessivement puissante; aucune tribu ne sait lui

[1] Le 3 mars 1846.

résister; dès qu'il se présente, tous les guerriers prennent les armes et le suivent; sa présence même n'est pas toujours nécessaire; n'a-t-il pas mis en révolte toute la province d'Oran et l'ouest de celle d'Alger par ses lettres, ses émissaires et le bruit exagéré de ses succès de Ghazaouat et d'Aïn-Temouchen? N'a-t-il pas déjà, de plus loin encore, jeté des ferments de trouble sur plusieurs points de la province de Constantine? Abd-el-Kader n'est point un partisan; c'est un prétendant légitime par tous les services qu'il a rendus à la nationalité arabe et à la religion; c'est un prince qui a régné dix ans et qui veut reconquérir un trône, assuré qu'il est de l'amour passionné de tous ses anciens sujets. »

Ce fut à la lumière de cette idée juste et grande que, de 1841 à 1847 et dans dix-sept campagnes habilement combinées, sans compter les incidents isolés, le maréchal Bugeaud poursuivit et accomplit la soumission générale des Arabes et la conquête définitive de l'Algérie [1]. Deux faits importants manquaient encore à cette conquête quand le maréchal Bugeaud en quitta le gouvernement : Abd-el-Kader errait et guerroyait encore dans l'Algérie; et dans la province même d'Alger, la Grande-Kabylie conservait son indépendance;

[1] On trouvera, dans les *Pièces historiques* placées à la fin de ce volume, un résumé puisé à des sources authentiques et aussi lumineux que précis, des campagnes du maréchal Bugeaud en Afrique de 1841 à 1847, et de leurs principaux résultats pour l'extension et la consolidation de la domination française en Algérie.

c'est sous le gouvernement de M. le duc d'Aumale qu'Abd-el-Kader a renoncé à la lutte, et c'est M. le maréchal Randon qui, dans sa longue et sage administration de l'Algérie, a eu l'honneur d'entreprendre, d'accomplir et de consolider la soumission de la Grande-Kabylie à la France. Mais ces deux habiles successeurs du maréchal Bugeaud seraient, j'en suis sûr, les premiers à reconnaître que c'est à lui que la France doit l'entière et forte possession de l'Algérie. Il a, pendant sept ans, rempli ce vaste théâtre de sa présence et de son nom, puissant en actes comme en paroles, variant ses procédés de guerre avec autant d'invention ingénieuse que de bon sens pratique, payant de sa personne sans avoir l'air d'y penser et avec un courage aussi simple que dominateur, inspirant à ses troupes la confiance qu'il les aimait et qu'il prenait d'elles les soins les plus attentifs au moment où il leur imposait les plus rudes efforts, déployant enfin, avec toute l'autorité du général, toutes les qualités du soldat.

Je prends çà et là, dans sa correspondance avec moi, quelques-uns des traits où se manifestent sa façon d'agir et son caractère; il m'écrivait, le 18 octobre 1842 : « Je viens de terminer prématurément, à cause des pluies, une campagne dans l'est, contre Ben-Salem, cinquième kalifat (lieutenant) d'Abd-el-Kader. Je crois avoir à peu près détruit sa puissance. Je lui ai enlevé tout ce qu'il y avait de beau et de bon dans son gouvernement. Il ne lui reste que quelques tribus kabyles sur lesquelles il a conservé peu de crédit. Cette expédition serait des plus heureuses si je n'y avais perdu un de mes meilleurs officiers, le colonel Leblond. Abd-el-Kader, en homme de cœur et de talent, lutte contre sa mauvaise fortune avec une énergie bien remarquable. Il écrit de tous côtés pour faire prendre les armes, ou du moins pour entretenir le feu sacré. Partout où il voit l'espérance de ranimer un foyer de résistance, il s'y porte avec sa poignée de cavaliers fidèles, et il parvient quelquefois à réunir douze ou quinze cents hommes. Il dispose encore, dit-on, d'une somme de deux ou trois millions, et il paraît vouloir s'établir, pour l'hiver, dans les montagnes de l'Oued-Serris, entre le Chélif et la Mina. Je travaille à jeter un pont sur cette dangereuse rivière, afin que la colonne de Mostaganem puisse la franchir pour protéger les tribus soumises sur la rive droite, et même attaquer l'émir dans sa retraite, après les grandes pluies. Dans tous les cas, au printemps, je l'étreindrai dans ce pâté montagneux, avec trois colonnes, et je pense qu'en quinze jours je lui enlèverai ce refuge dans lequel il s'appuie sur plus de 20,000 fantassins kabyles. »

Un an plus tard, le 27 octobre 1843 : « Vous suivez sans doute les diverses phases de nos affaires d'Afrique, et vous voyez que tout le pays qui obéissait à Abd-el-Kader est dompté, à l'exception d'une très-petite zone au sud et sud-ouest de Mascara, où ce chef se débat encore avec courage, talent et persévérance, avec les débris de son armée et les cavaliers de deux ou trois tribus. Je pars après-demain pour Mascara, afin d'en finir avec ce Jugurtha renforcé ; mais je crains bien que l'absence de nourriture pour les chevaux ne rende la conclusion possible qu'au printemps. La guerre doit se modifier suivant les circonstances; il faut aujourd'hui se mettre en mesure d'atteindre au loin notre ennemi ; aussi je m'occupe de me procurer les transports nécessaires pour porter deux bataillons d'infanterie qui marcheront à l'appui de ma cavalerie. En 1841, nous avons proportionné les moyens d'Europe aux circonstances de l'Afrique d'alors; nous nous sommes rendus légers et offensifs ; mais nos colonnes ont été composées de quatre ou cinq mille hommes, parce que notre adversaire pouvait encore réunir, sur divers points, douze, quinze et vingt mille hommes. Il ne le pouvait plus en 1842, et nous avons subdivisé nos forces pour atteindre l'ennemi et ses intérêts sur de plus grandes surfaces. En 1843, la guerre n'a plus été, dans le pays facile, qu'une question de vitesse, et nous avons agi avec des colonnes d'infanterie montée. Nous sommes encore dans l'enfance de ce système ; les moyens de transport nous manquent; je travaille à en réunir qui ne coûtent rien à l'État, et j'en ai déjà une partie. Je fais faire des essais sur le meilleur équipement à donner aux mulets et aux chameaux pour porter le fantassin et des vivres pour quinze ou vingt jours. Je ferai tout pour être en mesure au printemps prochain. Alors, si Abd-el-Kader n'est pas éteint, je lui donnerai une chasse extraordinaire. Il faudra que ses tentes et celles de ses partisans soient bien loin pour que je ne les atteigne pas. Vous me direz peut être que je vous parle presque uniquement de la guerre. Ah! c'est que la bonne guerre fait tout marcher à sa suite. Vous seriez de cet avis si vous pouviez voir la fourmilière d'Européens qui s'agite en tous sens, d'Alger à Milianah et Médéah, de Ténez à Orléansville, de Mostaganem à Mascara, d'Oran à Tlemcen. Le premier agent de la colonisation et de tous les progrès, c'est la domination et la sécurité qu'elle produit. Que pouvait-on faire quand on ne pouvait aller à une lieue de nos places de la côte sans une puissante escorte? On ne voyageait, on ne transportait que deux ou trois fois par mois. Aujourd'hui c'est à toute heure, de jour et de nuit, isolément et sans armes. Aussi le mouvement correspond à la confiance ; les hommes et les capitaux ont cessé d'être timides ; les constructions pullulent; le commerce prospère ; nos revenus grandissent sur la côte, et l'impôt arabe, malgré les destructions de la guerre, donnera cette année plus de deux millions. Voilà ce que fait ce gouvernement si lâche, si rampant devant l'étranger ; il soumet un peuple puissant par le nombre, et plus encore par ses mœurs belliqueuses, par son sol haché et dépourvu de routes, par son climat, sa constitution sociale et agricole, sa mobilité qui lui vient de l'absence de toute richesse immobilière, enfin, par son fanatisme religieux et la dissemblance de ses mœurs avec les nôtres. Non-seulement on soumet ce peuple, mais on introduit dans son sein un peuple nouveau pour lequel on exproprie une partie du sol, en menaçant d'en prendre chaque jour davantage. Voilà, ce me semble, des faits à opposer aux insolentes déclamations de nos adversaires. La charrue ne peut aller, comme le voudraient les journalistes, de front avec l'épée; celle-ci doit marcher vite, et la colonisation est lente de sa nature; elle va, je crois, aussi vite qu'elle peut aller avec les moyens dont nous disposons jusqu'à ce jour; elle pourra accélérer le pas à présent que l'armée va être moins occupée de la guerre, et il n'y a que l'armée, avec ses bras nombreux et à bon marché, qui puisse lui donner une grande impulsion!... En attendant, nous travaillerons à perfectionner les anciens établissements et à fonder les nouveaux, comme Orléansville, Ténez, Tiaret, Boguar, Teniet-el-Had. Déjà, sur ces divers points, les progrès sont considérables; Orléansville et Ténez ont de loin l'aspect d'une ville. La population civile y afflue au delà de mes désirs, car je voudrais garder la place pour la colonisation militaire. Je n'aime pas à semer la faiblesse là où il faut être fort. »

Au milieu de tant d'activité et de succès en Algérie, le général Bugeaud se préoccupait, avec une sollicitude passionnée, de tout ce qui se disait à Paris sur ses opérations, ses projets, son armée et lui-même; il se croyait engagé à la fois sur deux champs de bataille, sur celui de la discussion publique à la tribune ou dans la presse en France aussi bien que sur celui de la guerre en Afrique, et il voulait, en toute occasion, faire acte de présence et de vaillance sur tous les deux. Au printemps de 1842, il crut voir, dans les journaux, dans les débats des Chambres et même dans la correspondance du ministère de la guerre, l'intention de réduire l'effectif des troupes en Algérie ; il ne se contenta pas d'adresser au gouvernement du Roi ses observations à ce sujet ; il en appela au public par une brochure vive contre toute mesure de ce genre. Le maréchal Soult fut justement blessé de cette opposition publique et anticipée à un dessein présumé, et il en témoigna au général Bugeaud son mécontentement. Pour adoucir l'effet de ce blâme sur le général, tout en lui indiquant ma propre pensée, je lui écrivis de mon côté [1] : « Vous vous plaignez de moi, et vous en avez quelque droit. Pourtant je ne manque pas d'excuses. J'ai un grand dégoût des paroles vaines. Je n'avais rien de nécessaire, rien de pratique à vous dire. J'ose croire que vous comptez sur moi de loin comme de près, soit que je parle ou que je me taise. Je ne vous ai donc pas écrit. J'ai joui de vos succès auxquels j'avais cru d'avance, parce que j'ai confiance en vous. Je vous ai soutenu, dans le conseil et ailleurs, toutes les fois que l'occasion s'en est présentée. J'ai travaillé, avec quelque fruit, à faire prévaloir la seule politique qui puisse vous soutenir et que vous puissiez soutenir. Voilà mes marques d'amitié, mon cher général ; tenez pour certain que la mienne vous est acquise, que je vous la garderai fidè-

[1] Le 20 septembre 1842.

lement et que je serai toujours charmé de vous la prouver. Vous êtes chargé d'une grande œuvre et vous y réussissez. C'est de la gloire. Vous l'aimez et vous avez raison ; il n'y a que deux choses en ce monde qui vaillent la peine d'être désirées, le bonheur domestique et la gloire. Vous les avez l'une et l'autre. Le public commence à se persuader qu'il faut s'en rapporter à vous sur l'Afrique, et vous donner ce dont vous avez besoin pour accomplir ce que vous avez commencé. Je viens de lire ce que vous venez d'écrire ; c'est concluant. A votre place, je ne sais si j'aurais écrit ; l'action a plus d'autorité que les paroles. Mais vos raisonnements s'appuient sur vos actes. Je m'en servirai dans la session prochaine. D'ici là, achevez de bien assurer et compléter la domination militaire. Nous nous occuperons alors de l'établissement territorial. Je suis aussi frappé que vous de la nécessité d'agir en Afrique pendant la paix de l'Europe ; l'Afrique est l'affaire de nos temps de loisir. »

Il me répondit sur-le-champ[1] : « Oui, je compte sur vous, de loin comme de près, soit que vous m'écriviez, soit que vous gardiez le silence, et je m'honore de l'amitié dont vous me donnez l'assurance. « A votre « place, me dites-vous, je ne sais si j'aurais écrit ; l'ac- « tion a plus d'autorité que les paroles. » Je n'ai pas écrit pour faire valoir mes actions dont je n'ai pas dit un mot ; j'ai écrit surtout pour combattre une idée qui se

---

[1] Le 18 octobre 1842.

manifestait à la tribune, dans les journaux, dans les conversations particulières, dans les lettres, et surtout dans la correspondance du ministère de la guerre, la réduction de l'armée d'Afrique. M. le maréchal ministre de la guerre a blâmé cette publication. Était-il en droit de le faire d'après les précédents? Vous en jugerez par la réponse que je lui ai faite et dont je vous donne ici copie. Mais à supposer que je fusse répréhensible, fallait-il m'admonester dans les journaux? J'ai été vivement peiné d'un article inséré à ce sujet dans le *Moniteur* parisien. Je ne crois avoir manqué ni à la discipline, ni aux convenances, et je me flatte qu'aucun général en chef, placé à deux cents lieues de son pays, n'a été plus discipliné que moi. »

Les susceptibilités du général n'étaient pas mieux comprises ni plus ménagées à Paris qu'il ne comprenait et ne ménageait lui-même celles de ses supérieurs. Vers la fin d'avril 1843, je reçus de lui cette lettre : « Sur un premier mouvement, j'avais écrit au ministre de la guerre la lettre ci-incluse. La réflexion m'a décidé à ne pas la lui adresser ; mais, pour soulager mon âme oppressée et mon orgueil justement blessé, j'ai voulu vous la communiquer. Si quelque chose pouvait me consoler, ce serait la pensée qu'il faut qu'on ait une bien haute opinion de mon dévouement et de mon abnégation pour qu'on ait substitué, à une récompense *promise*, un cordon qu'on a donné aux plus minces services, à des hommes qui n'ont fait que paraître en Afrique et qui n'y ont pas brillé. »

Quelques mois auparavant, on lui avait, en effet, fait espérer, il pouvait dire promis, le bâton de maréchal de France, et on lui donnait à la place le grand-cordon de la Légion d'honneur en ajournant la plus haute récompense de ses succès « à une nouvelle occasion. » Quoi qu'il n'eût pas envoyé au ministre de la guerre le projet de lettre qu'il me communiquait, son humeur fut connue et on s'empressa de la dissiper; trois mois après, le 31 juillet 1843, il fut fait maréchal; mais, par une étrange maladresse de langage ou par une rudesse hautaine, le ministre de la guerre, en lui annonçant son élévation prochaine à cette dignité, ajoutait : « Sa Majesté y met toutefois une condition, dans l'intérêt du bien du service et de votre gloire; c'est que vous continuerez à exercer vos doubles fonctions de gouverneur général et de commandant en chef de l'armée d'Afrique pendant un an, et que d'ici là vous renoncerez à votre projet de revenir en France, même par congé, afin que la haute direction de la guerre et du gouvernement reste encore dans vos mains assez de temps pour que vous puissiez achever ce que vous avez si habilement commencé. »

Le vrai motif de la réserve ainsi exprimée était l'intention, très-sensée et très-légitime, de donner à M. le duc d'Aumale le temps de se préparer pour le gouvernement général de l'Algérie et de s'en montrer capable. Rien n'était plus facile que de s'entendre dignement, à ce sujet, avec le général Bugeaud et de lui faire accepter de bonne grâce cet avenir; il portait à la monarchie constitutionnelle et à la famille royale, un dévouement sérieux et sincère; mais le mot de *condition* le blessa profondément : « C'est la première fois, je crois, m'écrivait-il, que pareille chose a été faite. Vous jugerez vous-même si ma susceptibilité est exagérée; je vous donne copie du passage de la lettre de M. le maréchal Soult, et de la réponse que j'y fais. » Sa réponse était digne et amère. On ne se doute guère des difficultés qu'ajoute aux affaires le défaut de tact et de délicatesse dans la façon de les traiter.

L'occasion se présenta bientôt, pour le maréchal Bugeaud, de prouver combien il méritait le titre supérieur qu'il venait de recevoir. Au printemps de 1844, Abd-el-Kader avait été pourchassé et vaincu dans tout l'intérieur de l'Algérie; la plupart des tribus, décimées ou découragées, l'avaient abandonné ou ne le soutenaient plus que sous main et en hésitant; la surprise et la prise de sa smahla, le 16 mai 1843, par M. le duc d'Aumale, avait porté à son prestige, même parmi les Arabes, une rude atteinte; nos expéditions multipliées dans les parties les moins accessibles de la Régence, depuis les défilés du Jurjura jusqu'aux frontières du Grand Désert, l'occupation permanente de Biskara et de plusieurs autres points importants avaient porté partout la conviction de notre force supérieure et de notre ferme résolution d'établir partout notre empire. On pouvait dire que la conquête était accomplie. Mais Abd-el-Kader était de ceux qui ne renoncent jamais à l'espérance ni à la lutte ; il s'était établi à l'ouest de la province d'Oran, sur la frontière incertaine du Maroc, et de là il poursuivait ou recommençait incessamment la guerre ; tantôt il faisait, avec ses bandes errantes, de brusques incursions dans la Régence ; tantôt il enflammait le fanatisme naturel des populations marocaines et les entraînait contre nous à sa suite, trouvant toujours chez elles un refuge assuré; il agissait puissamment sur l'empereur Abd-el-Rhaman lui-même, tantôt lui faisant partager ses passions musulmanes, tantôt l'effrayant et de nous et de ses propres sujets; il souleva, entre ce prince et nous, une question de possession pour des territoires situés entre le cours de la Tafna et la frontière du Maroc. Nous repoussions victorieusement les incursions ; nous infligions aux tribus agressives de rudes châtiments ; nous réclamions fortement, auprès de l'empereur Abd-el-Rhaman, contre ces continuelles violations de la paix entre les deux États; nous démontrions avec évidence l'ancien droit de possession des Turcs, et par conséquent le nôtre, sur les territoires contestés; mais nos démonstrations, nos réclamations et nos victoires ne servaient de rien ; l'empereur Abd-el-Rhaman était impuissant à se faire obéir, même quand il avait assez peur de nous pour le vouloir; nous étions en présence d'une population fanatique et d'un gouvernement anarchique, l'un et l'autre au service ou sous le joug d'un ennemi acharné. A aucun prix, nous ne pouvions ni ne voulions accepter une telle situation.

Elle éclata spontanément et de façon à dissiper, si nous en avions eu, toute incertitude. Le 30 mai 1844, un corps nombreux de cavaliers marocains, partis d'Ouschda, la première ville marocaine à l'ouest de la province d'Oran, entrèrent sur notre territoire, et vinrent, avec grand bruit, attaquer le général de Lamoricière dans son camp de Lalla-Maghrania, à deux lieues en dedans de notre province. Le général les repoussa vigoureusement, les poursuivit jusqu'à la frontière, et en rendant compte, le soir même, au maréchal Bugeaud, de cet incident, il lui disait : « Voici, d'après deux prisonniers échappés aux sabres des chasseurs, la cause de ce mouvement subit : Un personnage allié à la famille impériale, et nommé Sidi-el-Mamoun-ben-Chériff, est arrivé ce matin à Ouschda, avec un contingent de 500 Berbères envoyés de Fez par le fils de Muley Abd-el-Rhaman, pour faire partie de la troupe d'observation réunie devant nous. Sidi-el-Mamoun, emporté par un ardent fanatisme, a déclaré qu'il voulait au moins voir de près le camp des chrétiens. On s'est mis en marche malgré la résistance et les observations du caïd d'Ouschda, El Ghennaouin, qui, tout en attendant les ordres de l'empereur, n'osait opposer un refus formel à un prince de la famille impériale. L'indiscipline des Berbères et le fanatisme de la troupe nègre se sont exaltés de plus en plus en notre présence, et le combat s'est engagé. Quoi qu'il en soit de ces récits, la guerre existe de fait ; les journées qui vont suivre montreront jusqu'à quel degré on veut la pousser. Il n'est pas douteux qu'Abd-el-Kader n'essaye d'en profiter. »

Le maréchal Bugeaud rendit immédiatement compte de ce fait au maréchal Soult, et il s'empressa d'en informer également notre consul général à Tanger, M. de Nion, chargé d'affaires auprès de l'empereur du Maroc : « Depuis plusieurs jours, lui écrivit-il, nous étions provoqués par des menaces et par des excitations à nos tribus pour les pousser à la révolte; nous avons eu entre les mains une lettre du caïd d'Ouschda à l'un de nos caïds, dans laquelle il l'invite à se tenir prêt pour la guerre qu'ils vont faire aux chrétiens : — Quand le moment de frapper sera venu, lui dit-il, nous vous préviendrons et nous vous pourvoirons de tout ce qui pourra vous manquer pour la guerre; en attendant, tâchez de vous procurer des armes et des cartouches. » — Le maréchal Bugeaud ajoutait : « Il est impossible de montrer plus de modération que ne l'a fait le général de Lamoricière; je pars après-demain pour aller le joindre; j'ai le projet de demander, dès mon arrivée, des explications sérieuses aux chefs marocains. Si leurs intentions sont telles qu'on puisse espérer de revenir à l'état pacifique, je profiterai de l'outrage qu'ils nous ont fait en nous attaquant sans aucune déclaration préalable, pour obtenir une convention qui, en réglant notre frontière, établira d'une manière précise les relations de bon voisinage; les principales bases de cette convention seraient : 1° La délimitation exacte de la frontière; 2° que les deux pays s'obligent à ne pas recevoir les populations qui voudraient émigrer de l'un à l'autre; 3° que Sa Majesté l'empereur du Maroc s'engage à ne prêter aucun secours en hommes, en argent, ni en munitions de guerre à l'émir Abd-el-Kader. Si celui-ci est repoussé dans les États marocains, l'empereur devra le faire interner, avec sa troupe, dans l'ouest de l'empire où il sera soigneusement gardé. A ces conditions, il y aura amitié entre les deux pays. Si, au contraire, les Marocains veulent la guerre, mes questions pressantes les forceront à la déclarer. Nous ne serons plus dans cette situation équivoque qui peut soulever en Algérie de grands embarras. J'aime mieux la guerre ouverte sur la frontière que la guerre des conspirations et des insurrections derrière moi. S'il faut faire la guerre, nous la ferons avec vigueur, car j'ai de bons soldats, et, à la première affaire, les Marocains me verront sur leur territoire. Je vous avoue que, si j'eusse été à la place de M. le général de Lamoricière, je n'aurais pas été si modéré, et j'aurais poursuivi l'ennemi, l'épée dans les reins, jusque dans Ouschda. Peut-être le général a-t-il mieux fait de s'en abstenir. C'est ce que la suite prouvera. »

Le général de Lamoricière avait bien fait de ne pas s'engager plus avant, et de laisser au seul gouvernement du Roi la question de la paix ou de la guerre et la conduite de la négociation qui devait aboutir à l'un ou à l'autre résultat. Nous jugeâmes à notre tour que le moment était venu de prendre, à cet égard, une résolution définitive. De l'avis unanime de son conseil, le Roi décida qu'il serait adressé à l'empereur du Maroc la demande formelle d'une réparation pour l'attaque récente sur notre territoire, et d'un engagement précis qu'il prendrait des mesures efficaces pour mettre l'Algérie à l'abri des menées d'Abd-el-Kader et de ses partisans, Arabes ou Marocains. Il fut résolu en même temps que les renforts nécessaires pour le cas de guerre seraient envoyés au maréchal Bugeaud, et qu'une escadre commandée par M. le prince de Joinville irait croiser sur les côtes du Maroc, pour donner à la négociation l'appui moral de sa présence, et, s'il y avait lieu, le concours de sa force. J'adressai en conséquence, à notre consul général à Tanger, les instructions suivantes :

« Paris, 12 juin 1844.

« Monsieur, les dépêches de M. le général Lamoricière, en date du 30 mai, nous annoncent que, ce même jour, il a été attaqué, en dedans de notre frontière, par un corps de 1,200 à 1,400 cavaliers marocains, et de 5 à 600 Arabes, mais que cette agression a été sévèrement châtiée. Comme elle a eu lieu sans provocation de notre part et en l'absence de toute déclaration de guerre, nous aimons encore à n'y voir qu'un simple accident et non l'indice d'une rupture décidée et ordonnée par l'empereur du Maroc. Mais nous sommes fondés à nous en plaindre comme d'une insigne violation du droit des gens et des traités en vertu desquels nous sommes en paix avec cet empire. Vous devez donc, au reçu de la présente dépêche, écrire immédiatement à l'empereur, pour lui adresser les plus vives représentations au sujet d'une attaque qui ne pourrait être justifiée, pour demander les satisfactions qui nous sont dues, notamment le rappel des troupes marocaines réunies dans les environs d'Ouschda, et pour le mettre lui-même en demeure de s'expliquer sur ses intentions. Est-ce la paix ou la guerre qu'il veut ? Si, comme le lui conseillent ses véritables intérêts, il tient à vivre en bons rapports avec nous, il doit cesser des armements qui sont une menace pour l'Algérie, respecter la neutralité en retirant tout appui à Abd-el-Kader, et donner promptement les ordres les plus sévères pour prévenir le retour de ce qui s'est passé. Si c'est la guerre qu'il veut, nous sommes loin de la désirer ; nous en aurions même un sincère regret ; mais nous ne la craignons pas, et si l'on nous obligeait à combattre, on nous trouverait prêts à le faire avec vigueur, avec la confiance que donne le bon droit, et de manière à faire repentir les agresseurs. Toutefois, nous ne demandons, je le répète, qu'à rester en bonnes relations avec l'empereur du Maroc, et nous croyons fermement qu'il n'est pas moins intéressé à en maintenir de semblables avec nous.

« Je vous ai déjà mandé que des bâtiments de la marine royale allaient être expédiés en croisière sur les côtes du Maroc ; une division navale, commandée par M. le prince de Joinville et composée du vaisseau *le Suffren,* de la frégate à vapeur *l'Asmodée* et d'un autre bâtiment à vapeur, va s'y rendre effectivement en allant d'abord à Oran où Son Altesse Royale doit se mettre en communication avec M. le maréchal Bugeaud. Le prince aura également occasion, monsieur, d'entrer en rapports avec vous, et je ne doute pas de votre empressement à vous mettre à sa disposition, aussi bien qu'à lui prêter tout le concours qui dépendra de vous. Du reste, les instructions de Son Altesse Royale sont pacifiques et partent de ce point que la guerre entre la France et le Maroc n'est pas déclarée. Sa présence sur les côtes de cet empire, à la tête de forces navales, a plutôt pour but d'imposer et de contenir que de menacer. Nous aimons à penser qu'elle produira, sous ce rapport, un effet salutaire.

« Voici comment je résume vos instructions. Vous demanderez à l'empereur du Maroc :

« 1° Le désaveu de l'inconcevable agression faite par les Marocains sur notre territoire ;

« 2° La dislocation du corps de troupes marocaines réunies à Ouschda et sur notre frontière ;

« 3° Le rappel du caïd d'Ouschda et des autres agents qui ont poussé à l'agression ;

« 4° Le renvoi d'Abd-el-Kader du territoire marocain.

« Vous terminerez en répétant :

« 1° Que nous n'avons absolument aucune intention de prendre un pouce de territoire marocain, et que nous ne désirons que de vivre en paix et en bons rapports avec l'empereur ;

« 2° Mais que nous ne souffrirons pas que le Maroc

devienne, pour Abd-el-Kader, un repaire inviolable, d'où partent contre nous des agressions pareilles à celle qui vient d'avoir lieu ; et que si l'empereur ne fait pas ce qu'il faut pour les empêcher, nous en ferons nous-mêmes une justice éclatante. »

Des instructions en harmonie avec celles-ci furent adressées par le ministre de la marine à M. le prince de Joinville, par le ministre de la guerre à M. le maréchal Bugeaud, et toutes les mesures nécessaires pour que l'exécution répondît, s'il y avait lieu, à la déclaration, furent poussées avec vigueur.

A ces nouvelles, l'émotion fut vive à Londres, dans le gouvernement encore plus peut-être que dans le public. L'Angleterre avait, avec le Maroc, de grandes relations commerciales ; c'était de Tanger que Gibraltar tirait la plupart de ses approvisionnements, et la sécurité de la place marocaine était considérée comme importante pour la place anglaise. Ce fut, au premier moment, l'impression commune en Angleterre qu'il arriverait là ce qui était arrivé en Algérie, et que la guerre entre la France et le Maroc serait, pour la France, le premier pas vers la conquête. La perspective d'un tel événement était, au delà de la Manche, un sujet d'inquiétudes que le chef du cabinet, sir Robert Peel, ressentait aussi vivement que le plus soupçonneux des spectateurs. La nomination de M. le prince de Joinville au commandement de l'escadre aggravait l'émotion ; il avait publié peu auparavant une *Note sur les forces navales de la France* dont on s'était fort préoccupé en

Angleterre, et cet acte de patriotisme français avait été pris, au delà de la Manche, pour un acte d'hostilité. Les méfiances populaires sont le plus obstiné des aveuglements.

Celles-ci étaient bien mal fondées. Autant nous étions décidés à ne pas souffrir que le Maroc troublât indéfiniment l'Algérie, autant nous étions éloignés d'avoir, sur le Maroc, aucune vue de conquête. Rien n'eût été plus contraire au bon sens et à l'intérêt français ; la possession et l'exploitation de l'Algérie étaient déjà, pour la France, un assez lourd fardeau et une assez vaste perspective. Notre politique dans cette circonstance comportait donc la plus entière franchise, et je pris plaisir à la proclamer, sûr d'être compris de lord Aberdeen et de trouver en lui la même sincérité. J'écrivis au comte de Sainte-Aulaire[1] : «Tenez pour certain que, si nous avons la guerre avec le Maroc, c'est que nous y sommes forcés, bien et dûment forcés. Nulle part en Afrique nous ne cherchons des possessions ni des querelles de plus. Avant 1830, le territoire qu'on nous conteste aujourd'hui a constamment fait partie de la Régence d'Alger ; les indigènes reconnaissaient la souveraineté du dey, et lui payaient tribut par l'entremise du bey d'Oran qui envoyait, à certaines époques déterminées, des Turcs pour le prélever. Nous occupons depuis longtemps ce territoire sans objection, sans contestation, soit de la part des habitants eux-mêmes, soit de la part

---

[1] Les 15 et 17 juin 1844.

des Marocains. C'est Abd-el-Kader qui, dans ces derniers temps, a cherché et trouvé ce prétexte pour exciter et compromettre, contre nous, l'empereur du Maroc. A vrai dire, ce n'est pas à l'empereur, c'est à Abd-el-Kader que nous avons affaire là. Il s'est d'abord réfugié en suppliant, puis établi en maître dans cette province d'Ouschda; il s'est emparé sans grand'peine de l'esprit des populations; il prêche tous les jours; il échauffe le patriotisme arabe et le fanatisme musulman; il domine les autorités locales, menace, intimide, entraîne l'empereur, et agit de là, comme d'un repaire inviolable, pour recommencer sans cesse contre nous la guerre qu'il ne peut plus soutenir sur son ancien territoire. Jugurtha n'était, je vous en réponds, ni plus habile, ni plus hardi, ni plus persévérant que cet homme-là, et s'il y a de notre temps un Salluste, l'histoire d'Abd-el-Kader mérite qu'il la raconte. Mais en rendant à l'homme cette justice, nous ne pouvons accepter la situation qu'il a prise et celle qu'il nous fait sur cette frontière. Il ne s'agit pas ici d'une situation nouvelle, d'une fantaisie hostile venue pour la première fois à l'empereur du Maroc, et dont nous aurions tort de nous émouvoir si promptement et si vivement; voilà près de deux ans que cette situation dure, et que nous nous montrons pleins de modération et de patience. Nous nous sommes rigoureusement abstenus de toutes représailles; nous avons fait au Maroc toute sorte de représentations; nous avons employé le ton amical et le ton menaçant; nous avons envoyé des bâtiments de guerre se promener devant Tanger, Tetuan, etc., pour inquiéter et intimider. Nous avons obtenu des désaveux, des promesses, des ajournements, et quelquefois des apparences. Au fond, les choses sont restées les mêmes; pour mieux dire, elles ont toujours été s'aggravant; depuis six semaines, la guerre sainte est prêchée dans tout le Maroc; les populations se soulèvent et s'arment partout; l'empereur passe des revues à Fez; ses troupes se rassemblent sur notre frontière; elles viennent de nous attaquer sur notre territoire. Cela n'est pas tolérable. Il ne suffit pas que l'empereur du Maroc renonce, pour le moment, à ses démonstrations hostiles et nous donne de vaines paroles de paix; il faut que les causes de cette guerre sourde, qui couve et éclate sans cesse sur notre frontière, soient supprimées; il faut qu'il n'y ait là plus de rassemblements de troupes, qu'Abd-el-Kader n'y puisse plus séjourner, qu'une délimitation certaine des deux États soit opérée et acceptée des deux parts. Voilà le but que nous avons absolument besoin et droit d'atteindre. Pour que nous l'atteignions, il faut que le Maroc ait peur, grand'peur. C'est le seul moyen d'agir sur l'empereur, si l'empereur partage lui-même le fanatisme du peuple, ou de donner force à l'empereur contre le fanatisme du peuple si, comme je le crois, Muley Abd-el-Rhaman ne demande pas mieux que de rester en paix avec nous et redoute fort Abd-el-Kader. Plus la démonstration qui est devenue indispensable sera forte et éclatante, plus elle produira sûrement l'effet que nous cherchons. La présence d'un fils du roi y servira bien loin d'y nuire, car elle prouvera l'importance que nous y attachons et notre parti pris d'y réussir. Le prince de Joinville part demain ou après-demain pour aller prendre le commandement de l'escadre. Quand il y a une occupation sérieuse à donner à des princes jeunes et capables, il faut la leur donner; c'est quand ils ne font rien qu'ils ont des fantaisies. J'ai causé à fond avec M. le prince de Joinville. Il comprend bien sa mission, et fera tout ce qui dépendra de lui pour qu'une simple démonstration soit en même temps efficace et suffisante. Nous lui donnerons, dès le début, les forces nécessaires pour agir sur les imaginations, si on peut se borner à cela, ou pour frapper un coup prompt et décisif, s'il y a nécessité de le frapper. Probablement trois vaisseaux et autant de bâtiments à vapeur. Vous voilà bien au courant, mon cher ami ; que lord Aberdeen le soit comme vous. Il a écrit à lord Cowley qu'il se porterait volontiers garant, auprès de l'empereur du Maroc, de la sincérité de nos intentions et de nos déclarations; je l'en remercie, et je compte, en toute occasion, sur sa pleine confiance; mais il n'ignore pas qu'il y a partout des soupçons absurdes, et que moi aussi j'ai quelquefois besoin de me porter garant de sa sincérité. En présence de ces méfiances aveugles, ce que nous avons de mieux à faire, je crois, c'est de nous tout dire. Pour mon compte, je n'y manquerai jamais, et j'espère que lord Aberdeen en fera toujours autant. »

Je ne fus pas trompé dans mon attente ; lord Aberdeen comprit et admit, avec une clairvoyante équité, notre nécessité et notre dessein. Il y avait d'autant plus de mérite que, par suite des dissentiments de sir Robert Peel avec son propre parti sur les questions de liberté commerciale, le cabinet anglais était alors dans une de ces crises parlementaires qui, deux ans plus tard, amenèrent sa chute ; il pouvait être tenté d'éluder les délicates questions de politique extérieure ; lord Aberdeen n'hésita point à résoudre celle qui se présentait : « Je l'ai vu hier, m'écrivit M. de Sainte-Aulaire [1] ; il m'a annoncé qu'il envoyait immédiatement à Tanger l'ordre au consul anglais (M. Drummond Hay) d'aller trouver Abd-el-Rhaman en personne, et d'employer tous les moyens en son pouvoir pour prévenir la guerre. M. Drummond Hay devra déclarer à l'empereur que le gouvernement anglais engage sa responsabilité morale dans la question ; et par prières ou par menaces, il s'efforcera de l'amener à une juste appréciation de la bonne conduite à tenir envers nous : « Si je devais mourir, a ajouté lord Aberdeen, j'ai voulu que ce fût en bon chrétien, et voici quel eût été le dernier acte de mon ministère. » Il m'a lu alors les instructions parties dimanche pour M. Drummond Hay et que lord Cowley a dû vous communiquer. » Ces instructions étaient positives et pressaient fortement l'empereur Abd-el-Rhaman de nous donner les satis-

---

[1] Le 17 juin 1844.

factions que nous lui demandions. Lord Aberdeen écrivit en même temps aux lords commissaires de l'amirauté anglaise [1] : « En me référant à ma lettre du 2 de ce mois relative aux renforts destinés à l'escadre de Sa Majesté devant Gibraltar, je dois faire connaître à vos seigneuries que la Reine a donné l'ordre que des instructions fussent adressées à l'officier qui commande cette escadre pour lui prescrire de prendre bien soin de faire savoir aux autorités marocaines qu'en envoyant ces forces sur les côtes du Maroc, le gouvernement de Sa Majesté n'a pas eu l'intention de prêter aucun appui au gouvernement marocain dans sa résistance aux demandes justes et modérées de la France, si malheureusement cette résistance devait avoir lieu. Afin d'éviter tout malentendu à cet égard, il faudrait expliquer clairement que la protection des intérêts anglais doit être le principal but de l'escadre; mais le gouvernement de Sa Majesté verrait aussi avec plaisir que l'on usât d'une influence quelconque à l'appui des propositions raisonnables qui ont été faites par les autorités françaises pour terminer les différends qui se sont élevés entre la France et le Maroc.» — «Lord Aberdeen ne doute pas, ajoutait M. de Sainte-Aulaire, que la mission de son consul n'ait un heureux résultat, si aucune circonstance de notre fait ne vient la contrarier; mais il regarde l'arrivée de M. le prince de Joinville sur la côte du Maroc comme extrêmement inopportune. J'ai

---

[1] Le 10 juillet 1844.

combattu son opinion de mon mieux, par les moyens que vous développez avec tant de force et d'autorité dans votre lettre d'avant-hier. Je viens d'envoyer ladite lettre à lord Aberdeen pour qu'il la lise à son loisir. »

Les inquiétudes de lord Aberdeen se seraient bientôt dissipées si, avec ma lettre, il avait pu lire aussi celle que M. le prince de Joinville lui-même, arrivé avec son escadre en rade de Gibraltar, adressait le 10 juillet 1844 au ministre de la marine : « Parti d'Oran le 7 au matin, disait-il, en même temps que l'escadre, j'ai porté mon pavillon sur *le Pluton* en faisant route directement pour Gibraltar. J'y ai mouillé le 8 au soir. Le 9, je me suis rendu à Tanger où j'ai reçu à mon bord la visite de notre consul général. Ayant écrit pour se plaindre de l'agression du 30 mai, M. de Nion a reçu de Sidi-ben-Dris, principal ministre de l'empereur du Maroc, une réponse arrogante et offensante, où tous les torts sont rejetés sur nos généraux dont on demande qu'il soit fait un exemple sévère. La lettre se termine par des menaces : « Les clameurs épouvantables des populations réclament la guerre sainte. On va expédier des renforts sur la frontière. » Cette lettre, écrite le 22 juin, a été reçue le 7 juillet. Hier 9, est arrivée une nouvelle dépêche de Bouselam-ben-Ali, pacha de Larache, écrite le 7 juillet 1844. Cette dépêche, toute différente de celle de Sidi-ben-Dris, exprime le regret de l'empereur éclairé par le caïd El-Ghennaouï sur les faits qui se sont passés sur la frontière; l'empereur désavoue ces actes, promet de remplacer les chefs qui ont trompé sa confiance, et rejette sur les contingents irréguliers les actes d'hostilité. La lettre est conçue en termes modérés.

« Au milieu de ce conflit de nouvelles contradictoires et de renseignements incertains, il est difficile de démêler la vérité. Que l'on se prépare à la guerre dans tout le Maroc, le fait ne peut être mis en doute; que l'empereur ait bonne volonté d'empêcher la guerre, il est permis de le supposer; mais qu'il puisse arrêter l'immense mouvement de populations fanatiques, c'est ce qui est au moins incertain. Son intérêt l'exige; mais de même que nous sommes fort en peine de savoir au vrai ce qui se passe dans son empire, il peut être trompé sur nos intentions et être amené, par de perfides conseils, à croire que nous voulons renverser son autorité.

« D'une part, le résultat de la mission à Maroc de M. Hay, consul général d'Angleterre, de l'autre, les faits qui se passent sur notre frontière, me paraissent les seules données exactes sur lesquelles nous puissions asseoir une opinion. On peut douter de l'authenticité de toutes les correspondances diplomatiques. Peut-être ne sont-elles qu'un moyen de gagner du temps pour mieux se préparer à la guerre…. Le Maroc n'est pas un pays où l'action du gouvernement soit instantanée; il faut laisser au temps le soin de calmer les esprits. Tout ce qu'on fera de démonstrations et de menaces, soit par terre, soit par mer, ne pourra que servir les projets de nos ennemis.... Pour moi, à moins que le maréchal Bugeaud, poussé à bout, ne déclare la guerre, ou à moins d'ordres contraires du gouvernement, je suis bien décidé à ne pas paraître sur les côtes du Maroc. Je ferai en sorte que l'on me sache dans le voisinage, prêt à agir si la démence des habitants du Maroc nous y forçait; mais j'éviterai de donner, par ma présence, un nouvel aliment à l'excitation des esprits.

« Un seul cas pourtant me ferait passer par-dessus toutes ces considérations; c'est celui où une escadre anglaise viendrait sur les côtes du Maroc. Cette escadre est annoncée plus forte que la mienne; si elle se borne, comme nous, à jouer, de Gibraltar, un rôle d'observation, rien de mieux; mais si elle va sur les côtes du Maroc, je m'y rendrai à l'instant. Dans l'intérêt de notre dignité comme dans l'intérêt de l'influence que nous devons exercer sur les États limitrophes de nos possessions d'Afrique, il est essentiel que cette affaire du Maroc ne soit pas traitée sous le canon d'une escadre étrangère. »

Ni la modération, ni la loyauté française et anglaise ne suffirent pour arrêter le cours des événements; la mesure du fanatisme chez les Marocains et de la patience chez nous était comble; le prince de Joinville attendit en vain que le consul d'Angleterre déterminât l'empereur du Maroc à nous donner les satisfactions que nous demandions; le maréchal Bugeaud s'arrêta en vain deux fois, après avoir châtié les incursions des

Marocains sur notre territoire. Quoiqu'il eût le sentiment du danger de la guerre, l'empereur Abd-el-Rhaman était trop ignorant pour en bien apprécier la gravité et trop faible pour résister à la passion de son peuple; M. Drummond-Hay n'obtenait de lui aucune réponse nette, et les forces marocaines rassemblées dans la province d'Ouschda grossissaient tous les jours. Sur terre et sur mer, la guerre était inévitable et le seul moyen de vider les questions qui l'avaient suscitée. Déterminé par ces faits et par nos instructions, le 6 août 1844, le prince de Joinville, avec autant de hardiesse dans l'exécution qu'il avait montré de patience dans la résolution, attaqua Tanger, éteignit le feu de la place et en détruisit les fortifications. Le 14 août, le maréchal Bugeaud, avec 9,500 hommes de troupes, « faisait à Isly, m'écrit le général Trochu, une nouvelle et vraiment magnifique application de ses vues sur les effets moraux, et d'un système nouveau de marche et de combat très-ingénieusement approprié aux exigences d'une situation qui n'avait pas de précédent dans la guerre d'Afrique. Le choc d'Isly fut relativement petit; nos pertes furent presque insignifiantes, par la raison que la déroute de l'armée marocaine et des contingents arabes fut complète et irrémédiable dès la première heure. Mais de bonne foi, et en recueillant le souvenir des impressions qui s'échangeaient dans le camp, lequel de nous, avant l'événement et dans les proportions où il se présentait à nos yeux, eût osé affirmer cet étonnant résultat? »

Vingt-cinq mille cavaliers marocains, en effet, étaient là réunis, avec plusieurs bataillons d'infanterie et onze pièces de canon; le maréchal s'empara de leur camp, de leur artillerie, de leurs drapeaux, de tout leur bagage, y compris la tente et les papiers du fils de l'empereur.

Sur terre, la bataille d'Isly mettait fin à la guerre. Sur mer, le lendemain même de cette victoire, le 15 août, le prince de Joinville bombardait, à l'extrémité méridionale du Maroc, Mogador, la ville favorite d'Abd-el-Rhaman, le principal centre commercial de son empire et le siége de sa fortune particulière. Le prince s'emparait, non sans une vive résistance marocaine, de la petite île qui ferme l'entrée du port, et y établissait une garnison de cinq cents hommes. Sur mer aussi, et en neuf jours, la guerre était terminée sous les yeux d'une escadre anglaise qui suivait de loin les mouvements de la nôtre.

Que le gouvernement anglais fût ému de ces événements et en ressentît un vif déplaisir, rien n'était plus naturel et nous ne pouvions nous en étonner; il était le protecteur ordinaire du Maroc; il avait essayé de prévenir la guerre en accommodant notre différend avec l'empereur Abd-el-Rhaman; il n'y avait pas réussi; la guerre se terminait par deux victoires de la France. Quelles seraient les conséquences de ces victoires? La question devait s'élever dans les esprits anglais et y susciter quelque inquiétude. Sir Robert Peel en conçut d'excessives qui dénotaient, de sa part, une fausse appréciation des faits comme des personnes, et dont nous aurions eu droit de nous plaindre. Il témoigna une double crainte : l'une, que, malgré nos déclarations contraires, nous ne prissions possession permanente de quelques parties du territoire marocain; l'autre, que nous ne donnassions un grand développement à nos forces navales pour les diriger un jour contre l'Angleterre. Il se reportait sans cesse à notre première occupation d'Alger et aux engagements d'évacuation que, selon lui, la France avait pris à cette époque : « Il est trop tard, sans doute, disait-il, pour réclamer de la France l'exécution de ces engagements; mais c'est à cause de ce tort originel que maintenant le Maroc et Tunis sont en péril; si nous ne tenons pas à la France un langage très-décisif, si nous ne sommes pas prêts à agir dans l'intérêt de Tunis et du Maroc, ces deux États auront le sort de l'Algérie, et deviendront, si ce n'est peut-être de nom, du moins en fait, des portions de la France. » Sir Robert accueillait tous les renseignements, tous les bruits qui lui parvenaient sur les immenses travaux que nous faisions, disait-on, dans tous les ports d'où l'Angleterre pouvait être menacée, à Dunkerque, à Calais, à Boulogne, à Cherbourg, à Brest, à Saint-Malo. Il se refusait à regarder nos assurances pacifiques et amicales comme des garanties suffisantes, et il insistait auprès de ses collègues pour que l'Angleterre se préparât promptement et largement à une guerre qui lui paraissait probable et prochaine. C'était contre ces dispositions et ces appréhensions du premier ministre que lord Aberdeen avait à défendre la politique de la paix et de l'entente cordiale avec la France; il le faisait avec une habileté parfaitement loyale, à la fois persévérant et doux, équitable sans complaisance, opposant aux vaines alarmes de sir Robert Peel une appréciation plus juste et plus fine, soit des événements, soit des hommes, soit des chances de l'avenir. Quand on s'inquiétait surtout de notre attaque sur Mogador et de la garnison établie dans l'îlot adjacent : « Les Français, disait-il, se sont déjà placés dans une situation très-désavantageuse en déclarant qu'ils ne voulaient d'aucune occupation permanente, ni d'aucune conquête. Dire cela à un ennemi, c'est l'encourager à continuer la guerre et agir avec grande imprudence. Il se peut qu'une telle déclaration ait été nécessaire pour satisfaire l'Angleterre; mais, sans cela, elle ne saurait être justifiée. On reconnaîtra, j'espère, que l'occupation de l'îlot de Mogador était indispensable pour l'attaque sur la place, et on ne le retiendra pas plus longtemps que ne l'exige le blocus. Les Français ont déjà beaucoup fait en mutilant leurs moyens d'hostilité effective; nous ne pouvons guère attendre, quand ils font une attaque, qu'ils se privent de ce qui est nécessaire pour qu'elle réussisse. Je persiste à croire qu'ils seraient charmés d'amener l'empereur à accepter leurs conditions, en renonçant à tout projet d'occupation ou de conquête sur la côte du Maroc, et je ne désespère nullement que les choses ne finissent ainsi. »

CHAPITRE XLI.

Lord Aberdeen était de ceux qui ont l'esprit assez haut pour ne pas se laisser ballotter par tous les vents qui soufflent en bas, et assez ferme pour attendre que le cours des choses leur donne raison.

Je n'ignorais pas et je ne pouvais ignorer l'humeur et les méfiances de sir Robert Peel, écho de celles dont les journaux anglais étaient pleins. Je ne voulus pas m'en taire, ni en laisser ignorer ma surprise : « Que s'est-il donc passé de nouveau et d'inattendu, écrivis-je à M. de Jarnac [1], qui ait pu exciter à Londres l'émotion, les appréhensions, je ne veux pas dire les méfiances qui se manifestent autour de vous? Le gouvernement anglais connaît depuis longtemps nos griefs contre le Maroc et nos demandes de satisfaction. Nous les lui avons communiqués dès le début de l'affaire. Il les a trouvés justes et modérés. Avant de recourir à la force, nous avons épuisé les moyens de conciliation. Nous avons tardé, sur terre et sur mer, aussi longtemps qu'il était possible de tarder. Sur terre, le maréchal Bugeaud est resté plusieurs fois dans nos limites après avoir repoussé et châtié les agressions marocaines. Sur mer, M. le prince de Joinville a attendu, de délai en délai, la réponse à notre *ultimatum* et le retour de M. Hay. Nous n'avons commencé la guerre que lorsqu'il a été évident que les Marocains ne cherchaient qu'à gagner du temps pour s'y préparer de leur côté, et pour atteindre l'époque de l'année où il

---

[1] Les 25 et 27 août 1844.

nous serait impossible, à nous, de la leur faire efficacement, par mer comme par terre, avec nos vaisseaux comme avec nos régiments. Cette intention a été évidente, du côté de la mer, par les réponses incomplètes, dilatoires, faites à nos demandes et rapportées par M. Hay; du côté de la terre, par le rassemblement, sur notre frontière, de forces marocaines de plus en plus nombreuses et animées. Est-ce pour faire la paix que le fils de l'empereur est arrivé aux environs d'Ouschda avec plus de vingt mille chevaux et tout l'appareil militaire possible, faisant prêcher, dans son camp même, la guerre sainte, et envoyant ses cavaliers attaquer les avant-postes de notre camp de Lalla-Maghrania? Sidi-ben-Hamida, dans ses pourparlers pacifiques avec le maréchal Bugeaud, et Sidi-ben-Driss, dans ses réponses confuses et évasives à M. de Nion et à M. Hay, n'ont évidemment voulu que gagner du temps et nous en faire perdre. Nous agissons modérément et loyalement, mais sérieusement. Le but que nous avons annoncé dès le premier moment, et que nous avons bien droit de poursuivre, car il n'est autre que la sécurité de notre propre territoire, nous voulons l'atteindre effectivement, et nous ne pouvons nous payer de paroles et d'apparences. Pas plus aujourd'hui qu'avant l'explosion de la guerre, nous n'avons aucun projet, aucune idée d'occupation permanente sur aucune partie du territoire marocain, sur aucune des villes de la côte. Nos succès ne changeront rien à nos intentions, n'ajouteront rien à nos prétentions; mais nous ne pouvons renoncer à aucun des moyens légitimes de la guerre, à aucune des conditions nécessaires de son efficacité. L'Angleterre, en 1840, a débarqué des *marines* en Syrie; ils y ont occupé des villes; ils y sont restés longtemps. Nous ne nous en sommes ni étonnés, ni plaints; nous avons seulement demandé que l'occupation ne fût que temporaire. On n'aura pas même besoin aujourd'hui de nous faire cette demande, car nous n'occupons, et nous n'aurons, j'espère, besoin d'occuper aucune ville du Maroc. Mais nous sommes en droit de réclamer la confiance que nous avons témoignée. »

La victoire est une situation commode, car elle permet la sagesse avec dignité. Nous avions, dès le début, hautement déclaré nos motifs de guerre et nos conditions de paix; nous résolûmes de n'y rien changer. Bien des gens nous conseillaient plus d'exigence, l'occupation prolongée de quelques villes marocaines, une forte indemnité pour les frais de la guerre; nous écartâmes ces idées; non par une générosité inconsidérée et parce que la France était, comme on le dit alors, assez riche pour payer sa gloire, mais par des raisons plus sérieuses. « Quant aux conditions de la paix, écrivait le 3 septembre 1844 le maréchal Bugeaud à M. le prince de Joinville, je serais moins rigoureux que vous, pour ne pas ajouter de nouvelles difficultés à celles qui existent et qui sont déjà assez grandes. Si nous n'avions pas à côté de nous la jalouse Angleterre, je crois que nous pourrions tout obtenir à cause des succès déjà réalisés, et parce que l'empire du Maroc est fort peu en état de faire la guerre, tant il est désorganisé et indiscipliné. Mais, dans notre situation vis-à-vis de nos voisins ombrageux, nous devons nous montrer faciles. Je ne demanderais donc pas que l'empereur payât les frais de la guerre, ni qu'il nous livrât Abd-el-Kader; j'ai la conviction que l'empereur s'exposerait plutôt à continuer une mauvaise guerre que de donner un seul million; je sais qu'il est sordidement intéressé. Quant à Abd-el-Kader, il ne pourrait pas le livrer sans se faire honnir par tout son peuple; contentons-nous d'exiger qu'il soit placé dans une des villes de la côte de l'Océan, et que l'on s'oblige à ne pas le laisser reporter la guerre à la frontière. »

Une considération, plus pressante encore peut-être, s'ajoutait à ces motifs : les hésitations et les revers d'Abd-el-Rhaman avaient gravement compromis, parmi les populations marocaines, son pouvoir et même son trône; autour de lui, on conspirait contre lui; sur divers points de ses États, des séditions éclataient, des tribus guerrières s'engageaient dans une sauvage indépendance. Un autre péril encore se laissait entrevoir; après la bataille de l'Isly, Abd-el-Kader avait manifesté son indignation d'une défaite qu'il imputait à la mollesse impériale; et l'idée qu'empereur lui-même il eût opposé et il opposerait aux chrétiens une résistance bien plus efficace, se répandait dans l'empire. Nous avions un intérêt évident à ne pas ébranler davantage Abd-el-Rhaman chancelant; car sa chute nous eût mis en présence d'un peuple livré à une anarchie passionnée, et peut-être aux mains d'un chef bien plus redoutable. Nous trouvions, dans un grand acte de modération conforme à notre politique générale en Europe, plus de sécurité pour notre établissement en Afrique. M. le prince de Joinville partagea pleinement cet avis et j'adressai au duc de Glücksberg et à M. de Nion, chargés de suivre, de concert avec lui, la négociation de la paix, les instructions suivantes :

« Les succès éclatants que viennent de remporter nos forces de terre et de mer, dans la lutte engagée entre nous et le Maroc, n'ont rien changé aux intentions que le gouvernement du Roi avait manifestées avant le commencement de cette lutte. Ce que nous demandions alors comme la condition nécessaire du rétablissement des relations amicales entre les deux États, et comme la seule garantie propre à nous assurer contre le retour des incidents qui ont troublé ces relations, nous le demandons encore aujourd'hui sans y rien ajouter; car le but que nous nous proposons est toujours le même, et aucune vue d'agrandissement ne se mêle à notre résolution bien arrêtée de ne pas permettre qu'on méconnaisse les droits et la dignité de la France. Que les rassemblements extraordinaires de troupes marocaines formés sur notre frontière, dans les environs d'Ouschda, soient immédiatement dissous ; qu'un châtiment exemplaire soit infligé aux auteurs des agressions commises, depuis le 30 mai, sur notre territoire; qu'Abd-el-Kader soit expulsé du territoire marocain et n'en reçoive plus désormais aucun appui ni secours d'aucun genre; enfin, qu'une délimitation complète et régulière de l'Algérie et du Maroc soit arrêtée et convenue, conformément à l'état de choses reconnu du Maroc lui-même à l'époque de la domination des Turcs à Alger, rien ne s'opposera plus au rétablissement de la paix. La cour du Maroc, après tous les torts qu'elle a eus envers nous, ne s'attend peut-être pas à une pareille modération de notre part. Pour lui en donner une preuve éclatante et pour lui fournir l'occasion d'y répondre en acceptant immédiatement nos propositions, le roi vous ordonne, Messieurs, de vous transporter devant Tanger, à bord de l'un des vaisseaux de notre escadre, et de faire remettre aux autorités de cette place une lettre adressée à l'empereur, dans laquelle vous lui annoncerez que, s'il accepte purement et simplement les conditions de notre *ultimatum* que je viens de rappeler, vous êtes encore autorisés à traiter sur cette base.

« Il est bien entendu que cette démarche n'aurait point pour effet de suspendre les hostilités, et que nos armées de terre et de mer seraient libres de poursuivre leurs opérations jusqu'à ce que l'empereur eût adhéré à nos offres. »

Avant que ces instructions fussent parvenues à leur adresse et trois jours seulement après celui où elles avaient été adoptées à Paris, Sidi-Bouselam, pacha des provinces septentrionales du Maroc et confident intime de l'empereur, écrivait de Tanger [1] à M. de Nion : « Nous vous faisons savoir que, comme les pré-

---

[1] Le 3 septembre 1844.

liminaires des conférences s'étaient passés entre vous et la cour de Sa Majesté, lorsque vous résidiez dans ce port de Tanger, nous nous adressons à vous, vu que Sa Majesté vient de nous charger d'accorder les quatre demandes que vous aviez formulées contre elle. Si c'est encore vous qui êtes celui qui doit entretenir les relations de la France avec notre heureuse cour, venez nous trouver pour que nous terminions en nous abouchant, car notre glorieux maître n'a point cessé d'être en paix avec votre gouvernement, sur le même pied que ses ancêtres. Si c'est, au contraire, un autre que vous qui est chargé de porter la parole, donnez-lui connaissance de cette lettre pour qu'il puisse se rendre auprès de nous dans l'heureux port de Tanger, afin de conférer ensemble sur un pied amical. »

En me communiquant aussitôt cette initiative pacifique des Marocains, le duc de Glücksberg et M. de Nion ajoutaient : « M. le prince de Joinville a pensé qu'avant d'aller plus avant, il était prudent de s'assurer de la nature de ces pleins pouvoirs dont Sidi-Bouselam se disait muni. En conséquence, M. Warnier, l'interprète de S. A. R. et M. Fleurat, interprète du consulat, vont partir ce soir pour Tanger ; ils porteront notre réponse. Elle sera courte ; il n'entre pas dans notre pensée de repousser une première démarche qui, si elle est sérieuse, devient à l'instant très-importante. Nous prenons donc acte de cette lettre ; mais nous indiquons au pacha que quelques éclaircissements sont nécessaires et que M. Warnier va les lui demander. Si le retour de celui-ci éclaircit tous nos doutes, l'intention du prince est de nous accompagner, ou de nous faire partir pour Tanger avec ses instructions. »

Le surlendemain, MM. Warnier et Fleurat revinrent de Tanger à Cadix apportant au prince de Joinville cette lettre de Sidi-Bouselam [1] : « Louanges à Dieu l'unique! L'agent de la cour très-élevée par Dieu, Bouselam-ben-Ali, — que Dieu lui pardonne dans sa miséricorde! — à l'amiral des vaisseaux de guerre français, le fils de l'empereur, le prince de Joinville ; — nous nous informons avec empressement de l'état de votre santé, et nous faisons également des vœux pour la conservation des jours de notre maître le vénéré. J'atteste par ces présentes que j'ai entre les mains l'ordre de l'empereur de faire la paix avec vous. »

Partis immédiatement de Cadix avec M. le prince de Joinville, MM. de Nion et de Glücksberg m'écrivirent le lendemain 10 septembre 1844, en rade de Tanger et à bord du *Suffren* :

« Nous sommes arrivés ce matin en rade de Tanger. Le consul général de Naples, M. de Martino, s'est transporté immédiatement à notre bord, et nous a fait savoir que l'impatience était grande dans la ville, et que Sidi-Bouselam attendait avec anxiété notre arrivée et les communications que nous avions à lui faire. Suivant nos conventions, il nous annonçait la prochaine arrivée du gouverneur de la ville, le caïd

---

[1] Du 7 septembre 1844.

Ben-Abbou, qui vint, accompagné du capitaine du port, à bord du *Suffren*. Ben-Abbou répéta à S. A. R. que l'empereur attendait de lui la paix, et que son plénipotentiaire Bouselam était prêt à la signer. Il se retira, évidemment flatté de la réception qui lui avait été faite. Peu de moments après, M. Warnier se rendit auprès du pacha, porteur de la convention concertée et rédigée entre nous, approuvée par le prince et dont Votre Excellence trouvera ci-joint une copie. M. Warnier avait pour instructions de la présenter au pacha et de lui demander, sans tolérer ni accepter aucune discussion, s'il était prêt, en vertu des pouvoirs qu'il tenait de l'empereur, à y apposer sa signature. La réponse du pacha fut affirmative. Un signal nous le fit savoir. Nous nous rendîmes immédiatement à terre où le corps consulaire nous attendait déjà. Nous y fûmes également reçus par le gouverneur de la ville et une garde d'honneur qui nous conduisirent à la Casba où nous fûmes introduits dans l'appartement impérial, auprès de Sidi-Bouselam, qui était accompagné du premier administrateur de la douane, homme qui a joué un rôle politique de quelque importance dans les derniers événements. Après avoir échangé quelques paroles de courtoisie, nous avons demandé au pacha s'il était en effet disposé à signer le traité que nous lui avions fait soumettre. Il désira quelques explications sur la nature de l'engagement que l'article 7 impose à son gouvernement, et se montra satisfait de nos réponses. A notre tour, nous avons insisté sur l'urgence des mesures relatives à la convention pour la délimitation des frontières des deux États, dont le principe est consacré dans l'article 5. Nous lui avons rappelé les dispositions que la bienveillance et la générosité de S. A. R. lui dictaient quant à l'évacuation de l'île de Mogador, et nous lui avons fait savoir qu'aussitôt après la signature de la convention, le consulat général serait réinstallé, et que la gestion en serait confiée à M. Mauboussin jusqu'à l'échange des ratifications. Il resta convenu alors qu'aussitôt que le pavillon français serait hissé de nouveau sur la maison consulaire, il serait salué de vingt et un coups de canon par la ville, et que le vaisseau amiral rendrait le salut. Nous avons procédé immédiatement à la signature de la convention; un texte français et un texte arabe, dûment signés et scellés, sont restés entre les mains de Sidi-Bouselam ; les deux autres instruments seront portés à Paris par M. de Glücksberg. »

Le traité était exactement conforme à notre *ultimatum*, et les articles ajoutés n'avaient pour but que d'assurer la stricte exécution de ses dispositions.

Cet acte fut, dans la session suivante [1], l'objet des attaques ordinaires de l'opposition. On nous reprocha de n'avoir pas exigé davantage, de n'avoir pas imposé au Maroc une forte indemnité de guerre, de n'avoir pas pris contre Abd-el-Kader des garanties plus efficaces. On se félicitait de la victoire; on se félicitait de la paix; mais

---

[1] En janvier 1845.

on maudissait la négociation. Le maréchal Bugeaud, présent à la Chambre des députés, avait ressenti quelque humeur de n'avoir pas joué, dans cette négociation, un plus grand rôle ; le cours rapide des événements l'avait naturellement portée à Tanger et entre les mains des agents diplomatiques qui en étaient et en devaient être naturellement chargés. Avant d'arriver à Paris, le maréchal m'avait franchement témoigné ses regrets, et ses conversations dans la Chambre en avaient porté quelque empreinte. L'opposition essaya d'exploiter, contre le cabinet, ce sentiment de l'un des vainqueurs ; le maréchal, qui avait un peu oublié la lettre qu'il avait écrite le 3 septembre au prince de Joinville, s'en expliqua avec une loyauté parfaite, déclarant que, les événements et ses propres réflexions l'avaient mis en doute sur sa première impression, et le portaient à penser que le cabinet avait agi sagement en ne demandant au Maroc ni indemnité de guerre, ni d'autres garanties contre Abd-el-Kader qui auraient imposé à l'armée d'Afrique une trop lourde tâche sans être probablement plus efficaces. On nous accusait surtout d'avoir fait la paix, une paix trop prompte et trop facile, par faiblesse envers l'Angleterre et pour apaiser sa mauvaise humeur. Je me récriai avec un sincère mouvement de surprise : « Comment, dis-je, il existe à nos portes un État depuis longtemps spécialement protégé par la Grande-Bretagne, en face duquel, à quelques lieues de ses côtes, elle a l'un de ses principaux, de ses plus importants établissements. Nous avons fait la guerre à cet État; nous l'avons faite malgré les appréhensions qu'elle inspirait à la Grande-Bretagne, appréhensions fondées sur des intérêts légitimes et impossibles à méconnaître. Non-seulement nous avons fait la guerre, mais nous avons attaqué, en face de Gibraltar, la place même qui alimente Gibraltar; nous avons détruit ses fortifications; quelques jours après, nous sommes allés détruire la principale ville commerciale du Maroc, avec laquelle surtout se fait le commerce de la Grande-Bretagne. Nous avons fait tout cela en face des vaisseaux anglais qui suivaient les nôtres pour assister à nos opérations et à nos combats. Et l'on nous dit que, dans cette affaire, nous nous sommes laissés gouverner par la crainte de l'Angleterre, par les intérêts de l'Angleterre ! En vérité, messieurs, jamais les faits, jamais les actes n'avaient donné d'avance un plus éclatant démenti à une telle inculpation. Ce que je m'attendais à entendre à cette tribune, et ce que j'y porterai moi-même, c'est la justice rendue à la loyauté, à la sagesse avec lesquelles le gouvernement anglais a compris les motifs de notre conduite et les nécessités de notre situation. Il a compris, reconnu, proclamé que les griefs de la France contre le Maroc étaient justes, que les demandes de la France au Maroc étaient modérées. Non-seulement il l'a reconnu, mais il l'a dit au Maroc; il lui a officiellement notifié que, s'il ne nous donnait pas satisfaction, il ne devait compter, en aucune façon, sur l'appui direct ou indirect de l'Angletere. Le gouvernement anglais a ordonné à ses agents militaires et diplomatiques d'employer leur influence pour que le Maroc reconnût les griefs de la France, et acceptât les conditions que lui faisait la France. Voilà ce qui s'est passé entre les deux gouvernements ; rien de moins, rien de plus. La conduite du gouvernement français dans cette affaire a été ce qu'elle devait être, ce dont il ne doit pas se faire un mérite, ce dont personne ne peut lui faire un mérite ; elle a été pleine d'indépendance et de préoccupation des intérêts français. La conduite du gouvernement anglais a été pleine de loyauté, de sagesse, de sincérité. Je saisis avec empressement cette occasion de lui rendre cette justice qui lui est due, et dont l'une des pièces, déposées sur le bureau de la Chambre, est une éclatante preuve : qu'on lise la dépêche de lord Aberdeen aux lords de l'Amirauté [1], transmise aux officiers de l'escadre anglaise, et qu'on se demande si jamais paroles ont été plus loyales et plus dignes d'un allié. »

Dans l'une et l'autre Chambre la conviction fut entière ; tous les amendements qui avaient pour but d'effacer ou d'affaiblir l'approbation exprimée dans les projets d'adresse furent rejetés ; pairs et députés déclarèrent formellement que, dans cette affaire, prince et ministres, gouvernement et armée, généraux et soldats avaient fait leur devoir, et que « l'Algérie avait vu sa sécurité affermie par notre puissance et notre modération. »

[1] En date du 10 juillet 1844. Voyez dans ce volume à la page 158.

Une question importante restait à vider, la délimitation des territoires algérien et marocain promise par l'article 5 du traité. Je me concertai avec le maréchal Soult pour que cette mission fût confiée à un homme capable de comprendre à la fois la guerre et la politique, et déjà éprouvé dans les affaires de l'Algérie. Notre choix s'arrêta sur le général comte de la Rue, vaillant officier et homme du monde, ferme et prudent, habile à démêler et à déjouer les ruses ennemies, et sachant faire, dans sa propre conduite, la juste part de l'adresse et de la franchise. Nous lui donnâmes pour agent intime, avec le titre d'interprète général, M. Léon Roches, naguère prisonnier d'Abd-el-Kader; hardi, sagace et infatigable, il avait acquis, dans les périlleuses aventures de sa vie, une rare habileté à traiter avec les musulmans, et m'était vivement recommandé par le maréchal Bugeaud. Le général de la Rue reçut, les 10 et 14 janvier 1845, les instructions du ministre de la guerre et les miennes, et partit aussitôt pour sa mission. Il passa deux mois à examiner la frontière occidentale de l'Algérie, à s'entretenir avec les chefs des tribus éparses sur le territoire, et à débattre avec les plénipotentiaires marocains la ligne de démarcation indiquée par les traditions locales et possible à définir entre les deux États. La négociation aboutit à un traité qui détermina les limites de notre domination, non-seulement dans le Tell, mais jusque dans le désert où, à aucune époque, aucune délimitation entre la régence d'Alger et le Maroc n'avait existé : « Il y a quatre ans, m'écrivait le général de la Rue [1], le vieux général turc Mustapha-ben-Ismaël, consulté à cet effet, avait fait dresser une carte de la frontière (cette carte, très-curieuse, existe au ministère de la guerre), et, arrivé à Koudiat-el-Debbagh, il s'était arrêté, disant : — Le pays au delà ne peut se délimiter ; c'est le pays des fusils. » Le traité fut signé le 18 mars 1845, à Lalla-Maghrania, précisément sur le territoire qui nous était naguère contesté. « C'est un résultat important, j'ose l'espérer, m'écrivit le général de la Rue [2], d'avoir fait accepter toutes nos conditions, et surtout, pour l'effet produit sur toutes ces populations, d'avoir amené les plénipotentiaires marocains jusque sous le canon du fort de Lalla-Maghrania, pour y signer le partage du territoire, et mieux encore celui de populations musulmanes, entre un empereur chrétien et un empereur musulman. Je garantis à Votre Excellence qu'il n'est pas un seul membre de l'opposition, dans nos tribus, qui osât dire aujourd'hui que la France n'est pas une grande et forte nation, imposante au dehors et maîtresse chez elle. »

Les Marocains partageaient, à cet égard, le sentiment du général français, et le traité leur parut si avantageux pour nous, que l'empereur Abd-el-Rhaman en refusa, pendant trois mois, la ratification ; ce fut

---

[1] Le 18 mars 1845.
[2] Le 22 mars 1845.

seulement le 20 juin suivant, après nos déclarations comminatoires portées deux fois par M. Léon Roches au pacha Sidi-Bouselam, qu'il se décida à la donner.

Dès le début de sa mission et avant son propre succès, le général de la Rue avait été frappé du grand effet de la guerre récente et de la négociation qui l'avait terminée; il m'écrivait le 22 février 1845 : « Notre situation vis-à-vis de nos tribus et des Marocains est bonne. Ils reconnaissent notre supériorité et la puissance de nos forces militaires. L'expulsion d'Abd-el-Kader de l'Algérie, l'invincible sultan du Maroc battu, son armée dispersée ont frappé l'imagination des Arabes; ils disent que Dieu est décidément pour nous, puisque nous sommes les plus forts. Cette impression est déjà répandue, même dans les tribus les plus éloignées; à ce point qu'un marabout vénéré au désert disait hier : « Je ne veux ni pouvoirs, ni honneurs, ni richesses; j'ai assez de tout cela; ce que je voudrais, ce qui ajouterait à l'illustration de ma famille, ce serait de recevoir une lettre du grand sultan de France à qui Dieu donne la victoire. » — « Sur plusieurs points de la province d'Oran, ajoutait le général de la Rue, les tribus offrent de souscrire des sommes de 25, 30 à 40,000 francs pour qu'on établisse des barrages sur leurs rivières pour irriguer leurs champs, comme le général Lamoricière vient d'en faire construire un sur le Sig, qui arrose et fertilise dix-neuf mille hectares de terres labourables. Je viens de voir aussi des tribus offrir au général Lamoricière de souscrire pour fonder un journal arabe qui leur apporte les nouvelles et comment on doit s'y prendre pour bien faire. Sans nul doute, monsieur le ministre, ce serait une chose éminemment utile pour éclairer ces gens-là et éteindre peu à peu leur fanatisme en affaiblissant l'influence de leurs marabouts; mais la rédaction d'une semblable feuille devrait être confiée à un homme bien habile et dirigé par des autorités bien clairvoyantes. Un journal, *un seul journal* arabe, serait un très-puissant moyen de compléter notre domination et la soumission des tribus; œuvre si glorieusement accomplie par l'armée et qu'elle seule devrait perfectionner, à l'exclusion des écoliers ignorants et des vieux administrateurs tarés qu'on nous a trop souvent envoyés en Afrique pour tout entraver et tout déconsidérer. »

Pendant que les négociateurs de la paix se félicitaient de ces résultats, les deux héros de la guerre, Abd-el-Kader et le maréchal Bugeaud la recommençaient en Algérie, comme ne tenant plus nul compte, l'un de ses défaites, l'autre de ses victoires. Dans les grandes entreprises, la persévérance dans l'espérance et dans le travail est la première des qualités humaines; Abd-el-Kader et le maréchal Bugeaud la possédaient l'un et l'autre à un degré rare. Abd-el-Kader eût pu rester en sûreté, avec sa *deïra*, sur le territoire du Maroc, dans les montagnes du Riff où il s'était réfugié ; le traité du 10 septembre 1844 lui avait enlevé l'appui actif, non la tolérance sympathique des Marocains;

et, malgré ce traité, l'empereur Abd-el-Rhaman n'avait ni la ferme volonté, ni probablement le pouvoir de l'expulser par la force de ses États. De son côté, le maréchal Bugeaud, créé duc d'Isly, avait, quelques mois après sa victoire, envoyé au maréchal Soult sa démission et demandé un successeur. Au premier aspect, le moment lui avait paru opportun pour rentrer sous sa tente ; il se croyait en outre, de la part du ministre et du ministère de la guerre, l'objet d'une hostilité sourdement acharnée : « J'ai la conviction, m'écrivait-il[1], que M. le maréchal Soult a l'intention de me dégoûter de ma situation pour me la faire abandonner. Cette pensée résulte d'une foule de petits faits et d'un ensemble qui prouve qu'il n'a aucun égard pour mes idées, pour mes propositions. Vous avez vu le cas qu'il a fait de l'engagement, pris devant le Conseil, de demander 500,000 francs pour un essai de colonisation militaire ; c'est la même chose de tout, ou à peu près ; il suffit que je propose une chose pour qu'on fasse le contraire, et le plus mince sujet de ses bureaux a plus d'influence que moi sur l'administration et la colonisation de l'Algérie. Dans tous les temps, les succès des généraux ont augmenté leur crédit ; le mien a baissé dans la proportion du progrès des affaires de l'Algérie. Je ne puis être l'artisan de la démolition de ce que je puis sans vanité appeler mon ouvrage. Je ne puis assister au triste spectacle de la marche dans laquelle

[1] Le 30 juin 1845.

on s'engage au pas accéléré. Extension intempestive, ridicule, insensée, de toutes les choses civiles ; amputation successive de l'armée et des travaux publics pour couvrir les folles dépenses d'un personnel qui suffirait à une population dix fois plus forte ; voilà le système. Je suis fatigué de lutter sans succès contre tant d'idées fausses, contre des bureaux inspirés par le journal *l'Algérie.* Je veux reprendre mon indépendance pour exposer mes propres idées au gouvernement et au pays. Le patriotisme me le commande puisque j'ai la conviction qu'on mène mal la plus grosse affaire de la France. »

Ni le maréchal Bugeaud, ni Abd-el-Kader ne cédèrent, l'un à ses déplaisirs, l'autre à ses revers ; ils étaient voués, l'un et l'autre, à une idée et à une passion souveraines ; l'un voulait chasser les Français de l'Algérie ; l'autre voulait les y établir ; ils s'empressèrent tous deux, l'un de rentrer, l'autre de rester sur le théâtre de leur œuvre. Abd-el-Kader reprit ses courses rapides et imprévues à travers les provinces d'Oran et d'Alger, depuis les côtes de la mer jusqu'au fond du désert, remuant partout les tribus, tantôt s'alliant avec ceux de leurs chefs naturels qu'il trouvait fidèles à leur cause commune, Bou-Maza, Mohammed-Ben-Henni, Bel-Cassem, tantôt travaillant à décrier les chefs qu'il ne dominait pas, et à les remplacer par ses amis. D'autre part, de bonnes paroles du roi et « une phrase amicale qui terminait une lettre du maréchal Soult, » décidèrent le maréchal Bugeaud à retirer sa démission ; et dans l'automne de 1844 à 1845, le gouverneur général de l'Algérie était rentré en lutte avec des insurrections locales, partielles, décousues, mais vives et partout suscitées ou soutenues par son infatigable adversaire.

Dans l'une de ces insurrections, celle des tribus du Dahra, entre le cours du Chéliff et la mer, un incident qui a fait du bruit fournit au maréchal Bugeaud l'occasion de déployer une qualité aussi essentielle dans la vie militaire que dans la vie politique, la ferme fidélité à ses agents ; et il y trouva en même temps, contre le maréchal Soult, un nouveau motif d'humeur. Le colonel Pélissier avait été chargé par le gouverneur général de dompter une tribu jusque-là insoumise, celle des Ouled-Riah, dont le territoire offrait des grottes vastes et profondes où les Arabes, en cas de péril, avaient coutume de se réfugier. Dans le cours de la lutte contre la colonne française, les Arabes se réfugièrent, en effet, dans l'une de ces grottes : le colonel Pélissier les fit sommer d'en sortir, leur promettant la vie et la liberté, à la seule condition qu'ils remettraient leurs armes et leurs chevaux. Ils s'y refusèrent. Le colonel insista de nouveau et à plusieurs reprises, leur faisant répéter l'assurance que nul d'entre eux ne serait conduit prisonnier à Mostaganem, et qu'une fois la caverne évacuée, ils seraient libres de se retirer chez eux. Ils demandèrent que d'abord les troupes françaises s'éloignassent. A son tour, le colonel Pélissier repoussa cette condition ; l'entrée de la grotte fut comblée de bois et de fascines ; on déclara aux Arabes que, s'ils persistaient, où y mettrait le feu ; ils persistèrent et tirèrent eux-mêmes sur quelques-uns d'entre eux qui tentaient de s'échapper. Le feu fut mis en effet.

« Longtemps avant le jour, le colonel fit suspendre le jet des fascines. Un émissaire fut de nouveau envoyé. Il revint avec quelques hommes haletants qui firent comprendre l'étendue du malheur. On put alors extraire de la grotte une cinquantaine d'Arabes ; mais l'état de l'atmosphère à l'intérieur força de suspendre ce travail qui ne put être repris qu'au point du jour. On put recueillir 110 individus. Plus de 500 avaient trouvé là mort dans la caverne. »

Le rapport du colonel Pélissier au maréchal Bugeaud se terminait par ces paroles : « Ce sont là, monsieur le maréchal, de ces opérations que l'on entreprend quand on y est forcé, mais que l'on prie Dieu de n'avoir jamais à recommencer. »

Ce lamentable récit produisit partout la plus douloureuse impression. Les journaux en retentirent. La session touchait à son terme ; la Chambre des députés n'avait plus de séances ; mais la Chambre des pairs se réunissait encore, et le prince de la Moskowa interpella le ministre de la guerre sur le fait ainsi raconté. Le maréchal Soult manqua, dans cette occasion, de sa présence d'esprit et de son autorité accoutumées ; il exprima, en quelques paroles embarrassées, un blâme froid et timide, livrant le colonel Pélissier sans satisfaire ceux qui l'attaquaient. Le maréchal Bugeaud ressentit vivement cet abandon et n'eût garde de l'imiter : « Je régrette, monsieur le maréchal, écrivit-il au ministre [1], que vous ayez cru devoir blâmer, sans correctif aucun, la conduite de M. le colonel Pélissier ; je prends sur moi la responsabilité de son acte ; si le gouvernement jugeait qu'il y a justice à faire, c'est sur moi qu'elle doit être faite. J'avais ordonné au colonel Pélissier, avant de nous séparer à Orléansville, d'employer ce moyen à la dernière extrémité ; et, en effet, il ne s'en est servi qu'après avoir épuisé toutes les ressources de la conciliation. C'est à bon droit que je puis appeler *déplorables*, bien que le principe en soit louable, les interpellations de la séance du 11. Elles produiront sur l'armée un bien pénible effet qui ne peut que s'aggraver par les déclamations furibondes de la presse..... Avant d'administrer, de civiliser, de coloniser, il faut que les populations aient accepté notre loi. Mille exemples ont prouvé qu'elles ne l'acceptent que par la force ; et celle-ci même est impuissante si elle n'atteint pas les personnes et les intérêts. Par une rigoureuse philanthropie on éterniserait la guerre d'Afrique, ou tout au moins l'esprit de révolte, et alors on n'atteindrait même pas le but philanthropique. »

On pouvait contester les raisons du maréchal Bugeaud ; on pouvait les trouver insuffisantes ; en présence de pareils faits, le cri de l'humanité est légitime et doit se faire entendre, même à ceux qui, dans une situation compliquée et urgente, n'ont pas cru devoir

---

[1] Les 14 et 18 juillet 1845.

lui obéir; mais le maréchal Bugeaud tint, dans cette circonstance, l'attitude et le langage qui convenaient à un chef de gouvernement et d'armée. S'il avait eu en ce moment sous les yeux l'*Histoire du Consulat et de l'Empire* de M. Thiers, il aurait pu rappeler un fait qu'à coup sûr le maréchal Soult n'avait pas oublié. Dans la glorieuse bataille d'Austerlitz, une division russe fut arrêtée dans un mouvement de retraite par la division française du général Vandamme ; des étangs glacés lui offraient seuls un passage. « Alors tous les Russes ensemble se jettent vers ces étangs et tâchent de s'y frayer un chemin. La glace qui couvre les étangs, affaiblie par la chaleur d'une belle journée, ne peut résister au poids des hommes, des chevaux, des canons ; elle fléchit en quelques points sous les Russes qui s'y engouffrent ; elle résiste sur quelques autres et offre un asile aux fuyards qui s'y retirent en foule. Napoléon, arrivé sur les pentes du plateau de Pratzen, vers les étangs, aperçoit le désastre qu'il avait si bien préparé. Il fait tirer à boulet, par une batterie de la garde, sur les parties de la glace qui résistent encore, et achève la ruine des malheureux qui s'y étaient réfugiés. Près de deux mille trouvent la mort sous cette glace brisée [1]. »

L'empereur Napoléon était plus heureux que le colonel Pélissier : il n'avait à côté de lui, en 1805, ni tribune ni presse pour trouver barbares ses procédés

---

[1] *Histoire du Consulat et de l'Empire*, t. VI, p. 326.

de guerre et personne au-dessus de lui pour le désavouer.

Quelque diverse qu'eût été, dans ce triste incident, l'attitude des deux maréchaux qui présidaient au gouvernement de l'Algérie il y avait entre eux des dissentiments plus profonds et plus difficiles à concilier. J'ai dit que le maréchal Bugeaud avait, quant à l'Algérie, deux idées fixes, la complète soumission des Arabes dans toute l'étendue de la Régence et la colonisation par l'armée. Il avait, dès 1838, manifesté et même rédigé en articles législatifs ses vues sur ce dernier point, dans une brochure intitulée : *De l'établissement de légions de colons militaires dans les possessions françaises du nord de l'Afrique; suivi d'un projet d'ordonnance adressé au gouvernement et aux Chambres.* Appelé en décembre 1840 au gouvernement de l'Algérie, il reçut du ministre de la guerre, sous la date du 13 août 1841, une série de questions sur les divers modes de coloniser la Régence : il y répondit le 26 novembre 1841, par un long Mémoire dans lequel, prenant pour point de départ la nécessité de la colonisation pour que l'Algérie fût à la France autre chose qu'un champ de bataille et un fardeau, il établissait que la colonisation militaire, organisée et soutenue à son début par l'État, pouvait seule atteindre les divers buts de sécurité permanente, de propriété féconde et d'allégement progressif dans les dépenses qu'un gouvernement prévoyant devait se proposer. C'était par des officiers et des soldats recrutés dans l'armée active, ou invités, après leur retraite, à s'établir comme propriétaires et chefs de famille en Algérie, sous certaines conditions de service et de discipline, que les colonies militaires devaient être fondées et devenir la souche d'un peuple de Français-Africains, capables de la guerre en se livrant aux travaux de la paix.

A l'appui de son système, le maréchal Bugeaud apportait une foule de considérations, toutes ingénieuses et spécieuses, quelques-unes vraiment pratiques et fortes; mais il oubliait deux choses plus fortes que toutes les considérations du monde, la nature de notre gouvernement et la nécessité de l'action du temps; il ne tenait nul compte de l'opinion des Chambres et voulait devancer l'œuvre des années. Toutes les colonies, celles qui sont devenues de puissants États comme celles qui n'ont pas si grandement réussi, ne se sont fondées que lentement, à travers de pénibles efforts, de cruelles souffrances et des alternatives répétées de lutte ou de repos, de progrès ou de langueur. C'était le dessein et l'espoir du maréchal Bugeaud d'épargner à l'Algérie française, par la colonisation militaire, ces longues et douloureuses épreuves, et il prédisait, il promettait avec une foi passionnée le succès de son plan. Je lis dans une lettre de lui [1] à M. Adolphe Blanqui, membre de l'Institut, qui avait voyagé en Algérie : « Réduire successivement l'armée

---

[1] En date du 28 octobre 1843.

de moitié, sans compromettre la conquête et sans retarder les progrès de son utilisation, c'est là le problème. Je crois en avoir trouvé la solution infaillible. Il serait trop long de vous détailler ici les moyens d'exécution ; je me borne à vous dire que la principale base de mon système est la colonisation militaire, et que j'ai la presque certitude qu'avec une bonne loi constitutive de cette colonisation, on trouvera aisément douze mille colons militaires chaque année, et que j'ai la certitude complète que l'armée actuelle pourra, à partir de l'année prochaine, avec les moyens de tout genre dont elle dispose, installer par an douze mille familles de colons militaires. En dix ans, nous aurions donc cent vingt mille familles vivant sous le seul régime qui puisse donner l'unité et la force nécessaires pour commander le pays. Voilà la base du peuple dominateur. Quand elle sera fondée sur des points bien choisis sous tous les rapports, l'armée pourra être diminuée de moitié sans compromettre notre domination, et sans arrêter les grands travaux qui doivent utiliser et féconder le pays conquis. Mes colons militaires donneront aux travaux généraux tout le temps que les saisons ne permettront pas de donner à l'agriculture, et ils le donneront au même prix que nos soldats, c'est-à-dire à cinq centimes par heure de travail, quarante centimes pour huit heures. »

Les Chambres, comme l'administration centrale, étaient loin de partager une telle confiance, et quand le maréchal Bugeaud l'exprimait dans ses conversations comme dans ses brochures et dans ses lettres, son abondante et fervente parole inspirait la surprise et le doute bien plus qu'elle ne communiquait la conviction. C'était le sentiment général que les frais du système seraient infiniment plus considérables et ses résultats infiniment plus incertains et plus lents que ne l'affirmait son auteur. On consentait, non sans peine, à lui donner de faibles moyens pour en faire de petits essais; mais on reculait absolument devant l'idée de s'engager dans un si grand, si douteux et si onéreux dessein.

Par un entraînement imprévoyant plutôt qu'avec une préméditation profonde, le maréchal Bugeaud se persuada qu'en prenant lui-même, à ce sujet, une initiative hardie, il déciderait le cabinet et les Chambres à accepter son plan et à le mettre en état de l'exécuter. Il adressa, le 9 août 1845, à tous les généraux sous ses ordres en Algérie, cette circulaire : « Général, j'ai lieu de regarder comme très-prochain le moment où nous serons autorisés à entreprendre un peu en grand les essais de colonisation militaire. Ces conditions sont détaillées ci-après. Invitez MM. les chefs de corps à les faire connaître à leurs subordonnés, et à vous adresser, aussitôt qu'il se pourra, l'état des officiers, sous-officiers et soldats qui désirent faire partie des colonies militaires. »

A la circulaire était jointe, en effet, une série d'articles énumérant les avantages accordés et les obligations imposées aux futurs colons, réglant l'administration des établissements projetés, organisant enfin, d'une façon complète et précise, les colonies militaires comme un fait déjà résolu dans son ensemble comme dans son principe, et qu'il ne s'agissait plus que de réaliser.

La surprise et la désapprobation furent grandes à Paris quand cette circulaire y arriva. La presse opposante s'empressa de l'exploiter contre le ministère, affectant d'y voir une première tentative du maréchal Bugeaud pour se déclarer indépendant et préparer un démembrement de l'empire français. Les membres des deux Chambres furent blessés du silence gardé dans la circulaire sur leurs droits, leur pouvoir et leur intervention nécessaire dans une telle œuvre. Pour le cabinet, et pour le ministère de la guerre en particulier, il y avait là une atteinte portée à la dignité comme aux attributions du gouvernement central, et un grave désordre, sinon un mauvais dessein. Le Roi et plusieurs des ministres étaient alors au château d'Eu; ils m'envoyèrent sur-le-champ la circulaire en m'en exprimant leur mécontentement et leur embarras. J'eus quelque peine à faire comprendre les naïfs entraînements du maréchal Bugeaud, sa préoccupation passionnée dans cette question; et, pour remettre toutes choses à leur place, le maréchal lui-même comme le cabinet, je fis insérer dans le *Journal des Débats* [1] un article portant : « Si le gouverneur général de l'Algérie nous paraissait disposé à se passer du gouvernement et des Chambres,

[1] Du 28 août 1845.

nous serions aussi empressés que d'autres à lui rappeler le respect qu'il doit à l'autorité de laquelle il relève. Mais nous ne saurions voir, dans l'intention qui a dicté sa circulaire, autre chose que le désir d'ouvrir une sorte d'enquête sur les moyens de réaliser un projet qu'il croit bon, utile et possible. Un plan de cette nature et de cette étendue n'est pas de ceux qui peuvent s'exécuter, ni même se commencer par ordonnance, dans l'intervalle d'une session à une autre. M. le maréchal Bugeaud n'est pas seulement un habile général; il est aussi, nous en sommes sûrs, un homme beaucoup plus constitutionnel et beaucoup moins dictatorial qu'on ne veut le faire; s'il voyait que le gouvernement de son pays ne partageât pas ses vues, nous sommes persuadés qu'il se contenterait de retirer de sa circulaire de simples renseignements théoriques dont il pourrait faire son profit. Que la France se rassure donc; il y a des juges à Berlin; il y a à Paris un gouvernement et des Chambres; et il ne s'agit de fonder en Afrique ni un nouveau royaume, ni une nouvelle dynastie. »

Avec cet avertissement public, et pour le confirmer tout en l'adoucissant, j'écrivis en particulier au maréchal Bugeaud [1] : « J'ai été charmé de vous voir abandonner vos intentions de retraite ; mais c'est avec un vif chagrin, autant de chagrin que de franchise, que je viens me plaindre à vous de vous-même, et vous dire que, par votre circulaire du 9 août aux généraux

---

[1] Le 23 août 1845.

de votre armée et par le projet d'organisation des colonies militaires qui y est joint, vous venez de me créer et de vous créer à vous-même de nouvelles et grandes difficultés dans une question qui en offrait déjà beaucoup. Vous n'ignorez pas, mon cher maréchal, qu'il existe, contre votre système de colonies militaires, de fortes préventions dans le cabinet, dans les Chambres, dans les commissions de finances, dans tous les pouvoirs dont le concours est indispensable. Il y a quelque chose de plus grave encore que des préventions ; il y a des opinions manifestées, des amours-propres compromis. Comment surmonter ces obstacles ? Je n'en sais qu'un moyen ; faire de votre système un essai limité, opposer aux préventions un fait accompli et contenu dans des bornes bien déterminées. On répond ainsi à la double objection qui préoccupe tout le monde, l'immensité de l'entreprise et de la dépense, l'incertitude du résultat. Au lieu de cela, que faites-vous par votre circulaire du 9 ? Vous présentez votre projet dans toute son étendue ; ce n'est plus une expérience, c'est le programme et la mise en train de tout votre système. Vous faites appel, pour l'exécution, à tous les officiers, à tous les soldats qui voudront y concourir. Vous vous montrez prêt à accueillir tous ceux qui se présenteront, et vous imposez à l'État, envers eux tous, toutes les obligations, toutes les charges que le système entraîne. Vous allez ainsi à l'encontre de toutes les objections, de toutes les préventions ; vous blessez tous les amours-propres qui se sont engagés contre une si vaste entreprise. Peut-être avez-vous cru lier d'avance et compromettre sans retour le gouvernement dans cette entreprise ainsi étalée tout entière dès les premiers pas. C'est une erreur, mon cher maréchal; vous ne faites qu'embarrasser grandement vos plus favorables amis; car au moment même où ils ne parlent et ne peuvent parler que d'un essai, vous montrez, vous donnez à soulever tout le fardeau. Je vous porte, mon cher maréchal, beaucoup d'estime et d'amitié; j'ai à cœur d'exécuter, pour ma part, ce que je vous ai fait dire. Je ne me suis point dissimulé la difficulté (grande, soyez-en sûr), de faire agréer et de mener à bien, ici même, cette expérience limitée; mais enfin je m'y suis décidé et engagé sérieusement. C'est donc pour moi une nécessité et un devoir de vous dire ce que je pense de la démarche que vous venez de faire, et de tout ce qu'elle ajoute au fardeau que nous avons à porter en commun. Trouvez donc, je vous prie, une manière de réduire ce fardeau à ce qu'il peut et doit être, et de ramener vos paroles et vos promesses dans les limites de l'essai que j'ai regardé comme possible. Tenez pour certain qu'il faut se renfermer bien visiblement dans ces limites pour avoir des chances de succès. »

Tout en maintenant son plan et son acte, le maréchal comprit sa faute et mon reproche. En retirant sa démission, il avait demandé à venir passer quelques semaines en France pour s'entendre avec le ministre de la guerre; il vint, en effet, et après un très-court séjour à Paris, où je n'étais pas en ce moment, il m'écrivit de sa terre de La Durantie [1] : « Votre lettre du 23 août est venue me trouver ici au moment où j'y arrivais pour visiter mes champs ; je leur ai donné un coup d'œil très-rapide, et pour ne leur rien dérober, je me lève avant le jour pour vous répondre.... Au moment de mon départ d'Alger, j'ai laissé, pour être inséré dans le *Moniteur* du 5 septembre, un article qui répond à votre désir de me voir atténuer, par un acte quelconque, ce que vous appelez le mauvais effet de ma circulaire.... elle ne devait avoir aucune publicité.... je dois dire aussi que les termes en étaient trop positifs ; j'aurais dû mettre partout les verbes au conditionnel ; au lieu de dire : « Les colons recevront, etc. », j'aurais dû dire : « Si le gouvernement adoptait mes vues, les colons recevraient, etc. », changez le temps du verbe, et vous ne verrez plus qu'une chose simple, une investigation statistique qui est dans les droits et dans les usages du commandement, et destinée à éclairer le gouvernement lui-même.... Ce qui prouve que je n'avais pas de temps à perdre pour connaître un résultat avant mon départ, c'est que je n'ai pu encore obtenir que les états de la division d'Alger ; ils me donnent 3,996 sous-officiers et soldats, présentant entre eux un avoir de 1,700,000 francs. On peut évaluer que les deux autres divisions donneront chacune environ 3,000 demandes. Voilà donc près de 10,000 sous-officiers et

---

[1] Le 28 septembre 1845.

soldats de vingt-quatre à trente ans, c'est-à-dire tous jeunes, forts, vigoureux, disciplinés, aguerris, acclimatés, qui offrent de se consacrer à l'Afrique, eux et leur descendance.... Si la France était assez mal avisée pour ne pas s'emparer de telles dispositions pour consolider promptement et à jamais sa conquête, on ne pourrait trop déplorer son aveuglement.... Du reste, pour répondre à la sotte et méchante accusation de *la Presse* qui m'appelle un pacha révolté, je viens me livrer seul au cordon, et je me suis présenté tout d'abord chez le ministre de la guerre. Si j'avais eu quelques craintes, son charmant accueil les aurait effacées; il m'a bien fait voir, dans la conversation, que les déclamations de la presse avaient produit quelque effet sur son esprit ; mais aussitôt que je lui ai expliqué mes motifs, tous basés sur la profonde conviction où je suis que c'est rendre à la France un grand service, et que l'acte en lui-même est au fond dans les droits et dans les usages du commandement, le nuage s'est dissipé, et, pendant les deux jours que nous avons disserté sur les affaires de l'Afrique, je n'ai trouvé en lui que d'excellents sentiments pour moi et de très-bonnes dispositions pour les affaires en général. De mon côté, j'y ai mis un moelleux et une déférence dont vous ne me croyez peut-être pas susceptible, et cela m'a trop bien réussi pour que je n'use pas à l'avenir du même moyen. »

En me parlant ainsi, le maréchal Bugeaud se faisait illusion et sur les dispositions de son ministre, et sur sa propre habileté en fait de déférence et de douceur.

Le maréchal Soult ne lui était pas devenu plus favorable; moins passionné seulement et fatigué de la lutte, il ne se souciait pas de rompre ouvertement en visière à un rival plus jeune de gloire comme d'âge, et de prendre seul la responsabilité des refus. Le maréchal Bugeaud ne tarda pas à s'en apercevoir et à retrouver lui-même sa rudesse avec son mécontentement. Mais les nouvelles d'Algérie vinrent donner, pour un moment, à ses idées un autre cours. Depuis son départ d'Alger, la situation s'était fort aggravée ; ce n'était plus à des soulèvements partiels et décousus que nous avions affaire ; l'insurrection arabe devenait générale, concertée, organisée; de la province d'Oran, où il avait son foyer d'influence et son centre d'opération, Abd-el-Kader, par ses délégués ou par ses apparitions rapides dans les provinces d'Alger et de Constantine, y échauffait le fanatisme et y dirigeait le mouvement. Quelques postes isolés avaient été enlevés ; quelques petits corps de nos troupes avaient éprouvé de glorieux, mais douloureux échecs. Inquiétées et irritées, l'armée et la population coloniale rappelaient de tous leurs vœux le maréchal Bugeaud. Ses lieutenants, préoccupés de l'étendue du péril et de la responsabilité d'un pouvoir provisoire, pressaient eux-mêmes son retour. L'un de ses officiers d'ordonnance, le chef d'escadron Rivet, lui apporta, avec le détail des événements, l'expression de ce sentiment public. Son patriotisme, le juste sentement de sa force, et l'espoir d'acquérir une gloire et une force nouvelles déterminèrent sur-le-champ le maréchal. Sans retourner de La Durantie à Paris, sans demander des instructions positives, il écrivit le 6 octobre 1845, au maréchal Soult : « Je pars dans la nuit du 7 au 8 pour Marseille, où j'espère trouver *le Caméléon* ou tout autre bateau pour arriver tout de suite à mon poste. J'ai pensé qu'étant encore gouverneur nominal de l'Algérie, je ne pouvais me dispenser de répondre à l'appel que me font l'armée et la population, que ce serait manquer à mes devoirs envers le gouvernement et envers le pays. » Il exposait ensuite ses vues sur les causes de l'insurrection, sur les besoins de la campagne qu'il allait faire, énumérait avec précision les renforts de tout genre qu'il demandait, et terminait ainsi sa dépêche : « Nous allons, monsieur le maréchal, jouer une grande partie qui peut être décisive pour notre domination si nous la jouons bien, ou nous préparer de grandes tribulations et de grands sacrifices si nous la jouons mal. L'économie serait ici à jamais déplorable. Nous avons affaire à un peuple énergique, persévérant et fanatique : pour le dompter, il faut nous montrer plus énergiques et plus persévérants que lui ; et après l'avoir vaincu plusieurs fois, comme de tels efforts ne peuvent pas toujours se renouveler, il faut, coûte que coûte, l'enlacer par une population nombreuse, énergique et fortement constituée. Hors de cela, il n'y aura que des efforts impuissants et des sacrifices qu'il faudra toujours recommencer, jusqu'à ce qu'une grande guerre européenne ou une grande catastrophe en Algérie nous force à abandonner une conquête que nous n'aurons pas su consolider, dominés par les fausses idées de nos écrivains. Ce n'est assurément pas le développement prématuré des institutions civiles qui constituera la conquête ; la catastrophe sera plus voisine si l'on étend l'administration civile aux dépens de la force de l'armée. »

Il m'écrivit le même jour, en m'envoyant copie de sa lettre au maréchal Soult : « Je suis parfaitement convaincu qu'un grand complot de révolte était ourdi depuis longtemps sur toute la surface de l'Algérie. Je l'ai fait avorter au printemps dernier en écrasant les premiers insurgés qui se sont manifestés. Il a été repris à la suite du fanatisme que ranime le Ramadan. Plusieurs fautes graves, commises par des officiers braves, dévoués, mais ne connaissant pas assez la guerre, ont procuré à l'émir des succès qui ont certainement ravivé l'ardeur et les espérances des Arabes. Les circonstances sont donc très-graves; elles demandent de promptes décisions. Ce n'est pas le cas de vous entretenir de mes griefs et des demandes sans l'obtention desquelles je ne comptais pas rentrer en Algérie. Je cours à l'incendie ; si j'ai le bonheur de l'apaiser encore, je renouvellerai mes instances pour faire adopter des mesures de consolidation de l'avenir. Si je n'y réussis pas, rien au monde ne pourra m'attacher plus longtemps à ce rocher de Sisyphe. C'est bien le cas de vous dire aujourd'hui ce que le maréchal de Villars disait à Louis XIV : *Je vais combattre vos ennemis et je vous laisse au milieu des miens.* »

Au moment même où il prenait cette judicieuse et généreuse résolution, le maréchal Bugeaud se laissa aller de nouveau à l'un de ces actes d'exubérance indiscrète et imprévoyante qui l'ont plus d'une fois embarrassé et affaibli, et ses amis avec lui, dans la poursuite de leurs communs desseins. En partant pour Alger, il écrivit à M. de Marcillac, préfet de son département [1] : « M. le chef d'escadron Rivet m'apporte d'Alger les nouvelles les plus fâcheuses ; l'armée et la population réclament à grands cris mon retour. J'avais trop à me plaindre de l'abandon du gouvernement, vis-à-vis de mes ennemis de la presse et d'ailleurs, pour que je ne fusse pas parfaitement décidé à ne rentrer en Algérie qu'avec la commission que j'ai demandée et après la promesse de satisfaire à quelques-unes de mes idées fondamentales ; mais les événements sont trop graves pour que je marchande mon retour au lieu du danger. Je me décide donc à partir après-demain ; je vous prie de m'envoyer quatre chevaux de poste qui me conduiront à Périgueux ; » et après avoir donné à M. de Marcillac quelques détails sur l'insurrection des Arabes, il finissait en disant : « Il est fort à craindre que ceci ne soit une forte guerre à recommencer. Hélas, les événements ne donnent que trop raison à l'opposition que je faisais au système qui étendait sans nécessité l'administration civile et diminuait l'armée pour couvrir les dépenses de cette extension. J'ai le cœur

---

[1] Le 6 octobre 1845.

navré de douleur de tant de malheurs et de tant d'aveuglement de la part des gouvernants et de la presse, qui nous gouverne bien plus qu'on n'ose l'avouer. »

Le maréchal attribuait à un fait secondaire, à l'extension, alors très-limitée, de l'administration civile en Algérie, des événements qui provenaient de causes infiniment plus générales et plus puissantes ; mais qu'il eût tort ou raison dans ses plaintes, la publication d'une telle lettre était, de la part d'un officier général en activité de service et dans un tel moment, inconvenante et inopportune. Ce ne fut point le fait du maréchal lui-même ; M. de Marcillac avait montré et remis étourdiment sa lettre au rédacteur du *Conservateur de la Dordogne* qui, au lieu d'en extraire simplement les nouvelles de fait, comme le préfet le lui avait demandé, la publia en entier dans son journal d'où elle passa dans ceux de Paris et de plusieurs départements. Commentée par les uns avec joie, par les autres avec tristesse, elle produisit partout un fâcheux effet qu'au moment de l'arrivée du maréchal à Marseille, le préfet des Bouches-du-Rhône, M. de Lacoste, ne lui laissa point ignorer. Le maréchal s'en montra désolé, et m'en témoigna sur-le-champ son profond regret : « Ma lettre était, m'écrivit-il [1], la communication confidentielle d'un ami à un ami ; elle ne devait avoir aucune publicité. C'est encore une tuile qui me tombe sur la tête. Je le déplore surtout

---

[1] Le 11 octobre 1845.

parce que la presse opposante ne manquera pas d'en tirer parti contre le gouvernement. Je vous remercie de la mesure énergique que le conseil a prise. » Nous venions de lui envoyer immédiatement des renforts considérables : « Avec cela, j'ai la confiance que nous rétablirons les affaires dans le présent. Restera toujours à fonder l'avenir. » Il fit en même temps insérer dans les journaux de Marseille son désaveu de la publication de sa lettre et les explications qui pouvaient en atténuer le mauvais effet.

Je ne pensai pas que ces explications pussent suffire, ni qu'avec le maréchal lui-même nous puissions passer sous silence un acte si contraire à la dignité comme au bon ordre dans le gouvernement : en apprenant que le maréchal partait immédiatement pour l'Afrique, je lui écrivis :

« Quelques mots, mon cher maréchal, pas beaucoup, mais quelques-uns que je trouve indispensables, entre vous et moi, sur des choses personnelles. Vous avez eu toute raison d'ajourner, quant à présent, vos demandes et vos plaintes ; cela convient à votre patriotisme et à votre caractère. Vous savez que, parmi les choses que vous avez à cœur, il en est, et ce sont les plus importantes, que je vous ai promis d'appuyer dans des limites dont vous avez reconnu vous-même, quant à présent, la nécessité et la prudence. Je le ferai comme je vous l'ai promis. Ma première disposition est toujours de vous seconder, car je vous porte une haute estime et j'ai pour vous une vraie amitié. Mais je ne puis accepter votre reproche que vous n'avez pas été soutenu par le gouvernement. Il appartient et il sied aux esprits comme le vôtre, mon cher maréchal, de distinguer les grandes choses des petites et de ne s'attacher qu'aux premières. Il n'y a, pour vous, en Afrique, que deux grandes choses; l'une, d'y avoir été envoyé; l'autre, d'y avoir été pourvu, dans l'ensemble et à tout prendre, de tous les moyens d'action nécessaires. Le cabinet a fait pour vous ces deux choses-là, et il les a faites contre beaucoup de préventions et à travers beaucoup de difficultés. Vous l'avez vous-même reconnu et proclamé. Après cela, qu'à tel ou tel moment, sur telle ou telle question, le gouvernement n'ait pas partagé toutes vos idées ni approuvé tous vos actes, rien de plus simple; c'est son droit. Que vous ayez même rencontré dans telle ou telle commission, dans tel ou tel bureau, des erreurs, des injustices, des idées fausses, de mauvais procédés, des obstacles, cela se peut; cela n'a rien que de naturel et presque d'inévitable ; ce sont là des incidents secondaires qu'un homme comme vous doit s'appliquer à surmonter sans s'en étonner ni s'en irriter, car il s'affaiblit et s'embarrasse lui-même en leur accordant, dans son âme et dans sa vie, plus de place qu'il ne leur en appartient réellement.

« Les journaux vous attaquent beaucoup, cela est vrai. Le gouvernement n'engage pas dans les journaux, pour vous défendre, une polémique continue ; cela est vrai aussi. Mon cher maréchal, permettez-moi de penser et d'agir, en ceci, pour vous comme pour moi-même. Je m'inquiète peu des attaques personnelles des journaux et je ne m'en défends jamais. J'ai l'orgueil de croire qu'après ce que nous avons fait l'un et l'autre, nous pouvons laisser dire les journaux. Notre vie parle et ce n'est qu'à la tribune qu'il nous convient d'en parler. Je vous y ai, plus d'une fois, rendu justice; je le ferai encore avec grand plaisir. C'est là que vous devez être défendu, mais grandement et dans les grandes occasions, non pas en tenant les oreilles toujours ouvertes à ce petit bruit qui nous assiége, et en essayant à tout propos, et bien vainement, de le faire taire.

« Votre lettre à M. de Marcillac, publiée dans le *Conservateur de la Dordogne*, m'a affligé pour vous, mon cher maréchal, et blessé pour moi. Que lorsque vous croyez avoir quelque chose à demander ou à reprocher à votre gouvernement, vous écriviez, dans l'intimité, à vos amis qui font partie de ce gouvernement, tout ce que vous avez dans l'esprit et sur le cœur, que vous le fassiez avec tout l'abandon, toute la vivacité de vos impressions et de votre caractère, rien de plus simple; loin de m'en plaindre jamais, je m'en féliciterai, au contraire, car je tiens à connaître et à recevoir de vous toute votre pensée, fût-elle même exagérée et injuste. C'est mon affaire ensuite de faire en sorte qu'on vous donne raison si je crois que vous avez raison, ou de vous dire pourquoi je pense que vous avez tort, si en effet je le pense. Mais mettre le public dans la confidence de vos rapports avec le gouvernement que vous servez, prendre les journaux pour organes de vos plaintes, mon cher maréchal, cela ne se peut pas. C'est là du désordre. Vous ne le souffririez pas autour de vous. Et croyez-moi, cela ne vaut pas mieux pour vous que pour le pouvoir auquel vous êtes dévoué. »

Le maréchal Bugeaud n'essaya pas de défendre sa lettre; il était capable de reconnaître dignement ses erreurs et ses fautes, quoiqu'il ne s'en souvînt pas toujours assez.

Arrivé à Alger, le 15 octobre, aux acclamations de toute la population française, militaire et civile, il entra immédiatement en action, et de l'automne de 1845 à l'été de 1846, il fit la campagne, non la plus féconde en périlleux et brillants combats, mais la plus étendue, la plus active et la plus efficace de toutes celles qui ont rempli et honoré son gouvernement de l'Algérie. « Dix-huit colonnes mobiles, m'écrit le général Trochu, furent mises en mouvement. Celle que commandait le maréchal en personne ne comptait pas plus de 2,500 baïonnettes et 400 sabres. Des marches, des contre-marches, des fatigues écrasantes, des efforts inouïs furent imposés à toutes; mais pas une, à proprement parler, ne combattit sérieusement l'ennemi qui, ne s'étant organisé nulle part, demeurait insaisissable, on pourrait dire invisible. La petite cavalerie du maréchal rencontra à Temda celle d'Abd-el-Kader, qui ne fit pas grande contenance et s'en alla de très-bonne heure, paraissant obéir à un mot d'ordre de dispersion. Finalement, lorsque les dix-huit colonnes épuisées étaient au loin en opération, celle du maréchal entre Médéah et Boghar, on apprit soudainement qu'Abd-el-Kader, les tournant toutes avec deux mille cavaliers du sud, avait pénétré par la vallée de l'Isser jusque chez les Krachena dont il avait tué les chefs nos agents et pillé les tentes. Il était donc à l'entrée de la Métidja, la plaine de la grande colonisation, défendue seulement par trois ou quatre douzaines de gendarmes dispersés, à douze lieues d'Alger qui n'avait pas de garnison, et où un bataillon de condamnés, outre la milice, dut être formé à la hâte et armé. L'alerte fut des plus vives ; Alger ne courait là aucun risque, ni l'Algérie non plus, car la pointe audacieuse d'Abd-el-Kader ne pouvait être qu'une incursion; mais les oreilles des colons de la Métidja l'échappèrent belle !

« La sérénité du maréchal dans cette redoutable crise, on pourrait dire sa gaieté, nous remplit d'étonnement et d'admiration. Ce calme profond d'un chef responsable sur qui la presse algérienne et métropolitaine s'apprêtait à déchaîner toutes ses colères, et aussi des veilles continuelles, des fatigues excessives pour son âge furent, dans cette campagne ultra-laborieuse de près d'une année, des faits qui mirent dans un nouveau relief la vaillante organisation morale et physique du gouverneur. Mais son rôle, dans l'action, ne différa pas et ne pouvait pas différer de celui des autres généraux lancés comme lui, avec de petits groupes, à la poursuite d'un ennemi qui n'avait pas de corps et se montrait partout inopinément, alors que les populations indigènes, d'ailleurs restées en intelligence avec lui, s'étaient généralement soumises et avaient repris leurs campements accoutumés.

« La guerre se termina tout à coup, comme il arrive si souvent, par un hasard qui fut un coup de fortune inattendu. Les cavaliers d'Abd-el-Kader étaient des gens du désert, grands pillards, et qui, une fois gorgés de butin, n'avaient plus, selon leur coutume, qu'une préoccupation, celle de le remporter à leurs tentes, entreprise qui avait ses difficultés et ses périls. En ce moment, dix compagnies de jeunes soldats venant de France et un bataillon venant de Djigelly furent envoyés à tout hasard contre l'émir dans l'Isser. Ils surprirent la nuit, un peu surpris eux-mêmes, je crois, ses gens livrés aux idées de retour que j'ai dites. Aux premiers coups de fusil, les Arabes se débandèrent et coururent vers le sud. Abd-el-Kader abandonné faillit être pris, et ne put jamais se relever de cet échec qui ne nous coûta rien.

« De cette campagne, qui ne fut marquée par aucune action militaire éclatante, le maréchal parlait souvent avec complaisance, et c'était à bon droit; elle fut l'une des plus grandes crises, la plus grande crise peut-être, de sa carrière algérienne. Quand il rentra dans Alger avec une capote militaire usée jusqu'à la corde, entouré d'un état-major dont les habits étaient en lambeaux, marchant à la tête d'une colonne de soldats bronzés, amaigris, à figures résolues et portant fièrement leurs guenilles, l'enthousiasme de la population fut au comble. Le vieux maréchal en jouit pleinement. C'est qu'il venait d'apercevoir de très-près le cheveu auquel la Providence tient suspendues les grandes renommées et les grandes carrières, à un âge (soixante-deux ans) où, quand ce cheveu est rompu, il est difficile de le renouer. »

Pendant que général, officiers et soldats déployaient en Afrique cette laborieuse et inépuisable vigueur, en France, le gouvernement, les Chambres et le public suivaient avec une attention perplexe les événements compliqués de cette guerre disséminée sur un si vaste espace et sans cesse renaissante. Dans les journaux, dans les correspondances, dans les conversations, les idées et les opérations du maréchal Bugeaud étaient incessamment discutées et critiquées, tantôt avec l'ignorance de spectateurs lointains et frivoles, tantôt avec le mauvais vouloir accoutumé des adversaires politiques. Tout ce bruit arrivait en Afrique au maréchal Bugeaud au milieu des travaux et des vicissitudes de sa campagne, et il s'en préoccupait passionnément, mais sans que la controverse, dans laquelle il était toujours prêt à se lancer, l'ébranlât dans ses idées ou le troublât dans son action : « Je connais l'Afrique, ses habitants et ses conquérants depuis douze années, m'écrivait M. Léon Roches [1] que j'avais envoyé au maréchal pour le bien informer de ma propre pensée ; j'ai été plus que tout autre en garde contre les fâcheuses im-

[1] Le 5 mars 1846.

pressions produites en France par les événements de 1845 à 1846. Cependant je partageais un peu l'opinion générale; je croyais que M. le maréchal aurait pu centraliser l'action de son commandement et éviter beaucoup de courses inutiles; je craignais que le dégoût ne se fût glissé dans les rangs de son armée. J'étais dans l'erreur. Le maréchal a sans cesse communiqué avec toutes ses colonnes; ses ordres ont été quelquefois éludés, mais il a toujours pu les faire arriver à temps. Il a dû avoir la mobilité que nous lui reprochions pour se trouver toujours, de sa personne, en face de son infatigable ennemi. Les Arabes nous détestent, tous sans exception; ceux que nous qualifions de dévoués ne sont que compromis; ils sont tous amis de l'indépendance qui est, pour eux, le désordre; ils sont tous guerriers; ils conservent au fond du cœur un levain de fanatisme, et toutes les fois qu'il sera réchauffé par des hommes de la trempe d'Abd-el-Kader, ils se soulèveront et tenteront des efforts plus ou moins efficaces, selon nos moyens de domination, pour nous chasser de leur pays. Mais notre position n'a rien d'inquiétant; seulement elle sera longtemps encore difficile, car la domination d'un peuple dont on veut posséder le territoire et qu'on veut s'assimiler, ne saurait être l'œuvre de quinze années. »

Je partageais la confiance de l'armée d'Afrique dans son chef, et j'étais résolu à le seconder énergiquement; mais cette œuvre, difficile en elle-même, le devenait bien plus encore quand, dans les accès de sa colère contre les journaux et les bureaux du département de la guerre, ou dans les élans de son imagination belliqueuse, le maréchal Bugeaud se montrait enclin tantôt à accuser par ses plaintes le gouvernement qu'il servait, tantôt à le compromettre par ses démarches. Il était, comme on devait s'y attendre, plus préoccupé de sa propre situation que de celle du cabinet et de sa guerre que de notre politique : délivrer l'Algérie d'Abd-el-Kader, c'était là son idée et sa passion dominantes, et pour atteindre à ce but, il était à chaque instant sur le point de recommencer la guerre avec le Maroc, en poursuivant indéfiniment, sur le territoire de cet empire, le grand chef arabe qui, soit que l'empereur Abd-el-Rhaman le voulût ou non, y prenait toujours son refuge. Le maréchal Bugeaud ne se bornait pas à se laisser aller sur cette pente; il érigeait son penchant en un plan prémédité, soutenant qu'il fallait à tout prix enlever à Abd-el-Kader toute chance d'asile dans le Maroc ; et si nous ne voulions pas l'autoriser formellement à cette guerre d'invasion défensive, il nous demandait de le laisser faire, sauf à en rejeter plus tard sur lui seul la responsabilité. Ni l'une ni l'autre de ces propositions ne pouvait convenir à un gouvernement sérieux et décidé à respecter le droit des gens et sa propre dignité. Nous venions de conclure avec le Maroc un traité de paix et un traité de délimitation de la frontière des deux États ; nous en réclamions de l'empereur marocain la stricte observation; nous devions et nous voulions l'observer nous-mêmes, dût notre lutte contre l'insurrection en Algérie en être quelque temps prolongée. Je chargeai M. Léon Roches de bien inculquer au maréchal la ferme résolution du cabinet et la mienne propre à cet égard ; mon envoyé s'acquitta loyalement de sa mission, et après m'avoir plusieurs fois rendu compte de ses entretiens avec le maréchal, il m'écrivit le 23 avril 1846 : « C'est avec un bien vif sentiment de satisfaction que je m'empresse d'annoncer à Votre Excellence que M. le maréchal duc d'Isly a complétement renoncé à son projet d'invasion dans le Maroc ; le prochain courrier emportera sans doute l'assurance officielle de M. le gouverneur général de cette sage résolution. »

Je ne sais si cette résolution, même sincèrement prise, eût été par le maréchal effectivement et longtemps pratiquée ; mais le jour même où M. Roches me l'annonçait d'Alger, nous faisions officiellement et je faisais moi-même amicalement, auprès du maréchal, une démarche décisive qui ne devait lui laisser aucun doute sur le ferme maintien de notre politique, en Algérie comme à Paris. L'empereur Napoléon Ier disait, en parlant des difficultés de son gouvernement : « Croit-on que ce soit une chose toute simple de gouverner des hommes comme un Soult ou un Ney? » Dans notre régime constitutionnel, nous n'avions pas, pour gouverner leurs pareils, les mêmes moyens que l'empereur Napoléon; mais nous étions tout aussi décidés que lui à ne pas nous laisser dominer par eux, et quoique nos procédés fussent autres, notre politique n'était pas plus incertaine. Je connaissais le maréchal Bugeaud ; je le savais loyal et capable, malgré sa passion, d'entendre raison et de s'arrêter devant le pouvoir et l'ordre légal ; j'usai envers lui des procédés qui conviennent à un gouvernement libre dans ses rapports avec des agents considérables et qu'il honore ; en lui déclarant péremptoirement notre politique, je pris soin de lui en développer les motifs et de lui témoigner mon désir de convaincre son esprit en même temps que nous enchaînions sa volonté. Je lui écrivis le 24 avril 1846 :

« Vous avez toute raison de vous féliciter de votre longue et pénible campagne. Je n'en puis juger les opérations en détail, mais j'en vois l'ensemble, et cet ensemble prouve le progrès décisif de notre domination en Algérie, et ce progrès est votre ouvrage. Il y a quelques années, nous pouvions errer en vainqueurs dans le pays, mais il appartenait à nos ennemis ; aujourd'hui c'est Abd-el-Kader qui vient errer en agresseur dans un pays qui nous appartient. Il peut encore y susciter des insurrections et y trouver des asiles ; il ne peut plus s'y établir. La différence est énorme. J'espère que le débat qui va s'ouvrir dans les Chambres la mettra en lumière et que justice vous sera rendue.

« Je suis, comme vous, fort loin de croire que, dans ce pays qui est maintenant à nous, la lutte soit pour nous terminée. Nous aurons encore souvent et longtemps la guerre, la guerre comme celle que vous venez de faire. Vous le répétez beaucoup; vous ne sauriez, nous ne saurions le trop répéter, car il faut que tout le monde ici, gouvernement, Chambres, public, ne l'oublie pas en ce moment. Nous avons trop dit et trop laissé dire, à chaque crise de succès, que le triomphe était définitif, la domination complète, la pacification assurée. Extirpons bien ces illusions; c'est le seul moyen d'obtenir les efforts nécessaires pour qu'elles deviennent des réalités.

« Je vois, par vos dernières dépêches, que votre principale attention se porte maintenant sur la frontière du Maroc, sur la position qu'Abd-el-Kader va probablement y reprendre et sur la conduite que nous y devons tenir. Vous avez bien raison. Abd-el-Kader errant et guerroyant sur le territoire de l'Algérie, ou Abd-el-Kader campé et aux aguets sur le territoire du Maroc, ce sont là les deux dangers avec lesquels tour à tour, tant qu'Abd-el-Kader vivra, nous aurons nous-mêmes à vivre et à lutter.

« Je ne compte pas plus que vous sur la sincérité de l'empereur du Maroc, ni sur son action décidée en notre faveur. Il partage peut-être réellement, et à coup sûr il est obligé, devant ses sujets, de paraître partager leur antipathie pour nous et leur sympathie pour l'émir; mais bien certainement il nous craint, et il craint Abd-el-Kader à cause de nous; il serait charmé de s'en délivrer en nous en délivrant. S'il ne le fait pas, c'est qu'il ne le peut pas ou ne l'ose pas. Je crois à son impuissance pour nous servir, non à sa volonté de servir

Abd-el-Kader. Il laissera ses sujets faire pour l'émir ce qu'il ne pourra pas empêcher ou ce qui ne le compromettra pas trop avec nous. Il fera pour nous ce qu'il croira indispensable pour ne pas se brouiller avec nous, et possible sans se brouiller avec son peuple. Vous voyez que je ne me fais, à cet égard, aucune illusion. Mais j'ajoute que ces déclarations, ces apparences ont en Afrique, en France, en Europe, une valeur réelle, et qu'il faut les conserver.

« En Afrique, les protestations d'amitié, les apparences de concours de l'empereur du Maroc ont certainement pour effet de gêner et de contenir un peu, sur son territoire, le mauvais vouloir de ses sujets, de décourager et d'intimider un peu, sur le nôtre, les Arabes. L'action morale d'Abd-el-Kader dans le Maroc et dans l'Algérie en est affaiblie, la nôtre fortifiée.

« En France, tenez pour certain que, si les Chambres nous voyaient brouillés avec le Maroc et engagés contre lui dans une guerre qui serait nécessairement illimitée quant à l'espace, au temps et à la dépense, elles tomberaient dans une inquiétude extrême, et ne nous soutiendraient pas dans cette nouvelle lutte; ou, ce qui serait pire, elles ne nous soutiendraient que très-mollement, très-insuffisamment, en blâmant et en résistant toujours. C'est déjà beaucoup que de les décider à porter le fardeau de l'Algérie ; vous savez, vous éprouvez, comme moi, tout ce qu'il faut prendre de peine, et pas toujours avec succès, pour faire comprendre les difficultés de notre établissement et obtenir les moyens d'y satisfaire. Nous avons toujours devant nous un parti anti-africain, qui compte des hommes considérables, influents, toujours disposés à faire ressortir les charges, les fautes, les malheurs, les périls de l'entreprise, et dont les dispositions rencontrent, au fond de bien des cœurs, un écho qui ne fait pas de bruit, mais qui est toujours là, prêt à répondre si quelque occasion se présente de lui parler un peu haut. Nous ne ferions pas accepter un nouveau fardeau, un nouvel avenir du même genre; et l'Algérie elle-même aurait beaucoup à souffrir du crédit qu'obtiendraient ses adversaires et du découragement où tomberaient beaucoup de ses partisans.

« En Europe, de graves complications ne tarderaient pas à naître. Vous le savez comme moi : c'est l'explosion soudaine, c'est la grandeur de la révolution de Juillet, de l'ébranlement qu'elle a causé, des craintes qu'elle a inspirées, qui ont fait d'abord oublier, puis accepter, par toutes les puissances, notre conquête de l'Algérie. Il est évident que nous ne pourrions compter aujourd'hui sur un second fait semblable, et que l'envahissement, la conquête totale ou partielle du Maroc, troubleraient profondément la politique européenne. Il est également évident qu'au bout et par l'inévitable entraînement d'un état de guerre réelle et prolongée entre nous et le Maroc, l'Europe verrait la conquête et se conduirait en conséquence.

« Partout donc, en Afrique, en France, en Europe,

et sous quelque aspect, intérieur ou extérieur, parlementaire ou diplomatique, que nous considérions la question, le bon sens nous conseille, nous prescrit de maintenir, entre nous et l'empereur du Maroc, la situation actuelle de paix générale, de bonne intelligence officielle, de semi-concert contre Abd-el-Kader ; nous devons donner soigneusement à toute notre conduite, à toutes nos opérations vers l'ouest de l'Algérie, ce caractère qu'elles sont uniquement dirigées contre l'émir, et n'ont d'autre but que de garantir la sécurité que l'empereur du Maroc nous doit, qu'il nous a formellement promise par le traité de Tanger, par le traité de Lalla-Maghrania, par ses engagements récents; sécurité que, s'il ne nous la donne pas, nous avons droit de prendre nous-mêmes, fallût-il, pour cela, entrer et guerroyer sur le territoire marocain.

« J'ai proclamé, à cet égard, notre droit. Tout le monde l'a reconnu, y compris l'empereur Abd-el-Rhaman. De quelle façon et dans quelles limites l'exercerons-nous pour atteindre notre but spécial de sécurité algérienne en maintenant, entre nous et le Maroc, la situation générale que je viens de caractériser ? Voilà la vraie question, la question de conduite que nous avons aujourd'hui à résoudre.

« Je comprends deux systèmes de conduite, deux essais de solution.

« Nous pouvons entreprendre de poursuivre Abd-el-Kader et sa déira sur le territoire marocain, partout où il se retirera, ne faisant la guerre qu'à lui, mais décidés à pousser ou à renouveler notre ou nos expéditions jusqu'à ce que nous l'ayons atteint et que nous ayons extirpé définitivement du Maroc ce fléau de l'Algérie, que l'empereur Abd-el-Rhaman doit et ne peut pas en extirper lui-même.

« Ce système a pour conséquences, les unes certaines, les autres si probables qu'on peut bien les appeler certaines :

« 1º De nous condamner à poursuivre, dans le Maroc, un but que nous avons, depuis bien des années, vainement poursuivi en Algérie, la destruction ou la saisie de la personne et de la déira d'Abd-el-Kader. Évidemment les difficultés et les charges seront beaucoup plus grandes, les chances de succès beaucoup moindres. Nous nous mettrons, avec beaucoup plus d'efforts, de dépenses et de périls, à la recherche d'Abd-el-Kader qui se retirera et se déplacera bien plus aisément devant nous. Là, comme ailleurs, le hasard seul peut nous le faire atteindre, et ce hasard est encore plus invraisemblable là qu'ailleurs.

« 2º De nous engager bientôt dans la guerre avec le peuple et l'empereur du Maroc, qui ne pourront souffrir nos expéditions continuelles et profondes sur leur territoire, et seront inévitablement poussés à faire cause commune avec l'émir.

« 3º De compromettre le repos intérieur, déjà fort troublé, du Maroc, et le trône déjà chancelant de l'empereur, et par conséquent de livrer tout le pays à une anarchie qui le livrera soit à Abd-el-Kader, soit à une multitude de chefs avec lesquels nous ne pourrons ni traiter, ni vivre ; ce qui nous contraindra fatalement à une guerre prolongée qui n'aura pour terme que la conquête ou l'abandon forcé de l'entreprise.

« 4° D'amener ainsi, en France et dans nos Chambres les embarras, en Europe et dans nos relations politiques les complications que j'indiquais tout à l'heure.

« Mon cher maréchal, cela n'est pas acceptable. L'enjeu, tout important qu'il est, ne vaut pas la partie.

« Voici le second plan de conduite.

« Ne pas nous proposer de poursuivre indéfiniment Abd-el-Kader et sa déira dans le Maroc, et de l'en extirper définitivement ; mais nous montrer et être en effet bien décidés à lui rendre, à lui et à sa déira, le séjour sur le territoire marocain, dans un voisinage assez large de notre frontière, tout à fait impossible : c'est-à-dire aller le chercher dans ces limites, l'en chasser quand il s'y trouvera, et châtier les tribus qui y résident, de telle sorte qu'elles ne puissent ou ne veuillent plus le recevoir, et qu'il soit, lui, contraint de se retirer plus loin, assez loin dans l'intérieur du Maroc, pour qu'il ne puisse plus aussi aisément, aussi promptement, se reporter sur notre territoire et y fomenter l'insurrection.

« Nous entretiendrions, à cet effet, dans la province d'Oran, assez de troupes et des troupes toujours assez disponibles pour faire, au besoin, sur le territoire marocain rapproché de notre frontière, parmi les tribus qui l'habitent et dans les limites qui seraient jugées nécessaires, une police prompte, efficace, et y empêcher tout établissement, toute résidence d'Abd-el-Kader et de sa déira. Nous rentrerions chez nous après l'avoir chassé de ces limites et avoir sévèrement châtié les tribus qui l'y auraient reçu ; nous détruirions ainsi, sinon notre ennemi lui-même, du moins tout asile, tout repaire pour lui près de nous, et nous créerions, entre lui et nous, un certain espace où il ne pourrait habiter, et qui deviendrait, pour nous, contre la facilité de ses entreprises futures, une certaine garantie.

« Ce second plan de conduite n'offre aucun des inconvénients du premier. Il ne nous condamne point à poursuivre indéfiniment un but qui nous échappe sans cesse et recule indéfiniment devant nous. Il ne nous engage point, avec l'empereur du Maroc et son peuple, dans une guerre générale. Il ne compromet pas le repos intérieur de cet empire et la sûreté de son gouvernement actuel que nous avons intérêt à conserver. Enfin, il ne peut donner naissance à aucune complication grave dans notre politique européenne, car s'il prouve notre ferme résolution de garantir la sécurité de nos possessions d'Afrique, il prouve en même temps notre sincère intention de ne pas les étendre par de nouvelles conquêtes.

« Ce plan a, je le reconnais, l'inconvénient de ne pas extirper définitivement le mal, et d'en laisser subsister le principe, plus loin de nous, mais encore à portée possible de nous et avec des chances de retour. C'est là une situation que, lorsqu'on est en présence de populations semi-barbares et de gouvernements irréguliers et impuissants, on est souvent contraint d'accepter. Il n'y a pas moyen d'établir, avec de tels gouvernements et de tels peuples, même après leur avoir donné les plus rudes leçons, des relations sûres, des garanties efficaces. Il faut, ou pousser contre eux la guerre à fond, jusqu'à la conquête et l'incorporation complète, ou se résigner aux embarras, aux incidents, aux luttes que doit entraîner un tel voisinage, en se mettant en mesure de les surmonter ou d'en repousser plus loin la source qu'on ne peut tarir. C'est entre ces deux partis que nous sommes obligés d'opter.

« Après y avoir bien réfléchi, après avoir bien pesé le pour et le contre de ces diverses conduites, le Roi et le conseil, mon cher maréchal, ont adopté la seconde comme la plus conforme, tout bien considéré et compensé, à l'intérêt de notre pays. Le ministre de la guerre vous a envoyé, ces jours derniers, des instructions qui en sont la conséquence. J'ai voulu vous en dire le vrai caractère et les motifs. Il y aura, je n'en doute pas, dans ce système, des inconvénients et des difficultés graves, de l'imprévu et de l'incomplet fâcheux. Cela arrive dans tout système. Vous saurez, j'en suis sûr, dans l'exécution de celui-ci, en corriger, autant qu'il se pourra, les défauts, et le rendre efficace en vous contenant dans ses limites. »

Je ne fus point trompé dans mon attente ; le maréchal Bugeaud sentit le poids de nos raisons et de notre volonté. Plus résigné que convaincu, mais sincèrement résigné, il me répondit le 30 avril : « Ce que vous me dites de la conduite que nous devons tenir envers le Maroc me paraît d'une grande justesse, me plaçant à votre point de vue, et c'est là qu'il faut se placer. Sous un gouvernement absolu, et en ne considérant que la question militaire et le succès de notre entreprise en Afrique, je raisonnerais autrement. Mais vous avez dû voir, dans mes dépêches et dans les instructions que je viens de donner à MM. de Lamoricière et Cavaignac, que j'entrais entièrement dans votre politique. Ainsi, n'ayez aucune inquiétude à cet égard ; il sera fait comme vous l'entendez, et je vais encore me servir de vos propres expressions pour en bien pénétrer les généraux qui sont à la frontière. »

Contraint ainsi de renoncer, quant à la guerre, à son plan favori, le maréchal Bugeaud chercha, dans la seconde des idées qu'il avait fortement à cœur, dans son plan de colonisation militaire, une compensation à ses déplaisirs. Au printemps de 1846, après les succès de sa campagne contre la grande insurrection de 1845, il reprit un moment le projet de retraite qu'il avait aussi conçu un moment en 1844, après sa victoire sur le Maroc. Des articles de journaux l'avaient replongé dans un accès de colère et de tristesse : « Je sais, m'écrivait-il [1], que vous voulez me défendre à la tribune et que vous me défendrez bien ; mais votre éloquence

---

[1] Les 11 et 30 avril 1846.

effacera-t-elle le mal qui se fait et se fera tous les jours ? Croyez-vous qu'on puisse rester, à de telles conditions, au poste pénible et inextricable où je suis ? Mon temps est fini, cela est évident ; l'œuvre étant devenue quelque chose, tout le monde s'en empare ; chacun veut y mettre sa pierre, bien ou mal. Je ne puis m'opposer à ce torrent, et je ne veux pas le suivre. Je m'éloigne donc de la rive. J'ai déjà fait la lettre par laquelle je prie M. le ministre de la guerre de soumettre au gouvernement du Roi la demande que je fais d'un successeur. Je fonde ma demande sur ma santé et mon âge qui ne me permettent plus de supporter un tel fardeau, et sur mes affaires de famille ; mais, entre nous, je vous le dis, ma grande raison, c'est que je ne veux pas être l'artisan des idées fausses qui règnent très-généralement sur les grandes questions d'Afrique ; je ne redoute ni les grands travaux de la guerre, ni ceux de l'administration ; mes soldats et les administrateurs de l'Algérie le savent très-bien ; mais je redoute l'opinion publique égarée. Je suis toujours plein de reconnaissance de la grande mission qui m'a été confiée ; je n'ai pas oublié que c'est à vous, en très-grande partie, que je la dois, et je ne l'oublierai jamais, quoi qu'il arrive. Je sais aussi que c'est à vous que je dois d'avoir été bien aidé dans cette rude tâche. Vous pouvez donc compter sur mon attachement reconnaissant, comme je compte sur votre haute estime. Je vous demande aujourd'hui une faveur ; c'est de me faire accorder un congé définitif pour les premiers jours de juillet, en me laissant la faculté de remettre l'*intérim* à M. le général de Lamoricière, comme aussi de prolonger mon séjour pendant quelques semaines si je me trouvais en présence de circonstances très-graves. Dans trois mois, je serai soustrait à cet enfer. »

Je me refusai à son prétendu désir; je le défendis énergiquement à la tribune; un incident ministériel le remit en confiance; fatigué et souffrant, le maréchal Soult avait quitté l'administration active, conservant encore pour quelque temps un siége dans le cabinet et le titre de président du conseil; le général Moline Saint-Yon l'avait remplacé dans le département de la guerre; le maréchal Bugeaud, loin de redouter sa malveillance, était en bons rapports avec lui et se louait de ses procédés. Il vint passer en France quelques semaines, et, rentré à Alger en octobre 1846, il porta sur son plan de colonisation militaire tous ses efforts. En même temps que, dans sa correspondance officielle ou particulière, il insistait sans relâche sur ce point, il écrivait des brochures pour démontrer aux Chambres et au public, les mérites de son système, et réfuter les objections qui s'élevaient de toutes parts. Nous lui avions promis de demander aux Chambres les fonds nécessaires pour en faire un sérieux essai; il lui revint que la question, reproduite dans le conseil, avait de nouveau été ajournée; il écrivit au Roi [1] :

---

[1] Le 30 décembre 1846.

« Sire,

« Lorsque, au mois de septembre dernier, j'eus l'honneur insigne d'entretenir Votre Majesté de l'importance de la colonisation militaire pour la consolidation de notre conquête, vous parûtes partager mon opinion, comme vous l'aviez déjà fait l'année précédente, dans un conseil où je fus appelé. Votre Majesté m'engagea à en parler à M. Guizot, pour tâcher d'obtenir de ce ministre, avant mon départ, un engagement formel de poser la question devant les Chambres, dès l'ouverture de la prochaine session, par la demande d'un crédit d'essai. Cet engagement a été pris par M. Guizot, en ce qui le concerne, car il ne pouvait s'engager pour ses collègues. J'étais donc autorisé à compter sur le succès puisque j'avais l'assentiment du Roi et d'un ministre qui exerce, à juste titre, une haute influence dans le conseil. Cependant on m'apprend qu'après une haute délibération, la question a été ajournée. Est-ce une fin de non-recevoir ou bien seulement de la tactique parlementaire ? J'ai demandé des explications sur ce point à M. le ministre des affaires étrangères. Si c'est une fin de non-recevoir, Votre Majesté voudra bien se rappeler les paroles que j'eus l'honneur de lui adresser lorsqu'elle insistait pour mon retour en Afrique ; ces paroles, les voici : — Sire, j'obéis ; mais je supplie Votre Majesté de faire que j'aie quelque chose de grand, de décisif à exécuter en colonisation. Après avoir fait les grandes choses qui ont résolu les deux premières questions, la conquête du pays et l'organisation du gouvernement des Arabes, je ne voudrais pas m'user dans les misères d'un peuplement impuissant qui, ne pouvant satisfaire en aucun point les impatiences publiques, me ferait chaque jour assaillir par des critiques et même des outrages. Je viens d'adresser à M. Guizot un Mémoire sur la colonisation en général. Je supplie Votre Majesté de vouloir bien en agréer une copie. Si ce travail ne me rallie pas la majorité du conseil, il ne me restera plus qu'à faire des vœux pour qu'on trouve de meilleurs moyens d'assurer l'avenir de l'Algérie.

« Je suis, etc., etc.

« Maréchal DUC D'ISLY. »

Nous n'avions nul dessein d'ajourner la promesse que nous avions faite au maréchal, et au moment où il la réclama, nous nous disposions à l'acquitter. Quand la session se rouvrit, le 11 janvier 1847, le Roi dit aux Chambres dans son discours : « Vous aurez aussi à vous occuper de mesures propres à seconder, dans nos possessions d'Afrique, le progrès de la colonisation et de la prospérité intérieure. La tranquillité, si heureusement rétablie dans l'Algérie par la valeur et le dévouement de notre armée, permet d'examiner mûrement cette importante question, sur laquelle un projet de loi spécial vous sera présenté. » Le 19 février suivant, j'écrivis au maréchal Bugeaud : « Les deux projets de loi sur l'Algérie, l'un de crédits supplémentaires ordinaires, l'autre d'un crédit extraordinaire de trois millions pour des essais de colonisation militaire, seront présentés sous peu de jours. Votre présence à la Chambre pendant la discussion sera indispensable. Le ministre de la guerre vous a envoyé l'ordre de venir à ce moment. Je vous répète, mon cher maréchal, que c'est indispensable et que j'y compte. La question sera posée solennellement, par un projet de loi spécial annoncé dans le discours de la couronne. Il faut que la discussion soit complète, et elle ne peut pas être complète sans vous. Nous soutiendrons, je soutiendrai très-fermement le projet de loi ; mais il y a une foule de points que vous seul pouvez éclaircir, une foule de questions auxquelles vous seul pouvez répondre. Je l'ai dit avant-hier à ce jeune officier que vous m'aviez présenté, M. Fabas, et qui me paraît fort intelligent. Il va écrire une brochure dont je lui ai indiqué les bases. Je vous attends donc vers le milieu de mars, au plus tard. Je suppose que le débat viendra du 15 au 30 mars. »

Le projet de loi fut, en effet, présenté le 27 février. L'exposé des motifs commençait par rappeler les divers essais et les divers modes de colonisation tentés en Algérie, surtout depuis le gouvernement du maréchal Bugeaud. Il énumérait les résultats déjà obtenus, plus importants qu'on ne le croyait en général, quoique bien insuffisants et encore bien loin du but : « En résumé, disait le ministre de la guerre, vingt-sept centres nouveaux de colonisation ont été fondés dans la province d'Alger depuis la conquête : six villes anciennes ont été reconstruites, sans compter celle d'Alger, qui est devenue une ville européenne de premier ordre, et une population d'environ 73,000 âmes s'est constituée dans cette province. Huit centres nouveaux ont été créés dans la province d'Oran ; trois villes y ont été relevées, indépendamment de celle d'Oran, et une population européenne de plus de 22,000 âmes s'y est fixée. Dans la province de Constantine, huit centres nouveaux ont été fondés ; trois villes anciennes y ont été rebâties, et une population européenne de près de 12,000 âmes s'y est établie..... Mais jusqu'à ce que la consécration du temps ait plus universellement établi notre domination en Algérie, jusqu'à ce qu'une population européenne compacte ait couvert toute la surface du sol disponible, il est d'un haut intérêt pour la sécurité des personnes et des propriétés, cette première condition de tout progrès colonial, de fonder au cœur du pays, sur les limites des territoires occupés, en présence d'un peuple fanatique, admirablement constitué pour la guerre et toujours accessible aux idées de rébellion, de quelque part qu'elles viennent, il est, dis-je, d'un haut intérêt de fonder une colonisation plus forte, plus défensive que la colonisation libre et civile, en un mot, une colonisation *armée*. Cette colonisation d'avant-garde, qui doit former en quelque sorte le bouclier des établissements fondés derrière elle, qui doit se servir du fusil comme de la bêche, qui doit être toujours prête à se défendre elle-même et à protéger ses voisins, ce serait en vain qu'on en chercherait les éléments dans une population étrangère au métier des armes; ceux-là seuls qui ont su opérer la conquête peuvent entreprendre efficacement cette œuvre militaire qui n'en est que la continuation, parce que seuls ils sont à même de fournir un choix d'hommes jeunes, vigoureux, acclimatés, aguerris, énergiques, capables enfin de tenir constamment les Arabes en respect et de leur faire comprendre que nous voulons décidément rester les maîtres du pays.

« Dans le but d'encourager, au moyen de cette protection puissante, l'envahissement plus rapide du sol par les exploitations européennes jusqu'ici timidement concentrées sur quelques parties du littoral, comme aussi pour donner un témoignage de satisfaction à l'armée d'Afrique qui, en toute circonstance, a si bien mérité de la France par la continuité, l'éclat et le désintéressement de ses services, le Roi, mû par une pensée analogue à celle qui avait dirigé Napoléon lorsqu'en 1808, il décréta les camps de Juliers et d'Alexandrie, nous a chargés de vous présenter un projet de loi ayant pour objet d'obtenir un crédit extraordinaire, spécialement destiné à fonder en Algérie des camps agricoles qui comprendraient mille soldats. »

Le projet exposait ensuite avec détail l'organisation de ces camps agricoles et tout le régime de cette colonisation militaire appelée à se transformer, par degrés, en colonisation civile et définitive. La plupart de ces dispositions étaient empruntées aux idées et aux brochures du maréchal Bugeaud.

Quand ce projet de loi arriva à Alger, il trouva le maréchal atteint d'un rhume violent et presque alité à la suite de courses rapides et répétées par une saison rigoureuse : « Je viens de me faire lire l'exposé des motifs, m'écrivit-il [1] ; si je ne comptais que sur cet exposé, le projet me paraîtrait bien malade ; je n'ai rien vu de plus pâle, de plus timide, de plus incolore que ce discours du ministre de la guerre ; on y a mêlé l'historique incomplet de la colonisation, le système du général Lamoricière, celui du général Bedeau ; enfin, le mien arrive comme accessoire. On ne l'appuie par aucune des grandes considérations ; on lui donne la plus petite portée possible ; on l'excuse bien plus qu'on ne le recommande et qu'on n'en démontre l'utilité. Je compte infiniment peu sur la parole du ministre de la guerre ; mais je compte infiniment sur la vôtre. C'est maintenant l'œuvre du ministère ; vous ne voudrez pas lui faire éprouver un échec. Pour mon compte, je n'y attache qu'un intérêt patriotique ; mon intérêt personnel s'accommoderait fort bien de l'insuccès. Je suis déjà un peu vieux pour la rude besogne d'Afrique, et vous savez que, si je tiens à conserver le gouvernement après avoir résolu les questions de guerre et de domination des Arabes, c'est uniquement pour faire entrer le pays, avant de me retirer, dans une voie de colonisation qui puisse perpétuer notre conquête et délivrer la France du grand

---

[1] Le 9 mars 1847.

fardeau qu'elle supporte. Il y a de l'amélioration dans ma santé; j'espère que je pourrai partir le 14. »

Quelques jours plus tard, le 15 mars, il me récrivit : « C'est encore de mon lit de douleur que je vous écris. Ayant besoin de guérir vite, j'ai supplié le docteur de m'appliquer les remèdes les plus énergiques pour dissiper ma violente maladie de poitrine; les pommades révulsives, les vésicatoires, les purgations, les compresses camphrées, l'eau sédative, rien n'a été négligé; on m'a martyrisé; ma poitrine n'est qu'une plaie, et cependant il n'y a pas d'amélioration dans mon état intérieur. Je commence à craindre sérieusement de n'être pas en état de me rendre à Paris avant la fin du mois, et dès lors, qu'irais-je y faire ? Les partis seront pris ; la commission aura fait son rapport ; s'il est favorable, la chose ira probablement bien ; s'il ne l'était pas, ce ne serait pas moi qui ferais changer le résultat. »

Un *post-scriptum* ajouté à cette lettre portait : « J'apprends, par une lettre particulière, les noms des commissaires de sept bureaux de la Chambre pour les crédits d'Afrique. Je crois la majorité d'entre eux très-peu favorable. Le gouvernement, qui est si fort dans tous les bureaux, n'a donc pas cherché à faire prévaloir les candidats de son choix. Tout ceci est d'un bien mauvais augure. »

Les informations du maréchal ne le trompaient pas ; la commission élue dans la Chambre des députés pour examiner le projet de loi fut presque unanimement contraire; elle choisit pour son président M. Dufaure qui, dans la session précédente, s'était hautement prononcé contre la colonisation militaire. Indépendamment des objections spéciales qu'on adressait au plan du maréchal Bugeaud, c'était l'instinct général de la Chambre qu'il y avait là une prétention démesurée à se passer du temps pour l'une de ces œuvres dans lesquelles le temps est l'allié nécessaire des hommes. Il fut bientôt évident que le projet de loi ne serait pas adopté. Nous n'en avions pas fait une question de cabinet; quelque importante que fût l'affaire, notre politique générale n'y était nullement engagée; c'était une de ces occasions dans lesquelles un gouvernement sensé doit laisser à son propre parti une assez grande latitude, et si nous avions agi autrement, nos plus fidèles amis se seraient justement récriés. Le maréchal Bugeaud luimême pressentait le résultat de cette situation, et prenait d'avance des précautions pour ne pas s'engager, de sa personne, dans la lutte parlementaire; il ne vint point à Paris et m'écrivit [1] : « M. le ministre de la guerre a sans doute déjà fait connaître au conseil ma détermination de me retirer devant l'accueil que la Chambre a fait au projet de loi sur les colonies militaires. Je suis sûr qu'*in petto* vous approuverez ma résolution. De même que vous ne voudriez pas, en gouvernement, défendre des idées qui ne seraient pas les vôtres, vous penserez que je ne dois pas plus vouloir appliquer en

[1] Les 21 mars et 28 mai 1847.

Afrique des systèmes de colonisation et de gouvernement qui répugnent à ma raison pratique, et partant à mon patriotisme. L'état de ma santé ne me permet pas de me rendre à Paris comme j'en avais le projet ; je fais des remèdes qui exigent que je sois chez moi tranquille ; puis, je dois aller aux eaux. Toutefois, ma forte constitution me laisse l'espoir de me rétablir dans le courant de l'année. »

En présence de cette résolution du maréchal, le projet de loi cessait d'être, pour le cabinet, une question embarrassante ; c'était à lui que nous avions accordé cette tentative ; sans lui, et dans la perspective de sa retraite, le débat n'était pas sérieux. M. de Tocqueville fit, le 2 juin, au nom de la commission, un rapport dans lequel, après avoir discuté les divers plans de colonisation, et en particulier celui des camps agricoles, il conclut au rejet du crédit demandé pour en faire l'essai. Huit jours après la lecture de ce rapport, le gouvernement retira le projet de loi.

La retraite du maréchal Bugeaud avait précédé celle-là. En la regrettant vivement, j'en trouvais le motif sérieux et légitime. Après avoir accompli une grande œuvre, la domination de la France en Algérie, le maréchal avait conçu une grande idée, le prompt établissement en Algérie d'un peuple de soldats français. C'était vouloir trop et trop vite, et vouloir ce que repoussait la conviction, également sincère, des chambres. Devant ce conflit, le maréchal Bugeaud ne pouvait que se retirer, et il se retirait dignement, car il emportait dans sa retraite la gloire de sa vie et l'indépendance de sa pensée. Mais pour le gouvernement du Roi, une grande question s'élevait alors, et qui ne pouvait être ajournée : quel successeur dans le gouvernement de l'Algérie fallait-il donner au maréchal Bugeaud? Autour de lui, les lieutenants éminents ne manquaient pas; le général Changarnier, le général Lamoricière, le général Bedeau, le général Cavaignac avaient fait leurs preuves d'habileté comme de bravoure. Pourtant aucun d'eux n'avait encore été en mesure d'acquérir cette notoriété universelle et cette prépondérance incontestée qui confèrent, en quelque sorte de droit naturel et public, le commandement supérieur. L'état des affaires en Afrique ne demandait plus d'ailleurs que le pouvoir eût un caractère essentiellement militaire; le maréchal Bugeaud avait réellement accompli l'œuvre de la conquête; Abd-el-Kader errait encore çà et là, cherchant partout les occasions et les moyens de continuer la lutte; mais la domination française prévalait irrésistiblement; une puissante autorité morale s'attachait, dans toute l'ancienne Régence et tout à l'entour, au nom et aux armes de la France, la Grande-Kabylie seule conservait encore une indépendance qu'il était réservé à M. le maréchal Randon de dompter. Le jour était venu où le gouvernement de l'Algérie pouvait être politique et civil en même temps que guerrier. M. le duc d'Aumale était plus propre que personne à lui donner ce double caractère : il avait pris part avec distinction, quelquefois avec éclat, à quelques-unes des campagnes les plus actives; il était aimé autant qu'estimé dans l'armée; son nom et son rang avaient, sur les Arabes, un sérieux prestige; ils se rangeaient sous la main du fils du sultan de France, plus aisément que sous l'épée d'un général vainqueur. Depuis quelque temps déjà, il avait été plus d'une fois question de lui pour le grand poste que la retraite du maréchal Bugeaud laissait vacant : le 17 juillet 1843, en annonçant au maréchal Bugeaud que le Roi se disposait à lui donner le bâton de maréchal, le maréchal Soult lui écrivait : « M. le duc d'Aumale ne pourrait consentir à exercer l'*interim* du gouvernement de l'Algérie; mais Son Altesse Royale ne renonce point, pour l'avenir, à en devenir titulaire. Jusque-là, son désir serait d'aller commander, au mois d'octobre prochain, la province de Constantine, et d'y servir sous vos ordres. » Quelques mois plus tard[1], le maréchal Bugeaud écrivait à M. Blanqui : « Je désire qu'un prince me remplace ici; non pas dans l'intérêt de la monarchie constitutionnelle, mais dans celui de la question; on lui accordera ce qu'on me refuserait. Le duc d'Aumale est et sera davantage chaque jour un homme capable. Je lui laisserai, j'espère, une besogne en bon train; mais il y aura longtemps beaucoup à faire encore; c'est une œuvre de géants et de siècles. » L'année suivante enfin, le maréchal Bugeaud m'écrivit à moi-même : « Quant

[1] Le 23 octobre 1843.

au gouvernement du duc d'Aumale, je n'y vois d'inconvénient que pour la monarchie qui prendra une responsabilité de plus. Le jeune prince est capable, et il va vite en expérience. Je pense que, dès le début, il administrera bien et deviendra un militaire très-distingué; sur ce point, il ne lui faut qu'un peu plus d'expérience et de méditation. »

On a dit souvent que le roi Louis-Philippe avait imposé son fils au cabinet et à l'Algérie, uniquement par faveur et dans un intérêt de famille; rien n'est plus faux ; le Roi désirait sans doute que les princes ses fils affermissent sa race en l'honorant ; mais il n'a jamais eu, à ce sujet, ni exigence, ni impatience, et il n'a mis ses fils en avant que lorsqu'il les a jugés capables de bien servir le pays. Pour M. le duc d'Aumale en particulier, le Roi a attendu que le temps et les faits appelassent naturellement le prince au poste qu'il lui désirait; l'occasion ne pouvait être plus favorable ; c'était uniquement à cause du désaccord entre ses idées et celles des Chambres et par un acte de sa propre volonté que le maréchal Bugeaud se retirait ; le choix du duc d'Aumale pour lui succéder fut décidé uniquement par des motifs puisés dans l'intérêt de la France comme de l'Algérie, et de l'administration civile comme de l'armée; le cabinet en fut d'avis autant que le Roi; et quand, le 11 septembre 1847, ce prince reçut la charge de gouverneur général de nos possessions d'Afrique, il y fut appelé comme le successeur le plus naturel du maréchal Bugeaud, et comme celui qu'accepteraient le plus volontiers les hommes éminents qui auraient pu prétendre au pouvoir dont il fut revêtu, comme les soldats et les peuples sur qui ce pouvoir devait s'exercer.

CHAPITRE XLII

LES MUSULMANS A PARIS.—LA TURQUIE ET LA GRÈCE.
(1842-1847).

Chefs musulmans à Paris, de 1845 à 1847. — Ben-Achache, ambassadeur du Maroc. — Ahmed-Pacha, bey de Tunis. — Ibrahim-Pacha, fils du vice-roi d'Egypte Méhémet-Ali. — Mirza-Mohammed-Ali-Khan, ambassadeur de Perse.—Réchid-Pacha, grand vizir. — Stérilité des tentatives de réforme de l'Empire ottoman. — Il ne faut pas se payer d'apparences.— Affaires de Syrie. — Progrès dans la condition des chrétiens de Syrie, de 1845 à 1848. — Affaire du consulat de France à Jérusalem en 1843. — Question des renégats en Turquie. — De la situation de l'Empire ottoman en Europe.—Affaires de Grèce. — M. Colettis et M. Piscatory. — M. Piscatory et sir Edmond Lyons. — Le roi Othon. — Mes instructions à M. Piscatory. — Révolution d'Athènes (15 septembre 1843). — Opinion de M. Colettis. — Assemblée nationale en Grèce. — Établissement du régime constitutionnel. — Sentiments des cabinets de Londres, de Pétersbourg et de Vienne. — Arrivée de M. Colettis en Grèce. — Ministère Maurocordato. — Sa chute. — Ministère Colettis et Metaxa. — M. Metaxa se retire. — Ministère Colettis. — Hostilité de sir Edmond Lyons. — Ma correspondance avec M. Colettis. — Attitude de sir Edmond Lyons envers M. Piscatory. — Instructions de lord Aberdeen. — Chute du cabinet de sir Robert Peel et de lord Aberdeen. — Lord Palmerston rentre aux affaires en Angleterre. — Son attitude envers la Grèce et le ministère de M. Colettis. — Fermeté de M. Colettis. — Troubles intérieurs en Grèce. — M. Colettis les réprime. — Querelle entre les cours d'Athènes et de Constantinople. — Maladie et mort de M. Colettis.

De 1845 à 1847, j'ai vu arriver à Paris les représentants de toutes les grandes puissances musulmanes d'Europe, d'Afrique et d'Asie : Sidi-Mohammed-ben-Achache, ambassadeur de l'empereur du Maroc; Ibrahim-Pacha, fils aîné et héritier du vice-roi d'Égypte, Méhémet-Ali; Ahmed-Pacha, bey de Tunis; Mirza Mohammed-Ali-Khan, ambassadeur du schah de Perse. A la même époque, le réformateur de la Turquie, Réchid-Pacha, était ambassadeur de la Porte en France, et quittait son poste pour aller reprendre, à Constantinople, d'abord celui de ministre des affaires étrangères, puis celui de grand vizir. J'ai traité, non-seulement de loin et par correspondance, mais de près et par conversation avec ces chefs musulmans qui, par leur présence presque simultanée, rendaient tous hommage à la politique comme à la puissance française, et venaient rechercher, avec le gouvernement du roi Louis-Philippe, des liens plus étroits. J'ai trouvé en eux des hommes très-divers, placés à des degrés inégaux de civilisation et de lumières, et souvent animés de desseins contraires. Mes rapports avec eux tous ont abouti à me donner, du monde musulman en contact avec le monde chrétien, la même idée et à me faire pressentir le même avenir. Il n'y a rien de sérieux à espérer du monde musulman, ni pour sa propre réforme, ni pour les chrétiens que le malheur des événements a placés sous ses lois.

Le Marocain Sidi-Mohammed-ben-Achache était un jeune Arabe d'une figure charmante, grave, modeste et douce, de manières élégantes et tranquilles, attentif à se montrer scrupuleusement attaché à sa foi, respectueux avec dignité et plus préoccupé de se faire respecter et bien venir, lui et le souverain qu'il représentait, que d'atteindre un but politique déterminé. Sa personne et son air rappelaient ces derniers Maures Abencerrages de Grenade dont sa famille perpétuait à Tétuan, où elle s'était établie en quittant l'Espagne, la grande existence et les souvenirs. Il était envoyé à Paris pour faire, entre la France et le Maroc, acte de bons rapports et pour donner au traité du 10 septembre 1844 tout l'éclat de la paix, plutôt que pour conclure avec nous aucun arrangement spécial et efficace.

Le bey de Tunis, Ahmed-Pacha, se conduisit, pendant tout son séjour en France, en politique intelligent et adroit, sans vraie ni rare distinction, mais avec un aplomb remarquable, soigneux de conserver une attitude de prince souverain en faisant sa cour à un puissant voisin de qui il attendait sa sûreté. Il ne cessait de se répandre en admiration et en flatterie sur la civilisation chrétienne et française, tout en restant musulman de mœurs et de goûts, quoique sans zèle. Peu avant de venir en France, il avait, pour plaire aux philanthropes chrétiens, décrété dans sa régence l'abolition de l'esclavage des noirs. A Paris, à Lyon, à Marseille, partout où il s'arrêtait, il faisait aux établissements charitables d'abondantes largesses. Il s'empressait à promettre des réformes qui ne lui inspiraient ni goût, ni confiance, et il croyait pouvoir toujours payer, avec des compliments et des présents, les services dont il avait besoin.

Ibrahim-Pacha était un soldat vaillant avec prudence, plus rusé que fin, et sensé avec des sentiments et des habitudes vulgaires. La haute fortune, la société intime et la forte discipline de son père avaient fait de lui ce qu'un homme supérieur peut faire d'un homme médiocre; il savait comprendre et servir un dessein, commander des troupes, administrer des domaines; mais il était étranger à toute vue élevée, à toute initiative originale et hardie, plus avide qu'ambitieux, avare jusqu'à la parcimonie, préoccupé surtout, comme il le disait lui-même, du désir de devenir le prince le plus riche du monde, sans souci et sans don de plaire, et capable de cruauté comme de servilité dans l'exercice d'une autorité qu'il eût été incapable de fonder. Il subissait avec terreur l'ascendant de son père : lorsque, en 1844, Méhémet-Ali, dans un accès de colère qui touchait à la folie, quitta tout à coup Alexandrie pour se rendre au Caire, en menaçant d'un châtiment exemplaire tous ceux qu'il laissait derrière lui, « j'ai vu, m'écrivait naguère le marquis de Lavalette qui était alors consul général de France en Égypte, j'ai vu Ibrahim-Pacha, qui ne se sentait plus la tête sur les épaules, verser des larmes d'effroi : — C'est à moi, me disait-il, que mon père paraît en vouloir plus qu'à d'autres; pourtant, que peut-il me reprocher? Ne lui ai-je pas obéi toute ma vie? Quand je commandais ses armées, quel que fût l'état de ma santé, je n'ai jamais pris un congé de vingt-quatre heures sans l'avoir obtenu de lui; je me suis fait bourreau pour lui plaire; —

et il me raconta que, plusieurs années auparavant, son père avait pour intendant de ses finances un certain Copte dont lui, Ibrahim, lui avait souvent signalé la corruption sans que Méhémet-Ali, qui se méfiait de tous les deux, voulût en croire les dires de son fils. Un jour, Ibrahim, qui commandait le camp de Kouka aux environs du Caire, vit entrer dans sa tente le Copte porteur d'un billet cacheté du grand pacha. Ibrahim ouvrit le billet, le lut, le relut, prit un pistolet placé près de lui et brûla la cervelle au malheureux financier. Le billet portait : « Tue-moi ce chien de ta propre main. » Tant de docilité ne donnait pas au vice-roi plus de confiance ou de complaisance pour son fils. Ibrahim malade eut quelque peine à obtenir de son père la permission de se rendre en France, aux eaux thermales du Vernet, que lui conseillait le docteur Lallemand, son médecin. Il y vint enfin, sans aucun but politique, et, après trois mois de séjour au Vernet, il parcourut la France et passa six semaines à Paris, en observateur froidement curieux, plus préoccupé de sa santé et de ses grossiers plaisirs que de son avenir. « Mon fils le séraskier est plus vieux que moi, » disait Méhémet-Ali, et le père survécut en effet à son fils, en même temps qu'à sa propre raison. L'établissement héréditaire de sa famille en Égypte, et l'Égypte ouverte, comme un beau et fertile champ, aux travaux et aux rivalités de l'Europe, le génie et la gloire de Méhémet-Ali ont fait cela, mais rien de plus.

L'ambassadeur persan, Mirza Mohammed Ali-Khan,

était un courtisan insignifiant, envoyé en France par le schah son maître, plutôt par vanité que par dessein sérieux, peut-être pour satisfaire à quelque intrigue ou à quelque rivalité de la cour de Téhéran. Sa présence à Paris et sa conversation ne firent que me confirmer dans l'idée que j'avais déjà de l'état de décadence et d'anarchie stérile dans lequel la Perse était depuis longtemps tombée.

Il manquait à Réchid-Pacha l'une des qualités les plus nécessaires au succès de l'œuvre qu'il tentait dans son pays ; il était trop peu Turc lui-même pour être, en Turquie, un puissant réformateur. Quand Pierre le Grand entreprit de lancer la Russie dans la civilisation européenne, il était et resta profondément russe ; novateur ambitieux et audacieux, il voulait grandir rapidement sa nation, mais il lui était semblable et sympathique par les mœurs, les passions, les traditions, les rudes et barbares pratiques de la vie. Le sultan Mahmoud II était aussi Turc que les janissaires qu'il détruisait, et ses efforts avaient pour but de rétablir partout son pouvoir bien plus que de réformer l'état social et le gouvernement de ses peuples. Élevé dès sa jeunesse et engagé toute sa vie dans les relations de la Turquie avec l'Europe, Réchid-Pacha devint surtout un diplomate européen : observateur plus fin que profond et politique adroit sans courage, il avait l'esprit frappé des périls que faisaient courir à sa patrie les entreprises et les luttes des grandes puissances européennes ; il s'adonna au désir et à l'espoir de faire pénétrer dans l'empire ottoman quelques-unes des conditions et des règles de la civilisation européenne : non que, dans le fond de son cœur, il l'admirât et l'aimât mieux que les mœurs et les traditions musulmanes : « Il aimait sincèrement son pays et son maître, m'écrivait naguère le comte de Bourqueney qui l'a bien observé et connu pendant son ambassade à Constantinople ; cet amour avait même quelque chose de ce que nous appelons le patriotisme ; il ne concevait pas la vie sans le Bosphore, le harem et le pillau ; » mais il voyait, dans une certaine assimilation du gouvernement turc aux gouvernements européens, le seul moyen de conserver, à son pays et à son maître, dans la politique européenne, leur place et leur poids. Satisfaire l'Europe en Turquie pour maintenir la Turquie en Europe, ce fut là son idée dominante et constante. Pour réussir dans cette difficile entreprise, il avait à lutter d'une part contre les intrigues et les rivalités du sérail, de l'autre, contre les instincts, les traditions, les préjugés et les passions fanatiques de son pays. Habile dans l'intérieur du sérail, aussi fin courtisan qu'intelligent diplomate, il réussit souvent à prendre, garder et reprendre le pouvoir auprès du sultan ; mais quand il fallait agir sur la vieille nation turque et l'entraîner à sa suite, il manquait de vigueur et d'autorité ; ni guerrier, ni fanatique, plus humain qu'il n'appartenait à sa race et craintif jusqu'à la pusillanimité, sa personne n'accréditait et ne soutenait pas ses réformes ; il jetait au vent des semences étrangères sans posséder ni cultiver fortement lui-même le sol où elles devaient prendre racine et croître.

C'est, dans la vie publique, une tentation trop souvent acceptée que de payer le public et de se payer soi-mêmes d'apparences. Peu d'hommes prennent assez au sérieux ce qu'ils font et eux-mêmes pour avoir à cœur d'être vraiment efficaces et d'avancer réellement vers le but qu'ils poursuivent. Quand Réchid-Pacha avait publié en Turquie et dans toute l'Europe les réformes écrites dans le hatti-schériff de Gulhané [1], il était satisfait de lui-même et pensait que l'Europe aussi devait être satisfaite. Quand les diplomates européens à Constantinople avaient obtenu dans l'administration turque quelques progrès et en faveur des chrétiens d'Orient quelques concessions, ils croyaient avoir beaucoup fait pour l'affermissement de l'empire ottoman et pour la paix entre les musulmans et les chrétiens réunis sous ses lois. Mensonge ou illusion des deux parts : ni le réformateur turc, ni les diplomates européens ne se rendaient un compte assez sévère des problèmes qu'ils avaient à résoudre et n'étaient assez exigeants avec eux-mêmes ; s'ils avaient sondé à fond les difficultés de leurs entreprises et pesé exactement ce qu'ils appelaient leurs succès, ils auraient bientôt reconnu l'immense insuffisance de leurs œuvres. Il ne faut pas leur reprocher avec trop de rigueur leur vaine confiance ; l'homme a grand'peine à croire qu'il fait si peu quand

---

[1] Du 3 novembre 1839.

il promet tant, et quand il a quelquefois tant de peine à prendre pour le peu qu'il fait. Mais ceux-là seuls sont de vrais acteurs politiques et méritent l'attention de l'histoire qui, soit avant d'entreprendre, soit lorsqu'ils agissent, pénètrent au delà de la surface des choses, ne prennent pas des apparences fugitives pour des résultats effectifs, et poursuivent fortement dans l'exécution le sérieux accomplissement de leurs desseins.

Plus j'ai causé et traité avec ces politiques musulmans, les plus considérables et les plus éclairés de leurs pays divers, plus j'ai été frappé du vide et de l'impuissance qu'ils révélaient eux-mêmes dans cet islamisme dont ils étaient les représentants. Tous étaient, au fond, tristes et inquiets de l'état de leur gouvernement et de leur nation ; tous se montraient préoccupés d'un certain besoin de réformes ; mais il n'y avait, dans leurs idées et leurs efforts en ce sens, ni spontanéité, ni fécondité ; ils ne pensaient point, ils n'agissaient point sous l'impulsion de la pensée propre et de l'activité intérieure de la société musulmane ; leurs désirs et leurs travaux réformateurs n'étaient que de pénibles emprunts à la civilisation européenne et chrétienne ; emprunts contractés uniquement pour soutenir une vie chancelante, en s'assimilant un peu à des étrangers au voisinage et à la puissance desquels on ne pouvait échapper. L'imitation et la crainte sont deux dispositions essentiellement stériles ; l'imitation ne pénètre point les masses et la contrainte demeure sans sincérité. Livrés à eux-mêmes, tous ces musulmans,

Turcs, Égyptiens, Arabes, n'auraient rien fait de ce qu'on essayait sur eux; et pour quiconque n'était pas enclin ou obligé à se payer d'apparences, tout ce qu'on essayait était superficiel et vain.

A mesure que j'ai eu à les observer, les faits particuliers m'ont confirmé dans l'impression générale que me donnaient, sur l'état des peuples et des gouvernements musulmans, mes rapports avec leurs plus éminents représentants. La question de Syrie fut une de celles qui, de 1842 à 1847, tinrent le plus de place, à l'extérieur, dans nos négociations et, à l'intérieur, dans nos débats. C'était aussi la question sur laquelle nous étions, à cette époque, le cabinet dans la situation la plus compliquée, et le public dans l'illusion la plus routinière. Toutes les fois qu'il s'agissait des chrétiens de Syrie, l'opposition prenait pour point de départ de ses exigences ou de ses critiques les anciennes capitulations de la France avec la Porte et notre droit de protection sur les chrétiens en Orient. On ne se donnait guère la peine de consulter le texte même de ces traités, conclus pour la première fois sous François Ier en 1525, renouvelés et amplifiés en 1604 sous Henri IV, en 1673 sous Louis XIV et en 1740 sous Louis XV. Ils s'appliquaient essentiellement aux agents et aux chrétiens français établis ou voyageant dans l'empire ottoman, et c'était par voie d'induction ou de tradition que notre droit de protection s'était étendu et exercé, dans le Liban surtout, en faveur des chrétiens catholiques sujets de la Porte elle-même. Nous étions parfaitement fondés et résolus à le maintenir dans cette portée ; mais, depuis les xvi° et xvii° siècles, la situation de la France en Orient était bien changée : elle y était jadis à peu près la seule puissance chrétienne en rapports intimes avec la Porte et la seule en mesure d'exercer dans l'empire ottoman, au profit des chrétiens, une influence efficace. La Russie ne comptait pas encore en Europe ni à Constantinople. L'Angleterre n'allait pas encore dans l'Inde par cette voie, et n'y avait encore ni grand intérêt ni grand crédit. Depuis la dernière moitié du xvii° siècle au contraire, nous rencontrions à chaque pas, dans l'empire ottoman, ces deux puissances actives, jalouses, accréditées. Les chrétiens catholiques n'étaient plus seuls protégés ; les chrétiens grecs avaient aussi un puissant patron ; les chrétiens protestants commençaient à pénétrer et à influer en Turquie, par leur puissance plutôt que par leur foi. La Porte exploitait, pour éluder ou atténuer nos anciens droits, ces complications et ces rivalités. Nous avions beaucoup contribué nous-mêmes à notre affaiblissement sur ce théâtre ; dans les xvi° et xvii° siècles, nous étions, pour la Porte, des alliés qui ne lui suscitaient aucun embarras, ne lui inspiraient aucune inquiétude, ne lui disputaient aucune de ses provinces. Nous tenions, depuis l'ouverture du xix° siècle, une bien autre attitude ; nous avions conquis passagèrement l'Égypte et définitivement l'Algérie ; nous avions protégé et affranchi la Grèce ; nous soutenions, contre le sultan, ses vassaux d'Alexandrie et de Tunis. Non-seulement nous n'étions plus seuls présents et puissants auprès de la Porte, mais nous lui inspirions des sentiments tout autres que ceux de notre ancienne intimité ; nous avions cessé de lui être aussi nécessaires et nous lui étions devenus suspects.

Quand on nous demandait d'agir et de dominer dans le Liban comme eût pu le faire Louis XIV, on oubliait complétement ces faits ; on voulait que la France pratiquât en Orient la politique de l'ancien régime, en face de l'Europe telle que l'avaient faite le xviiie siècle et la Révolution.

Je n'eus garde de céder à cette méprise. J'ai déjà dit avec quel soin, au lieu de prétendre à exercer en Syrie une action isolée et exclusive, je m'appliquai à m'entendre avec les autres puissances européennes présentes, comme nous, sur ce théâtre, et à unir dans un but commun ces influences séparées [1]. Le prince de Metternich entra le premier dans ce concert, en en acceptant hautement le principe, mais avec mollesse dans l'exécution. Lord Aberdeen hésita d'abord davantage, en homme moins empressé à déployer ses idées et plus exigeant pour lui-même quand il se décidait à agir. Il reconnut bientôt la nécessité comme la justice de joindre son action à la nôtre, et son ambassadeur à Constantinople, sir Stratford Canning, plus âpre et aussi sérieux que lui, exécutait avec une loyale énergie des instructions conformes à ses propres sentiments. Si j'eusse été

---

[1] Voir le tome VI de ces *Mémoires*, pages 244-258.

obligé de sacrifier à cette entente quelque chose de la politique naturelle et nationale de la France, j'aurais regretté le sacrifice tout en en acceptant la nécessité ; mais je n'eus rien de semblable à faire : c'était le vœu et le caractère essentiel de la politique française en Syrie que la province du Liban fût placée sous l'autorité d'un chef unique et chrétien, sujet de la Porte et soumis, envers elle, à certaines conditions, mais administrant directement les diverses populations de ce qu'on appelait la Montagne, parmi lesquelles les chrétiens maronites étaient la plus nombreuse et l'objet particulier de notre intérêt. Ce mode de gouvernement était consacré depuis longtemps dans le Liban comme un privilége traditionnel, soutenu par la France, exercé par la famille chrétienne des Chéabs, et dont le chef de cette famille, l'émir Beschir, avait été, dans ces derniers temps, l'habile, dur, avide, et quelquefois peu fidèle représentant. C'était toute l'ambition de la Porte d'abolir ce privilége et de ramener le Liban sous la seule et directe autorité d'un pacha turc ; et ce fut là, quand, en 1840, elle rentra en possession de la Syrie, toute sa politique dans cette province. Malgré les désavantages de notre position en Orient à cette époque, je repris immédiatement, non-seulement en principe, mais dans mes déclarations à la tribune et dans mon travail diplomatique, la politique de la France, le rétablissement, dans le Liban, d'une administration unique et chrétienne. De 1840 à 1848, la lutte de ces deux politiques a été toute l'histoire de la Syrie : soit dans notre concert avec les puissances européennes, soit à Constantinople et auprès de la Porte elle-même, nous n'avons pas cessé un moment de réclamer la politique chrétienne et française; avec quelque hésitation et quelque lenteur, l'Angleterre et l'Autriche l'ont acceptée comme la seule efficace contre l'absurde tyrannie turque ; et, malgré des difficultés sans cesse renaissantes, elle n'a pas cessé, durant cette époque, de faire, d'année en année, quelque nouveau progrès.

Je ne me refuserai pas le plaisir de résumer ici ces progrès dont personne n'est moins disposé que moi à exagérer l'importance. J'en ai déjà indiqué le point de départ [1]. A la fin de 1842, après une longue résistance, la Porte avait enfin consenti à donner, à chacune des diverses populations du Liban, un chef de sa religion et de sa race, aux Maronites un chef maronite, aux Druses un chef druse ; mais elle apporta, dans l'application de ce régime, un mauvais vouloir obstiné et la puissance de l'inertie : les pachas turcs envoyés en Syrie conservèrent en fait toute l'autorité; les commissaires extraordinaires chargés d'inspecter et de redresser les pachas persistaient dans la même voie ; le fréquent mélange des Maronites et des Druses dans les mêmes lieux et la complication des droits de la féodalité locale avec ceux de l'autorité centrale suscitaient, à la séparation administrative des deux races, des difficultés inextricables. En 1845, après trois ans de tâtonnements

[1] Tome VI de ces *Mémoires*, pages 258-258.

turcs et de récriminations européennes, la promesse d'instituer dans le Liban des magistrats indigènes n'était pas encore sérieusement accomplie; une oppression anarchique s'y perpétuait; la guerre civile, c'est-à-dire le massacre et le pillage alternatifs, avait éclaté entre les Druses et les Maronites, toujours au grand détriment des Maronites, car les officiers turcs, en haine des chrétiens, soutenaient plus ou moins ouvertement les Druses. Le retour de Réchid-Pacha à Constantinople, comme ministre des affaires étrangères, rendit à l'action diplomatique européenne un peu plus d'efficacité; l'institution de deux caïmacans, ou chefs indigènes, pour les deux principales races du Liban devint réelle; dans les villes et les villages où les Maronites et les Druses étaient mêlés, le même principe fut appliqué au régime municipal; les deux nations eurent, dans ce régime, sous le nom de *vékils*, des représentants distincts; des conseils mixtes et élus furent placés à côté des deux caïmacans. Un système d'impôt contraire aux exigences oppressives de la féodalité druse fut établi. Le désarmement des Druses, jusque-là beaucoup plus incomplet que celui des Maronites, s'effectua réellement. Des territoires contestés entre les deux races furent replacés sous la juridiction des chefs maronites. Le témoignage des Maronites dans leurs contestations avec les Druses fut admis en justice. Une déclaration solennelle de la Porte confirma leurs priviléges religieux. Des indemnités furent accordées à ceux d'entre eux qui avaient le plus souffert de la guerre civile.

CHAPITRE XLII.

Les couvents chrétiens et les négociants européens, établis à Beyrouth ou sur les divers points de la Syrie, reçurent également d'assez larges indemnités pour leurs pertes. Quelques-uns des officiers turcs qui avaient toléré ou favorisé les violences contre les chrétiens furent révoqués et punis. Enfin, le gouvernement de la Syrie et de ses divers pachaliks fut confié à des partisans de la politique de Réchid, attentifs à faire exécuter, dans leurs provinces, les promesses que l'Europe recevait de lui à Constantinople. De 1845 à 1848, l'état des chrétiens de Syrie fut sensiblement amélioré et put leur faire espérer un autre avenir.

En même temps que les mêmes vices et les mêmes maux, les mêmes essais de réparation, de réforme et de progrès avaient lieu dans les diverses parties de l'empire ottoman. En juillet 1843, notre consul à Jérusalem, le comte de Lantivy, naguère arrivé à son poste, éleva un peu précipitamment le pavillon français sur la maison consulaire. Aux termes des capitulations, c'était notre droit [1]; mais à Jérusalem, regardée par les musulmans comme une de leurs villes saintes et remplie d'une populace fanatique, ce droit n'avait été depuis longtemps exercé ni par le consul de France, ni par aucun des consuls étrangers qui y résidaient. Une émeute violente éclata; la maison consulaire fut

---

[1] *Article* 49. Les pachas, cadis et autres commandants ne pourront empêcher les consuls, ni leurs substituts par commandement, d'arborer leur pavillon suivant l'étiquette, dans les endroits où ils ont coutume d'habiter depuis longtemps.

entourée et un moment envahie ; dans toute la ville les chrétiens furent insultés ; le consul lui-même, en se rendant au divan local, courut quelques risques. Le pacha de Jérusalem, tout en reconnaissant notre droit et en faisant quelques démonstrations contre l'émeute, l'avait encouragée sous main et n'osait la punir. Avant même d'avoir reçu de moi aucun ordre, notre ambassadeur à Constantinople porta plainte à la Porte et demanda une réparation sévère. Mes instructions lui prescrivirent de la poursuivre chaudement. La Porte hésita, discuta, traîna, offrit des moyens termes; elle céda enfin, reconnut formellement notre droit et admit toutes nos conditions : « Je crois, m'écrivit M. de Bourqueney [1], qu'elles constituent la réparation la plus complète qui ait été obtenue dans ce pays-ci : le pacha de Jérusalem est destitué. Son successeur se rendra officiellement chez le consul du Roi pour lui exprimer les regrets du gouvernement de Sa Hautesse. Les principaux meneurs de l'émeute seront envoyés aux galères. Le pavillon français sera hissé solennellement à Beyrouth un jour convenu, et recevra un salut de vingt et un coups de canon. Le droit de l'élever à Jérusalem demeure intact; la Porte sait seulement que je me conformerai à l'usage constamment suivi dans les villes saintes, et respecté par toutes les puissances européennes, en avertissant confidentiellement notre consul que des motifs puisés uniquement dans la

---

[1] Le 12 septembre 1843.

crainte de compromettre la tranquillité de la ville me déterminent à suspendre jusqu'à nouvel ordre l'exercice du droit de pavillon à Jérusalem. J'ai choisi Beyrouth pour le lieu où nos couleurs seront saluées, d'abord parce que le gouverneur général de la province y réside, ensuite parce que le retentissement de la réparation s'étendra de là dans le Liban, et produira, sur les chrétiens de la Montagne, une vive et salutaire impression. »

A Alep, à Latakié, à Mossoul, des incidents analogues, insultes, pillages, enlèvements, meurtres, survinrent et amenèrent des résultats semblables. A Beyrouth, en octobre 1845, un Arabe, employé depuis quinze ans comme écrivain au consulat de France, et qui s'était rendu pour affaires dans la petite ville de Zouk, à trois lieues de Beyrouth, fut arrêté et emprisonné, sans motifs ni prétextes plausibles, par le commandant turc de l'endroit. Notre consul, M. Poujade, le réclama vivement; on le lui refusa. Après des instances plusieurs fois renouvelées et toujours vaines, le consul prévint le fonctionnaire turc que, s'il persistait dans ses refus, la frégate française *la Belle-Poule*, qui se trouvait devant Beyrouth, irait jeter l'ancre dans la rade de Djounié, et enlèverait l'employé du consulat. Nouveau refus des Turcs. *La Belle-Poule* se présenta en effet devant Djounié; le capitaine d'Ornano, qui la commandait, envoya à terre un de ses officiers, accompagné d'un drogman, pour réclamer encore le scribe arabe ; n'ayant rien obtenu, il fit mettre ses embarcations à la mer, et elles s'avancèrent armées jusqu'au rivage ; l'officier français descendit de nouveau à terre, et, à son approche, le Turc rendit enfin le prisonnier. L'affaire fit du bruit à Constantinople ; la Porte se plaignit à notre ambassadeur de cet acte de force militaire ; j'écrivis à M. de Bourqueney : « Je n'ai pu qu'approuver le parti que notre consul a dû prendre en désespoir de cause. C'est une mesure grave, sans doute, et dont il ne faudrait pas user souvent ; mais elle ne doit être imputée qu'à ceux dont la conduite, aussi imprudente qu'odieuse, l'avait rendue indispensable. Il est bon que la Porte soit avertie que cela peut arriver ; c'est le meilleur moyen de l'obliger à prévenir, dans son propre intérêt, tout ce qui pourrait en ramener la nécessité. »

Une question plus délicate encore s'éleva à Constantinople. Un chrétien arménien s'était fait mahométan. Au bout d'un an, saisi de repentir, il abjura de nouveau, et revint chrétien à Constantinople, croyant son islamisme oublié. Il fut reconnu, arrêté et condamné à mort en vertu de la loi turque contre les renégats, à moins qu'il ne retournât à la religion musulmane. Sir Stratford Canning, à qui sa famille s'adressa pour obtenir sa grâce, fit auprès des ministres turcs des efforts inutiles : l'Arménien fut exécuté dans les rues de Constantinople, refusant jusqu'au dernier moment le mot qui l'eût sauvé. En m'informant de ce fait, M. de Bourqueney m'écrivit[1] : « J'ai envoyé notre premier drog-

---

[1] Le 27 août 1843.

man, M. Cor, chez Rifaat-Pacha [1] pour lui dire de ma part ces seuls mots : « Il vaudrait mieux pour vous avoir perdu une province, que d'avoir assassiné l'Arménien qui a péri hier. » Je répondis immédiatement à l'ambassadeur [2] : « J'approuve complétement le langage que vous avez tenu à Rifaat-Pacha ; mais cette manifestation, la seule que vous pussiez faire avant d'avoir reçu des instructions spéciales, n'est pas suffisante en présence d'un fait aussi monstrueux. Vous voudrez bien adresser à ce ministre la note ci-jointe :

« Le soussigné a reçu de son gouvernement l'ordre de faire au ministre des affaires étrangères de la Sublime-Porte la communication suivante :

« C'est avec un douloureux étonnement que le gouvernement du Roi a appris la récente exécution d'un Arménien qui, après avoir embrassé la religion mahométane, était revenu à la foi de ses pères, et que, pour ce seul fait, on a frappé de la peine capitale, parce qu'il refusait de racheter sa vie par une nouvelle abjuration.

« En vain, pour expliquer un acte aussi déplorable, voudrait-on se prévaloir des dispositions impérieuses de la législation. On devait croire que cette législation, faite pour d'autres temps, était tombée en désuétude ; et, en tout cas, il était trop facile de fermer les yeux sur un fait accompli hors de Constantinople, hors de l'Empire ottoman même, pour qu'on puisse considérer ce qui vient d'avoir lieu comme une de ces déplorables

[1] Alors ministre des affaires étrangères à Constantinople.
[2] Le 16 septembre 1843.

nécessités dans lesquelles la politique trouve quelquefois, non pas une justification, mais une excuse.

« Lors même que l'humanité, dont le nom n'a jamais été invoqué vainement en France, n'aurait pas été aussi cruellement blessée par le supplice de cet Arménien ; lors même que le gouvernement du Roi, qui s'est toujours considéré et se considérera toujours comme le protecteur des chrétiens dans l'Orient, pourrait oublier que c'est le christianisme qui a reçu ce sanglant outrage, l'intérêt qu'il prend à l'Empire ottoman et à son indépendance lui ferait encore voir avec une profonde douleur ce qui vient de se passer.

« Cette indépendance ne peut aujourd'hui trouver une garantie efficace que dans l'appui de l'opinion européenne. Les efforts du gouvernement du Roi ont constamment tendu à lui assurer cet appui. Cette tâche lui deviendra bien plus difficile en présence d'un acte qui soulèvera dans l'Europe entière une indignation universelle.

« Le gouvernement du Roi croit accomplir un devoir impérieux en faisant connaître à la Porte l'impression qu'il a reçue d'un fait malheureusement irréparable, mais qui, s'il pouvait se renouveler, serait de nature à appeler des dangers réels sur le gouvernement assez faible pour faire de telles concessions à un odieux et déplorable fanatisme. »

Je donnai aux représentants du Roi à Londres, à Vienne, à Berlin et à Saint-Pétersbourg, communication de la note que je chargeais M. de Bourqueney de remettre à Constantinople ; les cabinets anglais, autrichien et prussien se joignirent, d'un pas un peu inégal, à notre démarche ; le gouvernement russe se tint à l'écart. L'affaire se serait peut-être bornée à des paroles, lorsque nous apprîmes qu'un fait semblable au supplice de l'Arménien venait de se produire à Biledjeck, dans l'Asie Mineure ; un Grec, devenu musulman, y fut aussi puni de mort pour être revenu à son ancienne foi. Nos réclamations devinrent plus précises et plus pressantes ; le cabinet anglais unit pleinement son action à la nôtre ; dans une dépêche adressée à sir Stratford Canning [1], lord Aberdeen déclara l'intention *irrévocable* de son gouvernement d'obtenir de la Porte des garanties officielles contre le retour d'actes semblables ; et si sir Stratford échouait auprès des ministres turcs, il avait ordre de porter la question jusqu'au sultan lui-même. L'internonce d'Autriche essaya pendant quelques jours de ne pas s'associer formellement à des demandes si péremptoires ; le ministre de Russie parut vouloir persister dans sa réserve ; mais quand ils virent à quels points les représentants de la France et de l'Angleterre étaient décidés et intimement unis, ils animèrent aussi leur langage : « La Porte serait extravagante, dit le baron de Sturmer à M. de Bourqueney, de compter sur un appui quelconque des gouvernements qui se sont prononcés d'une manière moins absolue que ceux de Paris et de Londres; dans une pa-

---

Le 16 janvier 1844.

reille question, les divergences au début finissent par l'unanimité au terme ; la Porte doit accorder les garanties qu'on lui demande. » Elle essaya tantôt d'ajourner sa réponse, tantôt d'en affaiblir la valeur ; dans une conférence officieuse avec les ambassadeurs de France et d'Angleterre, Rifaat-Pacha proposa une déclaration ainsi conçue : « La loi ne permet nullement de changer les dispositions relatives à la punition des apostats. La Sublime-Porte prendra les mesures efficaces possibles pour que l'exécution des chrétiens qui, devenus musulmans, retourneraient au christianisme, n'ait pas lieu. » Les deux ambassadeurs refusèrent péremptoirement une réponse qui consacrait la loi turque en promettant de faire ce qui se pourrait pour ne pas l'exécuter. Sir Stratford Canning demanda au sultan une audience ; la Porte céda ; le président de la justice turque, Nafiz-Pacha, qui s'était opposé à la concession, fut révoqué ; une note officielle, adressée le 21 mars 1844 aux deux ambassadeurs, porta expressément : « Sa Hautesse le sultan est dans l'irrévocable résolution de maintenir les relations amicales et de resserrer les liens de parfaite sympathie qui l'unissent aux grandes puissances. La Sublime-Porte s'engage à empêcher, par des moyens effectifs, qu'à l'avenir aucun chrétien abjurant l'islamisme soit mis à mort ; » et les deux ambassadeurs ne virent le sultan que pour le remercier, en recevant de sa bouche le même engagement.

Partout ainsi les habitudes turques de violence, de fanatisme, d'arbitraire et d'anarchie provoquaient immédiatement les réclamations européennes, et partout les réparations suivaient de près les offenses que les promesses et les tentatives de réformes n'avaient pu prévenir. Mais promesses, réformes et réparations n'étaient jamais que le résultat de la contrainte ou l'œuvre d'une imitation incohérente et stérile ; l'Europe civilisée pesait sur le gouvernement turc, et le gouvernement turc pliait sous la pression de l'Europe ; mais il n'y avait là aucun travail intérieur, spontané et libre de la nation turque, par conséquent aucun progrès véritable et durable. Seize ans se sont écoulés depuis cette époque ; de grands événements se sont accomplis dans l'Europe orientale : la Turquie a-t-elle fait autre chose que les subir ? S'est-elle plus réformée et développée elle-même ? A-t-elle mieux réussi à se suffire elle-même ? La Syrie a-t-elle été plus exempte d'oppression, de dévastation, de guerre civile, de pillage, de massacre ? Les mêmes désordres, les mêmes excès, les mêmes maux se sont renouvelés dans le monde musulman, avec la même impuissance de ses maîtres pour en tarir la source par leur propre force ; la même intervention européenne, diplomatique ou armée, a été de plus en plus nécessaire pour en arrêter le cours, sans être plus efficace pour en prévenir le retour. La sagesse européenne veille, comme une sentinelle, à la porte de l'Empire ottoman, pour empêcher que les diverses ambitions européennes ne précipitent violemment sa ruine, et pour l'obliger à ne pas être, tant qu'il vit, en désaccord trop choquant avec l'ordre européen. C'est là tout ce qu'elle fait et tout ce qu'elle obtient.

Tant que cet empire ne se détruit pas de lui-même et par ses propres vices, l'Europe a raison de pratiquer envers lui cette politique de conservation patiente ; les principes du droit des gens et les intérêts de l'équilibre européen le lui conseillent également ; il y a là des problèmes que la force ambitieuse et prématurée ne saurait résoudre, et une Pologne musulmane serait, pour le monde chrétien, la source de désordres immenses en même temps qu'une brutale agression. Mais si l'Europe ne doit pas, de propos délibéré et pour se délivrer d'un voisin moribond, mettre ou laisser mettre en pièces la Turquie, elle ne doit pas non plus être dupe de fausses apparences et de fausses espérances ; elle ne réformera pas l'Empire ottoman ; elle n'en fera pas un élément régulier et vivant de l'ordre européen ; elle ne délivrera pas de leur lamentable condition six millions de chrétiens opprimés par trois millions de Turcs qui, non-seulement leur font subir un joug odieux, mais qui leur ferment l'avenir auquel ils aspirent et pour lequel ils sont faits. Et quand telle ou telle portion de ces chrétiens tente courageusement de s'affranchir et de redevenir un peuple, c'est, pour l'Europe civilisée, la seule politique sensée et efficace de leur venir sérieusement en aide, et d'accomplir, par des mouvements naturels et partiels, la délivrance de ces belles contrées, l'une des deux sources de la civilisation européenne.

L'Europe entra dans cette politique quand elle accepta la résurrection de la Grèce. Français, Anglais, Allemands, Russes, les peuples civilisés et chrétiens ne purent supporter le spectacle d'une petite population chrétienne luttant héroïquement, après des siècles d'oppression, pour recouvrer dans le monde civilisé sa place et son nom. Par élan ou par calcul, de bonne ou de mauvaise grâce, l'Europe tendit la main à la Grèce. Mais à ce mouvement unanime se mêlèrent aussitôt les intérêts et les desseins les plus divers; on ne pouvait se défendre de la grande et honnête politique; on la fit inconséquente et incohérente. A Londres, on se résignait à la Grèce affranchie; mais on n'en soutenait que plus fortement la Turquie ébréchée. A Pétersbourg, on se félicitait d'obtenir en Grèce un client ennemi des Turcs; mais on n'y voulait, à aucun prix, d'un voisin indépendant et capable de devenir un rival. On permettait à la Grèce de renaître, mais à condition qu'elle serait si petite et si faible qu'elle ne pourrait grandir ni presque vivre. On aidait ce peuple à sortir de son tombeau; mais on l'enfermait dans une prison trop étroite pour ses membres ranimés : « De la frontière de ma patrie libre, me disait un jour M. Colettis, je vois, dans ma patrie encore esclave, la place où j'ai laissé le tombeau de mon père. »

Je ne m'étonne point de ces incohérences et de ces contradictions; je les reproche à peine aux cabinets de Londres et de Pétersbourg; je sais l'empire qu'exercent sur la conduite des gouvernements la complication des situations et des intérêts, les traditions nationales et la nécessité de n'accorder, à telle ou telle question particulière, qu'une place mesurée sur son importance dans la politique générale de l'État. Mais pour être naturelle et excusable, l'erreur n'en est pas moins réelle et funeste ; ce fut un fait malhabile et malheureux que de vouer la Grèce à la langueur en lui rendant la vie, et ce fait devint la source de graves embarras et de fausses démarches pour les puissances qui énervaient ainsi l'œuvre même qu'elles accomplissaient. La France eut le bonheur de ne trouver, dans ses intérêts particuliers et sa politique générale, rien qui gênât son bon vouloir envers la Grèce ; nous applaudissions à sa résurrection, non-seulement dans le présent, mais dans l'avenir et avec tout ce que l'avenir pouvait lui apporter de grandeur. Tandis qu'à Londres on acceptait l'indépendance de la Grèce comme une malencontreuse nécessité, nous n'acceptions à Paris que comme une nécessité fâcheuse les étroites limites dans lesquelles on resserrait cette indépendance. Nous ne partagions ni les rêves, ni les impatiences des Grecs ; nous étions bien résolus à observer loyalement les traités qui venaient de fonder la Grèce, et à maintenir, sur ce point, l'accord entre les trois puissances, dont la protection commune était indispensable à sa vie renaissante. Mais en repoussant toute tentative d'extension contre la Turquie dans les provinces grecques qu'elle possédait encore, nous n'entendions point interdire aux Grecs les grandes espérances, et nous nous promettions de seconder, dans le petit État devenu le cœur de la nation greque, tous les progrès intérieurs de prospérité, d'activité, de bon gouvernement, de liberté régulière, qui pouvaient préparer et légitimer ses destinées futures. Nous avions confiance dans la vertu féconde du germe, et nous voulions le cultiver d'une main amie, en attendant patiemment le fruit.

Je ne me dissimulais pas les difficultés de cette politique, la rigueur des conseils que nous aurions à donner aux Grecs, l'importance des ménagements que nous aurions à garder avec les cabinets européens. Quelque identique et fixe que soit, pour des alliés, le point de départ, on n'y demeure pas immobile ; les événements surviennent, les situations se développent ; il faut agir, il faut marcher ; et quand on diffère sur les perspectives, quelque lointaines qu'elles soient, il n'y a pas moyen de rester toujours unis dans la route. Mais, en dépit de ces embarras, la politique de la France en Grèce avait cet immense avantage qu'elle était parfaitement exempte de réticence et d'inconséquence, sympathique en même temps que prudente, et favorable à l'avenir sans compromettre le présent. Elle me plaisait à ce double titre ; j'aime les grands buts poursuivis par les moyens sensés.

J'avais auprès de moi les deux hommes les plus propres à bien comprendre et à bien servir cette politique, M. Colettis et M. Piscatory, un glorieux chef de Pallicares et un philhellène éprouvé ; tous deux passionnément dévoués à la cause grecque, tous deux en possession de la confiance du peuple grec, et tous deux d'un esprit et d'un cœur assez fermes pour ne pas se livrer aveuglément à leurs propres désirs, et pour résister en Grèce aux tentatives chimériques comme aux habitudes désordonnées de l'insurrection et de la guerre. M. Colettis était depuis sept ans ministre de Grèce à Paris ; il y vivait modestement, soutenant avec dignité, sans bruit ni agitation inutile, les intérêts de son pays, et observant avec une curiosité patriotique, sur le grand théâtre de la France, le travail de l'établissement d'un gouvernement libre et les complications de la politique européenne. Sa petite maison touchait à la mienne ; il venait me voir souvent, soit que je fusse ou non dans les affaires, et nous causions dans une libre intimité. J'étais frappé du progrès, je pourrais dire de la transformation qui s'opérait en lui sous l'influence du spectacle auquel il assistait : l'audacieux conspirateur de l'Épire, le rusé médecin du sanguinaire Ali, pacha de Tébelen, le chef aventureux d'insurgés héroïques mais à demi barbares, devenait, pour ainsi dire à vue d'œil, un politique sagace et judicieux, habile à comprendre les conditions du pouvoir régulier comme de la liberté civilisée, et de jour en jour plus capable de gouverner, en homme d'État, ce peuple encore épars et sans frein avec lequel il était naguère lui-même plongé dans les sociétés secrètes, les insurrections incessantes et les rivalités anarchiques.

Revenu depuis dix-huit mois de la mission dont, en

1841, je l'avais chargé en Grèce, M. Piscatory s'y était conduit avec un rare et prudent savoir-faire ; il avait repris là, sans étalage, sa position d'ancien champion de l'indépendance grecque ; il avait renoué, sans s'y asservir, ses relations avec quelques-uns des principaux chefs de la lutte ; il m'avait rapporté des notions précises et une expérience toute formée. Je demandai au Roi de le nommer ministre en Grèce : « Me promettez-vous, me dit le Roi, qu'il ne fera pas là sa cour à l'opposition et point de coups de tête ? — Oui, sire; j'y compte et j'y veillerai ; malgré nos dissentiments de 1840, il a pour moi une vraie amitié, et il est vraiment capable, loyal, plein de ressources et de résolution ; personne ne peut être, en Grèce, aussi efficace que lui. » Le Roi consentit, et le 10 juin 1843, M. Piscatory partit comme ministre de France à Athènes, pendant que M. Colettis restait ministre de Grèce à Paris.

Mes instructions à M. Piscatory étaient courtes et claires : elles lui prescrivaient de soutenir le gouvernement du roi Othon en le pressant d'accomplir les réformes administratives hautement réclamées par les puissances protectrices elles-mêmes comme par la Grèce, et de ne rien négliger pour vivre et agir en harmonie avec ses collègues, les représentants de l'Europe à Athènes, spécialement avec sir Edmond Lyons, ministre d'Angleterre. « La France, lui disais-je, n'a qu'une seule chose à demander à la Grèce, en retour de tout ce qu'elle a fait pour elle. Que la Grèce sache développer les ressources infinies renfermées dans son sein; que par une administration habile, prudente, active, elle s'élève peu à peu, sans secousse, sans encourir de dangereux hasards, au degré de prospérité et de force nécessaire pour occuper dans le monde la place à laquelle la destine le mouvement naturel de la politique; nous serons pleinement satisfaits; la combinaison que nous nous étions proposée en favorisant l'affranchissement des Hellènes sera réalisée, et, heureux d'avoir atteint notre but, nous ne penserons certes pas à réclamer du roi Othon un autre témoignage de reconnaissance. »

J'ajoutais, dans une lettre intime : « Persistez à maintenir le concert avec vos collègues, à beaucoup faire, et même sacrifier, pour le maintenir. C'est le seul moyen d'action efficace. Je m'en fie à vous pour soigner votre position particulière et votre popularité personnelle. Vous aimez la popularité, par les bonnes raisons et pour le bon emploi; mais enfin vous l'aimez; vous ne pécherez pas pour l'oublier. J'appuie donc dans l'autre sens. Je ne sais pas jusqu'où nous mènerons le concert, mais il faut le mener aussi loin que nous le pourrons; par le concert et pendant sa durée, nous nous fortifierons pour le moment où il nous manquera. »

De Londres, et sans que nous nous fussions concertés, lord Aberdeen adressait à sir Edmond Lyons des recommandations analogues. Il l'informait qu'on le trouvait trop dur envers le roi Othon, trop dominateur avec les diplomates ses collègues; que de Vienne et de

Berlin, on avait formellement demandé son rappel, et qu'à Paris et à Pétersbourg on avait donné à entendre qu'on en serait fort aise. Il lui promettait de le soutenir contre ces attaques; mais il lui prescrivait de témoigner au roi Othon plus d'égards, de ne point se faire en Grèce homme de parti, et de ne pas vivre avec ses collègues dans un état de rivalité et de lutte.

M. Piscatory exécuta fidèlement et habilement mes instructions; il ne rechercha, pas plus auprès des Grecs que du roi Othon, aucune occasion, aucune marque de faveur ou d'influence particulière; il mit tous ses soins à calmer les craintes ou les jalousies de ses collègues, et à entrer avec eux, surtout avec sir Edmond Lyons, dans des rapports confiants et intimes : « Ils vivent, m'écrivait-il, M. Catacazy et lui, dans une parfaite intelligence; je me suis efforcé de prouver que je n'avais pas la moindre envie de la troubler; ce ne serait bon à rien, et tout de suite suspect. Je suis très-bien à côté d'eux, et je crois voir le moment où je serai au milieu d'eux. En attendant, je me fais petit; j'ai même un peu brusqué nos amis. Je fais ici un métier bien contraire à ma nature; je me contrarie sur tout, et je fais d'énormes sacrifices à mes collègues qui n'en font aucun; ils vont leur chemin, celui de leur humeur ou celui de leur gouvernement. Ne croyez pas que je sois las du mauvais quart d'heure qu'en toutes choses il faut savoir passer; j'enrage souvent, mais je sais vouloir, et je voudrai jusqu'au bout. Ne parlons donc pas de ma popularité puisque vous ne vous en inquiétez pas; je ne fais que ce qu'il faut pour la conserver, et peut-être un jour vous serez bien aise de la trouver [1]. »

Sur un point, et sur un point très-important, il était particulièrement difficile à M. Piscatory d'être en harmonie avec ses collègues en s'en distinguant, et de rester en sympathie avec les Grecs en combattant leur penchant. L'impopularité du roi Othon était grande, aussi grande dans le corps diplomatique d'Athènes que dans le peuple. Sir Edmond Lyons disait tout haut, et avec colère, qu'il n'y avait pas moyen de marcher avec lui; M. Catacazy en convenait avec une froide réserve et comme indifférent au résultat. Devant cette attitude et ce langage des diplomates, les Grecs donnaient un libre cours à leurs sentiments ; ce n'était pas de mauvais desseins, ni de mépris de la justice, ni de manque de foi, ni d'actes violents qu'ils accusaient le roi Othon; ils se plaignaient de son inertie, de sa manie d'attirer et de retenir à lui toutes les questions, toutes les affaires, sans jamais les vider, de son goût stérile pour le pouvoir absolu, de son opposition sourde et muette à tout mouvement indépendant, à toute réforme efficace : « Le pays est parfaitement calme, m'écrivait M. Piscatory, mais il a la conviction profonde que le roi ne peut être toujours là pour l'empêcher d'avancer...... Les longs efforts qu'a faits et que fait tous les jours ce prince pour tout conduire, tout décider, pour lutter contre une situation qu'il ne comprend

---

[1] Lettres des 30 juin, 31 juillet, 8 août et 20 décembre 1843.

pas, l'ont mené à ce point qu'il ne peut plus s'y retrouver lui-même. Grecs ou étrangers, tout le monde dit : — C'est impossible. — Et le remède qu'on imagine, dont on discute la chance, que les uns demandent à la conférence de Londres, les autres à une assemblée nationale, c'est une constitution. — Oui, dit sir Edmond Lyons, le roi, c'est impossible ; une constitution, et la plus libérale est la meilleure. — M. Catacazy déplore la folie du roi, et déclare qu'une constitution est le remède. Moi, je dis : la question du roi ne peut être posée, il y est, il faut qu'il y reste. Oui, il est nécessaire de réformer de façon à donner des garanties au pays ; mais plus que cela, c'est une révolution, et ce n'est pas le métier des gouvernements de les protéger. »

M. Piscatory, en tenant ce langage, comprenait et pratiquait très-bien notre politique, et je m'empressai de l'y confirmer : « Combattez en toute occasion ce sentiment et ce propos, *c'est impossible*, que vous me dites si général. C'est la pente de notre temps de dire vite : *c'est impossible*, et de le dire de ce qui est nécessaire. Nous nous croyons plus puissants que nous ne sommes pour faire ce qui nous plaît, et nous ne savons pas accepter assez de ce qui nous déplaît. Il y a des maux inévitables, incurables, des maux avec lesquels il faut vivre, car on mourrait du coup qui les extirperait. Je crois tout ce que vous me dites du mal dont vous me parlez, et pourtant je persiste. Non certes, pour qu'on ne lutte pas contre le mal ; il faut lutter et sans relâche ; mais, vous le savez comme moi, on lutte tout autrement selon qu'au fond on accepte ou l'on répudie. Maintenez fortement dans l'esprit des Grecs la nécessité d'accepter ce qui est, et aidez-les dans la lutte. »

Presque au même moment où j'adressais à M. Piscatory ces instructions, j'eus occasion d'en expliquer à notre tribune le caractère et les motifs. Les Chambres discutaient un projet de loi relatif au payement du semestre de l'emprunt grec et aux obligations financières de la France envers la Grèce : « On ne se rend pas bien compte, dis-je à la Chambre des pairs [1], de l'intérêt véritable de la France en Grèce : il est plus simple et plus élevé qu'on ne le fait. La France n'a qu'un intérêt en Grèce : c'est que l'État grec dure, s'affermisse et prospère. En poursuivant cet intérêt, nous faisons de la politique française. Ce n'est pas ici une politique de désintéressement, de détachement; c'est une politique bonne et sage, un peu grande seulement, et cela fait son honneur en même temps que son utilité. Pour le succès de cette politique, pour obtenir la durée et l'affermissement de la Grèce, qu'est-ce que l'expérience nous a appris? Que nous rencontrions sur notre chemin trois obstacles : l'un, la rivalité des partis, des factions, des coteries intérieures grecques; l'autre, la rivalité des influences étrangères en Grèce; le troisième, l'imperfection, l'inertie et le désordre de l'administration grecque. Voilà les trois obstacles que nous avons toujours vus s'opposer à l'affermissement et au développement de l'État grec. Comment les sur-

---

[1] Le 21 juillet 1843.

monter, sinon par une action collective? Comment supprimer la lutte des influences étrangères à Athènes, sinon par le concert? Et, quant à l'inertie, au désordre de l'administration grecque, cette administration se défend dans ses vices en opposant une puissance à une puissance, une influence à une influence. Pour surmonter ce mal, l'action collective, le concert de tous est évidemment le seul moyen efficace. Ce n'est donc pas une fantaisie, un esprit de système qui nous a conduits là ; c'est l'expérience des faits, la pure nécessité. Le concert, l'action collective en Grèce est, pour nous, le moyen de faire réussir la bonne politique, la politique française. Si, pour atteindre ce but, l'action isolée nous paraissait meilleure que l'action concertée, nous prendrions l'action isolée ; nous n'avons pas plus la manie du concert que celle de l'isolement ; le concert, l'isolement, ce sont là des moyens qu'on emploie tour à tour, selon que la situation le commande. L'expérience nous a montré ici que l'action collective, la politique du concert était la seule qui pût surmonter les obstacles intérieurs et extérieurs, diplomatiques et nationaux, qui s'opposaient à la durée, à l'affermissement, au développement pacifique et régulier de l'État grec, ce qui est la politique française. Nous avons donc adopté nettement l'action collective, la politique du concert, sans nous laisser effrayer ni arrêter par les mots, par les apparences. Ce que nous voulons, c'est le succès ; ce que que nous regardons, c'est le fond des choses ; il n'y a pas d'autre moyen d'atteindre le but. »

Pendant que je tenais à Paris ce langage, l'état des esprits en Grèce et l'imminence d'une crise frappaient les hommes qu'on devait croire les moins disposés à l'accueillir; le représentant à Athènes du cabinet qui s'était le plus inquiété de la résurrection de la Grèce, le ministre d'Autriche, M. de Prokesch, écrivait à l'un de ses amis en France : « Il est impossible de vivre avec cette race si intelligente et si patiente sans être convaincu qu'elle a aussi bien un avenir qu'un passé. Vous ne pouvez vous imaginer le succès ici du dernier discours de M. Guizot à la Chambre des pairs ; celui de la Chambre des députés ne pouvait laisser de doute sur le bon vouloir ; le second a convaincu que ce bon vouloir était intelligent. On attend tout ici de la conférence de Londres. On attendra tant qu'on conservera la moindre espérance. Ce pays tremble de mettre la main à ses propres affaires. Cependant, le devoir du citoyen commence à se témoigner, et il vient d'y avoir au conseil d'État deux discussions très-sérieuses, très-indépendantes. Le roi est toujours ce que vous savez. Pour ma part, je ne crois pas au très-grand danger du pays se mêlant de ses affaires ; je le redoute moins que le pays ne le redoute lui-même, et je ne sais à la situation qu'une solution constitutionnelle. Mais cela ne se fait pas de main d'homme ; il faut que le sentiment public, qui est l'expression de la Providence dans les affaires des peuples, agisse. Jusque-là, il faut croire à la possibilité de ce qui est, et travailler à sa durée en le réglant, en le contraignant, en le dirigeant. C'est difficile ; c'est peut-être impossible. Peu importe ; c'est la seule conduite honorable, c'est la seule qu'il faille tenir. »

Le même jour où, dans ma correspondance particulière, je donnais confidentiellement à M. Piscatory connaissance de cette lettre, le 16 septembre 1843, il m'annonçait la révolution constitutionnelle accomplie la veille, 15 septembre, à Athènes : « A une heure du matin, la générale, le tocsin, quelques coups de fusil, les cris de *Vive la Constitution!* ont éveillé la population d'Athènes. Bientôt les troupes ont été sur pied, ayant en tête à peu près tous leurs officiers. La batterie d'artillerie a quitté son parc. Il était évident que ce n'était pas sur les ordres du gouvernement que cette prise d'armes avait lieu. Le mouvement était unanime, et l'émeute, à la fois militaire et civile, est arrivée devant le palais sans rencontrer aucune résistance. Les troupes, marchant en ordre sous le commandement de leurs chefs, se sont rangées en bataille entre le palais et la population. Les cris de *Vive la Constitution!* se sont fait entendre avec une nouvelle force. Le roi a tenté de haranguer les soldats, de rappeler les officiers à leur devoir, de protester devant le peuple de son dévouement au pays. On a refusé de l'entendre. Sa voix était couverte par les cris de *Vive la Constitution !* Deux de ses aides de camp, qui ont essayé de faire respecter l'autorité militaire, ont été forcés de se réfugier dans le palais.

« La première démarche des représentants des trois

cours a été de se rendre chez M. Rizo[1]. Ils le trouvèrent seul, parfaitement résigné, et ses premières paroles ont été que le mouvement étant général et inévitable, ni lui, ni les autres ministres du roi ne pouvaient rien y opposer, qu'il n'avait pas vu d'ailleurs ses collègues et qu'il les croyait dans l'impossibilité de se réunir en conseil.

« Au point du jour, nous nous rendîmes sur la place du palais qui était déjà cerné par le peuple et les troupes. Dans l'impossibilité d'arriver jusqu'au roi, nous appelâmes le commandant supérieur de la garnison pour lui déclarer que nous le rendions personnellement responsable de l'inviolabilité du palais et de la personne du roi : — J'en réponds sur ma tête, répondit le colonel Kalergis.

« Les autres membres du corps diplomatique informés s'étaient réunis à nous chez M. le ministre de Russie. Quoique avertis que nous ne serions pas reçus au palais, mais convaincus qu'il était de notre devoir de témoigner qu'en de telles circonstances notre place était auprès du roi, nous nous sommes présentés à la porte qui nous a été refusée. La consigne était absolue. Le conseil d'État était assemblé et soumettait au roi des propositions que Sa Majesté devait accepter dans le délai d'une heure.

« Le corps diplomatique, après avoir protesté contre le refus de l'introduire, sûr que la personne du roi se-

---

[1] Alors ministre des affaires étrangères en Grèce.

rait respectée, et jugeant que sa présence ne pouvait qu'exciter la foule toujours croissante, s'est retiré. Réuni dans le voisinage du palais, il envoyait sans cesse demander si les portes lui en seraient bientôt ouvertes. On lui faisait répondre qu'il serait admis aussitôt que Sa Majesté aurait accepté les propositions du conseil d'État, que nous joignons ici avec les signatures qui y sont apposées et qui sont celles de tous les membres présents à la réunion.

« Bientôt le commandant des troupes a fait dire aux représentants des puissances étrangères que les portes du palais leur étaient ouvertes. Ils se sont empressés de se rendre auprès du roi, à qui ils ont fait connaître les démarches réitérées qu'ils avaient faites pour arriver jusqu'à lui. Sa Majesté leur a fait l'honneur de leur dire qu'elle avait écrit pour les convoquer, désirant prendre leur avis dans une position si difficile. Elle a bien voulu rendre compte de tous les événements de la nuit et de la matinée, ajoutant qu'elle était informée que les constitutionnels s'étaient emparés de Nauplie, de Missolonghi et de Chalcis. Le roi a ajouté avec une vive émotion : — J'ai fait l'abandon de toutes mes prérogatives ; je ne suis plus roi, et quand on m'a imposé des ministres, une assemblée nationale, une constitution, quand l'armée a cessé de m'obéir, j'ai dû me demander si je devais conserver la couronne ou abdiquer. Comme homme, ce dernier parti était celui qui me convenait ; comme roi, j'ai songé à l'anarchie qu'entraînerait inévitablement mon abdication ; je me suis soumis aux événements. Mais les nouveaux ministres que le conseil d'État m'a donnés prétendent qu'ils ne peuvent répondre de la tranquillité et faire retirer les troupes et la population, dont vous entendez les cris, si je ne signe une proclamation où je remercierai la nation de sa sagesse, l'armée de l'ordre qu'elle a maintenu, et une ordonnance qui décide qu'une médaille sera donnée à tous ceux qui ont pris part au mouvement. C'est là un abaissement auquel je ne peux me soumettre. Qu'en pensez-vous, messieurs? —

« Nous avons prié le roi de nous permettre, quoique nous comprissions les sentiments qu'il venait d'exprimer, de ne lui donner notre avis qu'après avoir vu les nouveaux ministres qui attendaient sa réponse, et après avoir connu toutes les exigences de la situation.

« Nous avons représenté aux ministres le danger d'abaisser la royauté, le devoir qu'ils avaient contracté de tout tenter pour arrêter un mal déjà si complet. Ils ont répondu qu'il était hors de leur pouvoir de ramener le calme sans satisfaire à la double exigence du peuple et de l'armée.

« Revenus près du roi, comprenant les sentiments douloureux qu'il ne cessait d'exprimer, nous lui avons demandé ce dernier sacrifice, au nom du sentiment qui lui avait conseillé des résolutions plus importantes. Le roi a cédé, et se présentant entouré des ministres sur le balcon où nous avons cru devoir l'accompagner, il a été accueilli par les cris de *Vive le Roi! Vive la Constitution!*

« Les ministres ont prêté serment entre les mains de Sa Majesté pendant que nous étions auprès de la reine, et, descendant sur la place du palais, ils ont informé des dernières concessions du roi le peuple et les troupes qui se sont retirés à l'instant.

« Dans cette triste journée, deux gendarmes ont été tués, et un jeune homme grièvement maltraité par le peuple.

« Le corps diplomatique est resté avec le roi jusqu'à trois heures, et n'a quitté le palais qu'après s'être assuré que, pour le moment du moins, la tranquillité la plus complète était rétablie.

« Devant, sur l'invitation du roi, retourner au château le soir, nous aurons l'honneur de rendre compte des faits nouveaux à Vos Excellences. Elles voudront bien comprendre que nous devons nous borner à un récit de ces déplorables événements. Il faut plus de liberté d'esprit que nous n'en avons et un sérieux examen pour apprécier le point de départ de cette révolution et en prévoir les conséquences. Tout ce que nous devons dire pour donner une idée juste et générale de l'événement, c'est que l'opinion publique, soit qu'elle ait été spontanée ou excitée, a été unanime ; et tout prouve que ce qui vient de se passer à Athènes s'accomplit en ce moment dans les provinces. Sans croire à une catastrophe si prompte, nous ne l'avions que trop prévue. »

Ce rapport, adressé à la conférence de Londres, était signé par les trois ministres des puissances protectrices de la Grèce, par M. Catacazy aussi bien que par MM. Piscatory et Lyons, qui attestaient ainsi les faits et avaient donné en commun au roi Othon les conseils qu'il contenait.

Dès que ce document me fut parvenu, ainsi que les lettres de M. Piscatory qui confirmait les faits en les commentant selon ses propres impressions, je fis appeler M. Colettis, et après lui avoir donné à lire toutes les dépêches : « Qu'en dites-vous ? lui demandai-je; est-ce là un mouvement spontané, naturel, national, purement grec ? Est-ce le résultat plus ou moins factice d'un travail étranger?

« COLETTIS.— Ce n'est pas un mouvement purement spontané et national. C'est une affaire russe. La Russie n'a jamais désiré qu'une chose, réduire la Grèce à l'état de la Valachie et de la Moldavie, une principauté et un prince grec, semi-russe. J'ai vu commencer ce travail en 1827. Il n'a pas cessé un moment depuis. La société de philorthodoxie en est l'instrument. La Russie ne veut pas que le royaume grec dure, ni le roi Othon, ni aucun autre.

« MOI. — Je répugne à croire que la Russie ait voulu, préparé, fomenté ce qui vient de se passer. L'empereur Nicolas n'est point hardi, point entreprenant; il ne va pas au-devant des événements, il ne les provoque pas; quand ils viennent, il faut bien qu'il les prenne, et alors il cherche à les exploiter selon la politique de son pays; mais au fond, il les craint plutôt qu'il ne les désire; toute sa vie, toute sa conduite en

Orient l'a montré tel. Sans parler donc de toutes les apparences qui indiquent, en ceci, un mouvement national, le caractère de l'empereur Nicolas est ma principale objection à votre idée. Quelles preuves avez-vous?

« Colettis. — J'en ai. Je ne puis pas dire tout ce que je sais, même à vous; il y a des paroles d'honneur données. Mais je suis sûr de mon fait.

« Moi. — C'est grave. Du reste, cela n'influe en rien, quant à présent du moins, sur notre conduite; nous ferons ce que nous faisions : nous nous efforcerons de maintenir ce qui est, le roi Othon avec la constitution. Travailler à avoir en Grèce la meilleure assemblée nationale, puis à lui faire faire la meilleure constitution possible, voilà ce que nous conseillerons au roi Othon et à son pays, et à quoi nous emploierons, auprès de l'un et de l'autre, tout ce que nous pourrons avoir d'influence. Pour la Grèce, c'est ce qu'il y a de mieux; pour nous, c'est notre rôle. Et vous, allez-vous partir?

« Colettis. — Oui; dans quelques jours.

« Moi. — Et qu'allez-vous faire?

« Colettis. — Rien. Observer. Je regarde le roi Othon comme perdu. L'assemblée nationale sera nappiste [1]. Je n'ai pas à me mêler de cela. Ce qu'on pourra faire contre le roi Othon ne me regarde pas. Quand je verrai commencer quelque chose contre le pays, quelque

---

[1] On donnait ce nom au parti russe, qui l'avait reçu d'un nommé Nappa, espèce de fou qui, pendant la guerre de l'indépendance, prônait la Russie dans les rues de Nauplie.

chose qui menace sa sûreté et son indépendance, alors je tomberai sur eux avec mes Pallicares, et je leur donnerai une bonne leçon.

« Moi.—Pensez bien à une chose : l'union entre l'Angleterre et nous est rétablie. Ceci peut la resserrer encore. J'espère que, dans vos affaires, l'Angleterre marchera tout à fait avec nous. C'est capital.

« Colettis. — Certainement. Il y a eu bien à dire sur l'Angleterre ; soit qu'elle nous voulût du mal, soit qu'elle fût trompée, elle a souvent bien mal agi pour nous ; elle a poussé à ce qui devait nous perdre. Maintenant, si elle marche avec vous, ce sera très-bon. Je m'en rapporte à vous. C'est à vous à faire cela. »

J'informai aussitôt M. Piscatory de cet entretien. « Voilà Colettis, lui dis-je ; voilà l'ancien chef de parti, pénétrant, prévoyant, hardi, dévoué, mais exclusif, passionnément méfiant, ne voyant que sociétés secrètes et conspirations, se tenant aux aguets et conspirant lui-même jusqu'au jour où il guerroiera. Il se peut que ce jour arrive. Il se peut que ce qu'il y a de vrai dans ce que pense Colettis devienne un jour la situation et fasse les événements. Mais, aujourd'hui et pour nous, là ne sont pas la vérité et la règle de notre conduite. Il nous faut une politique plus large, plus publique, qui réponde mieux à l'ensemble des choses en Europe, et qui suive pas à pas le grand chemin de ces choses-là, au lieu de tendre, par un sentier étroit et caché, vers un but éloigné et incertain. Voici les deux idées qui surnagent dans mon esprit et qui doivent vous diriger, car elles me dirigeront tant que les faits et les informations ne les auront pas changées.

« Je ne crois pas que ce qui vient d'arriver ait été voulu, cherché, préparé par l'empereur Nicolas et ses agents. Je vous répète ce que j'ai dit à Colettis; l'empereur Nicolas n'aime pas les affaires; mais qu'il ait ou non fait lui-même celle-ci, il y verra et y cherchera des chances pour la politique russe qui est bien, au fond, ce que dit Colettis ; il n'acceptera point, il ne soutiendra point la monarchie constitutionnelle grecque. Au lieu donc de l'avoir pour allié malveillant, ce qu'il était, nous l'aurons pour adversaire caché.

« Je ne suis cependant pas convaincu qu'il soit impossible de faire réussir et durer ce qui existe aujourd'hui, le roi Othon et la constitution. Nous n'avons pas réussi à persuader assez le roi Othon ou à peser assez sur lui pour qu'il s'adaptât de lui-même au pays. Le pays, aujourd'hui vainqueur, sera-t-il assez intelligent, assez sensé pour s'adapter au roi, assez du moins pour ne pas le briser? La question est là. Nous avons fait une triste épreuve de la raison du roi Othon et de notre influence sur lui. Nous allons faire celle de la raison de la Grèce et de notre influence sur elle. Je n'en désespère pas; je ne veux pas en désespérer. Tenez pour certain que le succès est bien nécessaire, car le péril sera immense si nous ne réussissons pas mieux dans cette épreuve-ci que dans l'autre. Personne ne peut se promettre de mettre l'Europe d'accord sur le choix d'un nouveau roi grec, ou de la mettre d'accord d'une façon qui nous convienne à nous. Et si l'Europe ne se met pas d'accord, la Grèce pourra bien périr dans le dissentiment européen. Il faut que la Grèce sache bien cela, mon cher ami; répétez-le et persuadez-le autour de vous; parlez au pays comme vous parliez naguère au roi. Nous aurons l'Angleterre loyalement, intimement avec nous. Je suis porté à croire que l'Autriche nous aidera. J'espère faire comprendre à Berlin le péril du roi Othon. J'admets parfaitement avec vous que, la Grèce fût-elle aussi intelligente, aussi sensée, aussi modérée que nous le lui demanderons, ce roi serait toujours un énorme embarras à son propre salut. L'obstacle est-il insurmontable? Peut-être; mais nous devons agir comme s'il ne l'était pas. Peut-être réussirons-nous. Et si nous ne réussissons pas, si le roi Othon doit tomber, pour que nous ayons, après sa chute, l'autorité dont nous aurons grand besoin, il faut que nous nous soyons épuisés à la prévenir.

« Quand je dis *épuisés*, vous entendez bien que je ne vous demande pas de consumer dans cette tentative votre capital de bonne position et de crédit en Grèce. Gardez-le bien, au contraire, et accroissez-le. Soyez toujours très-grec, en intime sympathie avec l'esprit national. On m'assure qu'au fond et à prendre non pas telle ou telle personne mais l'ensemble, cet esprit-là domine dans tous les partis grecs, et qu'on peut, au nom de la nationalité grecque, de l'intérêt grec, agir sur les nappistes comme sur nos amis, à commencer par M. Metaxa. Je m'en rapporte à vous de ce soin. »

Mes instructions officielles, délibérées et acceptées au conseil du Roi, furent l'expression de cette politique. J'insistai spécialement sur la nécessité, pour le roi Othon, de marcher sans arrière-pensée dans les voies où il venait d'entrer : « Depuis longtemps, disais-je à M. Piscatory, nous avons prévu, en le déplorant d'avance, ce qui vient d'arriver en Grèce. Nous avons donné au roi Othon les seuls conseils propres, selon nous, à le prévenir. Maintenant que les faits sont accomplis et qu'ils ont été acceptés par le roi lui-même, qui n'a trouvé nulle part, ni dans son pays, ni dans sa cour, aucun point d'appui pour y résister, il ne reste plus qu'à les contenir dans de justes limites et à en bien diriger les conséquences. Le roi Othon sera peut-être tenté, et même parmi les hommes qui ne l'ont point soutenu au moment du péril, il s'en trouvera probablement qui lui conseilleront de tenir une conduite différente, de travailler à retirer ce qu'il a promis, à détruire ce qu'il a accepté, à faire échouer sous main le nouvel ordre de choses dans lequel il s'est officiellement placé. Une telle conduite, nous en sommes profondément convaincus, serait aussi peu prudente que peu honorable. C'est quelquefois le devoir des rois de se refuser aux concessions qui leur sont demandées; mais quand ils les ont accueillies, c'est leur devoir aussi d'agir loyalement envers leurs peuples. La fidélité aux engagements, le respect de la parole donnée est un exemple salutaire qui doit toujours descendre du haut du trône; et qui sert tôt ou tard les grands et vrais intérêts de la royauté. Le roi Othon vous a dit lui-même qu'il avait délibéré sur la question de savoir s'il consentirait à ce qu'on demandait de lui ou s'il abdiquerait, et que la prévoyance de l'anarchie qui suivrait son refus et des périls où tomberait la Grèce l'avait seule déterminé à ne point abdiquer. Nous pensons qu'il a sagement agi, et que, dans la situation nouvelle où il s'est placé, il peut rendre à la Grèce d'immenses services et porter très-dignement la couronne. Il aura, à coup sûr, bien des moyens d'exercer sur la constitution future de l'État, qu'il doit régler de concert avec l'assemblée nationale, une légitime influence : qu'il emploie ces moyens sans hésitation comme sans arrière-pensée ; qu'il s'applique, soit par lui-même, soit par ses conseillers, à faire prévaloir dans ce grand travail les idées monarchiques et les conditions nécessaires d'un gouvernement régulier. Il rencontrera sans doute de grandes difficultés ; il essuiera encore de tristes mécomptes ; mais la stabilité du trône et la force du gouvernement sont trop évidemment le premier intérêt de la Grèce pour que ce peuple si intelligent ne le comprenne pas lui-même, et ne se prête pas à entourer la royauté de la dignité, de l'autorité et des moyens d'action que, sous le régime constitutionnel, de grands exemples le prouvent avec éclat, elle peut fort bien posséder. »

Je ne me trompais pas en comptant sur le ferme concours du cabinet anglais à cette politique. Lord Aberdeen porta, sur ce qui venait de se passer en Grèce, le même jugement que nous, et donna à sir Edmond Lyons les mêmes instructions. Sir Robert Peel trouva même, dans la première rédaction que lui en communiqua lord Aberdeen, quelques mots trop indulgents pour le mouvement révolutionnaire grec dont le caractère militaire le choquait particulièrement. Lord Aberdeen modifia volontiers sa phrase, mais en maintenant le fond de sa pensée : « Jamais, dit-il, je n'ai été ami des révolutions, et peut-être faudrait-il toujours souhaiter qu'elles n'arrivassent point; mais je ne sais point de changement plus impérieusement provoqué, plus complétement justifié ni plus sagement accompli que celui qui vient d'avoir lieu en Grèce. L'armée y a pris, il est vrai, la principale part; mais le peuple n'y était point opposé ou indifférent, comme cela est souvent arrivé; toute la nation, au contraire, paraît avoir été unanime. Cela ôte à l'événement le caractère d'une révolte militaire, et certes rien n'est arrivé là qui ne fût depuis longtemps prévu. »

A Vienne, comme le prouvaient l'attitude et le langage de M. de Prokesch, la prévoyance avait été la même qu'à Paris et à Londres; mais c'était la politique du prince de Metternich de regarder toutes les révolutions comme des fautes et des maux, même quand il les trouvait naturelles et inévitables; il ne reconnaissait jamais leur droit, et les condamnait tout en les acceptant. Il redoutait vivement, d'ailleurs, la contagion du mouvement révolutionnaire grec dans l'Eu-

rope méridionale, surtout en Italie, et il témoigna au
comte de Flahault son inquiétude : « J'ai cru devoir
dire, m'écrivit M. de Flahault [1], qu'il me paraissait très-
désirable que tous les gouvernements missent leurs
soins à prévenir de tels événements, que tout le monde
s'attendait à la révolution qui venait d'éclater à Athènes, qu'elle était la conséquence de la mauvaise administration et du gouvernement malhabile du roi Othon.
Quant à l'Italie, il était à craindre que les mêmes causes
n'y produisissent les mêmes effets; il serait bien à désirer que, par de bonnes mesures administratives et de
sages réformes, on contentât les hommes de bien ; dans
l'État romain, par exemple, l'introduction de quelques
séculiers dans l'administration produirait le meilleur
effet; mais le gouvernement pontifical s'y était toujours opposé. — A qui le dites-vous? s'est écrié le
prince; n'ai-je pas, moi, envoyé au pape, non pas une
constitution, à peine un projet de réforme, enfin c'était,
comme vous le pensez bien, la chose la plus innocente
du monde ; mais, cela aurait pu produire quelques bons
effets. Le saint-père l'a considéré avec bonté et n'y avait
pas d'éloignement; mais, l'ayant soumis à ses cardinaux, ceux-ci lui ont répondu : « Laissez cela, et ren-
dez-le au jacobin qui vous l'a envoyé. »

M. de Metternich était d'ailleurs bien décidé à ne pas
entrer en lutte avec la France et l'Angleterre quand il
les trouvait franchement unies. Sans donner à M. de

[1] Le 30 septembre 1843.

Prokesch des instructions semblables aux nôtres, il lui prescrivit de ne pas combattre notre action et de la seconder plutôt, sans le dire tout haut et sans y engager sa responsabilité.

L'empereur Nicolas fit plus de fracas, sans beaucoup plus d'effet. Dès qu'il apprit les événements d'Athènes, il éclata avec colère; il ordonna la destitution immédiate de M. Catacazy : « Il est, non pas *rappelé*, dit à Berlin le ministre de Russie, le baron de Meyendorff, au comte Bresson; il est *destitué*. — Je chasse de mon service un pareil traître, disait à Pétersbourg l'empereur lui-même; il mériterait d'être fusillé. Comment se peut-il que mon ministre ait conseillé au roi Othon de signer son déshonneur? Que la Grèce fasse maintenant ce qu'elle voudra, je ne veux plus m'en mêler. Que les puissances s'arrangent comme elles l'entendront. Quant au roi Othon, il a cédé à la contrainte, mais il a juré; un souverain doit tenir sa parole. A sa place, j'aurais abdiqué ou je me serais fait massacrer. Qu'ai-je à faire avec la constitution de Grèce? Je ne me connais point en constitutions. J'en laisse la joie à d'autres. — »

Le comte de Nesselrode atténuait, en les expliquant, l'acte et le langage de l'empereur : « Ce que nous voulons surtout, dit-il au baron d'André, notre chargé d'affaires à Saint-Pétersbourg, c'est démontrer que nous désapprouvons la révolution de la Grèce, et qu'il ne peut convenir à l'empereur de s'associer à l'établissement d'une constitution dans ce pays. Plus tard, si tout n'est pas renversé, si des garanties suffisantes sont laissées au pouvoir monarchique, nous verrons ce que nous aurons à faire. » A Paris, M. de Kisséleff, en me communiquant les dépêches de M. de Nesselrode, les commentait avec autant de modération que le vice-chancelier en apportait dans ses commentaires sur les paroles de son maître. Rentré en Russie, M. Catacazy ne fut point maltraité. Son secrétaire, M. Persiani, resta à Athènes comme chargé d'affaires. A Londres, la conférence des trois puissances protectrices de la Grèce continua de se réunir, et le baron de Brünnow d'y siéger, déclarant, en toute occasion, qu'il restait complètement étranger aux questions politiques soulevées par les événements de Grèce, et qu'il ne prenait part à la conférence qu'à raison des questions financières auxquelles donnait lieu la garantie accordée en 1833 par les trois puissances à l'emprunt grec.

Toutes ces réserves, toutes ces réticences ne m'abusaient point sur la vive préoccupation du cabinet russe au sujet des affaires grecques, et sur l'influence cachée qu'il ne cessait d'y rechercher et d'y exercer. Pas plus que lord Aberdeen, je ne croyais que, de Pétersbourg, on eût prémédité et préparé la révolution constitutionnelle d'Athènes; pourtant les clients avoués de la Russie avaient été parmi les plus ardents à fomenter le mécontentement grec, et les premiers engagés dans son explosion; le chef militaire de l'insurrection du 15 septembre, le colonel Kalergis, passait pour bien voisin du parti russe, et le premier ministre du nouveau cabinet qu'elle avait imposé au roi Othon, M. Metaxa, en était le chef reconnu. A part même ces questions de personnes, « voici une observation, écrivis-je au comte de Jarnac[1], que je recommande à l'attention de lord Aberdeen. Pourquoi le soulèvement a-t-il éclaté à Athènes? Parce que les instructions de la conférence de Londres ont paru vagues, vaines, et n'ont plus laissé espérer aux Grecs une action efficace de notre part pour obtenir du roi Othon les réformes nécessaires. Pourquoi cette pâleur et cette impuissance de nos instructions? Parce que les méfiances et les terreurs russes en fait de constitution nous avaient énervés et annulés nous-mêmes dans nos conseils de réformes bien moindres qu'une constitution. Si nous avions agi, l'Angleterre et nous, selon toute notre pensée, nous aurions à coup sûr, pesé bien davantage sur le roi Othon, et peut-être aurions-nous prévenu le soulèvement. Lord Aberdeen, j'en suis sûr, n'a pas plus de goût que moi pour cette politique incertaine et stérile qui parle et ne parle pas de manière à agir, qui a l'air de vouloir et ne veut pas de manière à réussir. On ne réussit à rien avec cette politique-là, et on court le risque d'y perdre sa considération et son influence. Prenons garde à ne pas nous la laisser imposer de nouveau. En admettant, comme je le fais, que la Russie ne soit pour rien dans ce qui vient de se passer en Grèce, nous ne pouvons nous dissimuler qu'au fond elle n'en juge pas comme nous, et qu'elle ne portera pas dans sa conduite

---

[1] Le 9 octobre 1843.

les mêmes idées, les mêmes sentiments que nous, le même désir de voir le roi Othon et le régime constitutionnel marcher et s'affermir ensemble. N'oublions jamais ce fond des choses, et ne souffrons pas que, pour s'accommoder un peu à des tendances différentes, notre action perde sa force et son efficacité. »

Lord Aberdeen ne s'expliquait pas aussi catégoriquement que moi sur le péril de l'influence russe; il restait soigneusement en bons rapports avec le baron de Brünnow, et l'aidait à éluder, dans la conférence de Londres, les embarras que lui faisait la colère affichée de l'empereur son maître : « Je ne suis pas disposé, disait-il à M. de Jarnac, à entrer en ligne avec la France contre la Russie; » mais son action dans les affaires de Grèce et son entente avec nous à leur sujet ne se ressentaient point de ces ménagements; elle était de jour en jour plus entière et plus confiante; il communiquait souvent à M. de Jarnac, non-seulement ses instructions officielles, mais ses lettres particulières à sir Edmond Lyons : « Je vois avec regret, écrivait-il à celui-ci[1], que vous avez une tendance à maintenir l'ancienne distinction des partis. Je dois vous dire que M. Piscatory, quoique parlant de vous dans les meilleurs termes et professant pour vous une parfaite cordialité, se plaint un peu de cela. Je vous engage de vous bien garder de mettre en avant Maurocordato, ou tout autre, comme le représentant de la politique et des vues anglaises. Je suis

---

[1] Le 15 novembre 1843.

sûr que le ministre de France recevra les mêmes instructions quant à Colettis et à ceux qui se prétendraient les soutiens des intérêts français. Nous avons à lutter contre des intrigues de diverses sortes qui essayeront d'entraver en Grèce l'établissement de la constitution. Ce serait une grande pitié, quand les gouvernements sont entièrement d'accord, que quelque jalousie locale ou les prétentions personnelles de nos amis vinssent aggraver nos difficultés. »

Même avant la révolution du 15 septembre, j'avais fait plus qu'adresser à M. Piscatory de semblables instructions; j'avais engagé M. Colettis à ne pas partir immédiatement pour Athènes, où il venait d'être rappelé; je ne voulais pas que sa présence apportât quelque embarras dans le bon accord naissant entre M. Piscatory et sir Edmond Lyons; et malgré les vives instances de ses amis, M. Colettis lui-même était si bien entré dans ma pensée, qu'il avait, en effet, ajourné son départ. Après la révolution du 15 septembre, et quand les élections pour l'assemblée nationale grecque furent à peu près terminées, il se décida avec raison à partir. Il vint, vers le milieu d'octobre, prendre congé de moi à Auteuil, où je passais encore les beaux jours d'automne; il était gravement et affectueusement ému, avec un peu de solennité à la fois naturelle et volontaire; il retournait en Grèce après huit ans d'absence; il quittait la France où il avait été si bien accueilli, où il avait tant vu et tant appris! « La Grèce, me dit-il, a bien des amis en France; vous et le duc de Broglie, vous êtes les meilleurs. Elle a ailleurs bien des ennemis, bien des prétendants à la dominer, bien des malveillants inquiets. Elle est petite, très-petite, et elle se croit, on lui croit un grand avenir. Elle est esclave depuis des siècles, et elle veut être libre. Elle a raison, mais c'est bien difficile. Je compte, je ne dirai pas sur votre appui, cela va sans dire, mais sur votre action, sur votre aide de tous les jours; j'en aurai besoin, et pour avancer et pour arrêter, auprès de mes amis comme auprès de mes adversaires; ne les craignez pas, je suis plus fort qu'eux. » Je lui répétai, avec la plus amicale insistance, les mêmes conseils, les mêmes recommandations qui, depuis trois ans, avaient rempli nos entretiens. Nous nous embrassâmes et il partit : « Je lui ai fait donner un bateau à vapeur, écrivis-je à M. Piscatory en lui annonçant son départ; il faut qu'il arrive convenablement et sous notre drapeau. » M. Maurocordato était, quelques jours auparavant, revenu de Constantinople à Athènes sur un vaisseau anglais.

« Après avoir touché à Syra, où il a été reçu avec le plus vif empressement, m'écrivit quinze jours après M. Piscatory[1], M. Colettis est entré hier matin au Pirée; les bâtiments anglais l'ont salué les premiers; les nôtres ont suivi l'exemple. La nouvelle étant arrivée à Athènes, tous les amis de M. Colettis sont allés à sa rencontre, et quand il a débarqué, il a été reçu par plus de trois mille personnes qui l'ont salué des plus vives acclama-

[1] Le 30 octobre 1843.

tions. Il s'est mis en marche avec ce cortége. Près de la route se trouve le petit monument élevé en 1835, sur le point même où il fut tué, à la mémoire de George Karaïskakis, le dernier des héros grecs morts en combattant les Turcs dans la guerre de l'indépendance. A cet endroit, M. Colettis s'est arrêté, et, quittant un moment la route, il est allé, suivi de ses amis, s'agenouiller et prier sur le tombeau de son vaillant compagnon. Cet incident s'est passé sans préparation et sans paroles. Arrivé à Athènes, M. Colettis a trouvé le même accueil. La maison où il est descendu était pleine de monde; M. Metaxa l'y attendait; une indisposition sérieuse avait retenu M. Maurocordato dans son lit. Le soir, tous les ministres sont venus, et c'est à minuit seulement que j'ai pu causer avec M. Colettis. J'ai cherché à lui dire le vrai sur les faits, les situations et les personnes, et je l'ai trouvé dans des dispositions qui me donnent grande espérance pour la cause qu'il faut défendre en commun. J'ai dû lui répéter ce que venait de me dire sir Edmond Lyons : — « Il n'y a qu'une bonne politique, celle que font ensemble la France et l'Angleterre : c'est vrai partout; c'est vrai surtout en Grèce, et ce n'a jamais été plus vrai que depuis les événements du 15 septembre. Vous et moi, Maurocordato et Colettis voulant les mêmes choses, tendant au même but par les mêmes moyens, la partie de la monarchie constitutionnelle est gagnée. — J'ai bien dit à M. Colettis ce qu'il avait à ménager dans sir Edmond Lyons. Il ira le voir aujourd'hui, après avoir vu le roi, et j'espère beaucoup de cette première conversation à laquelle seront apportées, de part et d'autre, les meilleures dispositions. »

M. Colettis ne trompa point cette attente ; toujours soupçonneux au fond de l'âme et toujours digne, même en s'effaçant, il ne laissa percer aucune méfiance, aucune exigence personnelle, et mit tous ses soins à s'entendre avec MM. Maurocordato et Metaxa, à ménager les susceptibilités jalouses de sir Edmond Lyons, à contenir ses rudes et impatients amis : « Vous apprendrez avec plaisir, m'écrivit-il [1], que, malgré mon absence, j'ai été élu par huit colléges électoraux ; mes concitoyens ne m'avaient pas tout à fait oublié. M. Maurocordato et moi, nous avons accepté la proposition qui nous a été faite par Sa Majesté de prendre part aux délibérations du conseil des ministres pour tout ce qui concerne l'assemblée nationale ou le maintien de la tranquillité publique. On nous avait proposé de nous nommer ministres sans portefeuille, mais nous avons cru devoir refuser, en nous bornant à offrir au ministère le tribut de notre vieille expérience. Cette conduite de notre part a produit le meilleur effet ; elle a prouvé combien nous désirions l'un et l'autre que l'union régnât entre les partis, pour arriver, avec le moins de secousses possible, à l'accomplissement du grand œuvre de la constitution. » — « La conduite des

---

[1] Le 10 novembre 1843.

hommes considérables me paraît excellente, m'écrivait quelques jours après M. Piscatory [1] ; pas une dissidence ne s'est élevée entre MM. Maurocordato, Colettis et Metaxa; et hier, MM. Kalergis, Grivas et Griziottis assistant au conseil, l'entente a été complète et les déterminations très-sages; les chefs militaires ont dit aux chefs politiques : « Ce que nous vous demandons, c'est de vous entendre. Puis, faites ce que vous jugerez bon pour le pays; nous vous suivrons. »

Ouverte le 20 novembre 1843, l'assemblée nationale employa près de quatre mois à débattre et à voter la constitution. On nous avait d'avance demandé, sur ce sujet, à lord Aberdeen et à moi, nos plus explicites conseils. M. Colettis, avant son départ, m'avait même instamment prié, non-seulement de lui écrire mes idées quant à la constitution, mais de les rédiger en articles. Je m'y refusai absolument : « On n'arrive pas de loin, lui dis-je, à ce degré de précision pratique, et il est ridicule de le tenter. » Mais je ne pouvais me dispenser, et lord Aberdeen lui-même me le demandait, de donner, sur cette grande question, des instructions à Athènes pour l'exercice de notre influence commune. J'écrivis donc à M. Piscatory [2] :

« Je vois, d'après ce que vous me dites, qu'il y a déjà bien du progrès dans les idées politiques en Grèce. Deux chambres, l'une élective, l'autre nommée par le

---

[1] Le 19 novembre 1843.
[2] Le 28 octobre 1843.

roi, le droit de dissolution, l'administration générale entre les mains de la royauté, sous la responsabilité de ses ministres, ce sont là maintenant des principes élémentaires, nécessaires, du régime constitutionnel. Je suis charmé de voir qu'en Grèce aussi le bon sens public les a adoptés.

« Je crains qu'on ne croie que c'est là tout, et que, pour avoir en Grèce une bonne constitution, il suffit qu'elle ressemble à celles qui sont bonnes ailleurs.

« L'esprit d'imitation est, de nos jours, le fléau de la politique. Non-seulement il ne tient aucun compte de ce qui mérite qu'on en tienne grand compte, l'histoire, les mœurs, tout ce passé des peuples qui demeure toujours si puissant dans le présent; mais il méconnaît également un principe fondamental, une nécessité politique du premier ordre, le rapport qui doit exister entre la constitution et la taille des sociétés.

« Si l'on adaptait une machine à vapeur de six cents chevaux à un petit bâtiment, elle le mettrait en pièces au lieu de le faire marcher. Il en est de même des constitutions; c'est une erreur immense en théorie et fatale en pratique, de croire que la machine qui convient à un grand État convienne également à un petit.

« Quel est le fond d'une constitution comme la nôtre ?

« Trois grands pouvoirs indépendants l'un de l'autre, constamment en présence et indispensables l'un à l'autre, non-seulement pour telle ou telle des affaires de l'État, mais pour que l'État ait un gouvernement.

« Dans un tel régime, le gouvernement, dans son application réelle aux affaires publiques, ne subsiste point en tout cas et par lui-même; il faut qu'il se forme par l'amalgame, la fusion, l'harmonie des trois pouvoirs. C'est là ce qu'on dit quand on dit qu'il faut que des majorités se forment dans les deux chambres, que ces majorités s'entendent avec la royauté, et que de leur accord sorte un cabinet qui gouverne avec la confiance du roi et des chambres.

« Tant que ce résultat n'est pas obtenu, il n'y a point de gouvernement fort et régulier.

« Et quand ce résultat est obtenu, il est aussitôt mis en question.

« Une fermentation et une lutte continuelles, entre les grands pouvoirs publics et dans le sein des grands pouvoirs publics, pour former ou soutenir sans cesse un gouvernement sans cesse attaqué, voilà le régime représentatif tel qu'il est et qu'il doit être dans les grands États.

« Cette fermentation et cette lutte incessantes, cette mobilité continuelle, soit en fait, soit en perspective, seraient insupportables, impraticables dans un petit État.

« Impraticables au dedans. Bien loin qu'un gouvernement sortît de là, tout gouvernement y périrait. La force disproportionnée du mouvement tiendrait le corps social dans un ébranlement désordonné et maladif. Les pouvoirs et les partis politiques, mis ainsi aux prises, n'auraient pas assez d'espace pour coexister et fonctionner régulièrement. Les passions et les intérêts individuels seraient trop près les uns des autres, et trop près du recours à la force. Il n'y aurait dans l'administration des affaires publiques, ni calme, ni suite. Les oscillations de la machine, à la fois très-vives et très-resserrées, dérangeraient et compromettraient, à chaque instant, la machine elle-même.

« Impraticables au dehors. Un tel état de fermentation politique, dans un petit pays entouré de grands pays, causerait trop de sollicitude à ses voisins, et offrirait en même temps trop de prise à leur influence. On dit que la corruption est le vice du régime représentatif. Dans un grand État du moins elle est combattue et surmontée par l'empire des intérêts et des sentiments généraux ; en tous cas, elle est à peu près impossible à une influence étrangère. Dans un petit État, elle serait bien plus facile et puissante, et pourrait fort bien venir du dehors.

« Que la Grèce ne tombe pas dans l'imitation servile et aveugle des grandes constitutions étrangères. L'indépendance et la dignité de sa politique n'y sont pas moins intéressées que son repos. Il lui faut une machine plus simple, moins orageuse, qui ne fasse pas du pouvoir l'objet d'une lutte et le résultat d'une fermentation continuelle : une machine dans laquelle le gouvernement subsiste un peu plus d'avance et par lui-même, quoique placé sous le contrôle et l'influence du pays. Les trois grands éléments nécessaires du régime constitutionnel se prêtent bien à cette pensée. La royauté existe en Grèce : qu'elle ne puisse agir qu'avec le conseil et sous la garantie de ministres responsables ; que deux chambres associées au gouvernement de l'État contrôlent l'action du ministère et lui impriment une direction conforme à l'esprit national : mais qu'elles ne lui impriment pas en même temps l'agitation et la mobilité de leur propre nature; que la lutte des partis, la formation et le maintien d'une majorité ne soient pas la première, la plus pressante, la plus constante affaire des ministres. Que les chambres, en un mot, soient assez près du gouvernement pour exercer sur lui, dans l'ensemble des choses, une surveillance et une influence efficaces; mais qu'elles ne soient pas si intimement en contact avec lui qu'il soit contraint de venir vivre dans leur arène et de s'y élaborer incessamment.

« On atteindrait à ce but si la chambre élective n'était mise en présence du gouvernement qu'à des intervalles un peu éloignés, tous les trois ans par exemple, et si le sénat, plus habituellement rapproché du pouvoir, faisait auprès de lui, dans une certaine mesure et pour les affaires les plus importantes, l'office de conseil d'État.

« Une chambre élective, qui ne se réunirait que tous les trois ans, n'introduirait pas dans le gouvernement cette fermentation, ces chances de dislocation, ce continuel travail et combat intérieur qu'un grand État supporte et surmonte, mais qui jetteraient un petit État dans un trouble trop fort pour lui, et peut-être dans des périls plus graves encore que le trouble. Cependant une telle chambre, votant le budget pour trois ans, examinant et discutant la conduite du ministère pendant cet intervalle, délibérant sur toutes les lois nouvelles dont la nécessité se serait fait sentir, une telle chambre, dis-je, aurait, à coup sûr, toute la force nécessaire pour protéger les libertés publiques, assurer la bonne gestion des affaires publiques, et ramener le pouvoir dans des voies conformes à l'intérêt et à l'esprit national, s'il s'en était écarté.

« En même temps, un sénat nommé à vie et qui, indépendamment de la session triennale dans laquelle il concourrait aux travaux de la chambre élective, se réunirait plus souvent, soit à des époques fixes, soit sur la convocation spéciale du roi, tantôt pour recevoir un compte-rendu du budget de chaque année, tantôt pour s'occuper des affaires dans lesquelles il aurait à agir comme conseil d'État, un tel sénat, dis-je, serait, pour le pouvoir, un frein efficace et un utile appui, et pour le pays une grande école politique dans laquelle des hommes déjà connus et distingués acquerraient l'esprit de gouvernement et se prépareraient à le pratiquer.

« Quand un pays ne contient pas une classe aristocratique naturellement vouée à la gestion des affaires publiques, ou quand il ne veut pas acheter les avantages d'une telle aristocratie en en supportant les inconvénients, il faut que les institutions y suppléent et se chargent de former, pour le service de l'État, les hommes que la société ne lui fournit point. C'est à quoi sert un sénat assez séparé du gouvernement pour le considérer avec indépendance, et pourtant assez rapproché de lui pour en bien comprendre les faits et les nécessités.

« Je ne puis qu'indiquer les motifs et les résultats d'une combinaison constitutionnelle de ce genre ; mais je suis profondément convaincu qu'elle convient mieux à la Grèce que le jeu incessant et redoutable de la machine représentative telle qu'elle existe en France et en Angleterre. Je reviens à mon point de départ. En fait de constitution, l'esprit d'imitation est commode pour la paresse, agréable pour la vanité, mais il jette hors du vrai et tue la bonne politique. Que cherchent, dans une constitution, les hommes honnêtes et sérieux vraiment amis de leur pays ? Non pas, à coup sûr, un théâtre où d'habiles acteurs viennent journellement amuser un public oisif, mais des garanties pratiques de la sûreté extérieure de l'État, du bon ordre intérieur, de la bonne gestion des affaires publiques et du développement régulier de la prospérité nationale. Les moyens d'atteindre ce but ne sont pas les mêmes partout. Parmi les causes qui les font varier, il y en a qui tiennent à l'état des mœurs, au degré de la civilisation, à des circonstances morales qu'on ne connaît que lorsqu'on a vu de près un pays et vécu dans son sein. Je n'ai rien dit de ces causes-là quant à la Grèce, car je ne saurais les apprécier par moi-même. Mais il y a une circonstance qui frappe les yeux et peut fort bien être appréciée de loin, c'est la dimension, la taille de l'État auquel la constitution doit s'appliquer. Je regarde cette circonstance comme très-importante, et c'est, à mon avis, pour n'avoir pas voulu en tenir compte que, de nos jours, en Europe et en Amérique, plus d'une tentative constitutionnelle a si déplorablement échoué. J'espère que les Grecs auront le bon sens de reconnaître cet écueil et de ne pas s'y heurter. Indépendamment des avantages intérieurs qu'ils en retireront, ils y trouveront celui-ci que l'Europe regardera une telle conduite de leur part comme une grande preuve de sagesse; elle en conclura que les idées radicales et les fantaisies révolutionnaires ne dominent pas les Grecs, et qu'animés d'un vrai esprit national, ils savent reconnaître et satisfaire chez eux, pour leur propre usage, les vrais intérêts du gouvernement et de la liberté. Le jour où la Grèce aura donné, sur elle-même, cette conviction à l'Europe, elle aura fait immensément pour sa stabilité et son avenir. »

Pas plus que les individus, les peuples n'aiment à s'entendre dire qu'ils sont petits et qu'ils feraient bien de s'en souvenir. Partout où s'élevait, à cette époque, le désir d'une constitution, le grand régime constitutionnel de la France et de l'Angleterre s'offrait aux esprits, à la fois avec l'attrait de la nouveauté et l'empire de la routine; pourquoi ne pas l'adopter tel qu'il était pratiqué et qu'il avait réussi ailleurs? En communiquant à M. Piscatory mes vues sur la constitution grecque, je lui avais prescrit de ne leur donner aucune forme, aucune apparence officielle, et de les présenter aux Grecs uniquement comme les conseils d'un ami convaincu de leur utilité. Lord Aberdeen, en informant sir Edmond Lyons que j'écrirais avec détail, sur ce sujet, à M. Piscatory, lui avait recommandé d'appuyer mes conseils, mais sans en prendre la responsabilité. Il avait lui-même des doutes sur quelques-unes de mes idées; et sir Robert Peel, d'un esprit moins libre et plus dominé par ses habitudes anglaises, se montrait plus favorable à la convocation annuelle de la chambre des députés et contraire à toute participation du sénat à un rôle spécial de conseil d'État. La constitution grecque, délibérée par l'assemblée nationale, acceptée par le roi Othon et promulguée le 16 mars 1844, fut monarchique et libérale, mais calquée sur le modèle du régime constitutionnel de France et d'Angleterre, et destinée ainsi à en rencontrer, sur ce petit théâtre, les difficultés et les périls.

Tant que siégea l'assemblée nationale chargée de l'enfantement constitutionnel, la nécessité de l'accord et de l'action commune fut sentie et acceptée par tout le monde, par les chefs des partis grecs comme par les diplomates étrangers. Parmi les anciens amis de M. Colettis beaucoup s'indignaient de son impartialité, lui reprochaient ses complaisances pour ses anciens adversaires, et le pressaient de se mettre hautement à leur tête contre les partisans de MM. Maurocordato et Metaxa, qui ne lui rendaient pas toujours ce qu'il faisait pour eux : « Rien ne me fera changer de conduite, leur répondit-il; la constitution ne peut pas se faire sans l'entente; j'y serai fidèle. Je sais que plusieurs des amis de MM. Maurocordato et Metaxa ne me donneront pas leur voix; peu m'importe; je voterai pour eux, et tous ceux qui me croiront en feront autant. — Vous êtes donc contre vos amis et pour vos ennemis? — Ni l'un ni l'autre; je suis pour l'entente à tout prix. » M. Piscatory le soutenait fermement dans cette difficile épreuve : « Je poursuis, m'écrivait-il, la voie que vous m'avez tracée, et on nous tient ici pour de très-honnêtes gens, un peu dupes. J'ai à essuyer de rudes remontrances de la part de nos amis; mais je ne me laisse aller à aucune faiblesse. Nous couperons notre mauvaise, bien mauvaise queue, et nous la remplacerons par mieux qu'elle. » Sir Edmond Lyons, malgré ses préventions et ses prétentions, était frappé de cet exemple, et rendait justice à ceux qui le lui donnaient : « M. Guizot, écrivait-il à lord Aberdeen, a ici, dans M. Piscatory, un admirable agent. » Il faisait effort lui-même pour se conformer aux recommandations de lord Aberdeen, mettre de côté l'esprit de parti et maintenir l'entente; mais ses habitudes et son naturel reprenaient souvent leur empire; il rentrait souvent dans ses méfiances jalouses, dans sa passion d'influence et de domination exclusive. M. Piscatory m'en avertissait et s'en défendait, sur les lieux mêmes, vivement mais sans humeur : « Il y a ici, m'écrivait-il, des gens qui feraient couler le bateau à fond plutôt que de le voir sauver par nos mains. Le gouvernement grec avait demandé qu'on reçût à Toulon quatre jeunes gens comme élèves de notre marine. Vous m'écrivez par le dernier courrier que c'est accordé. J'en informe le ministre de la marine à Athènes. Son principal employé, tout dévoué à sir Edmond Lyons, s'en entend avec lui et donne ordre aux jeunes gens de s'embarquer sur un bâtiment anglais. Les jeunes gens désolés viennent se plaindre. J'envoie immédiatement déclarer au ministre de la marine que, quand je devrais faire prendre par des matelots les quatre élèves, ils iront à Toulon. On s'est excusé, et je ferai partir prochainement mes quatre Grecs. » J'informai lord Aberdeen de cet incident : « Que dites-vous de la France et de l'Angleterre ardentes à s'enlever quatre petits marins ? Je pourrais vous envoyer bien d'autres commérages de cette sorte, mais c'est assez d'un. Qu'il ne revienne, je vous prie, de celui-ci pas le moindre reflet à Athènes; M. Piscatory se loue beaucoup de sir Edmond Lyons, a pleine confiance dans sa loyauté, et au fond ils marchent très-bien ensemble. N'y dérangeons rien. Seulement il est bon de regarder de temps en temps dans les coulisses très-animées de ce petit théâtre, pour n'être jamais dupes des intrigues qui s'y nouent et s'y renouent sans cesse. »

J'écrivis en même temps à M. Piscatory : « Persistez à subordonner les intérêts de rivalité à l'intérêt d'entente, la petite politique à la grande, et faites que Colettis persiste. C'est indispensable. Ce n'est pas notre plaisir que nous cherchons, c'est le succès. C'est la fortune de la Grèce que nous voulons faire, non pas celle de tel ou tel Grec. Mais dites-moi toujours tout. Vous êtes là pour tout voir et me faire tout savoir, agréable ou désagréable. Seulement il ne faut pas voir, dans tout ce que fait ou dit sir Edmond Lyons, plus qu'il n'y a : il n'y a point de trahison politique, point de dissidence réelle et active quant à l'intention et au but pour la Grèce ; il y a le vice anglais, l'orgueil ambitieux, la préoccupation constante et passionnée de soi-même, le besoin ardent et exclusif de se faire partout sa part et sa place, la plus grande possible, n'importe aux dépens de quoi et de qui. Cela est très-incommode, très-insupportable, et il faut le réprimer de temps en temps, quand cela devient tout à fait nuisible aux affaires ou inconvenant pour la dignité. C'est ce que vous avez fait très à propos dans l'incident des quatre petits marins. Mais il faut savoir que cela s'allie avec de la loyauté, du bon sens, du courage, et une bien plus grande sûreté de commerce et d'action commune qu'on n'en rencontre ailleurs. »

La constitution faite et promulguée, un problème bien plus difficile encore s'élevait : il fallait former un ministère capable de contenir, en le satisfaisant, ce peuple ressuscité en armes, d'affermir cette royauté chancelante, de supporter la liberté publique en maintenant la loi. A peine fut-on en présence de cette tâche, que les obstacles et les périls éclatèrent : le ministère qui était né de la révolution et qui avait présidé au travail de la constitution disparut; M. Metaxa donna sa démission; il s'était brouillé avec M. Maurocordato, et l'attitude de l'empereur Nicolas rendait, pour le parti nappiste, le gouvernement constitutionnel impossible.

« Enfin la constitution est jurée, l'assemblée est dissoute, la révolution est close, m'écrivait M. Piscatory[1]; ferons-nous un ministère raisonnable? Je n'en sais rien encore. Le ministère fait, vaincra-t-il le roi? J'en doute. L'opinion que c'est impossible s'en va en province avec les députés les plus sages, les plus modérés qui se désolent, avec l'opposition et les philorthodoxes qui ont bien raison de ne pas renoncer à leurs projets. Lyons est toujours très-bien; son parti est pris, je le crois; cependant il faudra le voir à l'épreuve des petites questions d'influence. Je ferai tous les sacrifices qui ne nous amoindriront pas; partout, et ici surtout, la réputation est importante; la nôtre est bonne; je ne la fais pas résonner haut, mais je tiens à la maintenir. »

Les dispositions de M. Colettis m'inquiétaient: il avait mis, à me les faire connaître, sa mâle franchise; avant même que la constitution fût promulguée, il avait écrit au directeur des affaires politiques dans mon ministère, M. Desages, qui avait son amitié et toute ma confiance[2] : « Quand je suis arrivé ici, le gouvernement était entre les mains des hommes du 15 septembre. J'ai dû entrer dans le conseil pour neutraliser l'effet de l'élément révolutionnaire. J'ai réussi. L'assemblée

---

[1] Le 31 mars 1844.
[2] Le 29 février 1844.

montrait des tendances dangereuses; j'avais à lutter d'un côté contre l'esprit démocratique, de l'autre, contre les petites jalousies des hommes même qui auraient dû me seconder avec le plus de franchise. J'ai déclaré hautement mes principes; je n'ai fait des concessions de principe à personne; mais j'ai mis de côté tout amour-propre, je me suis effacé. Tout en ramenant Metaxa, je me suis étroitement uni à Maurocordato. Nous avons dominé l'assemblée; le roi, la monarchie, le pays ont été sauvés. Mais il y a encore un grand danger pour tous; c'est la mise à exécution du nouveau système. Maurocordato n'a pas su ménager assez Metaxa; il y a eu entre eux dissidence; il y a eu rupture, dont la conséquence a été la démission du président du conseil. Le nouveau ministère qui va se former aura à lutter contre un ennemi puissant, d'autant plus puissant qu'il peut habilement exploiter la haine, c'est le mot, du peuple contre les Fanariotes, qu'on accuse, à tort ou à raison, comme les auteurs de tous les maux qui ont pesé sur la nation sous l'ancienne administration. Le ministère devra donc être fort pour accomplir avec succès la lourde tâche qui lui sera imposée. Quant à moi, je suis bien loin de redouter un pareil fardeau; mais je veux le porter noblement; je veux avoir toutes les chances possibles de réussir. Pour réussir, je dois être secondé par des hommes qui me soient dévoués; si l'administration n'était pas à une seule pensée, pas de réussite possible. Ici, la question est trop grave pour que je puisse céder en rien. Il y va du salut de mon pays; je me crois capable de le sauver; mais je dois avoir les moyens de le faire. Je suis donc bien décidé à ne pas me départir de la ligne de conduite que je me suis tracée et à ne faire, ni à Lyons, ni à Piscatory, ni à Maurocordato, une concession qui serait nuisible à mon pays, au roi, à moi-même. Il faut réussir ou ne pas entreprendre l'œuvre de régénération. Je ne refuse pas la coopération de Maurocordato; je suis prêt même à lui céder la présidence; mais il est indispensable que j'aie les ministères actifs entre les mains; c'est le seul moyen de servir réellement les intérêts de la Grèce, du roi, de la politique française en Orient. Si je ne puis, par des raisons politiques, réussir à former un ministère homogène, je me retirerai, parce que je ne puis jouer au hasard tant de graves intérêts. Si je réussis au contraire à mettre dans les ministères actifs des hommes à moi, je réponds de l'avenir, pourvu que la France ne m'abandonne pas. »

Nous étions bien décidés à n'abandonner ni la Grèce ni M. Colettis; mais je ne partageais pas toute sa confiance en lui-même et en lui seul; j'étais convaincu que ce n'était pas trop, en Europe, de l'accord entre la France et l'Angleterre, en Grèce, du concours des grands partis et de leurs chefs, pour consolider cet État naissant, et que ce qui avait été nécessaire à l'enfantement de la constitution ne l'était pas moins aux premiers pas du gouvernement constitutionnel. J'écrivis à M. Piscatory[1] : « J'admets tout ce que vous me dites du roi

[1] Le 7 avril 1844.

Othon, le déplorable effet de ses lenteurs et de son insistance sur je ne sais combien de points secondaires, l'humeur de ses plus sincères amis. Pourtant, je trouve cette impression un peu exagérée ; je viens de relire tout ce qu'il a écrit, dit, demandé. Tout cela est d'un esprit obstiné, maladroit, solitaire ; mais on n'y sent point de mauvais dessein. Que le roi Othon ne soit pas un grand esprit, ce n'est en Grèce une découverte pour personne ; il faut qu'on en prenne son parti ; à tout prendre, depuis la révolution du 15 septembre, il s'est mieux conduit qu'on ne s'y attendait ; il s'est tenu assez tranquille et il a de la probité. Je ne comprendrais pas, de la part d'hommes comme M. Colettis et M. Maurocordato, le découragement dont vous me parlez. Laissez-moi vous redire, et par vous à eux, ce que je vous ai déjà dit : dans toutes les situations, on a toujours devant soi des faits qu'on ne peut changer, des obstacles qu'il faut accepter en travaillant à les surmonter. De tous les fardeaux de ce genre, le roi Othon ne me paraît pas le plus lourd possible ; tenez pour certain que, si celui-là était écarté, les Grecs en verraient tomber bien d'autres sur leurs épaules, et que le roi Othon, malgré tout ce qui lui manque, leur épargne plus d'embarras qu'il ne leur en suscite. Les moyens de lutter contre les défauts du roi ne manqueront point à ses ministres ; ils auront les forces du régime constitutionnel ; ils auront l'appui des légations française et anglaise. Ce n'est pas assez, j'en conviens, pour leur épargner les ennuis, les fatigues, les mécomptes, quelquefois les échecs d'une telle situation ; c'est assez pour leur rendre habituellement le succès possible et probable. On n'a pas le droit d'espérer mieux en ce monde. Que MM. Colettis et Maurocordato me pardonnent ce langage ; je ne leur dis là que ce que je me répète sans cesse à moi-même ; j'ai aussi, d'autre façon, mes embarras inamovibles et mes tentations de découragement. Que ces messieurs demeurent unis pour former un cabinet et pour gouverner, comme ils l'ont été pour faire la constitution ; ils réussiront de même, peut-être plus laborieusement encore, mais en définitive, ils réussiront. Leur union est, j'en conviens, la condition *sine qua non* du succès ; c'est encore là une de ces nécessités qu'il faut accepter et satisfaire, n'importe par quels sacrifices réciproques. A vous dire tout ce que je pense, j'ai regretté et je regrette la rupture avec M. Metaxa ; le parti nappiste est trop important, trop fort pour qu'il soit sage de le rejeter tout entier dans l'opposition. Fût-il moins fort, il ne faut pas avoir dans l'opposition tout le parti religieux ; ce peut être une situation de révolution ; ce n'est pas une situation de gouvernement. Comment faut-il faire, au parti nappiste, une part dans le gouvernement ? Faut-il la lui faire dans la personne de son chef ou en détachant du chef ses lieutenants et ses soldats ? Il n'y a pas moyen d'avoir, de loin, un avis sur cette question ; je m'en rapporte à nos amis et à vous. Mais tenez pour certain que, par l'une ou l'autre voie, il faut atteindre ce but et absorber dans le gouvernement une partie du nappisme. M. Metaxa aurait-il envie de venir ici comme ministre de Grèce? Nous l'accepterions volontiers. »

M. Piscatory pensait comme moi et avait devancé mes instructions : « J'ai le profond regret, m'écrivait-il dès le 10 avril 1844, par une dépêche officielle, d'annoncer à V. E. qu'il m'a été impossible de soutenir les prétentions de M. Colettis; elles étaient telles que je suis convaincu qu'elles étaient des prétextes pour ne pas accepter sa part du pouvoir, et pour se réserver pour un avenir qu'il prévoit, à tort ou à raison. Tout ce que les liens politiques et l'amitié personnelle conseillaient d'efforts en une telle circonstance, je l'ai fait; il m'a semblé que j'aurais manqué à mes devoirs et aux instructions du gouvernement du Roi si je m'étais associé à une lutte personnelle qui, heureusement, n'est pas tant entre MM. Colettis et Maurocordato qu'entre leurs amis. J'ai cru devoir me préoccuper d'un seul but, celui de concourir à la formation du ministère le plus raisonnable, le plus capable possible, et le plus acceptable par l'opinion publique. J'ai donc déclaré à M. Colettis, qui me reprochait de ne pas soutenir le parti français, que je ne pouvais me placer sur ce terrain, que ce n'était pas là une proposition soutenable dans un gouvernement régulier, et que tel ne devait pas être le résultat des efforts communs pour donner à la Grèce un gouvernement constitutionnel. Il est resté inébranlable. » Quelques jours après[1], M. Piscatory ajoutait, dans une lettre intime : « Je vous ai

---

[1] Le 15 avril 1844.

écrit en grande hâte, par le dernier bateau, pour vous dire la position où m'avaient mis les exigences personnelles de Colettis, et plus encore sa répugnance non avouée, mais évidente, à entrer au ministère. S'il avait voulu en convenir franchement, tout était simple; il ne l'a pas voulu, même avec sa propre conscience, et j'ai dû prendre un parti qui a ses inconvénients, je le sais, mais le seul qui établît la vraie situation, la situation qui convient à un gouvernement régulier et à son représentant. Je suis sûr maintenant d'avoir bien fait ici. Ai-je bien fait pour Paris? Vous me le direz. Ce que je voudrais, même en ayant raison, c'est ne pas vous avoir créé d'embarras. Là est toute mon inquiétude. J'en avais une autre; mais je ne l'ai plus, ou plutôt je l'ai moins. Je craignais d'avoir blessé Colettis, surtout de l'avoir poussé dans une voie où il se perdrait infailliblement. Je ne sais pas encore bien exactement ce qui lui reste, dans le cœur, d'amertume contre moi ; mais j'ai la certitude que sa loyauté, son bon jugement, son patriotisme suffiront, malgré les flatteries des uns et les excitations des autres, à le maintenir dans la conduite qu'il a tenue depuis son retour en Grèce. » Un peu plus tard[1], M. Piscatory reprenait quelque inquiétude : « Je n'ai rien rabattu, m'écrivait-il, des bonnes idées que j'avais sur l'esprit et le cœur de Colettis; mais, à l'user, j'ai vu des défauts que je ne connaissais pas : sa finesse est un peu grosse, et il en use

---

[1] Le 31 mai 1844.

de la même manière avec un Pallicare et avec un habit noir ; ses idées sont vagues, son imagination tient grande place ; l'ordre le touche peu, et il a un parfait dédain pour le plus ou moins de qualités morales dans les hommes qu'il s'attache ou dont il se sert. »

M. Colettis ne voulait ni courir le risque de s'user dans le premier ministère chargé de faire le premier essai de la constitution, ni contracter une longue et intime alliance avec M. Maurocordato, le client de l'Angleterre, de la puissance la plus favorable à la Turquie et la plus contraire à l'agrandissement de la Grèce. Dans son patriotique orgueil, il se réservait pour un avenir infiniment plus éloigné qu'il ne le pensait, et qu'il n'était pas en état d'avancer d'un jour.

M. Maurocordato hésitait beaucoup à se charger seul du pouvoir. Il alla demander à M. Piscatory s'il pouvait compter sur le concours de la légation française. M. Piscatory lui en donna l'assurance. Le cabinet fut formé. Quelques jours après, M. Maurocordato m'écrivit pour m'expliquer son acceptation et réclamer de nouveau mon appui qu'une fois déjà je lui avais prêté. Je le lui promis. M. Piscatory s'employa efficacement à obtenir de M. Colettis la promesse de ne point attaquer le nouveau cabinet : « Après une première lettre amère à Maurocordato, m'écrivait-il [1], il lui en a adressé une très-bonne, et je suis certain qu'il tiendra parole. Je le vois tous les jours, et toujours à l'œuvre pour contenir

---

[1] Le 15 avril 1844.

ses vieux amis exclusifs, rancuniers, voulant tout pour eux et disant, avec un grand étonnement de n'être pas crus : — Nous sommes la France ; les autres sont l'Angleterre. — C'est là une stupidité avec laquelle il fallait en finir. Ce ne pouvait être que par un coup d'éclat. J'en ai accepté la responsabilité, et je ne m'en repens pas, toujours à condition que ce ne sera pas, pour vous, une difficulté. »

Ce n'était pas à Londres que la difficulté pouvait naître. La satisfaction y fut grande ; « Les nouvelles de Grèce ont fait ici merveille, m'écrivit M. de Sainte-Aulaire [1]; la conduite de M. Piscatory est fort appréciée. Après avoir lu son rapport du 10 avril, lord Aberdeen m'a prié de le lui laisser, et il l'a envoyé à sir Robert Peel avec ces mots : — Voilà à quoi sert l'entente. — Sir Robert Peel le lui a renvoyé en disant qu'il en était charmé « et que cette conduite de notre ministre à Athènes ranimait *un peu* ses espérances pour l'Espagne. »

La satisfaction anglaise ne fut pas de longue durée ; il fut bientôt évident que le ministère Maurocordato ne réussirait pas. Son chef était un homme d'un esprit juste et fin, d'une assez grande activité administrative et diplomatique, d'un patriotisme sincère, d'une intégrité reconnue, mais sans puissance naturelle de caractère et de volonté, enclin à mettre partout l'adresse à la place de l'énergie, et aussi peu capable de résister à

---

[1] Les 2 et 3 mai 1844.

ses amis que de lutter contre ses adversaires. Il n'était d'ailleurs le représentant d'aucun des grands partis politiques de la Grèce, ni du parti guerrier ni du parti religieux; il venait du Fanar, et les Fanariotes étaient suspects et odieux au peuple grec. M. Maurocordato n'avait de force que son mérite personnel, des amis épars et l'appui de l'Angleterre. C'était trop peu pour la tâche difficile qu'il avait à accomplir, surtout pour la mise en pratique de la loi électorale que l'assemblée nationale avait votée avec la constitution, et qui devait former la première chambre des députés. Les élections tournèrent contre lui avec éclat; il n'était évidemment qu'un pouvoir de surface et de passage, sans racines dans le pays; ce fut de ses deux rivaux, MM. Colettis et Metaxa, surtout de M. Colettis, que les élections démontrèrent l'influence et réclamèrent le gouvernement.

M. Piscatory avait prévu ce résultat, me l'avait fait pressentir et s'y était lui-même préparé. Après avoir vivement pressé M. Colettis de s'allier avec M. Maurocordato, et avoir loyalement appuyé le cabinet naissant de ce dernier, il avait pris soin de ne pas s'engager, corps et âme, dans ses destinées, et de rester en très-bons rapports avec M. Colettis, en établissant hautement, envers celui-ci et ses amis, l'indépendance de la politique française : « Mon but a été, m'écrivait-il, de retirer de ses mains le drapeau de la France et de le reporter à la légation. Il y est aujourd'hui, et non ailleurs. Colettis l'a bien compris, et il en a eu un peu d'assez vive mauvaise humeur, ses amis plus que lui.

Eux et lui se sont calmés, et il est aujourd'hui comme je le désirais. Suis-je comme il le désire? Pas tout à fait; mais il ne se plaint pas; il me témoigne grande confiance, cherche encore quelquefois à m'enjôler et à m'entraîner; mais en général il se contente de professer que la légation française a sa conduite et lui la sienne, ce qui n'empêche pas l'entente et surtout l'amitié. »

J'approuvai pleinement cette attitude de notre ministre à Athènes; mais je ne m'en contentai pas; j'avais eu, avec M. Colettis, des relations si intimes qu'elles me donnaient le droit de lui dire sans réserve ma pensée. Je lui écrivis : « Quand le jour est venu, dans votre pays, de former un cabinet, j'ai vivement regretté que vous n'y entrassiez pas; je pensais que l'alliance des chefs de parti, qui avait présidé à l'œuvre de la constitution, devait présider aussi aux premiers pas du gouvernement. Je voyais bien les obstacles; mais, dans les grandes choses, il n'y a point d'obstacle qui tienne devant la nécessité, et il me semblait qu'il y avait nécessité. Vous en avez jugé autrement; vous avez pensé que, dans l'intérêt de la Grèce, il valait mieux que vous laissassiez à d'autres les difficultés et les hésitations d'un début dans la pratique des institutions nouvelles. Il se peut que vous ayez eu raison. Maintenant, si je ne me trompe, le moment approche où vous ne pourrez vous dispenser de mettre la main aux affaires. Deux choses me frappent tellement que je veux vous les dire. Sur l'une et l'autre, je suis sûr que j'ai raison.

« Vous débutez dans le gouvernement constitutionnel, gouvernement difficile toujours et partout; plus difficile en Grèce qu'ailleurs, car vous êtes un petit État placé entre les trois grands États les plus étrangers, les plus contraires au régime constitutionnel, la Russie, la Turquie et l'Autriche. En présence de ce seul fait, la naissance de votre constitution est un miracle. Sa durée sera un plus grand miracle. Si vous voulez cette durée, appliquez-vous avant tout, par-dessus tout, à rallier, à tenir unies et agissant ensemble, tout ce que vous avez, en Grèce, de forces gouvernementales. La division, la dispersion, la lutte intestine des forces gouvernementales est le plus grand danger, le mal le plus grave des pays libres. Parmi les pays qui ont tenté d'être libres, presque tous ceux qui ont péri, les petits surtout, ont péri par ce mal-là. Je sais combien il est difficile de rallier et de tenir unies les diverses forces gouvernementales. Je sais quelle est la puissance de l'esprit de parti et de coterie, des traditions et des passions de parti et de coterie. Je sais tout ce qu'il faut sacrifier et souffrir pour leur résister. Je persiste à dire que, dans les pays libres, et encore plus dans ceux qui ne sont ni grands ni anciens, il y a nécessité de poursuivre cette alliance, car c'est une question de vie ou de mort.

« J'ajoute qu'entre les divers partis, c'est surtout à celui qui a lutté longtemps pour l'indépendance et la liberté nationales, qu'est imposée la nécessité de ménager et de rallier les forces gouvernementales; car, par le cours naturel des choses, ce parti-là ne les possède pas toutes. Ce n'est pas au sein de l'insurrection, même la plus juste, ce n'est pas dans la lutte, même la plus belle, pour la liberté, que se placent et se forment toutes les situations et les forces gouvernementales. Beaucoup de celles qui existaient avant la lutte restent en dehors de ce mouvement, ou bien s'y perdent. Parmi celles qui s'élèvent et brillent dans la lutte, beaucoup sont étrangères, si ce n'est contraires, à l'esprit de gouvernement. Quand donc le jour du gouvernement arrive, quand l'ordre constitutionnel doit succéder à la lutte nationale, il faut, il faut absolument que le glorieux parti qui a lutté et vaincu sache se dire que, seul, il ne suffit pas à gouverner, qu'il ne possède pas en lui-même, et à lui seul, toutes les forces nécessaires et propres au gouvernement. Il faut qu'il cherche ces forces là où elles sont, qu'il les accepte telles qu'elles sont, et qu'il leur donne, dans le gouvernement, leur place et leur part. Sans quoi, le gouvernement ne se fondera pas, et toutes les luttes soutenues par le pays seront perdues ; car, après tout, c'est par le gouvernement que les pays durent, et c'est à un gouvernement durable que toutes les luttes doivent aboutir.

« Voici ma seconde réflexion.

« Vous êtes très-préoccupé de l'avenir de la race hellénique, de toute la race hellénique, et vous avez raison. Je vois la place que tient, dans votre pensée et dans votre conduite, l'avenir de cette race. Je crois, comme vous, et je tiens presque autant que vous à cet avenir. Mais ne vous y trompez pas, il n'arrivera pas demain. Est-il très-loin ? Je n'en sais rien. Ce que je sais, c'est qu'il n'est pas très-près. Tenez ceci pour certain : l'Europe, et quand je dis l'Europe, je dis la bonne comme la mauvaise politique européenne, vos amis comme vos ennemis, l'Europe ne veut pas de la chute prochaine de l'Empire ottoman ; l'Europe fera tout ce qu'elle pourra pour retarder cette chute et ses conséquences. Acceptez cette situation dans le présent, sans renoncer à l'avenir. Si on croit que vous ne l'acceptez pas, si on croit que vous travaillez à presser l'événement que l'Europe veut ajourner, la politique européenne se tournera contre vous, et vos meilleurs amis ne pourront rien pour vous. Je ne voudrais pas que vous vous fissiez, à cet égard, aucune illusion ; l'Europe a, sur cette question, un parti bien pris, et la Grèce ne forcera pas la main à l'Europe. Je ne vous demande pas de supprimer les sentiments qui vous animent ; je vous demande de ne pas les laisser agir hors de saison ; car il n'y aurait, pour vous, ni honneur, ni profit. Croyez-moi; occupez-vous de l'intérieur de la Grèce ; qu'elle acquière la consistance d'un État bien gouverné au dedans, incontesté au dehors : c'est aujourd'hui tout ce qui se peut faire et tout ce qu'il y a de plus efficace à faire pour son avenir. »

Trois semaines après l'arrivée de ma lettre à Athènes, les pressentiments qui me l'avaient fait écrire se réalisaient; M. Maurocordato, battu dans les élections tombait du pouvoir; le roi Othon appelait à sa place M. Colettis, qui formait un cabinet dans lequel entrait M. Metaxa; les deux grands partis nationaux de la Grèce, le parti guerrier et le parti religieux, après s'être rapprochés dans l'arène électorale, s'alliaient ainsi dans le gouvernement, et M. Colettis me répondait en me disant : « J'ai vu avec peine que vous sembliez craindre qu'il se fît, sous mon ministère, un mouvement contre les frontières ottomanes. C'est un devoir pour moi de dissiper ces craintes. J'ai toujours cru, il est vrai, et je crois encore que les limites de la Grèce ne sont pas le mont Othrix, qu'un lien sacré unissait et unit les provinces grecques soumises à la Turquie aux provinces qui ont été assez heureuses pour être déclarées indépendantes. Les destinées de la Grèce sont plus vastes que celle que les protocoles lui ont faite. Telle est ma croyance; mais je n'ai jamais pensé que c'était par l'invasion, par la propagande armée que ces destinées devaient s'accomplir. Un temps viendra où la force seule des choses fera ce que nous ne pourrions faire aujourd'hui sans un bouleversement général qui emporterait peut-être le royaume de Grèce. Je suis donc partisan du *statu quo*. Aussi, dès mon entrée au ministère, me suis-je sérieusement occupé de mettre un frein à la fougue de certains esprits peu réfléchis et peu prévoyants qui voulaient pousser le gouvernement dans une voie dangereuse et antinationale. Les mesures que j'ai prises ont eu les plus heureux résultats; les relations entre les autorités grecques et les autorités ottomanes de la frontière sont parfaitement amicales; elles se prêtent un appui réciproque. Je vous déclare, mon respectable ami, que, tant que je serai premier ministre, la Turquie n'aura rien à craindre de ma part; je regarde tout mouvement hostile contre les frontières voisines comme impolitique et dangereux. Je vous l'ai dit souvent à Paris, je vous l'écris d'Athènes. »

A l'intérieur, M. Colettis se déclarait bien résolu à soutenir fermement le roi Othon, et plein d'espoir que, malgré l'aveuglement des passions populaires et les exigences des intérêts personnels, il réussirait, avec l'appui de la France et l'attitude tranquille des puissances continentales, à maintenir son pays dans les lois de la monarchie constitutionnelle et les limites des traités. Mais, en même temps, il me manifesta sans réserve sa profonde méfiance de l'Angleterre et de son représentant : « Vous connaissez, me dit-il, mon opinion sur la politique anglaise ; je vous l'ai développée bien des fois; elle était basée sur une longue expérience. Aussi la sincérité qu'affectait d'afficher M. Lyons m'a surpris à un point tel que je me suis souvent demandé si je m'étais trompé et si mon expérience avait été mise en défaut. Je ne pouvais comprendre cependant que l'Angleterre, qui avait tant fait pour empêcher la Grèce d'exister, pût vouloir autre chose, la Grèce existant malgré elle, que d'organiser une Grèce anglaise, gouvernée par un ministère anglais. Les faits vinrent bientôt me prouver que je ne m'étais pas trompé. Je fis connaître à notre ami Piscatory la tendance de M. Lyons et de sa politique; je voulus le convaincre que, pour M. Lyons, toute la Grèce se résumait dans la personne de M. Maurocordato et de quelques hommes aveuglément dévoués à sa politique. Il ne partagea pas mon opinion. Je fus forcé de lui dire : — Mon ami, nous ne pouvons nous entendre sur cette question; restons amis, mais ne parlons plus des affaires du pays. — J'ai cru alors que c'était un devoir pour moi de ne plus vous écrire; je n'étais pas d'accord sur l'ensemble avec Piscatory; vous écrire la manière dont je voyais les choses, c'était me mettre en opposition avec lui; vous représenter les choses comme Piscatory les voyait, c'était violenter ma conscience. J'ai préféré garder le silence jusqu'au moment où les faits viendraient prouver que j'étais dans le vrai. »

Sir Edmond Lyons fit tout ce qu'il fallait pour convaincre de plus en plus M. Colettis qu'en effet il était dans le vrai. Envoyé en Grèce par lord Palmerston, et d'un esprit roide en même temps que d'un caractère ardent et fidèle, il avait gardé les passions et les traditions de la politique exclusive et impérieuse de son ancien chef. La chute de M. Maurocordato était, pour cette politique, un grave échec, et pour sir Edmond Lyons lui-même la chute de sa propre domination en Grèce. Son hostilité contre le nouveau cabinet, c'est-à-dire contre M. Colettis, fut publique et sans mesure ; soit dans l'emportement de sa colère, soit de dessein prémédité, il l'attaqua à tout propos avec un acharnement infatigable, lui attribua les projets les plus contraires à la paix de l'Europe, et se mit partout à l'œuvre, au dedans comme au dehors, pour lui susciter toutes sortes d'obstacles. Il fit plus ; il se brouilla ouvertement avec M. Piscatory, l'accusa d'avoir travaillé à renverser M. Maurocordato, et cessa d'avoir, avec lui, les rapports et les procédés que leur situation officielle et leur intimité récente rendaient aussi naturels que nécessaires.

L'embarras était grand pour moi : c'était précisément à cette époque que s'établissait, entre lord Aberdeen et moi, la plus cordiale entente; naguère, au château d'Eu et à Windsor, nous nous étions entretenus à fond de toutes choses; j'avais reconnu et éprouvé, entre autres dans la question du droit de visite, l'élévation et l'équité de son esprit et son loyal désir d'un sérieux accord entre nos deux pays et nos deux gouvernements. Je pris le parti de traiter avec lui, à cœur ouvert et à visage découvert, des affaires de Grèce comme des autres; je lui écrivis [1] : « Je voudrais continuer à vous faire lire tout ce qui m'arrive d'Athènes. L'impression que j'ai rapportée de nos entrevues à Eu et à Windsor, c'est que, si nous nous montrons tout, si nous nous disons tout l'un à l'autre, nous finirons toujours par nous entendre. Ai-je tort ? En tout cas, voici ce que je copie textuellement dans une lettre de M. Piscatory du 10 octobre, que je ne vous envoie pas

---

[1] Le 28 octobre 1844.

tout entière parce qu'elle est pleine d'affaires étrangères à la politique grecque :

— « Je n'ai pas goût à vous parler de sir Edmond Lyons, je ne voulais même vous en parler que le jour où les rapports convenables seraient rétablis, ce que j'espère; je ne qualifie pas, même avec vous, ses façons d'agir; je vous en laisse juge; tout ce que je puis vous dire, c'est que, depuis plusieurs jours, les attachés de la légation anglaise se plaignent des procédés de sir Edmond, et qu'ils sont venus me prier, sous toutes les formes, de rétablir les anciennes relations. J'ai toujours répondu qu'on savait bien que ce n'était pas moi qui les avais changées, que je n'avais pas pris au sérieux des façons de faire dont j'avais eu droit de me plaindre, que sir Edmond Lyons poli me trouverait poli, intime dans l'avenir comme dans le passé, qu'enfin je n'avais ni mauvaise humeur, ni rancune. Tout cela a-t-il été répété? Je n'en sais rien, c'est probable; le fait est que sir Edmond et lady Lyons sont venus hier à Patissia pendant que nous étions absents, que j'irai aujourd'hui rendre la visite, et que tout sera fait pour maintenir la bonne attitude du côté où elle est déjà si évidemment. » —

« De tout cela, mon cher lord Aberdeen, je ne veux relever qu'une seule chose, c'est l'esprit modéré et conciliant qu'y apporte M. Piscatory. Je suis sûr qu'il est très-sincèrement préoccupé du désir de faire tout ce qu'il pourra, et qu'il fera en effet tout ce qu'il pourra honorablement pour ramener sir Edmond Lyons, et vivre de nouveau avec lui, d'abord en bons termes, puis en bonne intelligence. Aidez-le à cela. Vous seul y pouvez quelque chose.

« Un seul mot sur le fond des affaires grecques. Ne nourrissez, contre Colettis, point de prévention irrévocable. Je ne sais s'il se maintiendra au pouvoir ; les pronostics de M. Piscatory à cet égard sont fort différents de ceux de sir Edmond Lyons. Mais, en tout cas, tenez pour certaines ces deux choses-ci : l'une, que M. Colettis est et sera toujours en Grèce un homme fort important ; l'autre, que c'est un homme d'un esprit rare, élevé, capable de s'éclairer par l'expérience et les bons conseils, et dont il y a un grand parti à tirer pour le résultat que vous désirez comme moi, l'affermissement tranquille de ce petit État grec. Il est plein de préjugés et de défiance contre la politique de l'Angleterre envers la Grèce; mais on peut extirper de son esprit ces vieilles rancunes. C'est, je vous le répète, un homme très-perfectible et très-*éclairable*. Il a quelque estime pour mon jugement et une pleine confiance dans mon bon vouloir pour son pays. Je veux qu'il ait aussi confiance en vous, et qu'il croie votre politique envers la Grèce ce qu'elle est réellement, c'est-à-dire sincère comme la nôtre. On peut, j'en suis sûr, l'amener à cela, et ce serait un grand pas vers le solide rétablissement de notre entente cordiale à Athènes, résultat auquel je tiens infiniment, pour le présent et pour l'avenir. »

En essayant ainsi de changer l'opinion de lord Aberdeen sur M. Colettis et celle de M. Colettis sur la politique de lord Aberdeen envers la Grèce, j'entreprenais une œuvre très-difficile, et je mettais lord Aberdeen dans un embarras encore plus grand que le mien. Si je parvenais à le convaincre que nous avions raison, je l'obligeais à rappeler de Grèce sir Edmond Lyons, marin éminent et honoré dans sa carrière, ardent patriote anglais, fort accrédité et bien apparenté dans son pays, fort soutenu par lord Palmerston. J'imposais ainsi à lord Aberdeen une grave difficulté intérieure et parlementaire, en même temps que je lui demandais de penser et d'agir, sur les partis grecs et leurs chefs, autrement que n'avait fait le gouvernement anglais et qu'il n'avait fait lui-même jusque-là. Il continua de protester, aussi sincèrement que hautement, contre toute prétention à une influence dominante en Grèce : « On peut avoir trop comme trop peu d'influence, disait-il à M. de Jarnac[1], et je suis sûr qu'en Grèce nous en aurons toujours assez, quel qu'y soit le ministre. Mon indifférence est complète à cet égard. Je pense, il est vrai, qu'avec les idées de conquête et d'agrandissement qu'il n'a pas hésité à avoir tout haut, M. Colettis peut être un homme dangereux ; mais je ne suppose pas du tout que la France veuille le soutenir dans l'exécution de ces idées; et, en tout cas, je suis certain que l'Angleterre et la Russie ne s'y prêteront point. Je

---

[1] Le 20 septembre 1844.

suis donc parfaitement tranquille à cet égard. Ma grande raison de préoccupation et de regret dans toute cette affaire, c'est ma conviction croissante de l'extrême difficulté de toute coopération cordiale avec les agents français, et l'affaiblissement de ma confiance dans la solidité de ce bon accord que j'ai tant désiré de maintenir et de fortifier. » Les instructions que lord Aberdeen donnait à sir Edmond Lyons furent en harmonie avec ses paroles à M. de Jarnac ; il lui enjoignit de se tenir à l'écart, de rester étranger à toute discussion politique, de ne point prendre le caractère d'un homme de parti, de ne point se montrer hostile au gouvernement du roi Othon ; il blâma son attitude et ses procédés personnels envers M. Piscatory : « La confiance entre sir Edmond et M. Piscatory est tout à fait hors de question, m'écrivait-il[1], et je ne pourrais, en homme d'honneur, lui ordonner d'affecter ce qu'il ne sent pas ; mais les rapports ordinaires de société ne doivent pas être altérés, et je vous promets que sir Edmond ne fera rien pour s'opposer au gouvernement de M. Colettis. Je ne puis lui prescrire de l'approuver, car je ne l'approuve pas moi-même ; mais il ne prendra part à aucune menée contre lui, et surtout il ne fera aucune tentative pour faire prévaloir l'influence anglaise. J'aurai soin que mes instructions soient scrupuleusement observées. » Il persistait en même temps à penser et à dire que M. Piscatory n'avait pas observé

---

[1] Le 11 novembre 1844.

les miennes, qu'il avait secondé M. Colettis dans son travail pour renverser M. Maurocordato, seulement avec plus d'habileté et de mesure que sir Edmond Lyons n'en avait mis à le soutenir; et il conservait contre M. Colettis toutes les méfiances que, dès le premier moment, il m'avait témoignées.

Dans cette difficile situation, je fis sur-le-champ deux choses, toutes deux nécessaires pour nous donner à la fois, en Grèce et en Europe, force et raison.

Je n'ignorais pas que le prince de Metternich partageait les méfiances de lord Aberdeen sur M. Colettis, et qu'il était de plus fort peu bienveillant pour le régime constitutionnel issu à Athènes de la révolution du 15 septembre 1843 et pour ses partisans. Mais je le savais aussi d'un esprit toujours libre, enclin à prendre, en toute occasion, le rôle d'arbitre impartial, et décidé d'ailleurs à ne pas se prononcer vivement contre le ministère de M. Colettis, car le chef du parti russe en Grèce, M. Metaxa, y siégeait, et M. de Metternich se ménageait autant avec Pétersbourg qu'avec Londres. Il me revenait que son ministre à Athènes, M. de Prokesch, gardait une attitude neutre et expectante. J'écrivis au comte de Flahault[1] : « M. de Metternich a trop de connaissance des hommes pour ne pas savoir qu'ils ne sont point des quantités constantes et invariables, surtout quand ils sont de nature intelligente et active. Il a connu le Colettis d'autrefois,

[1] Le 18 novembre 1844.

le Colettis de la lutte pour l'indépendance grecque, le Colettis conspirateur, chef de Pallicares, étranger à l'Europe. Il ne connaît pas le Colettis qui a passé sept ou huit ans en France, séparé de ses habitudes et de ses amis d'Orient, observateur immobile et attentif de la politique occidentale, des sociétés civilisées, surtout de la formation laborieuse d'un gouvernement nouveau, au milieu des complications diplomatiques et des luttes parlementaires. C'est là le Colettis qui est retourné en Grèce et qui la gouverne maintenant. Celui-ci diffère grandement de l'ancien. Je suis loin de dire que, dans le Colettis d'à présent, il ne reste rien du Colettis d'autrefois, que toute idée fausse, toute passion aveugle soient extirpées de cet esprit, et qu'il ne se laisse pas encore quelquefois bercer vaguement par certaines ambitions ou espérances chimériques. Mais je crois que les idées saines et les intentions modérées prévalent aujourd'hui dans la pensée de cet homme. Je le crois sincèrement décidé à faire tous ses efforts pour maintenir le trône du roi Othon, pour établir dans son pays, aux termes de ses lois actuelles, un peu d'ordre et de gouvernement, et en même temps résigné à ne point se mettre, par des tentatives d'insurrection hellénique et d'agrandissement territorial, en lutte avec la politique européenne, sur la volonté et la force de laquelle il ne se fait plus aucune illusion.

« Si cela est, comme je le crois, le prince de Metternich conviendra qu'il y a un assez grand parti à tirer de cet homme pour contenir, en le décomposant peu à peu, le parti révolutionnaire qui, au dedans comme au dehors, s'agite encore en Grèce, et pour conduire les difficiles affaires du roi Othon. Le prince de Metternich peut d'autant mieux agir ainsi et diriger en ce sens l'action de ses agents, qu'il n'y a, dans cette conduite, pas le moindre risque à courir ; car, si elle ne réussissait pas, si les ministres grecs rentraient dans des voies révolutionnaires et turbulentes, les cinq puissances, qui sont parfaitement d'accord à ne pas le vouloir, seraient toujours, sans grand effort, en mesure de l'empêcher, et s'uniraient sur-le-champ à cet effet. »

Ma provocation ne fut point vaine : les instructions du prince de Metternich confirmèrent M. de Prokesch dans sa disposition bienveillante pour le ministère Colettis-Metaxa ; celles de Saint-Pétersbourg prescrivirent au chargé d'affaires russe, M. Persiani, d'appuyer ce cabinet et de régler en tout cas son attitude sur celle du ministre d'Autriche. Le ministre de Prusse, M. de Werther, tint la même conduite. Le ministre de Bavière, M. de Gasser, pensait et agissait comme M. Piscatory. Toutes les cours continentales étaient ainsi, plus ou moins explicitement, en bons termes avec le nouveau cabinet d'Athènes, et sir Edmond Lyons restait isolé dans son hostilité.

Mais je ne m'abusais point sur ce qu'il y avait d'insuffisant et de précaire dans cette situation ; je savais l'importance de l'action anglaise en Orient, et la faiblesse des cabinets du continent pour résister à celui de Londres quand celui de Londres avait vraiment une volonté. J'avais à cœur d'atténuer le désaccord qui existait entre lord Aberdeen et moi sur les affaires de Grèce et d'en tarir peu à peu les sources; je voulais du moins maintenir lord Aberdeen dans ses intentions d'immobilité politique à Athènes, et nous donner de plus en plus raison à ses yeux contre les emportements de sir Edmond Lyons. Ce qui importait le plus pour atteindre à ce but, c'était l'attitude, le langage et la conduite de M. Piscatory à Athènes, car c'était essentiellement sur lui que portaient l'humeur et la méfiance du cabinet anglais. Je connaissais bien M. Piscatory, et malgré nos dissentiments de 1840, j'avais pour lui une amitié et une confiance véritables : préoccupé de lui-même et très-soigneux de son propre succès, il était en même temps ami chaud et fidèle, et serviteur loyal du pouvoir qu'il représentait; quelquefois trop impétueusement dominé par ses impressions du moment, ses premières idées et l'intempérance de ses premières paroles, il était très-capable de s'élever plus haut, de se gouverner selon un grand dessein, et de prendre courageusement sa place dans une conduite d'ensemble et d'avenir. Je résolus d'agir avec lui comme avec lord Aberdeen, de lui dire sur toutes choses toute ma pensée, de le faire pénétrer à fond dans notre situation, et de m'assurer son concours en l'associant à ma responsabilité. Je lui écrivis : « Vous êtes, quant à présent, ma plus grande affaire. Réellement grande, car la chute de Maurocordato a été à Londres, et pour lord Aberdeen personnellement, un amer déplaisir. Non qu'il ait fortement à cœur que tel ou tel parti, tel ou tel homme soit au pouvoir en Grèce; il est, à cet égard, parfaitement sensé; mais il pressent la mauvaise position que ceci lui fera, les embarras que ceci lui donnera dans le Parlement. Quand on l'attaquait sur l'entente cordiale, quand on lui demandait ce qu'elle devenait, quelle part de succès il y avait, la Grèce était sa réponse, sa réponse nonseulement à ses adversaires, mais aussi à ceux de ses collègues qui hésitaient quelquefois dans sa politique. Quand sir Edmond Lyons écrivait que vous lui aviez loyalement promis de soutenir M. Maurocordato, « Voilà à quoi sert l'entente cordiale » disait lord Aberdeen à sir Robert Peel qui en avait douté. Il a perdu cette réponse; il est aujourd'hui en Grèce dans la même situation qu'en Espagne; à Athènes comme à Madrid, il expie les fautes, il paye les dettes de lord Palmerston et de ses agents. C'est un lourd fardeau; il en a de l'inquiétude et de l'humeur. « Il s'en prend à nous, à vous; il vous reproche la rupture de l'entente, la chute de Maurocordato; il vous accuse de l'avoir voulue, préparée, tout au moins de n'avoir pas fait ce qu'il fallait, ce que vous pouviez pour l'éviter. Vous auriez dû, dit-il, peser davantage sur Colettis, dans l'origine pour qu'il fût ministre avec Maurocordato, plus tard pour qu'il ne lui fît pas d'opposition. Je nie, j'explique; je soutiens que Maurocordato est tombé par sa faute, par la faute de sir Edmond Lyons qui l'a conseillé et auquel il n'a pas su résister. Je prouve que vous l'avez averti de très-bonne heure, constamment, et que vous l'avez soutenu aussi longtemps que vous l'avez pu sans vous perdre, vous et votre gouvernement, dans l'esprit de la Grèce. J'embarrasse lord Aberdeen; je l'ébranle, car il a l'esprit juste et il est sincère; il veut sincèrement avec nous l'entente cordiale, en Grèce le développement régulier du gouvernement constitutionnel sous le roi Othon; il n'a point le mauvais vouloir, les arrière-pensées que Colettis lui suppose. Je lui fais entrevoir la vérité, les torts de Lyons et leurs conséquences; mais je ne le persuade pas pleinement et définitivement; je ne dissipe pas son humeur, car ses embarras dans le Parlement lui restent, et je ne puis pas l'en délivrer.

« J'ajoute entre nous, mon cher ami, que de loin, pour un spectateur qui a du sens et un peu d'humeur, la chute de Maurocordato, en admettant qu'elle ait été naturelle et inévitable, ne paraît pas bien honorablement motivée pour ses adversaires, ni pour la Grèce même. Ces griefs, ces colères, ces clameurs, ces cris de vengeance contre le ministère Maurocordato, à propos de la distribution des places ou des manœuvres électorales, tout cela paraît fort exagéré et dicté par des passions ou des intérêts personnels. M. Maurocordato n'a commis aucun acte grand et clair de coupable ou mauvaise politique; il n'a point trahi le roi ni la constitution; aucun intérêt vraiment national, aucun danger éclatant ne semble avoir commandé sa chute;

elle a été amenée par des rivalités et des prétentions de parti, de coterie, de personnes. Pourquoi Colettis n'avait-il pas voulu être ministre avec lui ? Pour lui laisser essuyer les plâtres constitutionnels et faire les élections. Cela peut avoir été très-bien calculé ; cela [ne donne pas grande idée de l'habileté de Maurocordato ; mais cela n'inspire pas non plus grande estime pour les causes de sa chute et pour ses successeurs.

« C'est là l'état d'esprit de lord Aberdeen, le plus impartial des membres de son cabinet, le meilleur quant à l'entente avec nous. Voilà contre quelles dispositions nous avons à lutter et avec quelles dispositions nous avons à vivre à Londres, quant au gouvernement actuel de la Grèce.

« Mes conversations, mes lettres n'ont pas été sans effet. J'ai obtenu des instructions formelles de lord Aberdeen à sir Edmond Lyons : 1° pour que, dans ses rapports sociaux, il laissât là sa colère, son humeur, et vécût, comme il le doit, convenablement avec vous ; 2° pour qu'il se tînt tranquille, dans les affaires intérieures de la Grèce, n'attaquât point le ministère Colettis et ne lui suscitât aucun obstacle.

« Ces instructions sont données à Londres sérieusement, sincèrement. Comment seront-elles exécutées à Athènes ? Nous verrons ; mais je serai en droit et en mesure d'en réclamer l'exécution.

« Très-confidentiellement, de lui à moi, lord Aberdeen me témoigne des craintes sur l'esprit au fond peu constitutionnel et sur les vues d'agrandissement de

Colettis. Il me demande de lui promettre qu'au dedans la constitution, royauté et libertés publiques, au dehors les traités et le *statu quo* territorial seront respectés. Il se méfie beaucoup de l'alliance avec M. Metaxa, et demande ce que nous aurions dit dans le cas où M. Maurocordato l'aurait contractée, et si nous sommes sûrs que nous n'en serons pas dupes.

« Voilà la face extérieure des affaires grecques entre Paris et Londres. Je viens à la face intérieure et purement grecque, telle que je la vois.

« J'admets tout ce que vous me mandez sur les causes de la chute de Maurocordato, sur la satisfaction générale du pays, sur la bonne direction actuelle des affaires, sur la grande position, le bon état d'esprit et l'ascendant mérité de Colettis. Il faut le soutenir et l'aider. Il faut maintenir, en la surveillant, son union avec M. Metaxa. Il faut pratiquer, en un mot, la politique vraiment grecque et bonne pour la Grèce, malgré les embarras qu'elle nous suscite. Je n'ai pas, sur cela, la moindre hésitation.

« Mais prenez bien garde aux deux points que voici.

« Colettis est un esprit supérieur, et par là il peut sortir de l'ornière de ses anciennes idées et préventions. Mais c'est un naturel très-passionné et très-tenace dans sa passion, car il est plein de force et de dévouement, et quoiqu'il ait beaucoup appris, il est plein encore d'ignorance. Par là il peut aisément retomber dans l'ornière.

« Parmi ses anciennes préventions, aucune n'est plus profonde que sa méfiance de la politique de l'Angleterre envers la Grèce. Il ne voit pas les faits nouveaux qui ont modifié ou qui peuvent modifier cette politique ; et s'il les entrevoit un moment, il les oublie, au premier prétexte, pour rentrer dans l'antipathie et la lutte.

« Le parti anglais peut fort bien, par le jeu des institutions, être battu et écarté, pour un temps, du pouvoir en Grèce. Bon gré malgré, l'Angleterre s'y résignera. Mais la Grèce ne peut pas encourir le mauvais vouloir permanent, l'hostilité déclarée de l'Angleterre. Elle n'est pas en état de supporter, soit les coups directs, soit les complications européennes qui en résulteraient.

« Ne perdez jamais cela de vue, et faites en sorte que Colettis y pense.

« Règle de conduite essentielle, fondamentale. Maintenez-vous en bons rapports avec les hommes du parti anglais qui s'y prêteront, surtout avec M. Maurocordato. Je serais surpris s'il ne s'y prêtait pas. Ayez toujours en perspective un rapprochement entre Colettis et lui. Ménagez-en, préparez-en la possibilité. Cela peut être un jour indispensable pour la Grèce. Cela nous est bon à nous. Il faut que ce soit là, pour nous, une politique réelle et une attitude constante.

« Je ne partage pas les inquiétudes de lord Aberdeen sur l'esprit peu constitutionnel de Colettis. Par goût ou par nécessité, il sera constitutionnel. Mais je ne suis pas aussi rassuré sur ses vues territoriales, sur le travail caché ou l'entraînement non prémédité auquel il pourrait se livrer. Ne lui laissez de ce côté aucune incertitude, aucune chimère dans l'esprit. La lutte partielle qui a affranchi et fondé la Grèce ne peut pas se recommencer. La question est aujourd'hui plus grande et plus claire. C'est du maintien ou de la chute de l'Empire ottoman qu'il s'agit; et cette question-là, ce n'est pas la Grèce qui décidera de son moment.

« Mon cher ami, je n'exige pas de vous que vous pensiez, avant tout, à notre politique générale, et que vous ne fassiez strictement, aux affaires de la Grèce, que la part qui leur revient dans l'ensemble de nos affaires. Cela vous serait peut-être impossible. C'est moi que cela regarde. Mais je vous demande de ne jamais oublier notre politique générale, et de veiller constamment à ce qu'en faisant les affaires de la Grèce et de la France en Grèce, vous ne suscitiez, dans nos affaires générales, que la mesure d'embarras qui sera réellement inévitable. Vous êtes aujourd'hui, je vous le répète, mon principal embarras. Je ne m'en plains point; je ne vous le reproche point; vous avez fait ce qu'il y avait à faire à Athènes; je vous en ai approuvé et je vous y soutiendrai. Mais dites-vous souvent que, quelque intérêt que nous ayons à Athènes, ce n'est pas là que sont les plus grandes affaires de la France. »

« *Post-scriptum.* » Sir Stratford Canning, qui est, vous le savez, fort honnête homme et qui aime la Grèce, écrit à lord Aberdeen sans colère mais avec tristessé, à propos de l'état actuel des choses et du ministère Colettis-Metaxa : « Tout ceci ne tournera au profit ni de l'Angleterre ni de la France. »

Sir Stratford Canning craignait que l'alliance de M. Colettis avec M. Metaxa ne tournât au profit de la Russie. Il se trompait; il ne savait pas à quel point ces deux hommes étaient de taille inégale, et quelle force politique supérieure M. Colettis puiserait bientôt dans sa supériorité personnelle d'esprit et de caractère. Les faits ne tardèrent pas à le prouver. Deux mois après la formation du cabinet, M. Piscatory m'écrivait[1] : « Colettis va bien; il a fort élargi son cercle; nous avons décidément gagné la partie contre ses vieilles idées. A-t-il raison d'avoir une entière confiance? Je n'ose l'affirmer; mais il a certainement une puissance réelle. Viendra-t-il à bout, comme il le croit, de fonder un gouvernement? La tâche est rude; mais il ne lâchera pas prise facilement. Le roi et la reine, charmés de leur voyage dans les provinces, lui savent gré de l'accueil qu'ils ont reçu partout; et les gens d'ordre, ceux-là même qui ont une préférence pour le nom de Maurocordato, sentent bien que Colettis peut seul les protéger, et que son entente ou sa rupture avec Metaxa sont le succès ou la perte de la cause. » Deux mois plus tard, au moment où la vérification des pouvoirs se terminait dans la Chambre des députés à Athènes, M. Piscatory me tenait le même langage[2] : « Le succès

[1] Le 20 octobre 1844.
[2] Le 30 décembre 1844.

de Colettis continue. Je ne lui passe rien. Metaxa se conduit honnêtement jusqu'ici. Il voit bien que son parti se dissout sous le soleil Colettis ; mais il sent qu'en se séparant, il se perdrait ; je le soigne. Je m'occupe peu du roi ; Colettis est là tout-puissant, au moins autant qu'on peut l'être. Il faut voir la session. J'espère qu'elle ne sera pas mauvaise. J'ai sauvé plusieurs députés maurocordatistes ; je sauverai Maurocordato. Je le fais pour vous ; ici, ce n'est bon à rien ; il n'y a pas de pays où la chevalerie ait moins de valeur, même auprès de ceux qui en profitent. »

Plus la session avançait, plus la majorité se prononçait avec éclat pour le ministère, et pour M. Colettis dans le ministère. Quelques postes considérables étaient vacants ; entre autres, dans le cabinet même, celui de ministre de l'instruction publique et des cultes ; des amis de M. Metaxa étaient sur les rangs ; M. Colettis désirait appeler l'un d'entre eux ; mais ils étaient tous si ardents en matière religieuse, qu'il hésitait à leur remettre la direction des cultes : « Je pense, m'écrivait M. Piscatory [1], que, s'il faut faire un sacrifice, il doit être au profit de l'entente. Je ne crains pas que cette entente se rompe : M. Metaxa n'a nulle envie de refaire ce qu'il a fait pendant l'assemblée nationale ; il sait bien qu'il a affaire à un collègue bien autrement fort que M. Maurocordato. Il sait que M. Colettis ne craindrait pas de se passer de lui ; je le crois aussi ; mais s'il

---

[1] Le 10 janvier 1845.

n'y a pas de danger sérieux dans cette séparation, il y aurait au moins de grands inconvénients. Le ministère, tel qu'il est, doit faire certainement la session. Arrivé jusque-là, il ira facilement jusqu'à la session prochaine. L'entente, contrariée uniquement par les mauvaises fractions des deux partis, par les susceptibilités de M. Metaxa, par les succès trop apparents de M. Colettis, est surveillée avec soin par tous les gens sensés. M. Colettis lui fera, je n'en doute pas, des concessions ; mais il les mesure si juste que j'ai quelquefois peur que ce ne soit trop juste. Je ne cesse de l'avertir, et surtout j'ai grand soin des inquiétudes assez vives de M. Metaxa. M. le ministre d'Autriche veille de son côté ; et il sera moins suspect que moi au roi et à la reine, quand il leur conseillera des ménagements pour M. Metaxa dont on oublie difficilement, au palais, la conduite en septembre et pendant l'assemblée nationale.

« Le dire de M. le ministre d'Angleterre est maintenant celui-ci : « — Le ministère est mauvais, la chambre très-mauvaise, son bureau détestable ; cependant il est possible qu'on réussisse, et dans ce cas, le succès prouvera l'excellence des institutions. — C'est à M. de Prokesch que sir Edmond Lyons a tenu ce langage. M. le ministre de Bavière, qui l'a vu hier, l'a également trouvé plus modéré et parlant beaucoup d'un congé de dix-huit mois dont il aurait grand besoin, et auquel il avait bien droit après un séjour de dix ans. »

Malgré ma satisfaction de l'état général des faits à

Athènes, ce dernier rapport de M. Piscatory m'inquiéta vivement : « Prenez-y garde, lui écrivis-je[1] ; votre situation me paraît bien tendue. J'appelle toute votre sollicitude sur deux points. Pas de rupture avec Metaxa. Colettis ne tiendra pas longtemps seul contre Maurocordato et Metaxa réunis. De plus, grande surveillance des hommes de désordre; car, après tout, ce sont les amis de Colettis, et il les ménage, pas plus peut-être qu'il ne peut, mais à coup sûr, plus qu'il ne faut. S'il se brouillait avec Metaxa, il serait livré à ces hommes-là, et il s'engagerait dans la violence, faute de force. Et la violence ne le mènerait pas loin. Encore une fois, il n'aurait pas même la ressource de troubler l'Europe ; cela ne dépend pas de lui. Mais il tomberait, à son grand mal, au grand mal de la Grèce, et aussi au nôtre. »

Mon inquiétude ne me trompait pas. M. Metaxa supportait de plus en plus impatiemment l'ascendant toujours croissant de M. Colettis. Une opposition, formée des amis de M. Maurocordato et des plus ardents nappistes, mécontents que le cabinet ne fît pas assez pour eux, se manifesta dans la chambre des députés; sir Edmond Lyons la soutint avec sa passion accoutumée; les intérêts de l'orthodoxie grecque lui parurent un bon terrain pour engager une lutte; la foi catholique du roi Othon et la difficulté d'assurer, selon le vœu formel de la constitution, la foi grecque de son successeur,

---

[1] Le 27 juillet 1845.

ramenaient sans cesse les débats de ce genre : « L'alliance anglo-russe a été tentée, m'écrivit M. Piscatory [1] et M. Metaxa s'y est laissé entraîner; la question s'est posée entre lui et M. Colettis, entre nous et l'alliance. La majorité, qui avait paru un moment incertaine, a fini par se prononcer fortement, à 65 voix contre 32, pour M. Colettis. Je suis convaincu qu'il fallait mettre sur-le-champ M. Metaxa à la porte; mais je devais conseiller le contraire, et je l'ai fait. Mes collègues m'ont tenu pour très-convaincu, et c'est aujourd'hui M. de Prokesch qui accepte le plus nettement l'idée de la séparation, si l'entente est un obstacle. » Il ajoutait quelques jours plus tard [2] : « Tous les jours la séparation de Colettis et Metaxa devient plus inévitable. La nomination des sénateurs, qui sera connue aujourd'hui ou demain, sera le signal. J'ai beau dire très-haut qu'il faut conserver l'entente; je suis convaincu que c'est impossible; M. Metaxa a pactisé avec l'opposition; mes collègues le voient et le disent tout haut. Ne vous inquiétez pas de cet événement; la session finira bien; l'ordre ne sera pas troublé, et très-probablement nous n'aurons plus bientôt à lutter que contre ceux qui veulent s'en prendre au roi. Cette opposition-là n'est pas nombreuse, et elle n'a pas, en ce moment, de racines dans le pays. Nous avons la force matérielle; nous avons la majorité dans la chambre des députés; nous l'aurons dans le sénat; nous avons la confiance entière du roi; nous soutenons le

[1] Le 31 juillet 1845.
[2] Le 3 août 1845.

pouvoir et l'ordre. N'est-ce pas là la bonne position, ici et devant l'Europe ? »

La rupture éclata, en effet. Nommé ministre de Grèce à Constantinople, M. Metaxa refusa cette mission. Le général Kalergis, le chef militaire de l'insurrection du 15 septembre 1843, et depuis lors aide de camp du roi Othon, fut écarté de son poste d'aide de camp et nommé inspecteur d'armes en Arcadie, ce qu'il refusa également. Toute entente cessa entre les chefs des trois grands partis qui divisaient la Grèce et l'Europe en Grèce ; et M. Colettis, fermement soutenu par le roi Othon et par les deux chambres, resta seul chargé de pratiquer et de fonder un gouvernement libre, sous les yeux et sous le feu de MM. Maurocordato et Metaxa devenus ses adversaires déclarés.

Je ne m'étais fait avant, et je ne me fis, après l'événement, aucune illusion sur sa gravité. J'écrivis sur-le-champ à M. Piscatory[1] : « Ce qui est fait est fait. Je le regrette beaucoup. Metaxa donnait à Colettis des embarras, des déplaisirs ; mais au fond il ne le gênait et ne l'empêchait de rien qui importât réellement. Quand ils n'étaient pas du même avis, Colettis l'emportait, et quand ils étaient du même avis, ce qui arrivait habituellement, cela servait beaucoup. Et au dehors, leur union était une réponse péremptoire à toutes les accusations, à tous les soupçons, une garantie, partout reconnue, de force et de durée. Qu'arrivera-t-il main-

---

[1] Le 27 août 1845.

tenant à l'intérieur? Je n'en sais rien. J'accepte vos pronostics. Il se peut que Colettis, seul maître, rallie à lui les bons éléments nappistes, gouverne bien et dure. Sa cause est bonne. J'ai confiance en lui. J'ai confiance en vous. Je sais qu'on peut réussir et durer contre l'attente de ses adversaires, et même de ses amis. Mais tenez pour certain que, d'ici à quelque temps, à Pétersbourg, à Londres, même à Vienne, parmi les maîtres des affaires et aussi dans le public, on ne croira pas à la durée de Colettis. Ceci lui créera bien des difficultés de plus. Je ne puis, au premier moment, mesurer jusqu'où iront les intrigues de ses ennemis et les méfiances des hommes qui, sans être ses ennemis, ne pensent pas bien de lui et ne lui veulent pas de bien; mais, à coup sûr, les ennemis se remueront beaucoup et les indifférents laisseront beaucoup faire. Je reçois aujourd'hui même, de M. de Rayneval [1], une dépêche qui m'avertit que les meilleures instructions que nous puissions espérer de Pétersbourg pour M. Persiani, c'est l'ordre de se tenir à l'écart, de ne pas approuver et de ne pas soutenir, en ne nuisant pas. Tenez pour certain que le cabinet russe n'entrera nulle part dans aucune lutte, petite ou grande, contre celui de Londres, et qu'il sera charmé toutes les fois qu'il croira trouver une occasion de plaire à Londres en s'éloignant de nous. Et ne comptez pas sur les cabinets allemands; ils pensent tous très-mal de sir

---

[1] Alors chargé d'affaires de France à Saint-Pétersbourg.

Edmond Lyons; mais je doute qu'ils le disent aussi haut dès qu'ils n'auront plus, pour se couvrir, l'alliance de Metaxa avec Colettis. Nous serons les seuls amis sûrs et publics de Colettis resté seul.

« Je n'ai pas besoin de vous dire que nous serons en effet ses amis, et très-nettement Je compte sur son imperturbable fixité dans les deux points fixes de notre politique en Grèce. Au dehors, le maintien du *statu quo* territorial et de la paix avec la Porte; au dedans, le maintien du roi Othon et du régime constitutionnel. Tranquille sur ces deux points, je soutiendrai fermement l'indépendance du roi Othon pour la formation de son cabinet et l'indépendance du cabinet grec pour la conduite des affaires grecques. Je soutiendrai Colettis comme le chef du parti national, et comme le plus capable, le plus honnête et le plus sûr des hommes qui ont touché au gouvernement de la Grèce. Je crois tout à fait cela, et j'aime l'homme. Je vous crois aussi très-capable de le soutenir en le contenant, et e vous aime aussi. Mais ne vous faites et que Colettis ne se fasse aucune illusion. La situation où nous entrons est très-difficile. Je ne vois pas clairement qu'elle fût inévitable. Je crains que nous ne retombions dans ce qui a, si longtemps et sous tant de formes diverses, perdu les affaires grecques, la division et la lutte des partis intérieurs et des influences extérieures. Donnez, Colettis et vous, un démenti à ce passé. Je vous y aiderai de tout mon pouvoir. Je vous préviens que je crois le danger grave et que j'y penserai à tout moment. Faites-en autant de votre côté. J'espère que nous le surmonterons ensemble. »

Je ne me contentai pas de faire arriver mes préoccupations et mes conseils à M. Colettis par M. Piscatory; je voulus les lui exprimer directement à lui-même, en lui donnant en même temps un nouveau gage de mon amitié comme de notre appui, et en appelant fortement son attention sur la responsabilité nouvelle qui pesait sur lui depuis qu'il était seul en possession du pouvoir. Je lui écrivis, deux mois après la retraite de Metaxa[1] : « J'ai un grand plaisir à vous annoncer que le Roi vient de vous donner le grand-cordon de la Légion d'honneur. J'attendais avec impatience une occasion naturelle de le lui proposer. Le voyage de M. le duc de Montpensier en Grèce me l'a fournie. Le roi et la reine ont été vivement touchés de l'accueil que leur fils a reçu de votre roi, de votre reine, de votre nation, de vous-même. Ce que vous faites à Athènes entretient et perpétue les souvenirs que vous avez laissés à Paris. Tenez pour certain que vous avez ici de vrais amis, et ils espèrent vous y revoir un jour, le jour où votre pays n'aura plus autant besoin de vous.

« Vous avancez, ce me semble, dans votre œuvre, quoique vos difficultés soient toujours aussi grandes. C'est la condition du gouvernement dans les pays libres; le succès, même certain et éclatant, n'allége point le fardeau; il faut recommencer chaque matin le

---

[1] Le 14 octobre 1845.

travail et la lutte comme si rien n'était encore fait. Vous touchez au terme de votre session ; mais alors commencera pour vous une autre tâche, non moins rude en elle-même et peut-être encore plus nouvelle chez vous, celle du gouvernement intérieur, de l'administration régulière, responsable, incessamment appliquée à maintenir ou à établir partout l'ordre, la justice distributive, la prospérité publique. Vos ennemis du dedans et du dehors vous attendent, mon cher ami, à cette seconde épreuve. Ils disent que vous êtes entouré d'un parti de tout temps étranger à l'ordre, à l'état social tranquille et réglé; que vous ne parviendrez pas à lui faire accepter le joug des lois, de la responsabilité administrative, de la bonne gestion financière ; que les emplois publics, les revenus publics seront livrés aux ambitions et aux dilapidations particulières ; que le désordre et les embarras intérieurs rentreront par là dans l'État ; que bientôt les trois puissances créancières de la Grèce s'apercevront qu'elles n'ont, sous le régime constitutionnel, pas plus de garanties qu'elles n'en avaient, avant la constitution, pour le rétablissement des finances grecques et le payement des intérêts de l'emprunt ; alors, dit-on, commencera en Grèce une nouvelle série de griefs et d'événements non moins fâcheux que ceux dont nous avons été les témoins. Ces prévisions et ces craintes vous arrivent certainement comme à nous. J'ai la confiance que vous les déjouerez, et qu'en appliquant à la seconde partie de votre tâche toute la rectitude de votre jugement et toute l'énergie de votre volonté, vous aurez la gloire d'avoir ouvert dans votre pays l'ère du régime constitutionnel, de l'ordre administratif aussi bien que politique, et du rôle régulier et pacifique de la Grèce dans le système général de la politique européenne. Je pense, avec une émotion d'ami, aux sentiments qui rempliront votre âme à la fin de votre vie, s'il vous est donné qu'elle soit ainsi et jusqu'au bout remplie. »

Je savais que je pouvais témoigner avec cet abandon à M. Colettis ma sympathique sollicitude, car il était de ceux qui ont l'âme assez riche pour ne pas s'absorber tout entiers dans la vie politique, et qui, au milieu de ses sévères travaux, restent sensibles à d'autres joies comme à d'autres tristesses : « Votre lettre, me répondit-il[1], est venue ajouter un vif et sincère plaisir à l'honneur que m'a fait votre roi. Votre sympathie pour mon pays, votre amitié pour moi, votre connaissance des nécessités de tout gouvernement ont inspiré vos paroles ; aussi me suis-je empressé de les lire à mon souverain et à mes amis qui, eux aussi, peuvent en profiter. Elles sont pour moi le gage d'une estime que je n'aurai pas trop payée de tous mes efforts, s'il m'est donné d'accomplir la tâche que la Providence m'a confiée. Oui, je crois avancer dans mon œuvre; chaque jour je fais un pas vers le but que j'ai dû me proposer : rétablir l'ordre dans un pays profondément troublé, rendre au trône la haute position qui lui appartient, concilier sans secousse les règles constitutionnelles

---

[1] Le 30 novembre 1845.

avec les mœurs nationales. Mais ne jugez pas mon pays, ne me jugez pas moi-même sans tenir compte des caractères particuliers de notre société : elle est intelligente, mais sans expérience ; elle a le goût de l'ordre, mais elle en ignore les conditions ; l'intérêt particulier ne sait pas ce que, pour son propre succès, il doit à l'intérêt général ; les hommes ne suivent déjà plus les inspirations d'un chef et ils ne se rallient pas encore autour d'un principe ; les intérêts individuels sont avides ; l'esprit de localité est susceptible. Braver tout ce mal pour arriver au bien absolu, ce serait tout compromettre. Croyez que, si vous avez un juste milieu à maintenir entre des principes opposés, nous avons, nous, un juste milieu à garder entre ce qui est et ce qui doit être. Croyez enfin que, si je fais des concessions à ce qu'on voudrait que je tentasse de réformer violemment, je ne les fais pas par faiblesse, mais parce que je suis convaincu que les secousses sont ce qu'il y aurait de pire pour la justice, pour les finances, pour la prospérité publique, pour tous les intérêts que vous me recommandez. »

« M. Prokesch, me disait-il dans une autre lettre[1], qui avait dernièrement fait un voyage dans la Grèce orientale, est revenu hier d'une tournée dans les provinces occidentales et sur cette partie de la frontière. Il a trouvé le pays fort tranquille et les populations fort occupées de leurs travaux agricoles. Il m'a surtout exprimé la satisfaction que lui ont causée les disposi-

[1] Des 31 mai et 10 juin 1845.

tions qu'il a remarquées, dans le peuple et dans les employés, à se maintenir en bonnes relations avec la Turquie. Tant que la Grèce ne sera pas séparée de la Turquie par une muraille semblable à celle de la Chine, ou tant que le gouvernement grec n'aura pas une vingtaine de mille hommes à placer en garde permanente sur la frontière, je n'irai pas et personne n'ira prendre sur soi de garantir qu'aucun bandit ne s'échappera de la Grèce pour aller exercer le brigandage chez les Turcs. Tout ce que le gouvernement grec peut faire, et il le fait, c'est de donner ordre aux autorités civiles et militaires de la frontière de s'entendre avec les pachas et les derven-agas turcs quant à la poursuite des malfaiteurs, et je vous dirai qu'en effet les autorités grecques et ottomanes s'entendent si bien que jamais ces contrées n'ont été aussi tranquilles qu'en ce moment. »

La tranquillité intérieure dont se félicitait M. Colettis fut bientôt troublée, et les difficultés qu'il prévoyait, sans s'en effrayer, ne tardèrent pas à éclater, plus graves qu'il ne les avait prévues. La rupture entre les chefs des partis amena la lutte des partis, dans le pays comme dans les chambres ; et, pendant que, dans les chambres, l'alliance de MM. Maurocordato et Metaxa formait une opposition redoutable, cette opposition se transformait, dans le pays, en désordres matériels, en dérèglements administratifs, en conspirations et en séditions contre le cabinet. Pendant la première année de son gouvernement solitaire, M. Colettis lutta, avec succès, contre tous ces adversaires et tous ces périls; il avait la majorité dans les chambres; le roi et le peuple lui étaient de plus en plus favorables; partout où se produisaient l'intrigue ou la rébellion, la couronne et la population lui prêtaient leur concours pour les réprimer; les tentatives de quelques bandes grecques, soit pour piller, soit pour provoquer l'insurrection contre la Turquie dans les provinces frontières, furent efficacement prévenues ou désavouées. Tel était enfin, en Grèce, l'état des affaires, que je pus écrire au comte de Flahault [1]: « Nous avons maintenant à la tête des affaires, sur les deux points de l'Orient européen qui nous intéressent le plus, les deux hommes les plus capables de comprendre et de pratiquer un peu de bonne politique, Réchid-Pacha à Constantinople et Colettis à Athènes. J'espère que M. de Metternich n'a pas tout à fait oublié ce que je vous écrivais, il y a un an [2], sur Colettis, et qu'il trouve que sa conduite n'a pas mal répondu à mon attente. Colettis a conquis la confiance du roi Othon et même de la reine. Il s'applique à raffermir le trône, à relever le pouvoir. Il ne se prête point aux fantaisies conquérantes ou conspiratrices qui peuvent préoccuper encore son ancien parti. Il se conduit, envers les chambres grecques, avec adresse et autorité. Il vient d'achever une session ; il en commence sur-le-champ et hardiment une autre pour faire voter le bud-

[1] Le 11 novembre 1845.
[2] Le 18 novembre 1844. Voir dans ce volume, page 333.

get de 1846 comme celui de 1845, et avoir ainsi devant lui un certain temps d'administration sans combat politique. Il tâchera d'employer ce temps à mettre un peu d'ordre dans les finances de la Grèce, à faire dans le pays quelques travaux publics, à imposer aux agents du pouvoir et à la population quelques commencements d'habitudes tranquilles et régulières. Les difficultés de la situation, déjà très-grandes, sont fort aggravées par l'hostilité active, incessante, de sir Edmond Lyons; je n'entre dans aucun détail à ce sujet; M. de Metternich en sait, à coup sûr, autant que moi. J'en ai dit à lord Aberdeen, au château d'Eu, tout ce que j'en pense. Je le crois bien près d'être convaincu que Lyons juge mal les affaires de la Grèce et conduit mal celles de l'Angleterre en Grèce. Mais, mais, mais..... je m'attends à la prolongation de cette grosse difficulté. Heureusement, les représentants des cours allemandes à Athènes, surtout M. de Prokesch, jugent bien de leur situation et emploient bien leur influence. Ceci me rassure un peu contre les chances de perturbations nouvelles que sir Edmond Lyons fomente de son mieux. Appelez, je vous prie, l'attention de M. le prince de Metternich sur deux choses : 1° sur le ministre de Turquie à Athènes, M. Musurus, Grec tout à la dévotion de Lyons, qui envenime sans cesse les moindres affaires de la Porte en Grèce, et fait à Constantinople d'insidieux rapports; un bon avis, donné là sur son compte, serait très-utile; 2° sur le chargé d'affaires de Russie, M. Persiani, petit et timide, mais sans mauvaise intention ni mauvais travail ; il se plaint de n'être pas assez compté par le roi, la reine et par quelques-uns de ses collègues ; il y aurait avantage à ce qu'il fût bien traité, et prît quelque confiance dans sa position et en lui-même. M. de Metternich fera, de ces observations confidentielles, l'usage qu'il jugera convenable. »

Le prince de Metternich donna les conseils et prit les petits soins que je lui demandais. Je dis les petits soins ; non qu'ils ne fussent pas importants, et que, s'ils avaient manqué, le gouvernement grec n'eût pas eu à en souffrir ; mais ce n'était pas les appuis extérieurs et diplomatiques, quelque indispensables qu'ils fussent, qui pouvaient mettre M. Colettis en état de surmonter les difficultés avec lesquelles il était aux prises ; c'était en lui-même, dans sa clairvoyante appréciation des intérêts grecs et dans son énergique volonté de les faire triompher, qu'il devait puiser et qu'il puisait en effet sa force. Dans un pays naguère et à peine sorti de la servitude par l'insurrection, il avait à fonder en même temps le pouvoir et la liberté. Il fallait qu'au centre il relevât la royauté et qu'il organisât dans les chambres une majorité de gouvernement. Dans les provinces, il était chargé d'établir l'ordre, la justice et une administration régulière, faits inconnus en Grèce, aussi bien depuis qu'avant son affranchissement. Au dehors, il avait à contenir les passions des Grecs sans les éteindre, et à ajourner indéfiniment leur grand avenir sans leur en fermer les perspectives. C'était là l'œuvre difficile et chargée de problèmes contradictoires que l'Europe lui imposait et qu'il s'imposait lui-même, car il avait l'esprit assez grand pour en mesurer l'étendue et le cœur assez ferme pour en accepter la nécessité. On ne poursuit pas une telle œuvre sans avoir bien des sacrifices à faire et bien des tristesses à subir en silence. Pour organiser dans les chambres une majorité de gouvernement et pour enfermer dans les limites du petit État grec les passions qui aspiraient à l'affranchissement général de la race grecque, il fallait que M. Colettis donnât à ses anciens compagnons d'armes, aux hommes de la guerre de l'indépendance, des satisfactions suffisantes pour qu'ils se résignassent à la discipline de l'ordre civil et à l'inaction de la paix. L'unique moyen d'obtenir d'eux ce double effort, c'était de leur laisser dans leur province, dans leur ville ou leur campagne, les avantages et les plaisirs d'une influence bien voisine de la domination personnelle et locale; domination inconciliable avec une bonne administration publique, et qui devenait la source d'une multitude d'abus financiers, judiciaires, électoraux, dont la responsabilité pesait sur le gouvernement central qui ne pouvait les réprimer sans irriter leurs auteurs et sans compromettre ainsi toute sa politique. Ces abus étaient incessamment signalés à M. Colettis, et par ses amis qui s'en désolaient, et par ses adversaires qui s'en faisaient une arme contre lui. La correspondance et la conversation de sir Edmond Lyons étaient le bruyant écho de tous les désordres locaux, de tous les actes irréguliers ou violents, de tous les inconvénients intérieurs ou extérieurs qu'enfantait cette situation, et il en tirait une incessante accusation contre le cabinet qui ne savait pas ou ne voulait pas en préserver le pays. Sir Edmond s'en plaignait un jour vivement à M. Colettis lui-même ; le ministre de Prusse, M. de Werther, appuyait ses plaintes ; M. Piscatory, présent à l'entretien, gardait le silence, ne voulant pas contester un mal dont il reconnaissait la réalité : « Vous me demandez que le gouvernement soit partout présent et actif, leur dit M. Colettis, qu'il impose partout sa règle; vous voulez que je mette toutes voiles dehors. Je vous préviens que la mâture entière cassera. »

Malgré ses prévisions inquiètes, M. Colettis entreprit de porter remède aux maux dont on se plaignait ; il donna à toutes les autorités, à tous les agents du pouvoir des ordres sévères pour que les abus, les illégalités, les vexations de parti, les excursions de frontières, tous les désordres locaux, fussent réprimés ; il en fit arrêter et punir les auteurs. Plusieurs condamnés à mort, pour de vrais et odieux actes de brigandage, étaient en prison, car on n'avait pas encore osé leur infliger la peine légale de leurs crimes ; il les fit exécuter. Le mécontentement pénétra dans son propre parti ; irrités de mesures qui restreignaient leur pouvoir, leur indépendance, leurs avantages de tout genre, quelques-uns de ses anciens compagnons d'armes joignirent leurs séditions à celles de ses adversaires. Un vaillant et populaire chef de Pallicares, Griziottis, qui avait soutenu jusque-là le régime constitutionnel et M. Colettis, prit les armes dans l'Eubée pour leur résister. Toutes ces tentatives furent énergiquement combattues et vaincues; la plupart des fonctionnaires et l'armée restèrent fidèles au pouvoir légal. Dans la rencontre qui mit fin à sa révolte, Griziottis eut le bras emporté : M. Piscatory, en félicitant le premier ministre de la victoire, vit des larmes rouler dans ses yeux : «Quand nous n'aurons plus de tels hommes, lui dit Colettis, que deviendra l'avenir du pays?» Le chef de gouvernement faisait son devoir, mais en conservant dans son âme les ambitions du Grec et les sympathies du vieux guerrier.

C'était là une situation singulièrement tendue et périlleuse. Sir Edmond Lyons en exagérait beaucoup à son gouvernement les maux et les périls, et il les attribuait entièrement à M. Colettis dont il méconnaissait, avec un aveuglement passionné, les fermes intentions, les qualités supérieures et les succès dans la politique d'ordre et de paix. Abusés par ces rapports, et me croyant abusé de mon côté par les rapports contraires de M. Piscatory, lord Aberdeen et sir Robert Peel persistaient dans leur méfiance malveillante envers M. Colettis et la lui témoignaient en toute occasion. Dans l'automne de 1845, le prince de Metternich, causant à Francfort avec lord Aberdeen, fit sur lui, selon l'expression du comte de Flahault « une charge à fond » pour changer sa disposition envers le chef du ministère grec, mais sans succès ; les traditions de la politique anglaise, le déplaisir et l'échec qu'elle subissait à Athènes et les embarras de la situation parlementaire, étaient plus forts que mes renseignements et mes raisonnements, et maintenaient, entre nous, la dissidence. Je n'en ressentais cependant pas une inquiétude grave; lord Aberdeen était loin d'avoir, dans le jugement de sir Edmond Lyons, une entière confiance; sir Robert Peel lui-même le blâmait d'avoir pris à Athènes l'attitude d'un homme de parti, et de s'être plus préoccupé de ses mortifications personnelles que des intérêts de son pays ou de ceux de la Grèce. Je ne craignais pas que le cabinet anglais se portât, envers celui d'Athènes, à aucune mesure violente, ni que notre dissentiment dans ce coin du monde altérât la bonne entente qui subsistait d'ailleurs entre nous : « Il faut vivre avec ce mal là, écrivais-je à M. Piscatory ; nous ne sommes pas en train d'en mourir. Je regrette le fait, mais je m'y résigne. De la bonne politique faite en commun valait mieux pour tout le monde; faisons-la seuls. Je n'ai pas besoin de vous recommander, envers nos adversaires d'Athènes, la mesure froide et le dédain des mauvais petits procédés. »

Mais, à la fin de juin 1846, je perdis la sécurité que, malgré nos dissentiments, m'inspiraient, pour les affaires de Grèce, le caractère et la politique générale du cabinet anglais. La réforme des lois sur les céréales entraîna sa chute. Sir Robert Peel et lord Aberdeen sortirent du pouvoir. Lord Palmerston reprit le gouvernement des affaires étrangères. Je connaissais les dispositions qu'il y apportait, sa façon de les traiter, et sa confiance dans sir Edmond Lyons, l'un de ses plus dévoués et plus hardis agents. Je pressentis à quel point les difficultés de la situation s'aggraveraient bientôt à Athènes pour M. Colettis et pour nous. Mon pressentiment ne me trompait pas.

Je me donne la satisfaction d'insérer ici la lettre que je reçus alors de sir Robert Peel, en réponse à celle que je lui avais adressée pour lui exprimer mon profond regret de sa retraite. Je n'avais pas avec lui l'intimité qui s'était formée entre lord Aberdeen et moi ; nos impressions, à mesure que les événements survenaient, n'avaient pas toujours été d'accord ; il avait même quelquefois laissé percer, à mon occasion, un peu d'impatience et d'inquiétude. Mais nous avions, au fond et dans l'ensemble, la même pensée dominante, le même but général ; nous avions, l'un et l'autre, à cœur d'imprimer, à la politique de nos deux pays, le même caractère. Il prit plaisir à me donner, en nous séparant, un gage de notre harmonie, et je prends plaisir à le reproduire : « Mon cher monsieur Guizot, m'écrivit-il, je regretterais profondément ma retraite si je ne me sentais assuré que nos efforts unis, pendant les années qui viennent de s'écouler, ont donné, à l'entente cordiale entre l'Angleterre et la France, des fondements assez solides pour supporter le choc des chances ordinaires et des changements personnels dans l'administration, du moins dans celle de ce pays-ci.

Grâce à une confiance réciproque, à une égale foi dans l'accord de nos vues et la pureté de nos intentions, grâce aussi (je puis le dire sans arrogance depuis que j'ai reçu votre affectueuse lettre) à une estime mutuelle et à des égards personnels, nous avons réussi à élever l'esprit et le ton de nos deux nations ; nous les avons accoutumées à porter leurs regards au-dessus de misérables jalousies et de rivalités obstinées ; elles ont appris à estimer dans toute sa valeur cette influence morale et sociale que les bonnes et cordiales relations entre l'Angleterre et la France exercent partout, à l'appui de tout bon et salutaire dessein. Sans cette confiance et cette estime mutuelles, combien de pitoyables difficultés auraient grossi au point de devenir de redoutables querelles nationales! Croyez bien à mon sérieux désir de contribuer toujours, soit comme homme public, soit comme simple particulier, à la continuation et à l'accomplissement de cette grande œuvre, et soyez assuré aussi de mon inaltérable amitié comme de mon estime et de mon respect le plus sincère. »

Pendant quelques mois, on put croire que lord Palmerston trouverait difficilement une occasion spécieuse pour manifester son mauvais vouloir envers M. Colettis et pour rétablir à Athènes l'empire de sir Edmond Lyons. Le gouvernement grec agissait utilement et s'affermissait ; l'ordre et le travail étaient en progrès sensible dans le pays. M. Piscatory, qui était venu passer en France quelques semaines de congé, m'écrivit en rentrant à Athènes[1] : « J'ai retrouvé la Grèce parfaitement tranquille, à cela près d'un peu de désordre dans l'Acarnanie où une querelle entre les Grivas donne un peu d'embarras qui n'est rien. Le sol et le commerce donneront cette année leurs produits en grande abondance. Il y a très-réelle, très-évidente prospérité, et qui plus est, elle est très-sentie. Vous savez que Colettis est parvenu à faire exécuter les brigands condamnés à mort. L'effet a été grand, même sur l'esprit de Lyons. Peu d'hommes ont été à ce triste spectacle; pas une femme. La Grèce a encore le droit de dire *les Barbares*. »

Un incident inattendu amena, pour M. Colettis, un grave embarras, et fournit contre lui, à sir Edmond Lyons, une nouvelle occasion d'attaque. Un officier grec, Tzami Karatasso, fils d'un ancien et vaillant chef pallicare, avait été accusé, en 1841, d'avoir suscité en Thessalie un mouvement d'insurrection contre la Porte. Arrêté alors par ordre du gouvernement grec, il avait été d'abord enfermé dans la forteresse de Nauplie, puis fugitif aux îles Ioniennes, puis confiné à Égine, et il n'avait obtenu du gouvernement grec sa réintégration dans son grade qu'après une longue épreuve d'exil et de soumission. La révolution du 15 septembre 1843 le remit en faveur, et il devint, à cette époque, l'un des aides de camp du roi Othon. Aucune plainte ne vint, à ce sujet, de Constantinople, et la légation turque à

---

[1] Le 20 octobre 1846.

Athènes témoignait à Tzami Karatasso les mêmes égards qu'aux autres officiers de son rang. Dans les premiers jours de 1847, il eut besoin, pour ses affaires particulières, d'aller à Constantinople; il obtint du roi Othon un congé de quelques semaines, et du ministre des affaires étrangères un passe-port; mais quand il alla demander à la légation turque le visa de son passe-port, ce visa lui fut refusé. Le ministre de Turquie, M. Musurus, chargea l'un de ses secrétaires d'aller donner à M. Colettis les motifs de ce refus : « J'en exprimai à M. Konéménos mon chagrin, m'écrivit M. Colettis [1]; je lui fis remarquer que les antécédents de M. Tzami Karatasso, quels qu'ils fussent, avaient été expiés, et que, dans sa situation nouvelle, il offrait des garanties incontestables d'une conduite régulière. J'engageai M. le ministre de Turquie à réfléchir et à me faire savoir ses dernières décisions avant que je ne visse le roi. M. Konéménos me quitta en me promettant de m'apporter, le lendemain matin, la réponse définitive de son chef. Le lendemain, j'attendis vainement cette réponse pendant toute la journée. Le soir, à huit heures et demie, il y avait bal privé à la cour; je dus m'y rendre; j'y trouvai tout le corps diplomatique, et un instant après, le bal n'ayant pas encore commencé, le roi me fit appeler dans ses appartements. Sa Majesté me demanda des renseignements sur l'affaire du passe-port. Je ne pus répondre au roi que ce que j'avais appris

---

[1] Le 30 janvier 1847.

par M. Konéménos et ce que je lui avais répondu ; quant à la dernière résolution de M. le ministre de Turquie, il ne me l'avait point fait connaître. Sa Majesté me parut très-péniblement impressionnée et très-offensée du procédé de M. Musurus. Au cercle des diplomates, le roi s'approcha de M. Musurus et lui dit « qu'il aurait cru que le roi et sa garantie méritaient plus de respect. » M. Musurus ne répondit pas un mot. Après le cercle, il passa dans les salons où il s'entretint avec M. Lyons et M. Maurocordato ; puis, il s'approcha de moi, et me demanda si j'avais rapporté au roi ce qu'il m'avait fait dire par M. Konéménos ; je répondis que je l'avais fait, en ajoutant que M. Konéménos ne m'avait pas apporté la réponse qu'il m'avait fait espérer. M. Musurus me dit alors que l'affaire était délicate et que la responsabilité en pèserait sur moi. Je me vis donc dans la nécessité de lui répondre que, lorsqu'il s'agissait de la dignité de mon souverain et de mon pays, j'acceptais toute espèce de responsabilité. Quelques instants après, M. Musurus, prétextant une indisposition de sa femme, se retira suivi des employés de sa légation. »

Ainsi vivement engagée par les vives paroles du roi Othon en personne, la question, si mince en elle-même, s'envenima et s'aggrava de jour en jour ; la Porte demanda expressément, et comme son *ultimatum*, que des excuses fussent faites officiellement à M. Musurus ; sans quoi, il avait ordre de quitter sous trois jours Athènes, par le même bateau qui lui apportait ses instructions. Fier pour son pays, pour son roi et pour lui-même, M. Colettis repoussa cette injonction impérieuse : « Que faire? demanda-t-il à M. Piscatory. — Ne rien faire de ce qui est imposé ; faire très-franchement, très-complétement ce qu'on peut faire dignement, et rendre les explications dignes en les élevant jusqu'aux souverains eux-mêmes. » Empressé à couvrir de sa responsabilité personnelle ce qu'il y avait eu d'un peu imprudent et inopportun dans les paroles du roi Othon à M. Musurus, M. Colettis adopta et mit en pratique, avec sa forte dignité, le conseil de notre ministre ; il écrivit à Ali-Effendi, ministre des affaires étrangères de la Porte, et le roi Othon écrivit au sultan lui-même. Les deux lettres étaient franches, graves, et expliquaient avec convenance l'incident survenu au bal de la cour, en en reportant la première cause sur les procédés malveillants de M. Musurus dans tout le cours de sa mission. L'attitude et le langage du roi de Grèce et de son ministre furent approuvés, non-seulement dans le corps diplomatique d'Athènes, sauf par sir Edmond Lyons, mais à Vienne, à Berlin et à Saint-Pétersbourg ; le prince de Metternich en exprima même son sentiment dans une note adressée à son internonce à Constantinople, M. de Stürmer. Mais la Porte se sentant appuyée ailleurs, persista dans ses exigences. On eut, de part et d'autre, l'air de chercher des expédients, des moyens termes d'accommodement : au fond on espérait un peu à Athènes que cette querelle amènerait le rappel de M. Musurus ; on s'en promettait, à Constantinople, la chute de M. Colettis. Toutes les propositions furent repoussées, et le 1er avril 1847, les relations diplomatiques furent rompues entre les deux États.

Au milieu de cette complication, une autre question et un autre péril s'élevèrent : non plus entre la Grèce et la Turquie, mais entre la Grèce et les trois puissances protectrices. Je dis les trois puissances, je devrais dire l'une des trois puissances, l'Angleterre. Il s'agissait du payement des intérêts de l'emprunt grec pour les années 1847 et 1848. La Grèce était hors d'état d'y pourvoir complétement par ses propres et seules ressources. Que la mauvaise administration grecque, son inexpérience, ses désordres fussent la principale cause de cette insuffisance financière dans un pays d'ailleurs en progrès, rien n'était plus certain ; mais le mal ainsi expliqué n'en subsistait pas moins. M. Colettis faisait, pour y porter remède, des efforts plus sincères qu'habiles ; il n'avait ni les habitudes, ni les instincts de la régularité administrative. De plus, il venait d'être malade, assez gravement malade pour m'inspirer, comme à ses amis d'Athènes, une vive inquiétude : « La perte serait immense, écrivis-je à M. Piscatory ; non-seulement il sert bien son pays, mais il lui fait honneur, le plus grand service qu'on puisse rendre à un pays. La Grèce a ressuscité, grâce à quelques noms propres, anciens et modernes. Elle a besoin que M. Colettis n'aille pas rejoindre sitôt le bataillon de Plutarque. J'attendrai bien impatiemment le prochain paquebot. » Il m'apporta de bonnes nouvelles : M. Colettis était rétabli et offrait aux puissances protectrices, pour le payement des intérêts de l'emprunt grec en 1848, des garanties sérieuses. Les cabinets français et russe se montrèrent disposés à en tenir compte, et à donner encore à la Grèce du temps et de l'appui, tout en insistant fortement pour des réformes efficaces dans son administration. Lord Palmerston saisit au contraire cette occasion de porter à M. Colettis un rude coup; il se déclara décidé à exiger, pour la part de l'Angleterre, le payement immédiat du semestre de 1847, et trois vaisseaux anglais eurent ordre de partir de Malte pour aller, dans les eaux de la Grèce, mettre à exécution cette exigence. J'informai sur-le-champ M. Piscatory du péril [1], et je donnai en même temps, à Pétersbourg, à Vienne et à Berlin [2], avis de l'attitude que tiendrait le gouvernement français. Quelques jours s'écoulèrent: « Pourquoi ces vaisseaux ne sont-ils pas encore ici? m'écrivit M. Piscatory [3]; la cause en est probablement dans de furieux vents du nord. Arrivés, que feront-ils? On écrit de Londres qu'ils mettront la main sur Égine. On dit ici que ce sera sur la douane de Syra ou de Patras. C'est vous qui dites vrai quand vous prévoyez qui c'est de l'intimidation qu'ils apportent. De loin, ils n'agissent pas. De près, nous verrons. Le Roi est très-ferme. Colettis est rajeuni. Quant au pays, il ressemble si peu à tout ce que nous connaissons que je n'oserais me

[1] Le 11 mars 1847.
[2] Les 20, 30, 31 mars 1847.
[3] Le 29 mars 1847.

prononcer. Pour moi, je veille sur toutes mes paroles ; je ne fais pas de plan de campagne ; à chaque jour suffira sa peine. Ne pas nous commettre à la suite des Grecs et ne pas les abandonner, ce sont-là, ce me semble, les deux bords du canal où il s'agit de naviguer. Je ferai de mon mieux. »

L'émotion fut vive à Athènes : en présence des vaisseaux anglais au Pirée, des menaces de sir Edmond Lyons et des mesures hostiles de la Porte, on se demandait : « Que va-t-il arriver ? Le roi Othon cédera-t-il ? M. Colettis se retirera-t-il ? Un nouveau cabinet se formera-t-il, et lequel ? » Les ministres d'Autriche et de Prusse, sans abandonner M. Colettis, lui conseillaient la retraite : « Vous avez sur les bras, lui disaient-ils, la colère de lord Palmerston, les vengeances de la Porte, les exigences pécuniaires, les désordres provoqués. Cédez la place et voyez ce que fera un ministère Maurocordato. Il est douteux qu'il se forme. S'il y réussit, le terrain sera bientôt déblayé de tout ce qu'on y jette aujourd'hui pour embarrasser votre marche ; plus tard, vous reviendrez plus fort. » M. Colettis écoutait sans discuter ; M. Piscatory, sans l'exciter, se montrait résolu à le soutenir fermement ; hors d'Athènes, le pays était plus irrité qu'inquiet. Le roi Othon était moins disposé que personne à céder : convaincu que, s'il se séparait de M. Colettis, la désaffection du pays en serait la conséquence inévitable, il disait tout haut : « Je consens, si cela doit arriver, à être chassé par une force extérieure ; mais être repoussé par le pays lui-même, non ; j'aime mieux courir tous les risques que cette chance-là. » La reine Amélie, courageuse et digne, le confirmait dans sa résolution. Fort de l'appui du roi et du peuple, et surtout de sa propre force, M. Colettis la déploya avec une hardiesse inattendue ; il avait dans son cabinet quelques hommes insuffisants ou timides ; il forma un ministère nouveau, plus résolu et plus capable. Il rencontrait dans la chambre des députés une opposition tracassière ; la chambre fut dissoute, et les élections nouvelles assurèrent au nouveau cabinet une forte majorité. Des séditions éclatèrent sur quelques points du territoire, entre autres à Patras ; elles furent immédiatement réprimées. L'un des plus anciens, des plus persévérants et des plus efficaces philhellènes, M. Eynard de Genève, qui savait mettre généreusement sa fortune au service de sa cause, fit à la Grèce une avance de 500,000 francs pour payer à l'Angleterre le semestre exigé. Les vaisseaux anglais se promenaient dans les mers grecques, changeant fréquemment de mouillage, mais sans agir autrement que par une tentative d'intimidation qui demeurait vaine. L'habile énergie de M. Colettis, la ferme adhésion du roi Othon à son ministre et le sentiment général du pays s'élevaient de jour en jour au-dessus des périls de la situation.

Dieu, pour nous avertir même quand il nous glorifie, fait éclater la fragilité de l'homme à côté de sa grandeur. Le 10 septembre 1847, au moment même où M. Colettis déployait, en présence des plus graves périls, ses plus rares qualités, et semblait près d'en recueillir le fruit, M. Piscatory m'écrivit : « Après une longue lutte de quatorze jours, la plus énergique que puissent soutenir, contre un mal sans remède, une constitution bien forte et une âme bien ferme, M. Colettis expire. La fin de la journée sera probablement celle de ses souffrances et de sa vie. Pour qui l'aura vu à ses derniers moments, la mort sera une partie de la gloire de ce bon et grand citoyen. Il n'a rien perdu de sa force ni de son calme. Dès les premiers jours, il discutait son mal et le déclarait incurable. Convaincu de l'inefficacité des remèdes, il les acceptait de la main de ses amis. Chaque jour, le Roi venait le voir. Soit qu'elle n'en eût pas le courage, soit qu'elle ne crût pas le danger si imminent, Sa Majesté a trop tardé à demander les derniers conseils d'un homme dont elle sent profondément la perte. Hier, faisant effort pour contenir ses larmes, le Roi est venu causer avec lui une dernière fois. M. Colettis m'a fait appeler pour le soutenir sur son séant; mais déjà ses forces l'avaient abandonné ; prenant la main du Roi : «Sire, lui a-t-il dit, j'aurais beaucoup à dire à Votre Majesté : mais je ne le puis plus ; Dieu permettra peut-être que demain j'en aie la force.»

— «Vous aussi, mon ami, m'a dit M. Colettis après le départ du Roi, j'aurais beaucoup à vous dire. C'est impossible. Remerciez votre roi et votre reine des bontés dont ils m'ont toujours honoré. Parlez de moi à mes amis de France. Faites mes adieux à M. Guizot, à M. de Broglie, à M. Eynard. Jusqu'au dernier moment, autant que je l'ai pu, j'ai suivi leurs conseils, ils doivent être contents de moi. Le Roi vient de me dire que tout le monde, mes ennemis et mes amis, s'intéressent à moi. Cela me fait plaisir. Mais je laisse mon pays bien malade. Mon œuvre n'est pas achevée. Pourquoi le Roi n'a-t-il pas voulu me connaître il y a douze ans? Aujourd'hui je mourrais tranquille. Je ne puis plus parler. Recouchez-moi ; je voudrais dormir. »

« Depuis lors, les moments de calme et de suffocation se succèdent rapidement. Dans de courts instants de délire, on l'entend redire les chants de sa jeunesse. »

M. Colettis mourut le 12 septembre 1847, « sans que les plus cruelles douleurs ni de patriotiques regrets eussent vaincu un seul instant, m'écrivit M. Piscatory, son inébranlable fermeté et ce calme qui était une puissance. Exposé pendant vingt-quatre heures, son corps a reçu, selon l'usage, le baiser d'adieu de toute une population qui l'a suivi tout entière jusqu'au bord de la tombe. Un orage grondait et le bruit du tonnerre se mêlait aux détonations de l'artillerie : « Dieu pense comme nous, a dit la reine ; il sait ce que valait l'homme qui vient de mourir. »

Le roi Othon fit publier le lendemain cette ordonnance :

« Ayant appris avec une profonde douleur la mort du président de notre conseil, ministre de notre maison royale et des affaires étrangères, M. Jean Colettis, de ce grand citoyen qui, après avoir glorieusement combattu pour la patrie, a rendu à notre trône les plus éminents services, nous ordonnons que tous les employés civils et militaires portent un deuil de cinq jours. »

Cet ordre du roi, contre-signé par les six ministres collègues de M. Colettis, parmi lesquels se trouvaient deux des noms les plus glorieux de la guerre pour l'indépendance de la Grèce, Tzavellas et Colocotroni, fut universellement et scrupuleusement exécuté.

Roi et peuple n'étaient que justes et clairvoyants dans leurs regrets et leurs hommages. La Grèce perdait, dans M. Colettis, le plus glorieux parmi les survivants des guerriers qui avaient conquis son indépendance, le seul qui fût devenu un éminent politique. Le roi Othon avait trouvé en lui un ministre fermement monarchique en même temps qu'ardemment patriote. Le patriotisme grec, la délivrance, l'indépendance et la grandeur de la race grecque étaient l'unique passion de M. Colettis. Aucun intérêt, aucun désir, aucun plaisir personnel ne se mêlaient, en lui, à cette passion ; dans aucun pays ni dans aucun temps, aucun patriote n'a été plus exempt de tout égoïsme, de l'égoïsme vaniteux comme de l'égoïsme sensuel. M. Colettis n'avait besoin de rien, sinon du succès de sa patrie. Sa vie était aussi simple et dénuée que son âme était haute et dévouée. Ministre d'un roi chancelant, il porta dans le gouvernement un profond sentiment de la dignité du pouvoir, et le ferme dessein de la faire respecter, dans le prince qu'il servait comme dans les assemblées politiques de son pays.

Le régime constitutionnel était pour lui un moyen plutôt qu'un but, car il avait bien plus à cœur le grand avenir national de la Grèce que le développement régulier de ses libertés intérieures et individuelles. La perspective, le désir, l'espérance de la régénération de toute la nation grecque étaient la constante préoccupation de sa pensée, même quand il en reconnaissait l'impossibilité actuelle, et quand son ferme bon sens réprimait les élans un peu chimériques de son imagination. Qu'eût-il fait, qu'eût-il tenté du moins pour cette grande cause s'il eût vécu plus longtemps en possession du pouvoir dans le petit État grec et en présence des complications et des luttes survenues entre les grands États européens? Nul ne le saurait dire. Il est de ceux qui sont morts avant d'avoir montré, dans le cours d'une vie grande pourtant et glorieuse, tout ce qu'ils avaient dans l'âme et tout ce qu'ils étaient capables d'accomplir.

Trois mois après la mort de M. Colettis, le roi Louis-Philippe, sur ma proposition, rappela M. Piscatory d'Athènes où la politique française cessait d'être activement en scène, et le nomma son ambassadeur à Madrid où notre succès récent dans la question des mariages espagnols nous donnait une situation plus grande et plus difficile encore à maintenir.

CHAPITRE XLIII

LA LIBERTÉ D'ENSEIGNEMENT, LES JÉSUITES ET LA COUR DE ROME.

(1840-1846.)

En quoi consiste la liberté d'enseignement. — Résolution du cabinet du 29 octobre 1840 de tenir, à cet égard, la promesse de la charte de 1830. — Divers projets de loi présentés par MM. Villemain et Salvandy. — Caractère de l'Université de France, corps essentiellement laïque et national. — Que la liberté d'enseignement peut et doit exister en même temps que l'Université. — Succès permanent de l'Université. — Difficulté de sa situation quant à l'éducation religieuse. — Légitimité et nécessité de la liberté d'enseignement. — Lutte entre l'Université et une partie du clergé. — Par quelle fâcheuse combinaison les jésuites devinrent les principaux représentants de la liberté d'enseignement. — Du caractère primitif et historique de la congrégation des jésuites. — Méfiance et irritation publique contre elle. — On demande que les lois de l'État qui la frappent soient exécutées. — Je propose que la question des jésuites soit portée d'abord à Rome, devant le pouvoir spirituel de l'Église catholique. — Le Roi et le conseil adoptent ma proposition. — M. Rossi est nommé envoyé extraordinaire et ministre plénipotentiaire par intérim à Rome. — Motifs de ce choix. — Négociation avec la cour de Rome pour la dissolution en France de la congrégation des jésuites, sans l'intervention du pouvoir civil. — Embarras et hésitation de la cour de Rome. — Grégoire XVI et le cardinal Lambruschini. — Succès de M. Rossi. — Le Saint-Siége décide la Société de Jésus à se dissoudre d'elle-même en France. — Effet de ce résultat de la négociation. — Efforts pour en retarder ou en éluder l'exécution. — Ces efforts échouent et les mesures convenues continuent de s'exécuter, quoique lentement. — Maladie du pape Grégoire XVI. — Troubles dans la Romagne. — M. Rossi est nommé ambassadeur ordinaire de France à Rome. — Mort de Grégoire XVI. — Pressentiments du conclave.

La liberté d'enseignement fut, en 1830, l'une des promesses formelles de la Charte.

La liberté d'enseignement est l'établissement libre et la libre concurrence des écoles, des maîtres et des méthodes. Elle exclut tout monopole et tout privilége, avoué ou déguisé. Si des garanties préalables sont exigées des hommes qui se vouent à l'enseignement, ainsi que cela se pratique pour ceux qui se vouent au barreau et à la médecine, elles doivent être les mêmes pour tous.

La liberté d'enseignement n'enlève point à l'État sa place et sa part dans l'enseignement, ni son droit sur les établissements et les maîtres voués à l'enseignement. L'État peut avoir ses propres établissements et ses propres maîtres. La puissance publique est libre d'agir, aussi bien que l'industrie privée. C'est à la puissance publique qu'il appartient de déterminer les garanties préalables qui doivent être exigées de tous les établissements et de tous les maîtres. Le droit d'inspection sur tous les établissements d'instruction, dans l'intérêt de l'ordre et de la moralité publique, lui appartient également.

Là où le principe de la liberté d'enseignement est admis, il doit être loyalement mis en pratique, sans effort ni subterfuge pour donner et retenir à la fois. Dans un temps de publicité et de discussion, rien ne décrie plus les gouvernements que les promesses trompeuses et les mots menteurs.

Le cabinet du 29 octobre 1840 voulait sérieusement acquitter, quant à la liberté d'enseignement, la promesse de la Charte. Personne n'y était plus engagé et plus décidé que moi. Par la loi du 28 juin 1833, que j'avais présentée et fait adopter, la liberté d'enseignement était fondée dans l'instruction primaire. J'ai déjà dit dans ces *Mémoires*[1], comment je tentai, en 1836, de la fonder aussi dans l'instruction secondaire, et par quelles causes le projet de loi que j'avais proposé dans ce but demeura vain. En 1841 et 1844, M. Villemain en proposa deux autres plus compliqués que le mien, et qui, sans résoudre pleinement la question, faisaient faire au principe de la liberté de notables progrès. Ils rencontrèrent une vive opposition et n'aboutirent à aucun résultat. En 1847, M. de Salvandy, devenu ministre de l'instruction publique après la retraite que la maladie avait imposée à M. Villemain, présenta aux chambres de nouveaux projets qui ne furent pas plus efficaces. Dans les divers débats qui s'élevèrent à ce sujet, entre autres le 31 janvier 1846, à la chambre des députés, je m'appliquai à mettre en lumière les deux idées qui dominaient cette question, et devaient en fournir la solution : « En matière d'instruction publique, dis-je, tous les droits n'appartiennent pas à l'État ; il y en a qui sont, je ne veux pas dire supérieurs, mais antérieurs aux siens, et qui coexistent avec les siens. Ce sont d'abord les droits de la famille. Les enfants appartiennent à la famille avant d'appartenir à l'État. L'État a le droit de distribuer l'enseignement, de le diriger dans ses propres établissements et de le surveiller partout ; il n'a pas le droit de l'imposer arbitrairement et exclusivement aux familles sans leur consentement et peut-être contre

[1] Tome III, pages 105-109.

leur vœu. Le régime de l'Université impériale n'admettait pas ce droit primitif et inviolable des familles.

« Il n'admettait pas non plus, du moins à un degré suffisant, un autre ordre de droits, les droits des croyances religieuses. Napoléon a très-bien compris la grandeur et la puissance de la religion ; il n'a pas également bien compris sa dignité et sa liberté. Il a souvent méconnu le droit qu'ont les hommes chargés du dépôt des croyances religieuses de les maintenir et de les transmettre, de génération en génération, par l'éducation et l'enseignement. Ce n'est pas là un privilége de la religion catholique ; ce droit s'applique à toutes les croyances et à toutes les sociétés religieuses ; catholiques ou protestants, chrétiens ou non chrétiens, c'est le droit des parents de faire élever leurs enfants dans leur foi, par les ministres de leur foi. Napoléon, dans l'organisation de l'Université, ne tint pas compte du droit des familles, ni du droit des croyances religieuses. Le principe de la liberté d'enseignement, seule garantie efficace de ces droits, était étranger au régime universitaire.

« C'est à la Charte et au gouvernement de 1830 que revient l'honneur d'avoir mis ce principe en lumière et d'en avoir poursuivi l'application. Il y a non-seulement engagement et devoir, il y a intérêt, pour la monarchie constitutionnelle, à tenir efficacement cette promesse. Quelque éloignées qu'elles aient été, à leur origine, des principes de la liberté, les grandes créations de l'Empire, celles-là du moins qui sont réellement conformes au génie de notre société, peuvent admettre ces principes et y puiser une force nouvelle. La liberté peut entrer dans ces puissantes machines créées pour le rétablissement et la défense du pouvoir. Quoi de plus fortement conçu dans l'intérêt du pouvoir que notre régime administratif, les préfectures, les conseils de préfecture, le conseil d'État? Nous avons pourtant fait entrer dans ce régime les principes et les instruments de la liberté : les conseils généraux élus, les conseils municipaux élus, les maires nécessairement pris dans les conseils municipaux élus, ces institutions très-réelles et très-vivantes qui, de jour en jour, se développeront et joueront un plus grand rôle dans notre société, sont venues s'adapter au régime administratif que nous tenions de l'Empire. La même chose peut se faire pour la grande institution de l'Université, et le pouvoir y trouvera son profit aussi bien que la liberté. Pour qu'aujourd'hui le pouvoir s'affermisse et dure, il faut que la liberté lui vienne en aide. Dans un gouvernement public et responsable, en face des députés du pays assis sur ces bancs, au pied de cette tribune, sous le feu de nos débats, c'est un trop grand fardeau que le monopole, quelles que soient les épaules qui le portent. Il n'y a point de force, point de responsabilité qui puisse y suffire ; il faut que le gouvernement soit déchargé d'une partie de ce fardeau, que la société déploie sa liberté au service de ses affaires, et soit elle-même responsable du bon ou mauvais usage qu'elle en fait. »

Je ne change rien aujourd'hui au langage que je tenais ainsi en 1846. Mieux qu'aucune autre des créations impériales, l'Université pouvait accepter le régime de la liberté et la concurrence de tous les rivaux que la liberté devait lui susciter, car de toutes les institutions de ce temps, celle-là était peut-être la mieux adaptée et à son but spécial, et à l'état général de la société moderne. Au milieu des préventions contraires de beaucoup d'esprits, Napoléon comprit que l'instruction publique ne devait pas être livrée à la seule industrie privée, qu'elle ne pouvait pas non plus être dirigée, comme les finances ou les domaines de l'État, par une administration ordinaire, et qu'il y avait là des faits moraux qui appelaient une tout autre organisation. Pour donner aux hommes chargés de l'enseignement public une situation au niveau de leur mission, pour assurer à ces existences si simples, si faibles et si dispersées, la considération et la confiance en elles-mêmes dont elles ont besoin pour se sentir fières et satisfaites dans leur modeste condition, il faut qu'elles soient liées à un grand corps qui leur communique sa force et les couvre de sa grandeur. En créant ce corps sous le nom d'Université, Napoléon comprit en même temps qu'il devait différer essentiellement des anciennes corporations religieuses et enseignantes ; par leur origine et leur mode d'existence, ces corporations étaient étrangères à la société civile et à son gouvernement ; point de participation active à la vie sociale ; point d'intérêts semblables à ceux de la masse des citoyens. C'était la conséquence du célibat, de l'absence de la propriété individuelle et d'autres causes encore. Les corporations religieuses étaient en même temps étrangères au pouvoir civil qui ne les gouvernait point et n'exerçait sur elles qu'une influence indirecte et contestée. Le caractère et l'esprit laïques dominent essentiellement dans la société moderne; pour bien comprendre cette société et en être accepté avec confiance, le corps enseignant doit aussi être laïque, associé à tous les intérêts de la vie civile, aux intérêts de famille, de propriété, d'activité publique; tout en remplissant sa mission spéciale, il faut qu'il soit intimement uni avec le grand et commun public. Il faut aussi que ce corps soit uni à l'État, tienne de lui ses pouvoirs et son impulsion générale. Ainsi fut conçue l'Université dans la pensée de Napoléon; ainsi elle sortit de la main de ce puissant constructeur; corps distinct sans être isolé, capable d'allier la dignité à la discipline, et de vivre en naturelle harmonie avec la société et son gouvernement.

Les faits ont réalisé et justifié ces idées. Depuis plus d'un demi-siècle, l'Université de France a traversé de bien grands événements et subi des épreuves bien diverses; elle a été exposée tantôt aux coups, tantôt aux séductions des révolutions. Quelques faux mouvements, quelques exemples d'entraînement ou de faiblesse se sont manifestés dans ses rangs; mais, à tout prendre, elle a fidèlement accompli sa mission et conservé dignement son caractère; elle est restée en harmonie avec l'esprit, les idées, les mœurs laïques et honnêtement libérales de notre société ; elle s'est constamment appliquée à élever ou à relever le niveau des études et des esprits ; elle a fait servir au progrès et à l'honneur des lettres et des sciences les forces qu'elle recevait de l'État. Et le succès a prouvé et prouve tous les jours le mérite de ses travaux ; c'est de ses écoles que sont sortis et que sortent tant d'hommes distingués qui portent dans toutes les carrières l'activité de la pensée, le respect de la vérité, et tantôt le goût désintéressé de l'étudier, tantôt l'art habile de l'appliquer. C'est l'Université qui, au milieu du développement et de l'empire des intérêts matériels, a formé et continue de former des lettrés, des philosophes, des savants, des écrivains, des érudits ; elle est aujourd'hui, parmi nous, le plus actif foyer de la vie intellectuelle, et le plus efficace pour en répandre dans la société la lumière et la chaleur.

Sur un seul objet, mais sur l'un des plus graves objets de l'éducation, sur l'éducation religieuse, la situation de l'Université devait être et a été, dès son origine, délicate et difficile. La liberté de conscience et l'incompétence de la puissance civile en matière religieuse sont au nombre des plus précieuses conquêtes et des principes fondamentaux de notre société. L'Université, ce corps délégué et représentant de l'État laïque, ne pouvait être elle-même chargée de l'instruction religieuse, et elle devait en respecter scrupuleusement la liberté. Tout ce qu'elle pouvait et devait faire, c'était d'ouvrir, aux hommes investis de cette mission dans les diverses croyances, les portes de ses établissements, et de les appeler à venir y donner l'enseignement qu'ils avaient seuls le droit de donner. Mais cette simple admission de l'enseignement religieux dans des établissements auxquels l'autorité religieuse était d'ailleurs étrangère, cette assimilation de l'étude de la religion à d'autres études secondaires qui n'ont que leurs heures spéciales et limitées, ne pouvaient satisfaire pleinement les familles dévouées aux croyances religieuses, ni les hommes chargés d'en conserver et d'en transmettre le dépôt. La religion, sérieusement acceptée et pratiquée, tient trop de place dans la vie de l'homme pour qu'il ne lui en soit pas fait aussi une grande dans l'éducation de l'enfant. Je dis l'éducation et non pas seulement l'instruction. L'Université est surtout un grand établissement d'instruction. La part d'éducation que reçoivent les enfants dans ses écoles est celle qui tient à la discipline et à la vie publique entre égaux : éducation très-nécessaire et salutaire, mais insuffisante pour le développement moral et la règle intérieure de l'âme. C'est surtout au sein de la famille et dans l'atmosphère des influences religieuses que se donne et se reçoit l'éducation morale, avec toutes ses exigences et tous ses scrupules. Il y a un peu d'excessive timidité dans les inquiétudes qu'inspire le régime intérieur de nos établissements d'instruction publique et laïque aux personnes qui se préoccupent surtout de la culture morale des âmes ; ces inquiétudes ne sont cependant pas dénuées de motifs sérieux, et on leur doit, en tout cas, beaucoup de respect.

Une autre considération, plus pressante encore, pèse, depuis près d'un demi-siècle, sur l'esprit des croyants, laïques ou prêtres. La religion chrétienne est évidemment en butte à une nouvelle crise de guerre, guerre philosophique, guerre historique, guerre politique, toutes poursuivies au milieu d'un public plein à la fois d'indifférence et de curiosité. L'attaque est libre autant qu'ardente. La défense doit être libre aussi; qui s'étonnera qu'elle soit prévoyante? Qui blâmera les chrétiens, catholiques ou protestants, de leurs efforts pour mettre les générations naissantes à l'abri des coups dirigés contre la foi chrétienne? Elles rencontreront, elles ressentiront assez tôt ces coups dans le monde et dans la vie; qu'elles soient du moins un peu armées d'avance pour leur résister; qu'elles aient reçu ces impressions premières, ces traditions fidèles, ces notions intimes que les troubles même de l'esprit n'effacent pas du fond de l'âme, et qui préparent les retours quand elles n'ont pas empêché les entraînements. Rien donc de plus naturel ni de plus légitime que l'ardeur de l'Église et de ses fidèles pour la liberté de l'enseignement; c'était leur devoir de la réclamer aussi bien que leur droit de l'obtenir. La liberté de l'enseignement est la conséquence nécessaire de l'incompétence de l'État en matière religieuse, car elle peut seule inspirer pleine sécurité aux croyants chrétiens en les mettant en mesure de fonder des établissements où la foi chrétienne soit le fond de l'éducation, tout en s'unissant à une instruction capable d'entrer en concurrence avec celle des écoles de l'État.

L'Université n'avait, quant aux études, rien à redouter de cette concurrence; elle était pourvue de toute sorte d'armes pour la soutenir avec avantage. Et quant à l'éducation morale, la liberté des établissements religieux donnait à l'Université un point d'appui pour résister elle-même au vent de l'incrédulité fanatique ou frivole, et la dégageait en même temps, à cet égard, de toute responsabilité exclusive. Elle pouvait dire à ceux qui ne la trouvaient pas assez renfermée dans son incompétence en matière religieuse : « Comment ne me préoccuperais-je pas vivement de l'intérêt religieux quand j'ai à côté de moi des établissements qui y puisent une grande force morale? » Et à ceux qui ne la trouvaient pas assez chrétienne et catholique : « Rien ne vous oblige à me confier vos enfants; des établissements libres et voués à votre foi vous sont ouverts. » Dans ce double résultat de la liberté d'enseignement, il y avait, pour l'Université, un ample dédommagement à la perte de la domination privilégiée que lui avait attribuée son fondateur.

Mais quand l'obstacle au bien ne se trouve pas dans les choses mêmes, les passions des hommes ne tardent pas à l'y mettre. En s'étendant et en s'échauffant, la lutte pour la liberté d'enseignement changea bientôt de caractère; ce ne furent plus seulement des esprits élevés et généreux, tels que M. de Montalembert et le père Lacordaire, qui la réclamèrent avec éloquence comme leur droit et leur devoir de citoyens et de chrétiens ; elle eut des champions aveugles et grossiers qui attaquèrent violemment l'Université, tantôt méconnaissant les services qu'elle avait rendus à l'éducation morale et religieuse aussi bien qu'à l'instruction, tantôt lui imputant des maximes et des intentions qu'elle n'avait point, tantôt la rendant responsable des écarts de quelques-uns de ses membres qui n'étaient pas plus l'image du corps enseignant que quelques ecclésiastiques tombés dans des fautes graves ne sont l'image du clergé lui-même. Des brochures pleines d'acrimonie, d'injure et de calomnie furent publiées à grand bruit, et obtinrent, de quelques évêques, une approbation aussi imprudente en soi qu'injuste envers l'Université. Beaucoup d'évêques et de prêtres judicieux blâmaient ces emportements de la controverse, et auraient volontiers témoigné à l'Université une équité éclairée ; mais, dans l'Église comme dans l'État, c'est le mal de notre temps, et de bien des temps, que, lorsque les opinions extrêmes éclatent, les opinions modérées s'intimident et se taisent. Les plus fougueux ennemis de l'Université demeurèrent les tenants de l'arène, et la question de la liberté d'enseignement devint, entre l'Université et l'Église, c'est-à-dire entre l'État et l'Église, une guerre à outrance.

Elle n'en resta pas là ; elle se posa bientôt de la façon la plus compromettante pour l'Église ; elle passa sur la tête des jésuites. Les jésuites furent, aux yeux du public, les représentants de la liberté d'enseignement.

Plus d'une fois, dans le cours de ma vie publique, à

la Sorbonne et dans les Chambres, j'ai exprimé sans réserve ma pensée sur les jésuites, sur leur caractère originaire, leur influence historique et leur situation actuelle dans notre société. Je tiens à reproduire aujourd'hui ce que j'en dis, entre autres, à la Chambre des pairs, le 9 mai 1844, dans l'un de nos grands débats sur la liberté d'enseignement. Non-seulement je n'ai rien à changer dans mes paroles; mais elles expliquent la résolution que j'ai prise et la conduite que j'ai tenue à cette époque, au milieu des attaques et des périls dont la Société de Jésus était l'objet.

« Quand les jésuites ont été institués, disais-je alors, ils l'ont été pour soutenir, contre le mouvement du XVIᵉ siècle, le pouvoir absolu dans l'ordre spirituel, et un peu aussi dans l'ordre temporel. Je ne comprends pas comment on viendrait aujourd'hui élever un doute à cet égard; ce serait insulter à la mémoire du fondateur des jésuites, et je suis convaincu que si Ignace de Loyola, qui était un grand esprit et un grand caractère, entendait les explications et les apologies qu'on essaye de donner aujourd'hui de son œuvre, il se récrierait avec indignation. Oui, c'est pour défendre la foi contre l'examen, l'autorité contre le contrôle, que les jésuites ont été institués. Il y avait, au moment de leur origine, de fortes raisons pour entreprendre cette grande tâche, et je comprends qu'au XVIᵉ siècle de grandes âmes se la soient proposée. Un problème très-douteux se posait alors; cet empire de la liberté dans le monde de la pensée, cette aspiration de la société à exercer un contrôle actif et efficace sur tous les pouvoirs qui existaient dans son sein, c'était là une immense entreprise; de grands périls y étaient attachés; il pouvait en résulter, et il en est résulté en effet de grandes épreuves pour l'humanité. Il était donc très-naturel que de grands esprits et de grandes âmes tentassent de résister à ce mouvement si vaste, si violent, si obscur. Les jésuites se vouèrent courageusement et habilement à cette difficile tâche. Eh bien! ils se sont trompés dans leur jugement et dans leur travail; ils ont cru que, du mouvement qui commençait alors, il ne sortirait, dans l'ordre intellectuel que la licence, dans l'ordre politique que l'anarchie. Ils se sont trompés; il en est sorti des sociétés grandes, fortes, glorieuses, régulières, qui ont fait, pour le développement, le bonheur et la gloire de l'humanité, plus peut-être qu'aucune des sociétés qui les avaient précédées. L'Angleterre, la Hollande, la Prusse, l'Allemagne, les États-Unis d'Amérique, la France catholique elle-même, voilà les sociétés qui, par des routes diverses et à des degrés inégaux, ont suivi l'impulsion du xvie siècle; voilà les grandes nations et les grands gouvernements que ce grand mouvement a enfantés. Évidemment ce fait a trompé les prévisions du fondateur des jésuites et de sa congrégation; et parce qu'ils se sont trompés, ils ont été battus; battus non-seulement dans les pays où le mouvement qu'ils combattaient a bientôt prévalu, mais dans les pays même où le régime qu'ils soutenaient a longtemps continué d'exister. L'Espagne, le Portugal, l'Italie ont dépéri entre leurs mains, sous leur influence ; et dans ces États même les jésuites ont fini par perdre leur crédit et la domination de l'avenir.

« Aujourd'hui que ces faits sont, non pas des opinions, mais des résultats de l'expérience évidents pour tout le monde, aujourd'hui du moins la Société de Jésus reconnaît-elle l'expérience? Admet-elle que le libre examen puisse subsister à côté du pouvoir? que le contrôle public puisse s'exercer sur une autorité qui reste forte et régulière? Si les jésuites admettent ce fait, s'ils sont éclairés par cette expérience, qu'ils viennent prendre leur place parmi nous, libres et soumis à la libre concurrence de tous les citoyens. Mais le public croit, et il a de fortes raisons de croire que les jésuites n'ont pas assez profité de l'expérience faite depuis trois siècles, qu'ils n'ont pas complétement renoncé à la pensée première de leur origine, que l'idée de la lutte contre le libre examen et le libre contrôle des pouvoirs publics n'est pas encore sortie de leur esprit. Si cela est, si les jésuites persistent à méconnaître les résultats de l'expérience, ils apprendront qu'ils se trompent aujourd'hui comme ils se sont trompés il y a trois siècles, et ils seront battus de nos jours comme ils l'ont déjà été. »

J'en demeure convaincu aujourd'hui comme il y a vingt ans ; c'était là, quant à l'histoire et à la destinée des jésuites, une juste appréciation du passé et un juste pressentiment de l'avenir ; mais dans les Chambres comme dans le public et parmi les amis du cabinet, comme dans l'opposition, les esprits n'étaient pas si calmes ni si équitables ; ils étaient plus inquiets que moi de la puissance des jésuites, et moins confiants dans celle de la société et de la liberté. On énumérait les maisons que les jésuites possédaient déjà en France, les oratoires qu'ils desservaient, les propriétés qu'ils acquéraient, les enfants et les jeunes gens qu'ils élevaient, les croyants qui se groupaient autour d'eux. On réclamait contre eux l'exécution des lois dont, sous l'ancien régime, sous l'Empire, et même sous la Restauration, les congrégations religieuses non autorisées avaient été l'objet. Ces lois étaient incontestablement en vigueur, et on peut, sans témérité, affirmer que, si la question avait été portée devant eux, les tribunaux n'auraient pas hésité à les appliquer.

Je ne croyais de telles poursuites ni nécessaires, ni opportunes, ni efficaces. Les luttes du pouvoir civil contre les influences religieuses prennent aisément l'apparence et aboutissent souvent à la réalité de la persécution. L'histoire de nos anciens Parlements en offre de frappants exemples. Nous aurions surtout couru ce risque si nous avions engagé une lutte semblable précisément à propos d'une question de liberté, de cette liberté d'enseignement promise par la Charte et réclamée, non pas seulement pour une congrégation religieuse, mais pour l'Église elle-même. C'était, pour l'État comme pour l'Église, le malheur de la situation que les jésuites fussent, dans cette occasion, l'avant-garde, et, dans une certaine mesure, les représentants de l'Église catholique tout entière ; les poursuites et les condamnations qui les auraient frappés auraient gravement envenimé une querelle bien plus grande que la leur propre, et une partie considérable du clergé français en aurait ressenti une vive irritation. Bien souvent d'ailleurs et dans bien des États, on a poursuivi et condamné les jésuites sans les détruire ; ils se sont toujours relevés ; leur existence a eu des racines plus profondes que les coups qu'on leur a portés ; et ce n'est pas aux lois et aux arrêts, c'est à l'état général de la société et des esprits qu'il appartient de combattre et de réduire dans de justes limites leur action. Je proposai au Roi et au conseil, non pas d'abandonner les lois en vigueur contre les congrégations religieuses non autorisées, mais d'en ajourner l'emploi, et de porter la question de la dissolution en France de la Société de Jésus devant son chef suprême et incontesté, devant le pape lui-même. Le pouvoir civil français ne renonçait point ainsi aux armes légales dont il était pourvu ; mais, dans l'intérêt de la paix religieuse comme de la liberté et de l'influence religieuse en France, il invitait le pouvoir spirituel de l'Église catholique à le dispenser de s'en servir. Le Roi et le conseil adoptèrent ma proposition.

Par qui pouvais-je la faire présenter et soutenir à Rome avec de sérieuses chances de succès ? Elle y devait rencontrer une forte résistance, car nous demandions à la cour de Rome de reconnaître des faits qui lui déplaisaient, et d'infliger un échec à quelques-uns de ses plus dévoués serviteurs. L'ambassadeur que nous avions alors auprès du pape Grégoire XVI, le comte Septime de Latour-Maubourg, était un homme parfaitement honorable, mais malade, inactif, et qui avait à Rome plus de considération que d'influence. Il nous fallait là un homme nouveau, bien connu pourtant du public européen, et dont le nom seul fût un éclatant symptôme du caractère et de l'importance de sa mission. Je donnai à M. de Latour-Maubourg le congé qu'il demandait à raison de sa santé, et le Roi, sur ma proposition, nomma M. Rossi son envoyé extraordinaire et ministre plénipotentiaire à Rome par intérim. Ce qu'un tel choix avait d'un peu étrange était, à mes yeux, son premier avantage : Italien hautement libéral et réfugié hors d'Italie à cause de ses opinions libérales, l'envoi de M. Rossi ne pouvait manquer de frapper, je dirai plus d'inquiéter la cour de Rome ; mais il y a des inquiétudes salutaires, et je savais M. Rossi très-propre à calmer celles qu'il devait inspirer, en même temps qu'à en profiter pour le succès de sa mission. Ses convictions libérales étaient profondes, mais larges et étrangères à tout esprit de système ou de parti ; il avait la pensée très-libre, quoique non flottante, et nul ne savait mieux que lui voir les choses et les personnes telles qu'elles étaient réellement, et contenir son action de chaque jour dans les limites du possible sans cesser de poursuivre constamment son dessein. Hardi avec mesure, aussi patient que persévérant, et insinuant sans complaisance, il avait l'art de ménager et de plaire tout en donnant, à ceux avec qui il traitait, l'idée qu'il finirait par réussir dans ses entreprises et par obtenir ce qu'on lui contestait. Dans la vie politique et diplomatique, il était de ceux qui n'emportent pas d'assaut et par un coup de force les places qu'ils assiégent, mais qui les cernent et les préssent si bien qu'ils les amènent à se rendre sans trop de colère et comme par une nécessité acceptée.

Il partit pour Rome vers la fin de 1844, visita, avant de s'y établir officiellement, plusieurs points de l'Italie où il avait à cœur de s'entretenir avec d'anciens amis; et je lui adressai, le 2 mars 1845, des instructions ainsi conçues :

« Monsieur, le fâcheux état de la santé de M. le comte de Latour-Maubourg l'ayant obligé de demander un congé qui lui est accordé, le Roi vous a donné un témoignage de haute confiance en vous désignant pour gérer l'intérim de son ambassade à Rome, en qualité d'envoyé extraordinaire et ministre plénipotentiaire.

« Vous connaissez, monsieur, le caractère de bonne harmonie et d'intimité qui préside à nos rapports avec le saint siége. Vous savez que le souverain pontife se montre animé des sentiments les plus affectueux pour la France et le Roi, et qu'il rend pleine justice à la sollicitude éclairée du Roi et de son gouvernement pour le bien de la religion, comme à leur désir sincère de seconder la juste influence et de concourir à la prospérité et à l'éclat de l'Église de France.

« Le Roi aime à compter, de son côté, sur la bienveillante amitié du saint-père, et sur l'esprit de prudence et de conciliation qu'il continue d'apporter dans l'appréciation des affaires souvent délicates que les deux cours ont à traiter ensemble. Il espère que le concours du chef de l'Église ne lui manquerait pas dans les circonstances où il s'agirait de concilier les droits et les devoirs de la puissance temporelle avec ceux de la puissance spirituelle, et de mettre les nécessités modérées de la politique en harmonie avec les vrais intérêts de la religion.

« Une occasion grave se présente aujourd'hui de réclamer ce concours bienveillant du souverain pontife; et c'est le premier comme le plus important objet de la mission temporaire dont vous êtes chargé.

« La société des jésuites, contrairement aux édits qui l'ont spécialement abolie en France et aux lois qui prohibent les congrégations religieuses non reconnues par l'État, a travaillé depuis quelque temps à ressaisir une existence patente et avérée. Les jésuites se proclament hautement eux-mêmes; ils parlent et agissent comme jésuites; ils possèdent, dans le royaume, au su de tout le monde, des maisons de noviciat, des chapelles, une organisation à part. Ils y forment une corporation distincte du clergé séculier, observant des règles particulières, un mode de vivre spécial, et obéissant à un chef étranger qui réside hors de France.

« Il y a là, d'une part, une violation évidente des lois de l'État et de celles qui constituent la discipline de l'Église gallicane; d'autre part, un danger pressant et grave pour l'État et pour la religion même.

« Les jésuites n'ont jamais été populaires en France. La Restauration, après les avoir tolérés quelque temps, a été obligée de sévir contre eux par les ordonnances du 12 juin 1828. Un cri à peu près universel s'élevait contre eux d'un bout à l'autre du royaume, et la mesure qui fermait leurs colléges et les excluait de l'enseignement public fut accueillie avec joie et reconnaissance.

« Aujourd'hui, les mêmes plaintes éclatent, encore plus nombreuses et plus vives. Le public s'émeut, s'inquiète et s'irrite à l'idée de l'hostilité invétérée et active des jésuites pour nos institutions. On les accuse de s'immiscer toujours dans la politique, et de s'associer aux projets et aux menées des factions qui s'agitent encore autour de nous. On leur attribue les plus violentes et les plus inconvenantes des attaques auxquelles l'Université a été en butte dans ces derniers temps. On redoute de voir le clergé ordinaire entraîné ou intimidé par leur influence. Les grands corps de l'État, les Chambres, la magistrature partagent ces dispositions et ces craintes. Et cet état des esprits est devenu si géneral, si pressant, et pourrait devenir si grave que le gouvernement du Roi regarde comme un devoir impérieux pour lui de prendre les faits qui en sont la cause en très-grande considération, et d'y apporter un remède efficace.

« Il lui suffirait, pour donner satisfaction à l'esprit

public, de faire strictement exécuter les lois existantes contre les jésuites en particulier, et généralement contre les congrégations religieuses non autorisées dans le royaume. Ces lois sont toujours en vigueur; elles assurent au gouvernement tous les moyens d'action nécessaires, et les Chambres seraient bien plus disposées à les fortifier qu'à en rien retrancher. Mais le gouvernement du Roi, fidèle à l'esprit de modération qui règle toute sa conduite, plein de respect pour l'Église, et soigneux de lui éviter toute situation critique et toute lutte extrême, préfère et désire sincèrement atteindre, par une entente amicale avec le saint-siége et au moyen d'un loyal concours de sa part, le but qu'il est de son devoir de poursuivre.

« C'est là, monsieur, ce que vous devez annoncer et demander au saint-siége, en le pressant d'user sans retard de son influence et de son pouvoir pour que les jésuites ferment leurs maisons de noviciat et leurs autres établissements en France, cessent d'y former un corps, et s'ils veulent continuer d'y résider, n'y vivent plus désormais qu'à l'état de simples prêtres, soumis, comme tous les membres du clergé inférieur, à la juridiction des évêques et des curés. La cour de Rome, en agissant ainsi, n'aura jamais fait, de la suprême autorité pontificale, un usage plus opportun, plus prévoyant, et plus conforme à l'esprit de cette haute et tutélaire mission qui appelle le successeur de saint Pierre à dénouer, par l'intervention de sa sagesse, ou à extirper, par l'ascendant de sa puissance spirituelle, les graves difficultés qui, dans les moments de crise ou d'urgence, pourraient devenir, pour l'ordre ecclésiastique, de graves périls.

« Vous connaissez trop bien, monsieur, la question dont il s'agit ici, vous êtes trop pénétré des hautes considérations sur lesquelles il importe d'appeler la plus sérieuse attention du souverain pontife, pour que j'aie besoin d'y insister davantage, et pour que le gouvernement du Roi ne se confie pas pleinement dans l'habileté avec laquelle vous saurez les faire valoir. Nous regretterions bien vivement que le saint-siége, par un refus de concours ou par une inertie que j'ai peine à supposer, nous mît dans l'obligation de prendre nous-mêmes des mesures que le sentiment public de la France et la nécessité d'État finiraient par réclamer absolument. »

Après avoir, le 11 avril 1845, présenté ses lettres de créance à Grégoire XVI qui l'accueillit avec une bonté douce et qui, malgré sa secrète sollicitude, prenait quelque plaisir à s'entretenir en italien avec l'ambassadeur de France, M. Rossi se tint, pendant deux mois, dans une attitude d'observation inactive, uniquement appliqué à bien connaître les faits et les hommes, et à répandre autour de lui, sur ce qu'il venait faire, une curiosité qu'il n'avait garde de satisfaire. Il me rendit compte, le 27 avril, de ses observations, des motifs de son immobilité apparente, et des résultats qu'il en attendait :

« Deux hommes, m'écrivit-il, s'étaient emparés exclusivement de la confiance du saint-père, le cardinal Lambruschini, secrétaire d'État, et le cardinal Tosti, trésorier. La rivalité qu'on prétendait exister entre eux n'était pas réelle; ils avaient, au contraire, une cause commune et des ennemis communs. Seulement, la situation des affaires donnait plus de prise contre le cardinal Tosti; c'est contre lui que se sont réunis d'abord tous les efforts. Il a succombé. C'est contre Lambruschini qu'on travaille en ce moment. Je ne crois pas qu'on vienne à bout de le renverser. Il est infiniment plus habile que Tosti, et mieux ancré dans l'esprit du pape. Mais tout naturellement au fait de ces menées, il évite avec soin tout ce qui pourrait le compromettre et exciter les clameurs du parti exagéré. Pour prévenir une chute, il se fait petit. J'ai pu me convaincre par moi-même qu'il se croit menacé, car tout le monde sait que, dans ce cas, il parle toujours de sa mauvaise santé, du besoin qu'il aurait du repos, etc. Je l'ai vu il y a quatre jours, et il n'a pas manqué de m'en parler.

« Ceci tient à une situation générale. Le cardinal Lambruschini est à la tête du parti génois. La réaction contre ce parti, qui n'était, il y a quelques mois, qu'une velléité, s'est organisée depuis; elle est forte dans ce moment; elle se compose surtout des cardinaux du pays romain (*Statisti*) contre ceux qu'on appelle les cardinaux étrangers, bien qu'italiens. Les forces paraissent se balancer. Ce sont des escarmouches qui préludent à la bataille du conclave.

« Voilà quant aux personnes. Les choses sont toujours dans un état déplorable, et il n'y a, en ce moment, point d'amélioration à espérer. Bien loin de songer à séculariser l'administration civile, le pape ne veut employer, même parmi les prélats, que ceux qui se sont faits prêtres. A cela s'ajoute l'absence de tout apprentissage et de toute carrière régulière. Un prélat est apte à tout. Le *président des armes* était un auditeur de rote. C'est comme si nous prenions un conseiller de cassation pour lui confier l'administration de la guerre. Quant aux finances, c'est une plaie dont personne ne se dissimule la gravité. On marche aujourd'hui à l'aide d'un expédient. Le gouvernement a acheté l'apanage que le prince Eugène de Beauharnais avait dans les Marches. Il l'a immédiatement revendu à une compagnie composée de princes romains et d'hommes d'affaires. Les acheteurs verseront le prix dans le trésor pontifical en plusieurs payements, longtemps avant l'époque où le gouvernement pontifical devra payer la Bavière. C'est là l'expédient. En définitive, c'est un emprunt fort cher.

« Cette situation se complique des jésuites. Ils sont mêlés ici à tout; ils ont des aboutissants dans tous les camps; ils sont, pour tous, un sujet de craintes ou d'espérances. Les observateurs superficiels peuvent facilement s'y tromper, parce que la *Société de Jésus* présente trois classes d'hommes bien distinctes. Elle a des hommes purement de lettres et de sciences, qui deviennent peut-être les menées de leur compagnie, mais qui y sont étrangers et peuvent de bonne foi affirmer qu'ils n'en savent rien. La seconde classe se compose d'hommes pieux et quelque peu crédules, sincèrement convaincus de la parfaite innocence et abnégation de leur ordre, et qui ne voient, dans les attaques contre les jésuites, que d'affreuses calomnies. Les premiers attirent les gens d'esprit, les seconds les âmes pieuses. Sous ces deux couches se cache le jésuitisme proprement dit, plus que jamais actif, ardent, voulant ce que les jésuites ont toujours voulu, la contre-révolution et la théocratie, et convaincus que, dans peu d'années, ils seront les maîtres. Un de leurs partisans, et des plus habiles, me disait hier à moi-même : « Vous verrez, « monsieur, que, dans quatre ou cinq ans, il sera éta- « bli, même en France, que l'instruction de la jeu- « nesse ne peut appartenir qu'au clergé. » Il me disait cela sans provocation aucune de ma part, uniquement par l'exubérance de leurs sentiments dans ce moment; ils croient que des millions d'hommes seraient prêts à faire pour eux, en Europe, ce qu'ont fait les Lucernois en Suisse.

« C'est là un rêve : il est vrai, au contraire, que l'opinion générale s'élève tous les jours plus redoutable contre eux, même en Italie ; mais il est également certain que leurs moyens sont considérables ; ils disposent de millions, et leurs fonds augmentent sans cesse ; leurs affiliés sont nombreux dans les hautes classes ; en Italie, ils les ont trouvés particulièrement à Rome, à Modène et à Milan. A Milan, on tient des sommes énormes à leur disposition, pour le moment où ils pourront s'y établir et s'en servir. Je sais dans quelles mains elles se trouvent. Ici, ils sont maîtres absolus d'une partie de la haute noblesse qui leur a livré ses enfants.

« Ce qui est important pour nous, c'est qu'il est certain et en quelque sorte notoire que leurs efforts se dirigent en ce moment, d'une manière toute particulière, vers deux points, la France et le futur conclave. Au fond, ces deux points se confondent, car c'est surtout en vue de la France qu'ils voudraient un pape qui leur fût plus inféodé que le pape actuel.

« Je suis convaincu que le saint-père ne se doute pas de toutes leurs menées et de tous leurs projets. Je vais plus loin ; je crois qu'il en est de même de leur propre général, le père Roothaan ; je ne le connais pas ; mais d'après tout ce qu'on m'en dit, il est comme le doge de Venise dans les derniers siècles ; le pouvoir et les grands secrets n'étaient pas à lui ; ils n'appartenaient qu'au conseil des Dix.

« Telle est ici la situation générale. Voici la nôtre. Votre Excellence me permettra de lui parler avec une entière franchise ; il est important de ne pas se faire d'illusion sur un état de choses qui peut devenir grave d'un instant à l'autre.

« Le saint-père et le gouvernement pontifical sont pénétrés d'une admiration sincère pour le Roi, pour sa haute pensée, pour le système politique qu'il a fait prévaloir. Sans bien comprendre tous les dangers qu'on avait à vaincre, toutes les difficultés qu'on a dû surmonter, ils sentent confusément qu'ils étaient au bord d'un abîme, et qu'ils doivent leur salut à la politique du gouvernement du Roi. Leur reconnaissance est vraie, mais elle n'est ni satisfaite, ni éclairée. Parce qu'on a arrêté l'esprit de révolution et de désordre, ils sont convaincus qu'on peut faire davantage et revenir vers le passé. Tout ce qu'on a fait pour eux n'est pour eux qu'un à-compte. Ignorant jusqu'aux choses les plus notoires chez nous, ne voyant la France et l'Europe qu'à travers trois ou quatre méchants journaux, ne recevant d'informations détaillées que d'un côté, car les hommes sensés et modérés n'osent pas tout dire, de peur d'être suspectés et annihilés, les chefs du gouvernement pontifical partagent au fond, dans une certaine mesure, les espérances des fanatiques; seulement, ils n'ont pas la même ardeur, la même impatience; ils comptent sur le temps, sur les événements, sur leur propre inaction; ils se flattent de gagner sans jouer. Ils ne feront rien contre le Roi, sa dynastie, son gouvernement; mais ils aimeraient bien ne rien faire aussi qui pût déplaire aux ennemis du Roi, de la France, de nos institutions. Tout ce qu'ils ont de lumière, de raison, de prudence politique est avec nous et pour nous; leurs antécédents, leurs préjugés, leurs souvenirs, leurs habitudes sont contre nous. Quand on pense que c'est à de vieux religieux que nous avons à faire, on comprend combien il est difficile de leur faire sentir les nécessités des temps modernes et des gouvernements constitutionnels; nous ne leur parlons que de choses obscures pour eux et désagréables ; nos adversaires ne les entretiennent que de pensées qu'ils ont toujours nourries ; nous contrarions tous leurs souvenirs et leurs penchants ; nos adversaires les réveillent et les caressent.

« Dans cet état de choses, ce n'est pas par quelques entretiens officiels, de loin en loin, avec le cardinal secrétaire d'État et le préfet de la Propagande, qu'on peut traiter ici avec succès les affaires du Roi. Il n'y a ici ni une cour, ni un gouvernement tels qu'on en voit et conçoit ailleurs. Il y a un ensemble très-compliqué et *sui generis*. Le mode d'action ne peut pas être ici le même que partout ailleurs.

« Sans doute, à la rigueur, grâce à l'autorité morale du Roi et à l'importance politique de la France, il ne serait pas impossible d'enlever ici une question comme à la pointe de l'épée. Quand on ne leur laisserait absolument d'autre choix que de céder ou de se brouiller avec la France, ils céderaient. Mais ce moyen violent ne pourrait être employé que dans un cas extrême, et les exceptions ne sont pas des règles de conduite.

« Comme règle de conduite, il ne faut pas oublier que rien d'important ne se fait et ne s'obtient ici que par des influences indirectes et variées. Ici les opinions, les convictions, les déterminations ne descendent pas du haut vers le bas, mais remontent du bas vers le haut. Celui qui, par une raison ou par une autre, plaît aux subalternes ne tarde pas à plaire aux maîtres. Celui qui n'a plu qu'aux maîtres se trouve bientôt isolé et impuissant.

« Les influences subalternes et toutes-puissantes sont de trois espèces : le clergé, le barreau et les hommes d'affaires, ce qui comprend les hommes de finance et certains comptables, race particulière à Rome et qui exerce d'autant plus d'influence qu'elle seule connaît et fait les affaires de tout le monde. Qu'une vérité parvienne à s'établir dans les sacristies, dans les études et dans les *computisteries*, rien n'y résistera, et réciproquement.

« Votre Excellence voit dès lors quel est le travail à entreprendre ici si on veut réellement se mettre à même de faire les affaires du Roi et de la France sans violence, sans secousse, sans bruit. Je dois le dire avec franchise; ce travail n'a pas même été commencé. J'ai trouvé l'ambassade tout entière n'ayant absolument de rapports qu'avec les salons de la noblesse qui sont, comme j'ai déjà eu l'honneur de vous l'écrire, complétement étrangers aux affaires et sans influence aucune. Je les fréquente aussi, et je vois clairement ce qui en est. Un salon politique n'existe pas à Rome.

« Cet état de choses me semble fâcheux et pourrait devenir un danger. Les amis de la France se demandent avec inquiétude quelle serait son influence ici si, par malheur, un conclave venait à s'ouvrir. A la vérité, la santé du saint-père me paraît bonne; il a bien voulu m'en entretenir avec détail, et la gaieté même de l'entretien confirmait les paroles de Sa Sainteté. Il n'en est pas moins vrai qu'il y a ici des personnes alarmées ou qui feignent de l'être; elles vont disant que l'enflure des jambes augmente, que le courage moral soutient seul un physique délabré et qui peut tomber à chaque instant. Encore une fois, ces alarmes me paraissent fausses ou prématurées ; en parlant de ses jambes, le pape m'a dit lui-même que, très-bonnes encore pour marcher, elles étaient un peu roides pour les génuflexions, et que cela le fatiguait un peu. A son âge, rien de plus naturel, sans que cela annonce une fin prochaine. Quoi qu'il en soit, l'ouverture prochaine d'un conclave n'est pas chose impossible et qu'on puisse perdre de vue. Dans l'état actuel, nous n'aurions pas même les moyens de savoir ce qui s'y passerait ; notre influence serait nulle.

« C'est ainsi qu'avant de songer aux instructions particulières que Votre Excellence m'a données, je crois devoir m'appliquer avec le plus grand soin à modifier notre situation ici. Autrement, il serait impossible à qui que ce fût d'y servir utilement le Roi et la France. Mes antécédents, mes études, la connaissance de la langue et des mœurs me rendent cette tâche particulière moins difficile qu'à un autre ; il n'est pas jusqu'aux clameurs de quelques fanatiques contre ma mission qui ne m'aient été utiles ; car, il faut bien le savoir, l'esprit des Romains est porté à la réaction ; ils n'aiment pas qu'on leur impose des opinions toutes faites sur les hommes ; on n'a réussi qu'à exciter la curiosité sur mon compte, et ce mouvement m'est favorable. Un des premiers curés de Rome disait hier en pleine sacristie : *Di quei diavoli là vorrei che ne avessimo molti.* — « Je voudrais que nous eussions beaucoup de ces diables-là. »

L'attitude et le travail tranquille de M. Rossi ne tardèrent pas à porter leurs fruits ; il m'écrivit le 8 mai :
« L'état d'isolement et de passivité où vivait l'ambassade de France est déjà sensiblement modifié. J'ai trouvé, sous ce rapport, encore plus de voies ouvertes et de facilités que je ne l'espérais d'abord. La *curia* (notre mot de *barreau* ne rend pas bien l'idée que je veux exprimer), la *curia*, dis-je, se range ouvertement de notre côté. Le clergé italien est surpris et flatté de voir cultiver avec lui des rapports qui avaient été complétement négligés. Bien loin de nous fuir, il nous témoigne empressement et reconnaissance. Des hommes considérables par leur intimité en hauts lieux m'ont fait insinuer qu'ils avaient été induits en erreur sur mon compte, et qu'ils savaient maintenant à quoi s'en tenir sur les fables et les médisances d'un certain salon où règne en maître l'assistant général français des jésuites à Rome.

« Voilà quant aux personnes. Quant aux choses, voici mon plan. Je fais tout juste le contraire de ce que tout le monde s'attendait à me voir faire. Tout le monde croyait que j'arrivais armé de toutes pièces pour exiger je ne sais combien de concessions et mettre l'épée dans les reins au gouvernement pontifical. Comme il est facile de le penser, on s'était cuirassé pour résister, et les ennemis de la France se réjouissaient, dans leurs conciliabules, des échecs que nous allions essuyer. Je n'ai rien demandé, je n'ai rien dit, je n'ai rien fait ; je n'ai pas même cherché, dans mes entretiens avec les personnages officiels, à faire naître l'occasion d'aborder certaines matières. Ce silence, cette inaction apparente ont surpris d'abord et troublé ensuite. Il est arrivé ce qu'il était facile de prévoir. De simples ecclésiastiques, puis des prélats, puis des cardinaux sont venus vers moi, et ont cherché à pénétrer ma pensée, sans pouvoir me cacher leurs inquiétudes. Sous ce rapport, les débats de la Chambre des pairs et les interpellations annoncées par M. Thiers à la Chambre des députés nous servent à merveille. Je réponds à tous très-froidement, et d'un ton d'autant plus naturel que ma réponse n'est que l'exacte vérité : je dis que je ne vois, dans ce qui se passe et se prépare, rien de surprenant ni d'inattendu ; il arrive précisément ce que, au mois d'octobre dernier, dans mon court passage à Rome, je m'étais permis d'annoncer au saint-père et au cardinal Lambruschini ; il eût été facile de prévenir l'attaque qui paraît imminente ; mais ce n'était pas ma faute si, au lieu de tenir compte des paroles d'un serviteur du Roi, qui doit connaître la France et qui n'avait aucun intérêt à tromper le saint-siége, on a préféré les conseils de quelques brouillons et de quelques fanatiques. Imposer les jésuites à la France de 1789 et de 1830 était une pensée si absurde qu'on était embarrassé pour la discuter sérieusement ; les jésuites fussent-ils des anges, il n'y avait pas de puissance qui pût les réhabiliter dans l'opinion publique de France ; vrai ou faux, on n'ôterait de la tête de personne qu'ils étaient les ennemis de nos institutions. Après tout, le jésuitisme n'est qu'une forme, une forme dont l'Église s'est passée pendant quinze siècles; et pour moi, humble laïque, il ne m'est pas donné de comprendre comment, par engouement pour une forme que l'opinion publique repousse, on ose compromettre les intérêts les plus substantiels de la religion et de l'Église. Je laissais à la conscience si éclairée du saint-père à juger s'il devait, par amour pour les jésuites, provoquer une réaction qui, comme toutes les réactions, pouvait si aisément dépasser le but, et atteindre ce qui nous est, à tous, si cher et si sacré!

« Ces idées développées, tournées et retournées de mille façons, commencent à faire leur chemin et à monter du bas vers le haut. C'est la route qu'il faut suivre ici. L'alarme est dans les esprits, et je sais positivement qu'elle est arrivée jusqu'au saint-père. Mes paroles ont été d'autant plus efficaces qu'elles n'ont été accompagnées d'aucune démarche. Le saint-père déplore les préjugés de la France à l'égard des jésuites; mais jusqu'ici il se borne à répéter ce que les chefs de la compagnie de Jésus ont décidé tout récemment, après une longue délibération sur leurs affaires en France. Ils ont décidé qu'en aucun cas ils ne devaient donner à leurs amis le chagrin et l'humiliation d'une retraite volontaire, et que mieux valait pour eux être frappés que reculer. Je sais qu'ils ont porté cette résolution à la connaissance du pape, et j'ai des raisons de croire que le cardinal Lambruschini ne l'a pas désapprouvée.

« Mais, d'un autre côté, l'opinion qu'il est absurde de sacrifier aux jésuites les intérêts de Rome, dans un pays comme la France, prend tous les jours plus de poids et plus de consistance dans les sacristies, dans la prélature, dans le sacré collége. Je sais en particulier de trois cardinaux, dont deux sont des hommes influents et ayant, plus que tous autres, leur franc parler avec le saint-père, je sais, dis-je, qu'ils ne ménagent point leurs paroles à ce sujet, et qu'ils accusent sans détour le gouvernement pontifical d'impéritie.

« J'ai demandé une audience au saint-père. Ce n'est pas dans le but de prendre l'initiative près de lui ; je veux seulement qu'il ne puisse pas dire que, dans un moment qu'il regarde comme critique, il ne m'a pas vu. S'il n'aborde pas lui-même la question, je laisserai, au flot de l'opinion que nous avons créée et développée, le temps de monter davantage encore et de devenir plus pressant. Les débats de la Chambre des députés viendront peut-être nous aider. Ce qu'il nous faut, ce me semble, c'est que le gouvernement pontifical vienne à nous au lieu de nous recevoir, nous, en suppliants. C'est là le but du plan que j'ai cru devoir suivre. C'est aussi la pensée qui commence à se répandre ici. Hier soir, dans une société nombreuse et choisie d'ecclésiastiques, on disait hautement : « Nous ne savons rien de la France ; nous ne comprenons pas le jeu de cette machine ; on ne peut faire ici que des fautes. Pourquoi ne pas consulter le ministre du Roi ? M. Rossi connaît la France et Rome ; il est membre actif de l'une des Chambres. Nous pouvons nous expliquer avec lui ; Sa Sainteté n'a pas besoin, avec lui, d'interprète.

« Hélas ! ils disaient plus vrai qu'ils ne le croyaient peut-être, car Votre Excellence ajouterait probablement peu de foi à mes paroles si je lui disais à quel degré d'ignorance on est ici sur ce qui concerne la France et le jeu de nos institutions. Votre Excellence ne croira pas que des hommes considérables ont pris les interpellations annoncées de M. Thiers pour un projet de loi que la chambre des députés a peut-être voté à l'heure qu'il est contre les jésuites ; et ils me demandaient gravement quel serait, à mon avis, le partage des votes au scrutin, et si la chambre des pairs adopterait ce projet. Dissiper peu à peu toutes ces erreurs et faire enfin comprendre la France n'est pas une des moins importantes parmi les tâches que doivent s'imposer les représentants du Roi à Rome. »

Je compris et j'approuvai la réserve patiente de M. Rossi : « Je ne vous presse point, lui écrivis-je [1] ; prenez le temps dont vous aurez besoin et le chemin qui vous convient. Je veux seulement vous avertir qu'ici la question s'échauffe. Qu'autour de vous on soit bien convaincu qu'elle est sérieuse. Quand on est gouvernement, on ne dort pas tant qu'on veut, ni quand on veut. »

Les interpellations de M. Thiers m'auraient réveillé le 2 mai, si j'avais dormi. Non qu'elles fussent violentes et embarrassantes pour le cabinet ; l'opposition ne blâma

[1] Le 17 avril 1845.

point notre tentative de résoudre la question des jésuites par un concert avec la cour de Rome; mais elle insista fortement pour que, si ce résultat n'était pas bientôt obtenu, les lois de l'État reçussent leur pleine exécution. Elle espérait que la négociation échouerait et entraînerait pour le cabinet un grave échec. La majorité, au contraire, désirait vivement notre succès, et avait à cœur de nous prêter force en nous témoignant à la fois sa confiance et sa ferme résolution d'en appeler au pouvoir temporel français si le pouvoir spirituel romain n'en prévenait pas la nécessité. Après deux jours de discussion, la Chambre déclara par un vote presque unanime : « que, se reposant sur le gouvernement du soin de faire exécuter les lois de l'État, elle passait à l'ordre du jour. »

J'écrivis à M. Rossi [1] : « Le Roi ne désapprouve point votre inaction depuis votre arrivée; il comprend la nécessité de votre travail préparatoire, et s'en rapporte à vous quant au choix du moment opportun pour notre initiative. Pourtant, il s'étonne et s'inquiète un peu de cette attitude inerte quand tout le monde sait que vous êtes allé à Rome avec une mission spéciale et laquelle. Il craint que nous n'y perdions un peu de dignité et d'autorité. Il est frappé que le cardinal Lambruschini se soit naguère absenté de Rome, et il y trouve quelque impertinence en même temps que beaucoup de timidité. Il se demande si, pour le succès même, il ne convient pas de nous

[1] Le 19 mai 1845.

montrer un peu plus pressés, un peu plus hautains, et de faire un peu plus sentir à la cour de Rome qu'elle nous doit, et que, pour elle-même, elle a besoin de prendre ce que nous désirons en grande et prompte considération.

« Ne voyez, dans ce que je vous dis là, rien de plus que ce qui y est textuellement. Ne faites rien de plus que ce qui, après y avoir bien pensé, vous paraîtra, à vous-même, bon et efficace. Je vous transmets l'impression du Roi telle qu'elle est, sans plus ni moins, avec ses mélanges et ses doutes. Une circonstance l'a un peu confirmée en lui. Le nonce Fornari est arrivé à Neuilly avant-hier soir, évidemment crêté à dessein, faisant le grognon et le brave, se plaignant du débat de la Chambre, de l'attitude du gouvernement, s'étonnant qu'on eût accepté ce qu'il appelait une défaite, et donnant à entendre que le pape ne consentirait pas à en prendre sa part. Le Roi l'a reçu très-vertement : « Vous appelez cela une défaite ! En effet, dans d'autres temps, c'en eût été une peut-être ; aujourd'hui, c'est un succès, grâce aux fautes du clergé et de votre cour. Nous sommes heureux de nous en être tirés à si bon marché. Savez-vous ce qui arrivera si vous continuez de laisser marcher et de marcher vous-mêmes dans la voie où l'on est ? Vous vous rappelez Saint-Germain-l'Auxerrois, l'archevêché saccagé, l'église fermée pendant plusieurs années. Vous reverrez cela pour plus d'un archevêché et plus d'une église. Il y a, me dit-on, un archevêque qui a annoncé qu'il recevrait les jésuites dans son palais si on fermait leur maison. C'est par celui-là que recommencera l'émeute. J'en serai désolé. Ce sera un grand mal et un grand embarras pour moi et pour mon gouvernement. Mais ne vous y trompez pas ; je ne risquerai pas ma couronne pour les jésuites ; elle couvre de plus grands intérêts que les leurs. Votre cour ne comprend rien à ce pays-ci, ni aux vrais moyens de servir la religion. On me parle sans cesse de la confiance et de l'affection que Sa Sainteté me porte, et j'en suis très-reconnaissant. Que Sa Sainteté me les témoigne donc quand l'occasion en vaut la peine ; qu'elle fasse son devoir comme je fais le mien. Mandez-lui ce que je vous dis là, monsieur le nonce, et comme je vous le dis. Je veux au moins qu'on sache bien à Rome ce que je pense, car je ne veux pas répondre de l'ignorance où vous vivez tous et de ses conséquences. »

« Le nonce, fort troublé, a complétement changé de ton et promis d'écrire tout ce que lui disait le Roi, et de l'écrire de manière à faire impression. Le Roi a vu, dans sa visite et dans son attitude, rapprochées de l'absence du cardinal Lambruschini peu après votre arrivée à Rome, un petit plan conçu dans l'espoir de nous intimider un peu, et de se soustraire aux embarras de la question, en nous amenant nous-mêmes à la laisser traîner d'abord, et puis tomber. Je crois la conjecture du Roi fondée, et je suis bien aise qu'il ait frappé un peu fort. Il ne faut pas qu'on croie à Rome qu'avec de la procrastination et de l'inertie on éludera une question qui est sérieuse et qu'il faut traiter sérieusement. »

Avant même que cette lettre lui arrivât, et par sa propre impulsion, M. Rossi avait senti que le moment d'agir était venu. Il m'écrivit le 28 mai 1845 : « Je travaille à la rédaction d'un *Memorandum* qui contiendra le résumé de ce que j'ai dit hier, dans un entretien de près de deux heures avec le cardinal Lambruschini. Ce *memento* est nécessaire pour lui, pour le pape, pour les cardinaux que le saint-père consultera. C'est vous dire qu'au travail indirect, dont je suis de plus en plus satisfait, j'ai joint hier, pour la première fois, la négociation directe. A son retour de Sabine, j'ai laissé le cardinal tranquille pendant les cérémonies de la Fête-Dieu et les consécrations d'évêques auxquelles il devait assister ces jours derniers. En attendant, je recevais de lui des marques publiques et recherchées de considération et de courtoisie. C'était dire aux nombreux prélats et diplomates qui nous entouraient : — Vous le voyez : je suis dans les meilleurs rapports avec le ministre de France. — Ces préliminaires ne se sont pas démentis dans notre entretien d'hier; je n'ai retrouvé aucune de ces façons que je connais bien et qui sont, chez lui, l'indice certain de la résistance et du parti pris. Tout en déplorant les *préjugés* de la France à l'endroit des jésuites, il ne déplorait pas moins leurs imprudences et leurs témérités. Ce qui l'a le plus vivement frappé, c'est un parallèle que j'ai fait entre la question des jésuites et celle du droit de visite. Et quand je lui ai dit, comme une confidence, qu'après tout l'Angleterre, ce grand pays, ce grand gouvernement avait compris qu'il était impossible et dangereux de lutter contre une opinion générale, et consentait, dans l'affaire du droit de visite, aux demandes de la France, il n'a pu contenir ses sentiments. Évidemment il se réjouissait à la fois d'un résultat utile au gouvernement du Roi, et d'un exemple auquel, dans les conseils de Sa Sainteté, il sera difficile de résister. Ce premier entretien n'a été, pour ainsi dire, que l'exposition; il devait, ainsi qu'il l'a fait, se réserver de tout soumettre au saint-père; mais l'impression qu'il m'a laissée a été de nature à confirmer mes espérances.

« J'apprends, d'un autre côté, car je suis bien servi, que notre travail indirect porte ses fruits. Dans la *curia*, dans la banque, dans la prélature, l'émotion se propage; des personnages éminents ont porté jusqu'au pape des conseils de modération et de prudence. Bref, notre armée devient tous les jours plus nombreuse, plus active et plus forte. Je n'ai pas le temps d'entrer aujourd'hui dans les détails, mais je suis content.

« De leur côté, les jésuites ne se donnent pas de repos; leur général a un avantage que je n'ai pas, celui de pouvoir se rendre sans façon chez le pape, aussi souvent qu'il le veut. Il n'y manque pas. Il n'est pas moins vrai que la question, telle que je l'ai posée dans mes entretiens et qu'on la reproduit, l'embarrasse et le compromet, car mon thème est : « Dissoudre la congrégation des jésuites pour sauver les autres. » Je sais qu'en entendant répéter cela, il s'est écrié : « Mieux vaut périr tous ensemble. » Mais cela n'a pas fait fortune ici. Il ne pouvait rien dire qui nous fût plus utile.

« En résumé, je ne puis encore rien affirmer; mais j'espère, et mes amis partagent mes espérances. Mon plan, vous le voyez. D'abord, travail inofficiel et préparatoire; c'est fait, et cela continue. Puis discussion officielle et orale; je l'ai commencée hier avec le secrétaire d'État; je vais la continuer énergiquement avec lui, avec le pape et avec les cardinaux les plus influents. Ils sont bien prévenus et m'attendent. En remettant la note verbale, je laisserai pressentir, au besoin, une note officielle. Je puis me tromper; mais, à supposer qu'on l'attende, je ne crois pas qu'on résiste à ce dernier coup.

« *Post-scriptum.* — Un courrier m'apporte, en ce moment, votre lettre particulière du 19 mai. Rien de meilleur, de plus à propos, de plus efficace que le discours du Roi au nonce. Il nous aide puissamment. Le nonce reflétait Rome. Ici, on était de même rogue et colère d'abord; on a changé de ton et de contenance; comme je vous le dis, on est, à notre égard, d'une courtoisie recherchée. Croyez que nous n'avons rien perdu ici ni en dignité, ni en autorité. Mon inaction apparente les avait, au contraire, fort inquiétés et troublés. Notre action est, dans ce moment, d'autant plus efficace que nous les saisissons affaiblis par une explosion sans résultat. »

Cinq jours à peine écoulés, le 2 juin 1845, M. Rossi m'envoya copie du *memorandum* qu'il avait remis au cardinal Lambruschini : « En lui portant moi-même cette pièce avant-hier, me disait-il, j'ai eu avec lui un second entretien très-serré et très-pressant ; non, à vrai dire, pour répondre à ses objections, il ne m'en faisait guère, mais pour lui faire sentir la nécessité d'une résolution prompte et vigoureuse. Je n'ai rien trouvé, en lui, de la colère qu'on lui supposait et des propos qu'on lui attribuait pendant son séjour à Sabine. Probablement, il lui est arrivé ce qui est arrivé au saint-père et à plus d'un cardinal et d'un prélat ; le premier mouvement aura été un mouvement d'humeur, et ce mouvement aura été accompagné de quelques paroles peu modérées que le parti jésuitique aura recueillies et exagérées. En laissant passer ces premiers moments dans une inaction apparente, nous avons évité le danger d'une réponse précipitée et négative, derrière laquelle on se serait ensuite retranché au nom de la conscience. Aujourd'hui, la réflexion prend le dessus, sous l'influence de l'opinion générale qui se prononce de plus en plus dans notre sens.

« Au fond, le cardinal Lambruschini s'est borné à me dire que ce que nous demandions, et qui nous paraissait si simple, *était beaucoup pour un pape,* et que cela était d'autant plus grave que M. Odilon Barrot avait donné à entendre, dans la Chambre, que ce ne serait là qu'un commencement. La réponse était trop facile. Je l'ai faite, et le cardinal, au lieu d'insister, m'a assuré avec empressement et intérêt que l'affaire serait sans retard soumise au pape et à son conseil : « Vous pouvez être parfaitement tranquille, m'a-t-il dit en finissant ;

indépendamment du *memorandum*, aucun des faits dont vous m'avez donné connaissance, des renseignements que vous m'avez fournis, des arguments que vous avez développés, ne sera négligé dans mon rapport. Tout sera mis sous les yeux du saint-père et de son conseil. »

Le *memorandum* était conçu en ces termes :

« La Société des jésuites, contrairement aux lois de l'État et aux édits qui l'ont spécialement abolie en France, a voulu de nouveau pénétrer et s'établir dans le royaume. Dispersée, sous l'Empire, par le décret du 22 juin 1804, frappée, sous la Restauration, par les arrêts des cours souveraines, les délibérations des Chambres et les mesures de l'administration, elle n'en a pas moins cru pouvoir se répandre en France après la Révolution de 1830.

« Ses commencements furent timides et peu connus; mais, quelques années après, abusant d'une tolérance qu'ils ne devaient attribuer qu'à la modeste et prudente obscurité de leurs premiers établissements, les jésuites ont travaillé à ressaisir une existence publique. Ils se proclament hautement eux-mêmes; ils parlent et agissent comme jésuites; ils possèdent dans le royaume, au su de tout le monde, des maisons de noviciat, des chapelles, une organisation complète. Ils y forment une corporation nombreuse, distincte du clergé séculier. Ces faits ne sont plus contestés aujourd'hui; le public en a trouvé la preuve éclatante et complète dans les débats d'un procès criminel.

« Un autre fait non moins patent, c'est que l'opinion publique, d'accord avec les lois du pays, avec les résolutions des Chambres, avec les arrêts de la magistrature, repousse invinciblement tout établissement des jésuites dans le royaume.

« Ce n'est pas d'aujourd'hui que les jésuites rencontrent en France une répugnance générale; cette répugnance pourrait en quelque sorte être appelée historique. La Restauration elle-même dut la reconnaître lorsque, en 1828, elle réprima ce qu'elle avait jusque-là toléré.

« Les plaintes qui se firent entendre alors éclatent aujourd'hui avec plus d'unanimité et de force. Le public s'émeut, s'inquiète et s'irrite à l'idée, juste ou non, de l'hostilité des jésuites pour nos institutions. On peut ne pas partager cette opinion et la traiter de préjugé; elle n'en est pas moins un fait réel, pressant et très-grave qu'il importe d'apprécier dans toute son étendue.

« On accuse les jésuites de s'immiscer sans cesse dans la politique; on craint de les voir s'associer aux menées des factions; on leur attribue les plus violentes et les plus inconvenantes des attaques auxquelles les plus grandes institutions de l'État ont été en butte dans ces derniers temps. On redoute l'influence qu'ils pourraient exercer sur le clergé ordinaire; et il importe de ne pas oublier que les grands pouvoirs publics, les Chambres et la magistrature, partagent ces dispositions et ces craintes.

« Dans cet état des esprits, le gouvernement du Roi avait regardé comme un devoir impérieux pour lui de prendre en très-grande considération les faits qui seuls en sont la cause, et d'y apporter un remède.

« Un fait nouveau et de la plus haute gravité est venu s'ajouter à ceux que le gouvernement connaissait déjà, et qui lui avaient fait sentir la nécessité de mettre fin à une tolérance qu'on s'était appliqué à rendre impossible.

« L'existence de la corporation des jésuites en France, qui avait déjà occupé la Chambre des pairs, a été déférée, au moyen d'interpellations, à la Chambre des députés. Le *Moniteur* a fait connaître à l'Europe les détails et l'issue du débat mémorable qui s'en est suivi. On sait qu'après avoir explicitement reconnu, avec le gouvernement :

« 1° Que les lois contraires à l'établissement de toute congrégation de jésuites en France sont en pleine vigueur;

« 2° Que le moment était arrivé d'appliquer ces lois ;

« La Chambre a adopté, à la presque unanimité des suffrages, un ordre du jour motivé, portant *qu'elle se reposait sur le gouvernement du soin de faire exécuter les lois de l'État.*

« Ce résultat mérite d'être profondément médité, car le parti conservateur y a concouru comme l'opposition ; et ce concours n'a été, à le bien comprendre, qu'une preuve du prix que la Chambre attache au maintien des bons rapports entre le pouvoir spirituel et le pouvoir temporel.

« Il est notoire, en effet, que les choses de la religion avaient pris en France, depuis plusieurs années, une vigueur nouvelle. Le Roi et son gouvernement trouvaient dans ce progrès une heureuse récompense de leurs efforts pour la prospérité et l'éclat de l'Église de France. Les esprits s'humiliaient, devant les autels, à la parole de Dieu, comme ils se pliaient, dans le monde, à la discipline de la loi et au respect des institutions nationales. L'ordre et la paix, ces incomparables bienfaits dus à la haute sagesse du Roi, secondaient en même temps le développement progressif des libertés publiques et celui des sentiments religieux ; et la religion, à son tour, par sa légitime influence, raffermissait l'ordre et tous les principes tutélaires des sociétés civiles. Rien ne troublait alors cette bonne harmonie entre l'Église et l'État.

« Il est également notoire que ce progrès visible s'est trouvé tout à coup interrompu. Le jour où la congrégation des jésuites, déchirant par une confiance inexplicable le voile qui la cachait aux yeux du public, a voulu que son nom vînt se mêler à la discussion des affaires du pays, ce jour-là les alarmes ont succédé à la sécurité, les plaintes à la bonne harmonie, les violents débats à la paix. Le zèle religieux, devenu fanatisme et emportement chez quelques-uns, s'est proportionnellement refroidi chez les autres. La présence des jésuites trouble les esprits, envenime et dénature les questions.

Eux présents, le bien est devenu difficile, on peut même dire impossible. Faut-il s'étonner que la Chambre des députés demande instamment la dissolution d'une congrégation qui, loin d'être un secours, un moyen d'influence pour la religion, pour l'Église, pour l'État, n'est qu'une entrave et un obstacle ?

« Il est en même temps évident, pour tout observateur impartial, que le sentiment des Chambres françaises est aussi modéré que ferme. La congrégation des jésuites est la seule congrégation religieuse qui ait suscité le débat, la seule dont on ait demandé la dissolution. Pleine de dévouement pour la religion et pour l'Église, la France est disposée à rendre au clergé, en respect et en protection, ce qui sera retiré aux jésuites en influence et en pouvoir. Et quant aux jésuites eux-mêmes, en même temps qu'on veut la dissolution de la congrégation, de ses maisons, de ses noviciats, nul ne songe à expulser ni à molester les individus qui, quelle que soit d'ailleurs leur condition personnelle, ne s'associeront pas d'une manière prohibée par les lois.

« La question est donc bien simple aujourd'hui ; il importe d'en poser nettement les termes.

« La congrégation des jésuites ne peut exister dans le royaume ; elle doit être dissoute sans retard. Le gouvernement du Roi avait reconnu qu'une tolérance prolongée serait un désordre et un péril ; il s'est trouvé d'accord avec la Chambre des députés ; il doit aujourd'hui acquitter pleinement, loyalement, l'engagement qu'il a pris à la face du pays. Reste à choisir le mode d'exécution.

« Il en est deux, bien différents l'un de l'autre, surtout à l'égard de l'Église et de ses rapports avec l'État et la France : la dissolution par l'intervention du pouvoir spirituel, ou la dissolution par l'action du pouvoir civil.

« Les préférences du gouvernement du Roi pour le premier de ces deux partis ont été clairement indiquées. Sans doute il lui aurait suffi, pour donner satisfaction à l'esprit public, de faire strictement exécuter les lois contre toutes les congrégations religieuses non autorisées dans le royaume. Ces lois, dont on vient de reconnaître formellement l'existence et la force, lui assuraient tous les moyens d'action nécessaires ; mais, fidèle à l'esprit de modération qui règle toute sa conduite, plein de respect pour l'Église et jaloux de lui éviter toute situation critique et toute lutte extrême, il a voulu atteindre, par une entente amicale avec le saint-siége et au moyen d'un loyal concours de sa part, le but qu'il est de son devoir de poursuivre.

« En s'adressant à la cour de Rome, en lui demandant de prévenir par son intervention l'action du pouvoir civil, le gouvernement du Roi a l'intime conviction qu'il rend un service signalé à l'Église en général, et en particulier au clergé français. La dispersion de la congrégation des jésuites une fois opérée par l'autorité du saint-siége, les esprits seront apaisés ; la cause du clergé se séparera de la cause des jésuites ; toutes les questions se trouveront ramenées à leur état naturel ; les préventions se dissiperont, les craintes disparaîtront, et les rapports de l'Église et de l'État deviendront faciles, car la France reconnaissante sera pleine de confiance dans la sagesse, la prudence et la modération du saint-siége.

« La conscience si éclairée du saint-père ne peut hésiter à donner un ordre que les jésuites, s'il sont réellement animés, ainsi qu'on aime à le croire, d'un amour sincère et désintéressé de la religion, doivent eux-mêmes implorer. Ils ne peuvent plus être en France qu'une occasion de désordres, de violences, d'impiété, de tous les écarts auxquels se livrent si facilement les esprits agités et irrités. Et comme la dissolution de leurs maisons, de leurs noviciats, de leur corps est inévitable, ils doivent préférer, à une dissolution opérée par la main du pouvoir civil, une dispersion paisible, en obéissance à un ordre de leur chef suprême et absolu, le souverain pontife.

« Si le concours bienveillant du souverain pontife manquait au Roi dans cette occasion si pressante et si grave, les lois de l'État devraient avoir leur plein et libre cours. Les préfets, les procureurs généraux recevraient l'ordre de les mettre à exécution. Le bruit serait grand, le retentissement aussi. Les imprudences seraient possibles, et le gouvernement, engagé malgré lui dans une voie qu'il aurait voulu éviter, se verrait forcé de pourvoir à toutes les nécessités de la situation ; car il a des droits sacrés à défendre, et bien d'autres intérêts à protéger que ceux de quelques congrégations qui, après tout, ne constituent pas le clergé, l'Église, le catholicisme.

« La France, qui connaît le recours que le gouvernement du Roi adresse au Saint-Père, et qui applaudit à cette démarche, la France, douloureusement surprise de ne pas la voir accueillie, établirait peut-être, entre la cause de Rome, de l'Église, du clergé, et la cause des jésuites, une confusion regrettable qui n'existe pas aujourd'hui. Il est facile de se représenter les déplorables conséquences de cette erreur.

« En écartant, par son autorité légitime et reconnue, les complications d'une exécution fâcheuse, en prévenant, par une sage intervention, des actes qui pourraient altérer gravement les bons rapports de l'État avec l'Église, et porter, aux intérêts du clergé qui se serait imprudemment associé aux jésuites, une atteinte plus ou moins profonde, le pouvoir spirituel rendra à la religion un immense service, et lui fera regagner en un seul jour le terrain qu'elle a visiblement perdu.

« Il importe d'insister sur ce point. Permettre qu'une méprise de l'opinion publique en France, confondant la cause de l'Église et celle des jésuites, semble réunir le clergé et cette congrégation sous le même drapeau, ce serait causer à la religion le plus grand dommage qu'elle ait subi depuis les plus mauvais jours de la Révolution.

« La bonne harmonie et l'intimité qui président aux rapports de la France avec le saint-siége, les sentiments affectueux dont le souverain pontife s'est constamment

montré animé pour la France et pour le Roi, l'esprit de
prudence et de conciliation que le saint-père apporte
dans l'appréciation des affaires, sont des garanties que
son auguste concours ne manquera pas au Roi dans
une circonstance où il s'agit de concilier les droits et
les devoirs du pouvoir civil avec ceux du pouvoir spirituel, et de mettre les nécessités modérées de la politique en accord avec les vrais intérêts de la religion. »

Le fond et la forme de ce *memorandum*, ces déclarations si positives, ces conclusions si précises jetèrent
et tinrent pendant trois semaines la cour de Rome dans
la perplexité la plus vive. Également troublés, le pape
et le cardinal Lambruschini repoussaient, comme un
amer calice, l'un la responsabilité de la décision qu'il
avait à prendre, l'autre celle du conseil qu'il avait à
donner. Convoquée le 8 juin pour délibérer sur la question, une congrégation de cardinaux fut d'abord ajournée; quand elle se réunit quelques jours plus tard,
neuf cardinaux étaient présents, et la majorité parut
incliner pour le parti de l'inaction : « J'ai vu de nouveau le cardinal Lambruschini avant-hier et ce matin,
m'écrivit le 18 juin M. Rossi. Avant-hier, je le trouvai
on ne peut plus aimable et plus caressant; — le pape,
me dit-il, n'a pas encore pris de décision ; il est dans de
vraies angoisses; je vous comprends, je me mets à votre
place; mais soyez équitable; mettez-vous aussi un peu
à la nôtre. — Je n'ai pas besoin de vous dire ma réponse. Bref, il éluda en redoublant de tendresses pour

moi, en me parlant avec enthousiasme du Roi et de sa politique. Vous eutes aussi, malgré votre hérésie, une très-large part dans ses éloges, et il me félicita d'avoir deux anciens amis tels que vous et le duc de Broglie. Votre traité avec l'Angleterre sur le droit de visite l'a beaucoup frappé ; je lui dis que j'espérais bien que ce grand exemple ne serait pas perdu pour la cour de Rome. Il me fit, en souriant, un léger signe d'assentiment. Je ne pus en tirer rien de plus. Ce matin, ayant été informé de quelques propos des jésuites, je me suis rendu chez le cardinal; je lui ai dit sèchement, et sans autre préambule, que mon courrier allait partir, et que j'avais besoin de savoir ce que je devais écrire à mon gouvernement sur l'affaire des jésuites. Il m'a répondu que l'examen de la question n'était pas achevé, et qu'il me priait de patienter, de ne pas m'inquiéter, qu'il m'en suppliait. — Je ne m'impatienterais pas trop, Éminence, bien que l'affaire soit urgente, si certains bruits n'arrivaient pas jusqu'à moi. Je crains qu'on ne se fasse ici de funestes illusions. Ce serait une illusion de croire que des désordres ne peuvent pas résulter de toutes ces folies, et une illusion de penser que le saint-siége n'en serait pas responsable aux yeux de la France et du monde entier. Les jésuites sont ses hommes, sa milice ; ils lui doivent, par leurs vœux, une obéissance aveugle et immédiate. Tout ce qu'ils font, tout ce qu'ils ne font pas, tout le mal qui peut en résulter, le saint-siége en répond. — Alors, il m'a de nouveau assuré que l'affaire serait mûrement examinée ; — elle est, m'a-t-il dit, devant le conseil du pape ; et au besoin, ce conseil sera augmenté ; — ce qui voulait dire, ce me semble : — Nous ferons en sorte que la majorité soit pour vous. — Il a conclu en me disant : — Vous connaissez bien nos sentiments et notre conduite à l'égard du Roi, de sa dynastie et de la France. Soyez certain qu'on fera tout ce qui sera possible pour que les bons rapports entre les deux gouvernements ne soient aucunement altérés. — Éminence, j'en serai d'autant plus charmé que cela me dispensera de passer d'un simple *memorandum* à une note officielle. — Une note officielle ! m'a-t-il répondu d'un ton très-doux ; mais je ne vous ai pas encore fait de réponse sur le *memorandum*. — Je le sais, et je ne demande pas mieux que de n'avoir plus que des remercîments à adresser à Votre Éminence. »

Évidemment, ce qui coûtait le plus au pape Grégoire XVI, c'était de frapper lui-même, par un acte du pouvoir spirituel, la congrégation des jésuites redoutée et repoussée en France par des motifs essentiellement temporels et politiques. Par ménagement pour l'Église et le clergé catholiques, par égard pour la liberté religieuse, même envers une congrégation interdite par nos lois civiles, nous ajournions l'exécution de ces lois, et nous invitions le pouvoir suprême de l'Église à faire en sorte que le pouvoir suprême de l'État ne fût pas obligé de faire usage d'armes rudes et compromettantes pour la religion elle-même. C'était là, pour le pape et son ministre, une situation nouvelle, et, soit scrupule religieux, soit timidité politique, ils reculaient devant la responsabilité que notre modération libérale faisait peser sur eux. M. Rossi démêla bientôt ce sentiment, et, avec une habile équité, il s'en fit un moyen de succès : « J'ai revu ce matin le cardinal Lambruschini à l'occasion de sa fête, m'écrivit-il ; [1] il a voulu entrer lui-même en matière. La conversation a été plus que jamais amicale, intime, confidentielle ; je suis sûr aujourd'hui qu'il comprend les nécessités de notre situation politique, les imprudences des jésuites, du clergé et de leurs amis, et qu'il travaille sincèrement à concilier l'accomplissement de nos désirs avec les ménagements que demandent les répugnances du saint-père pour tout acte qui frapperait avec éclat une congrégation religieuse. Comme c'est *au fait* que nous tenons et non à l'éclat, j'ai laissé entrevoir au cardinal, pour hâter l'issue de la négociation, que, pourvu que le fait s'accomplît, je n'élèverais pas de chicane sur le choix du moyen. Que nous importerait, en effet, que la congrégation des jésuites disparût par un ordre, ou par un conseil, ou par une insinuation, voire même par une retraite en apparence volontaire? L'essentiel, pour nous, c'est qu'elle disparaisse et nous dispense de l'application des lois. De quelque façon qu'on s'y prenne, la retraite ou la dissolution de cette congrégation sera par elle-même un fait assez considérable et assez éclatant pour se passer d'une sorte de manifeste. Les plus incrédules

---

[1] Le 21 juin 1845.

ne pourront méconnaître ni l'importance d'un résultat obtenu malgré la coalition des oppositions les plus puissantes, ni tout ce que ce résultat implique de déférence pour les vœux du Roi et de son gouvernement. »

Le surlendemain même du jour où il m'avait rendu ainsi compte de ce dernier pas, le 23 juin 1845, M. Rossi m'expédia le premier secrétaire de l'ambassade de France à Rome, M. de la Rosière, porteur d'une dépêche officielle ainsi conçue :

« Après un mûr examen de la part du saint-père et de son conseil, le but de notre négociation est atteint. Son Éminence le cardinal Lambruschini, dans un dernier entretien, vient de m'en donner ce matin l'assurance.

« La congrégation des jésuites va se disperser d'elle-même. Ses noviciats seront dissous, et il ne restera dans ses maisons que les ecclésiastiques nécessaires pour les garder, vivant d'ailleurs comme des prêtres ordinaires.

« Le saint-siége, mû par des sentiments qu'il est aussi facile de comprendre que naturel de respecter, désire évidemment laisser aux jésuites le mérite de cette prudente résolution d'un acquiescement volontaire. Nous n'avons pas d'intérêt à le leur ôter ; mais il n'est pas moins juste que le gouvernement du Roi sache que le saint-siége et son cabinet ont acquis, dans cette occasion importante, de nouveaux droits à la reconnaissance de la France.

« L'esprit d'équité qui anime les conseils du Roi, et en particulier Votre Excellence, m'assure qu'on n'exigera pas des jésuites, dans l'accomplissement d'une résolution qui n'est pas sans difficultés matérielles, une hâte qui serait douloureuse au saint-siége. Il est, ce me semble, de l'intérêt de tous que la mesure s'exécute avec loyauté, mais avec dignité.

« Je suis heureux de pouvoir ainsi annoncer à Votre Excellence la conclusion de cette affaire épineuse où les nécessités modérées de notre politique avaient à se concilier avec des sentiments d'un ordre si élevé et si digne de nos respects. »

A cette dépêche officielle était jointe une lettre particulière : « La journée a été laborieuse, m'écrivait M. Rossi ; le temps est accablant ; mais, bien que fatigué, je veux ajouter quelques détails à ma dépêche et à ce que M. de la Rosière vous dira de vive voix.

« Avant l'entretien de ce matin, j'avais attentivement étudié les rapports confidentiels des préfets et des procureurs généraux que m'avait communiqués M. le garde des sceaux. Cette étude m'avait prouvé combien il était opportun, dans l'intérêt de l'ordre public, surtout pour certains départements, que la mesure ne trouvât pas de résistance chez les jésuites. Aussi, tout en ayant l'air de me résigner au mode proposé, je l'acceptais, je vous l'avoue, avec un parfait contentement.

« Ce n'a pas été une petite affaire, croyez-le, que d'y amener d'un côté le pape, de l'autre le conseil suprême des jésuites. Nous devons beaucoup, beaucoup au cardinal Lambruschini et à quatre autres cardinaux. Le pape, qui a, avec les chefs des jésuites, des rapports très-intimes, était monté au point qu'il fit un jour une vraie scène à Lambruschini lui-même, scène que celui-ci ne m'a pas racontée, mais dont j'ai eu néanmoins connaissance. Avec du temps, de la patience et de la persévérance, toutes ces oppositions ont été vaincues. Le pape est aujourd'hui un tout autre homme. Un de ses confidents est venu ce matin me dire combien le saint-père était satisfait de l'arrangement que j'allais conclure, satisfait du négociateur, etc., etc.

« Quant à Lambruschini, je ne puis assez m'en louer. Il n'aimait pas à s'embarquer au milieu de tant d'écueils ; mais une fois son parti pris, il a été actif, habile, sincère. Il m'a avoué que mon *memorandum* du 2 juin le mettait dans l'embarras : «Il y a là, m'a-t-il dit, des choses que vous ne pouviez pas ne pas dire, mais sur lesquelles nous ne pouvons, nous saint-siége, ne pas faire quelques observations et quelques réserves. — Comment ? lui ai-je répondu ; vous voulez que nous entrions dans une polémique par écrit ? Le *memorandum* n'est qu'un secours pour votre mémoire que vous m'avez demandé ; si votre mémoire n'en a que faire, tout est dit. — Eh bien, a-t-il repris, voulez-vous que nous le tenions pour non avenu ? — Oui ; mais à une condition, c'est que nous terminerons l'affaire d'une manière satisfaisante. Concluons : vous me rendrez alors le *memorandum* de la main à la main, et tout est fini. — Venez lundi, m'a-t-il dit ; prenez votre heure. — Toutes les heures me sont bonnes pour le service du Roi. — Eh bien, lundi, à midi. »

« Ce matin, nous avons en effet terminé. Il m'a rendu le *memorandum* ; et comme je ne voulais pas qu'il y eût de malentendu, je ne vous cache pas que je lui ai donné deux fois lecture de mon projet de dépêche que j'avais préparé dans l'espoir que nous terminerions. Il a discuté quelques expressions ; il aurait voulu que je fisse une plus large part aux jésuites, que je misse en quelque sorte le saint siége en dehors : — Je ne pourrais le faire, Éminence, qu'en trahissant la vérité et les vrais intérêts du saint-siége lui-même. Tout ce que je puis faire, c'est d'écrire à M. Guizot pour le prier, s'il a occasion de s'expliquer sur la question, de rendre aux jésuites la part de justice qui leur est due, et que je ne veux nullement méconnaître. » — Comme vous le voyez, je tiens ma promesse et je vous prie d'y avoir égard. Le cardinal a cédé : — « Ainsi, nous sommes bien d'accord, Éminence ? — Parfaitement ; le général des jésuites doit avoir déjà écrit. » Là-dessus, maintes tendresses et congratulations réciproques. Nous nous sommes presque embrassés. »

Le 6 juillet 1845, le *Moniteur* contint cette note officielle : « Le gouvernement du Roi a reçu des nouvelles de Rome. La négociation dont il avait chargé M. Rossi a atteint son but. La congrégation des jésuites cessera d'exister en France, et va se disperser d'elle-même ; ses maisons seront fermées et ses noviciats seront dissous. »

L'effet dans le public fut grand, car le succès était inattendu. On avait beaucoup dit que la cour de Rome, et bien plus encore les jésuites eux-mêmes, ne se prête-

raient jamais à cette dissolution tranquille de la
congrégation. Pourtant, le fait était accompli. Le
clergé français n'aurait plus à subir une fermentation compromettante ou un joug incommode. Ceux de
ses membres qui s'étaient ardemment prononcés en
faveur des jésuites avaient seuls part à leur échec.
C'était aux évêques et aux prêtres modérés et clairvoyants que revenait la prépondérance. La question de
la liberté de l'enseignement était dégagée du principal
obstacle qui en entravait la solution ; les jésuites n'en
étaient plus les premiers et les plus apparents représentants. En l'absence d'un ordre formel et péremptoire
du saint-siége, ils essayèrent de retarder ou même d'éluder l'exécution de la promesse faite à Rome en leur
nom : plusieurs de leurs maisons, soit établissements
d'éducation, soit noviciats, furent fermées; d'autres
restèrent ouvertes sous divers prétextes; dans quelques-unes, on laissait, en les fermant, beaucoup plus
de gardiens que n'en exigeait le soin de la propriété ;
dans d'autres, moins connues ou moins suspectes à la
population d'alentour, on transplantait les membres de
la congrégation qu'on retirait d'ailleurs. J'avais pressenti ces difficultés, et pris d'avance quelques précautions pour les surmonter. Le lendemain même du jour
où le *Moniteur* annonça le résultat de la négociation, je
fis repartir pour Rome M. de la Rosière qui portait à
M. Rossi ces deux lettres, l'une officielle [1], l'autre
particulière [2] :

[1] Du 6 juillet 1845. — [2] Du 7 juillet 1845.

« Monsieur, le saint-siége a apprécié, avec la haute sagesse qu'il a déployée depuis tant de siècles, la demande que vous étiez chargé de lui faire au nom du gouvernement du Roi, et les puissantes considérations sur lesquelles elle s'appuyait. S. E. Mgr le cardinal Lambruschini vous a déclaré que la congrégation des jésuites en France allait se disperser d'elle-même, que ses noviciats seraient dissous, qu'il ne resterait dans ses maisons que les personnes strictement nécessaires pour les garder, et que ces personnes y vivraient à l'état de prêtres ordinaires.

« Le gouvernement du Roi a appris avec une vive satisfaction une résolution si conforme à ses vœux, à la juste attente de l'opinion publique en France et aux intérêts bien entendus de l'Église. Je suis heureux, monsieur, de vous féliciter de cet important succès de vos efforts. Le gouvernement du Roi éprouve une sincère et profonde reconnaissance pour le saint-père et pour les sages conseillers dont la prudence éclairée a exercé, sur la solution de cette grave affaire, une si salutaire influence.

« Vous m'annoncez que le saint-siége, par un sentiment que nous respectons, désire laisser aux jésuites le mérite d'un acquiescement volontaire à la résolution qui les concerne. Nous ne faisons point difficulté d'y consentir. La cour de Rome peut aussi compter sur notre entière disposition à concilier l'exécution de la mesure dont il s'agit avec les tempéraments et les égards convenables. De son côté, le gouvernement du

Roi a la confiance que les engagements contractés devant l'autorité et sous la garantie du saint-siége seront loyalement accomplis.

« Vous voudrez bien donner communication de cette dépêche à M. le cardinal secrétaire d'État, et je vous engage à lui en transmettre copie. »

Ma lettre particulière portait :

« Il est désirable que nous ayons de Rome une pièce écrite où la conclusion de l'affaire, telle que vous me l'annoncez dans votre dépêche du 23 juin, se trouve attestée. Vous avez lu deux fois cette dépêche au cardinal Lambruschini. Vous avez eu grande raison. Il l'a approuvée après l'avoir discutée. C'est à merveille. Mais il peut arriver que, soit dans le cours des débats aux Chambres, soit dans le cours de l'exécution de la mesure, nous ayons besoin de pouvoir invoquer un texte émané de Rome même. Il ne s'agit point de lui faire dire ou faire plus qu'elle n'a dit ou fait, ni de la faire paraître plus qu'elle ne veut paraître. Il s'agit seulement d'avoir en main, reconnu et attesté par elle, le fait que vous m'avez mandé le 23 juin. Vous trouverez aisément un procédé pour atteindre ce but. En voici deux qui me paraissent bons et suffisants. Après avoir donné lecture au cardinal Lambruschini de ma dépêche officielle d'hier en réponse à la vôtre du 23 juin, vous lui en transmettrez officiellement copie, et il vous en accusera officiellement réception. Ce simple accusé de réception du cardinal, sans observation ni objection, contiendra la reconnaissance du fait et de la négociation qui a amené le fait. C'est ce qu'il nous faut.

« C'est à cette intention que je me suis servi, dans ma dépêche, du mot *transmettre* au lieu de *laisser copie*.

« Vous pourriez aussi demander par écrit au cardinal s'il a informé le nonce à Paris de la résolution prise par le général des jésuites, et des ordres qui ont dû être donnés pour en assurer l'exécution. Si le cardinal l'a fait, il vous le dirait, et vous tâcheriez d'avoir communication de sa dépêche. S'il ne l'a pas fait, vous le prieriez de le faire et de donner au nonce des instructions pour qu'il seconde, soit auprès des jésuites de France, soit auprès des évêques, l'exécution loyale de la résolution, dans la mesure d'intervention qui lui appartient. En communiquant, soit à moi directement par le nonce, soit à vous à Rome, le contenu entier ou la substance de ces informations et directions, le saint-siége établirait, entre nous et lui, cet échange bienveillant et ouvert d'assistance et de concours qui sera excellent pour les intérêts de l'Église comme pour ceux de l'État.

« Au reste, je m'en rapporte à vous quant au choix du moyen que vous jugerez le meilleur. Je ne tiens qu'à vous marquer le but. »

M. Rossi comprit et exécuta mes instructions avec sa précision et son tact accoutumés. Il m'écrivit le 26 juillet 1845 : « Conformément aux ordres de Votre Excellence, j'ai sur-le-champ transmis copie de sa dépêche du 6 juillet à M. le cardinal secrétaire d'État, en l'accompagnant de la lettre d'envoi ci-jointe. A la date du

18, Son Éminence m'a adressé l'accusé de réception dont j'ai également l'honneur de transmettre la traduction à Votre Excellence.

« Ainsi que je l'avais annoncé dès l'origine, et conformément à l'accord préalablement établi, M. le cardinal Lambruschini s'attache, dans cet accusé de réception, à laisser aux jésuites l'honneur d'un acquiescement volontaire. Mais du reste, comme Votre Excellence le remarquera, M. le secrétaire d'État n'élève ni discussion ni objection soit sur le sens, soit sur les termes de la dépêche. Il accepte les remerciements du gouvernement du Roi. Il applique au saint-siège, en s'en félicitant, la satisfaction que le cabinet français semble éprouver de la conduite des jésuites. Il constate la réalité de la communication qu'il m'a faite. Il détruit toute supposition d'un refus d'intervention antérieur, en marquant les limites dans lesquelles cette intervention aurait dû s'exercer. Il se porte garant de l'exécution, au nom de l'esprit de prudence et de sagesse du père général des jésuites. Il stipule pour eux et les recommande aux ménagements du gouvernement du Roi, en quelque sorte sous la condition de leur fidélité à accomplir les engagements pris. Enfin, en tout et pour tout, il reconnaît et consacre la négociation directe entre le ministre du Roi et le saint siège, la seule qui se soit jamais établie, la seule qui ait jamais pu s'établir avec dignité. »

Malgré sa réserve un peu embarrassée, le texte de la réponse du cardinal Lambruschini prouvait que

M. Rossi, dans son commentaire, n'en exagérait point la portée : « C'est avec le plus vif intérêt, lui disait le secrétaire d'État, que j'ai pris connaissance de la dépêche de Son Excellence M. le ministre Guizot à vous adressée le 6, et que Votre Excellence m'a communiquée par sa lettre du 14 courant. La courtoisie des expressions dont le noble ministre a fait usage à notre égard est une preuve des dispositions amicales de S. M. le Roi des Français et de son gouvernement envers nous. Ces dispositions ne peuvent manquer d'exciter notre reconnaissance, et nous aimons aussi à remarquer que le gouvernement de Sa Majesté se dit satisfait de la manière dont les jésuites ont résolu de se conduire dans les circonstances présentes. En prenant spontanément et d'eux-mêmes les mesures discrètes de prudence dont j'ai parlé à Votre Excellence, ils ont voulu se prêter à aplanir les difficultés survenues au gouvernement du Roi, tandis que le saint-père n'aurait pu intervenir que conformément aux règles canoniques et aux devoirs de son ministère apostolique.

« J'espère que cette conduite pacifique et modérée des jésuites, garantie par la prudence et la sagesse de leur supérieur général, permettra au gouvernement du Roi d'user plus libéralement envers eux des égards dont nous trouvons la promesse dans la dépêche de M. le ministre adressée à Votre Excellence, conformément aux déclarations précédentes de Votre Excellence elle-même. »

Nous tînmes scrupuleusement parole ; nous donnâmes aux jésuites, pour l'exécution de leur engagement, tous les délais, toutes les facilités compatibles avec l'engagement même. J'aurais eu, si j'avais voulu les saisir, bien des occasions et bien des raisons de me plaindre à Rome de leurs dénégations équivoques, de leurs procrastinations indéfinies, de leurs subtils efforts pour donner à croire que Rome n'avait pas promis, en leur nom, tout ce qu'on exigeait d'eux. Le bruit que faisaient de leur échec les journaux qui leur étaient hostiles les mettait dans une situation désagréable et irritante dont le saint-siége lui-même finissait par partager le trouble et l'ennui. Je n'eus garde d'entrer dans cette arène subalterne et confuse ; rien ne gâte plus les grandes affaires que les petites querelles. Je me bornai, d'une part, à informer exactement M. Rossi des lenteurs et des subterfuges par lesquels on essayait d'échapper à l'engagement pris, d'autre part, à lui bien inculquer notre ferme résolution d'accomplir nous-mêmes, si l'on nous y réduisait, ce qu'on nous avait promis : « Je ne céderai point, lui écrivais-je, à l'esprit de parti ou à une sotte hostilité. Point d'atteinte aux libertés individuelles. Point d'obligation de quitter la France, de vendre les propriétés, etc. Point d'intervention tracassière dans les fonctions purement et individuellement religieuses. Mais la dispersion de la congrégation, la clôture des maisons où elle vit réu-

[1] Le 14 octobre 1845.

nie, la dissolution des noviciats, cela a été promis, cela est indispensable. Dites bien autour de vous que le vent de la session commence à souffler, que nous avons beau être patients et modérés, que le moment approche où il faudra parler de ce qu'on aura fait, et que plus nous aurons été modérés, plus Rome sera dans son tort de nous avoir promis vainement, et nous en droit et en nécessité de dire tout ce qui s'est passé, et de faire, par d'autres moyens, ce qui n'aura pas été fait. »

M. Rossi tenait à Rome une attitude et une conduite en parfaite harmonie avec la nôtre : calme et froid en même temps que vigilant, soigneux de se montrer très-bien instruit de tout ce qui se passait ou se disait en France à l'encontre de l'engagement contracté, mais ne se plaignant de rien, tranquillement établi dans notre droit et donnant à entendre qu'il n'admettait seulement pas la pensée qu'on pût l'oublier. Il ne se faisait cependant aucune illusion sur les faiblesses et les difficultés auxquelles il avait affaire, et il avait soin de me les faire bien connaître : « N'oubliez pas, m'écrivait-il [1], que le Saint-Père est un vieillard de quatre-vingt-deux ans, sorti d'un cloître, à la fois timide et irascible, défiant, voulant décider lui-même les affaires, surtout les affaires religieuses, et sur lequel les jésuites ont exercé, pendant quinze ans, une influence que nul n'avait encore contrariée. Il a des idées fixes dont personne ne le fera démordre. Savez-vous que, depuis deux ans, et ses

---

[1] Le 1er et 18 août 1845.

ministres, et les gouvernements voisins, et ses créatures les plus intimes ont inutilement sollicité de lui une permission, une simple autorisation pour un chemin de fer? On ne lui demande pas un sou. Il ne veut pas. Pensez ce que c'est dans les matières religieuses où, non-seulement comme pape, mais comme théologien, il se croit le plus compétent des hommes. Il faut bien nous attendre à quelque coup de bascule; si les jésuites l'avaient emporté, le pape nous aurait fait, pour nous pacifier, je ne sais quelle gracieuseté. Le succès ayant été pour nous, il penchera de l'autre côté; il voudra se faire pardonner par les *catholiques*, les évêques, etc. Je vois maintenant le fond du sac. Toujours par cette invincible timidité dont vous avez déjà eu tant de preuves, on n'a pas fait connaître ici, au général des jésuites, le texte des résolutions convenues entre le cardinal Lambruschini et moi; on s'est contenté d'un à peu près, de termes un peu vagues; c'était une potion amère qu'on n'a pas osé lui faire avaler d'un coup. Tout naturellement, le général s'en est tenu au *minimum*, tout en disant, à la fin de sa lettre aux jésuites de France, que c'était à ceux qui se trouvaient sur les lieux à apprécier la nécessité, et que l'essentiel était de s'effacer. Vous comprenez quelle singulière situation le gouvernement pontifical s'est faite. Le général des jésuites, informé de la vérité par une personne à moi connue, a été furieux et voulait tout suspendre. On lui a fait comprendre les conséquences de cette folie pour les jésuites eux-mêmes et pour le saint-siége. Ainsi l'exécution sérieuse va commencer. Sans renoncer aux égards promis, vous tiendrez bon à Paris; je tiendrai bon à Rome. Je vais de nouveau, par un travail inofficiel, préparer les esprits pour le jour où nous réclamerons officiellement, s'il le faut, l'exécution complète et loyale des mesures convenues. Je n'ai pas voulu et je ne veux pas fatiguer Votre Excellence de tous les détails de mes démarches ; mais je répète que rien n'est plus fâcheux ici que la nécessité d'improviser quoi que ce soit. Il faut tout préparer de loin, peu à peu, homme par homme. Ce n'est que lorsqu'ils se trouvent nombreux dans le même avis qu'ils prennent quelque peu le courage de leur opinion. Je disais l'autre jour à un cardinal : — « Il y a à Rome des intentions excellentes, des esprits ouverts et une grande loyauté : — Nous sommes donc parfaits, me répondit-il en riant ; — Pas tout à fait, Éminence ; il manque à Rome la conscience de ses forces ou le courage de s'en servir. » Il ne put en disconvenir. C'est là maintenant le thème principal de mes entretiens. Je sais bien que je ne changerai pas la nature de ces vieillards que cinquante ans de révolutions et de péripéties ont intimidés ; mais il faut combattre patiemment, constamment, une intimidation par une autre ; il faut les alarmer sur leurs propres intérêts, sur leur avenir, sur l'avenir de l'Église que leur excessive timidité compromet et sacrifie aux déclamations d'une poignée d'insensés. En parlant ainsi, on est dans le vrai ; et si on n'obtient pas tout, on finit du moins par obtenir le strict nécessaire. »

M. Rossi disait là le vrai et dernier mot de la situation. La routine, la pusillanimité, les embarras intérieurs et personnels, l'absence de toute appréciation profonde et prévoyante sur l'état politique et moral de la France ne permettaient pas que nous obtinssions de la cour de Rome, dans cette délicate affaire, tout ce qui eût été désirable et efficace dans l'intérêt de la religion comme de la société civile, de l'Église comme de l'État. Mais nous avions obtenu le strict nécessaire ; et malgré les oppositions sourdes, les contestations subtiles, les lenteurs prolongées, ce que nous avions obtenu s'exécutait, et recevait, à chaque nouvelle tentative de résistance, une nouvelle confirmation. Au milieu de ses perplexités, le pape saisissait avec empressement toutes les occasions de manifester ses bons rapports avec le gouvernement français, avec le ministre de France, et son désir de les maintenir. Le 25 août 1845, la fête de saint Louis fut célébrée à Rome avec un éclat inaccoutumé : « A neuf heures et demie, m'écrivit M. Rossi[1], je me suis rendu avec toutes les personnes qui composent l'ambassade du Roi, à notre église nationale. M. le directeur de l'Académie, avec MM. les pensionnaires, s'y était rendu de son côté. Dix-huit cardinaux, c'est-à-dire presque tous les membres du sacré collége présents à Rome, ont assisté à la messe. Ce chiffre est le plus élevé qu'ait jamais atteint la réunion des cardinaux invités à cette solennité, et le regis-

---

[1] Le 28 août 1845.

tre des cérémonies conservé à l'ambassade indique qu'il est resté le plus ordinairement au-dessous. A cinq heures de l'après-midi, je suis retourné à l'église, accompagné, comme le matin, de MM. les secrétaires et attachés de l'ambassade. A cinq heures vingt minutes, Sa Sainteté est arrivée. Un intérêt de curiosité, facile à comprendre dans les circonstances actuelles, avait rassemblé, sur les degrés de l'église et sur la place, une foule considérable de spectateurs. C'était la première rencontre publique du saint-père avec le ministre du Roi depuis notre négociation et son succès. Selon le cérémonial établi, j'allai ouvrir la portière de la voiture de Sa Sainteté qui, pénétrée, comme tout le monde l'était, de l'importance de chacun de ses mouvements en cette occasion solennelle, me prit affectueusement la main pour descendre de voiture, la garda dans la sienne pour monter les degrés; et à mes remercîments de l'honneur qu'il daignait faire à notre église nationale en venant y prier pour le roi, la famille royale et la France, le pape répondit à voix haute et assez sonore pour être entendu de la foule qui nous entourait : « C'est un devoir que j'ai toujours un vrai plaisir à accomplir; ne manquez pas d'envoyer au Roi cette expression de mes sentiments. » La cérémonie achevée, j'ai reconduit Sa Sainteté à sa voiture dont j'ai refermé la portière. Au départ comme à l'arrivée, le saint-père a été, dans ses gestes et dans ses discours, prodigue de témoignages de bonté. L'effet de cette visite et de son caractère a été général et profond, sur nos amis comme sur nos ennemis. Tous les yeux ont vu, toutes les consciences ont senti que, dans l'accomplissement de cette auguste et pieuse courtoisie, le saint-père était plein d'affection pour nous et voulait le paraître. Pendant la soirée du 25 et la journée du lendemain, les détails que je viens de résumer ont fait le sujet des entretiens et des commentaires de toute la ville. Nos amis y ont trouvé la sanction, nos ennemis la condamnation de leurs efforts, et les indécis la manifestation éclatante de la vérité qu'on s'était efforcé d'obscurcir. »

Un fait plus direct encore vint confirmer le sens et l'effet de ces manifestations publiques. A la suite des doutes qu'on avait essayé de répandre sur les mesures convenues, une nouvelle conférence des cardinaux les plus influents en cette matière eut lieu chez le cardinal Lambruschini : « Là, m'écrivit M. Rossi [1], tout a été mis en pleine lumière, et celui-là même des membres de la conférence qui n'approuvait pas les faits accomplis a loyalement reconnu que, dans l'état des choses, il ne restait qu'à faire exécuter tout ce qui avait été promis. C'est ce qui a été décidé à l'unanimité. Un cardinal s'étant rendu auprès du général des jésuites pour lui faire connaître cette décision, le père Roothaan a répondu qu'il n'avait qu'à s'y conformer, et qu'il allait transmettre aux jésuites de France les instructions nécessaires pour que l'exécution fût à la fois prompte et conforme aux conditions stipulées. »

[1] Le 28 août 1845.

Que les instructions du père Roothaan fussent, ou non, aussi formelles que me le disait M. Rossi, elles apportèrent peu de changement dans l'état et le cours de l'affaire. Elles n'empêchèrent pas que, sur plusieurs points du royaume, les jésuites de France ne continuassent leurs tentatives d'ajournement ou même de résistance. M. Rossi fut, à plusieurs reprises, obligé de recommencer, auprès du pape et du cardinal Lambruschini, ses pressantes réclamations et ses inquiétantes prédictions si les conseils du saint-siége n'étaient pas plus efficaces. Les mesures convenues n'étaient point exécutées d'une façon générale et nette; mais de mois en mois, à chaque nouvelle démarche du ministre de France, cette exécution faisait un pas de plus. Le pape s'impatientait contre les jésuites et les ennuis qu'ils lui donnaient : « Nous autres moines, nous sommes tous les mêmes, » dit-il un jour avec un mélange d'humeur et de sourire. Le cardinal Lambruschini, dans ses entretiens avec les ecclésiastiques français qui venaient à Rome, s'expliquait chaque jour plus vivement; il reçut, le 27 novembre 1845, la visite de l'évêque de Poitiers : « Je sais, lui dit-il, qu'à propos des mesures convenues à l'égard des jésuites, on parle de suicide; non, monseigneur; se couper un bras lorsque cela est nécessaire pour sauver sa vie, c'est du courage et de la prudence; ce n'est pas un suicide. Les jésuites sont-ils populaires en France? » L'évêque fut obligé d'avouer que non : « Eh bien donc, reprit le cardinal, veut-on compromettre la cause de la religion pour ne pas disperser les jésuites? Veut-on provoquer des mesures législatives? » L'évêque allégua les libertés garanties par la Charte : « Moi aussi, je connais la France, répliqua le cardinal ; j'y ai passé six ans de ma vie, et je sais ce que valent toutes ces généralités contre une opinion populaire. Croyez-moi, monseigneur ; rentrez chez vous en prenant le chemin de l'école; voyez les jésuites, voyez les évêques ; dites à ceux-là d'obéir et à ceux-ci de rester tranquilles. » Tel était enfin, dans les esprits, le progrès du sentiment de la nécessité que l'assistant de France dans la congrégation de Jésus, le père Rozaven, Breton aussi obstiné que sincère, qui n'avait cessé d'encourager les jésuites à la résistance, en vint à comprendre lui-même la situation : « Il faut, dit-il un jour [1] à un prêtre de ses amis, tenir compte aux rois et aux ministres constitutionnels des difficultés de leur position ; ils ont devant eux les Chambres, les électeurs, les magistrats, la presse ; il ne faut pas exiger d'eux l'impossible. J'ai bien compris tout cela et je l'ai écrit en France. »

Je n'avais donc, quant au résultat définitif de la négociation, point d'inquiétude ; il suffisait évidemment que le gouvernement du Roi tînt bon à Paris et M. Rossi, en son nom, à Rome, pour que la lutte n'éclatât point en France entre l'État et l'Église, et pour qu'on pût reprendre, sans qu'elle fût posée sur la tête des jésuites, cette question de la liberté d'enseignement

---

[1] En mars 1846.

dont les esprits continuaient d'être fortement préoccupés, et que, dans l'intérêt de l'État comme de l'Église, j'avais à cœur de résoudre loyalement. Mais nous commencions alors à avoir en perspective, à Rome, des questions plus grandes encore que celles des jésuites et de la liberté d'enseignement. Vers la fin de septembre 1845, des troubles sérieux éclatèrent dans la Romagne ; la sédition fut si générale et si vive que le courrier qui en apportait à Rome la nouvelle fut obligé de faire un long détour pour y arriver : « Je n'ai pas voulu, m'écrivit sur-le-champ M. Rossi [1], que le cardinal pût dire qu'en ce moment de crise il n'avait pas vu le ministre de France. Je me suis rendu au Quirinal : « Éminence, lui ai-je dit, j'apprends de fâcheuses nouvelles ; j'espère qu'elles sont exagérées ; quoi qu'il en soit, je n'ai pas voulu laisser passer la journée sans vous exprimer le vif et sincère intérêt que prend le gouvernement du Roi à tout ce qui touche à la sûreté du saint-siége et du gouvernement pontifical. » En me remerciant, le cardinal me dit que ce désordre serait promptement réprimé, que c'étaient des insensés qui forçaient le gouvernement à les traiter avec toute la sévérité militaire. Le but de ma visite se trouvant atteint, je me levai pour lui faire bien comprendre que je ne voulais pas traiter verbalement l'autre sujet. Le cardinal paraissait assez abattu. Je le comprends. Sans doute ils ont déjà réprimé et ils réprime-

---

[1] Le 28 septembre 1845.

ront les émeutes des Romagnols qui ne sont que de déplorables folies. Mais peuvent-ils ne pas s'effrayer du fond même de la situation ? Le mécontentement des Légations et des Marches est général et profond. Il n'y a pas jusqu'aux ecclésiastiques de ces pays qui ne l'avouent. Sans les régiments suisses, le gouvernement y serait culbuté en un clin d'œil. Mais ces régiments sont en même temps une charge énorme pour le trésor pontifical. Il y a là un cercle vicieux et une situation trop tendue.

« Y a-t-il un remède? Oui, et très-facile avec un peu d'intelligence et de courage. Sans mot dire à personne, j'ai fait mes observations et mes études. Si vous saviez combien il serait aisé de donner satisfaction à ces provinces sans rien bouleverser, sans rien dénaturer, sans rien introduire ici d'incompatible avec ce qu'il est essentiel de maintenir! Toute la partie saine et respectable de ces populations ne demande qu'un peu d'ordre et de bon sens dans l'administration. Qu'on gouverne raisonnablement, et à l'instant même les démagogues seront ici, comme ils le sont ailleurs, isolés et impuissants.

« Mais ce qui serait facile en soi est presque impossible avec les hommes et les choses que nous avons. Le moment des conseils viendra. Il n'est pas encore arrivé. Il ne faut pas les offrir; il faut qu'on nous les demande. En attendant, appliquons-nous à leur faire comprendre qu'ils n'ont pas d'ami plus sûr et plus désintéressé que la France, que nous ne permettrons jamais que le pape devienne un patriarche autrichien, que nous comprenons les nécessités du pontificat, etc., etc. J'ai toujours travaillé et je travaille dans ce sens; et sur ce point mes paroles ont peut-être plus de poids que celles de tout autre. Ils sont convaincus, et ils ne se trompent pas, que je n'aimerais pas à voir perdre à l'Italie la seule grande chose qui lui reste, la papauté. »

Je répondis sur-le-champ à M. Rossi[1] : « Vous avez très-bien fait d'aller témoigner au cardinal Lambruschini tout notre intérêt à l'occasion des troubles de Rimini. Établissez bien en ce sens notre position et la vôtre. Ne laissez échapper aucune occasion de bons offices, politiques et personnels, à rendre au gouvernement romain. Cela nous convient à nous France, et certainement cela tournera au profit de l'Italie. Vous avez toute raison ; ce qu'il y a de grand en Italie, c'est le pape. Que le pape prenne bien sa place au milieu du monde catholique moderne et s'y adapte ; l'Italie conservera ce qu'elle a de grand, et gagnera un jour le reste. »

En même temps qu'il m'informait des troubles renaissants dans les États romains, M. Rossi m'annonçait que, malgré les assurances contraires, la santé de Grégoire XVI déclinait, que son chirurgien le voyait tous les jours, et qu'il fallait se préparer à la chance d'un prochain conclave.

[1] Le 7 octobre 1845.

Avant cette information, ma résolution était prise. Je m'étais de plus en plus convaincu que, pour pratiquer à Rome notre politique à la fois libérale et antirévolutionnaire, M. Rossi était l'ambassadeur le plus capable, le plus sûr et le plus efficace. J'en avais entretenu plusieurs fois le Roi, qui n'avait pas tardé à partager mon avis. Quelques bruits coururent qu'en effet le ministre par *intérim* de France à Rome serait bientôt nommé ambassadeur permanent. Le 18 mars 1846, M. Rossi m'écrivit : « Ma situation provisoire ici est désormais décidément fausse. Il n'y a pas un de nos amis qui ne le sente, et tous ont fini par me le dire. Il y a un mois, la nouvelle s'étant répandue ici, je ne sais comment, de l'arrivée de mes nouvelles lettres de créance, cardinaux, prélats, noblesse, tout le monde m'accablait de compliments que je ne pouvais accepter. L'homme du pape est venu quatre fois me demander si je les avais reçues. Aujourd'hui on s'étonne, et chacun veut expliquer le fait à sa guise. Mais tandis que les amis sont embarrassés, les malveillants ont beau jeu. On va jusqu'à supposer l'intention de me refuser toute marque visible d'approbation pour ce que j'ai fait. Tout cela est absurde, mais n'est pas moins répété et colporté. D'où vient ma force? Des bontés du Roi pour moi et de votre amitié. Le jour où cela serait révoqué en doute, je suis impuissant.

« Le pape a dit hautement plus d'une fois qu'il serait content de me voir ici ambassadeur. Les cardinaux les plus intimes ont été les premiers à me féliciter de la fausse nouvelle. Le cardinal Franzoni, l'ami intime de Lambruschini, dit à qui veut l'entendre qu'ils ne peuvent rien désirer de mieux. Enfin, si je suis bien renseigné, il vous serait facile de vous assurer, à Paris même, de leurs sentiments à mon endroit, si toutefois le nonce Fornari ose remplir son mandat et répondre.

« Vous l'avez dit, mon cher ami ; si je dois rester à Rome, j'ai besoin d'y être enraciné et grandi. Que serait-ce si le pape nous était enlevé prochainement sans que nous eussions consolidé et agrandi notre position ? Tenez pour certain qu'un grand effort se prépare pour faire un pape contre nous. Nous pouvons l'emporter ; mais il faut, pour cela, qu'on puisse parler, s'ouvrir, avoir confiance ; toutes choses impossibles avec un homme qui est un oiseau sur la branche et dans une position secondaire. »

Je lui répondis sur-le-champ[1] : « Votre nomination comme ambassadeur est à peu près convenue, et se fera bientôt après Pâques. Voici deux choses seulement qui préoccupent, l'une le Roi et moi, l'autre le Roi sans moi. Répondez-moi sans retard sur l'une et sur l'autre.

« Il a toujours été regardé comme impossible pour la France, la première puissance catholique, d'avoir à Rome un ambassadeur dont la femme fût protestante. Cette seule considération a fait écarter plusieurs fois tel

---

[1] Le 7 avril 1846.

ou tel candidat, par exemple le duc de Montebello. Nous en avons parlé pour vous-même, vous vous le rappelez, quand vous avez été nommé ministre, et il a été convenu que vous iriez seul à Rome. Le Roi compte que vous resterez dans la même situation. C'est aussi l'avis du duc de Broglie. Les congés, les petits voyages diminueront ce qu'il peut y avoir de pénible dans cet arrangement. Mais dites-moi que vous êtes toujours, à cet égard, dans la même persuasion et la même intention.

« Le Roi pense, en outre, qu'il devrait vous donner le titre de *comte*, que cela vous serait utile à Rome et qu'il vaut mieux y être appelé *signor conte* que *signor commendatore*. Je n'ai, sur ceci, quant à moi, aucune opinion. Dites-moi la vôtre. Je parlerai dans le sens que vous m'indiquerez.

« *Post-scriptum*. Quatre heures et demie. Le roi a vu hier soir le nonce qui lui a dit, à votre sujet, des choses qu'il faut que j'éclaircisse. Je vais le faire venir. Rien qu'officieusement. Ne parlez à personne de ce qui vous touche. Il m'est impossible, faute de temps, d'entrer aujourd'hui dans aucun détail. Je vous écrirai dès que j'aurai causé avec le nonce. »

Le courrier du 20 avril apporta à M. Rossi les informations qu'il attendait : « Je reviens, lui écrivis-je, où je vous ai laissé le 7 avril. La veille donc, le Roi avait vu le nonce, et lui avait parlé de vous, de son désir de vous nommer bientôt ambassadeur, et de son espoir que le pape vous verrait avec plaisir auprès de lui, sous ce titre et en permanence. Le nonce dit qu'on y avait pensé à Rome, et qu'il ne pouvait se dispenser d'élever, à ce sujet, des objections, qu'il en avait reçu ordre du cardinal Lambruschini, qu'il avait même une lettre où ces objections étaient développées, et il offrit de la montrer au Roi. Le Roi refusa et le renvoya à moi quant à la lettre, l'engageant du reste à n'en faire aucun usage officiel, témoignant sa surprise, son déplaisir, et parlant de vous comme il convient. Le nonce aussi en parla très-bien, mais revint sur votre passé politique, sur votre qualité de réfugié, etc. Le Roi, dans la conversation, dit que madame Rossi n'irait point à Rome. Ceci parut frapper le nonce qui se le fit répéter.

« Vous n'avez pas besoin que je vous redise ce que j'ai dit au Roi quand il m'a raconté son entretien ; tout aboutissait à ceci : « C'est une intrigue politique et jésuitique qu'il faut déjouer. » Le Roi en est d'accord. Le conseil en est d'accord. Ils sont tous convaincus que personne ne peut faire nos affaires à Rome aussi bien que vous. Mais imposer brusquement et par force un ambassadeur au pape, le Roi s'arrête devant cet acte ; il demande du temps, et que nous ici, et vous à Rome, nous fassions ce qu'il faut pour arriver au but.

« J'ai fait venir le nonce. J'ai témoigné vivement ma surprise. Ni le pape, ni son ministre, ai-je dit, ne veulent à coup sûr, être complices, par connivence ou par faiblesse, d'une intrigue des ennemis du gouvernement du Roi. C'est pourtant ce qui serait, ce qui paraîtrait du moins. J'ai étalé tout ce qu'auraient de grave pour Rome, en France, une telle situation et une telle opinion. J'ai rappelé l'état général des questions catholiques chez nous, toutes celles que, tout à l'heure, nous aurions à résoudre, les Chambres, l'Université, la liberté d'enseignement, etc. Faites vous-mêmes ma conversation. Le nonce est tombé d'accord; il a protesté contre mes suppositions, mes prédictions, et a tiré de sa poche la lettre du cardinal. J'ai consenti à la lire *inofficiellement;* il est convenu entre nous qu'il ne me l'a pas montrée. Elle est du 14 février dernier. Ordre, en effet, d'objecter à votre nomination comme ambassadeur. Des allusions à vos antécédents de réfugié. Rien d'exprès à cet égard. Madame Rossi protestante, là est l'objection fondamentale, avouée. Il y a à Rome, pour les ambassadrices, des droits, des traditions, des habitudes que Rome veut maintenir, et qui sont impossibles avec une protestante. En 1826, la cour d'Autriche voulut nommer ambassadeur à Rome le comte de Lebzeltern qui avait épousé une schismatique grecque, une princesse Troubetzkoï. La cour de Rome déclara qu'elle ne le recevrait pas, que c'était impossible. On y renonça à Vienne. Rome ne pourrait agir autrement aujourd'hui. Là est toute la lettre. Les autres objections ne sont qu'indiquées et de loin. C'est dans celle-ci qu'on se retranche.

« J'ai maintenu mon dire. J'ai répété que madame Rossi n'avait point l'intention d'aller à Rome. Le nonce n'a ni accepté, ni refusé cette porte. Il a enchéri sur tout ce que j'ai dit des témoignages d'estime, de bienveillance, de confiance que vous donnaient Sa Sainteté et son secrétaire d'État, répétant que tout leur désir était de vous garder comme ministre. J'ai dit en finissant que la mission spéciale dont vous aviez été chargé par le Roi n'était point terminée, qu'il s'en fallait bien que tout ce qu'on avait promis fût accompli, que cet accomplissement était indispensable, etc. Nous nous sommes séparés, le nonce inquiet et troublé, moi froid et silencieux.

« J'ai repris la conversation avec le Roi. J'ai causé à fond avec le duc de Broglie. Nous sommes du même avis. Il faut prendre du temps pour déjouer l'intrigue et gagner notre bataille. Soyez tranquille sur le résultat définitif; ou vous resterez à Rome comme il vous convient d'y rester, ou vous reviendrez ici avec éclat pour prendre place dans le cabinet. Le Roi est on ne peut mieux pour vous, croyant avoir besoin de vous et décidé à vous soutenir dans son propre intérêt. Mais comment, dit-il, traiter le pape plus mal que les autres cours à qui l'on n'impose point un ambassadeur? Aidez-moi donc, mon cher ami, comme je vous aiderai; faites-leur comprendre à Rome que vous êtes, pour eux, l'ambassadeur le plus souhaitable, le plus utile, le plus efficace, et que, s'ils avaient de l'esprit, ils vous demanderaient. Je vous répète que nous arriverons, pour vous, à l'un ou à l'autre des résultats qui sont dignes de vous. »

Ni l'action de M. Rossi à Rome, ni sa réponse à Paris

ne se firent longtemps attendre ; il m'écrivit le 5 mai mai 1846 : « Je ne vous dirai pas, mon cher ami, que nous avons gagné une autre bataille ; le mot serait ambitieux et fort au-dessus de la valeur du fait qui n'est, au fond, qu'une faiblesse, une misère monacale. On ne les en corrigera jamais ; mais il importe à notre crédit de leur faire sentir sur-le-champ le ridicule et l'impuissance de ces pauvretés.

« Voici ce que j'ai fait. Comme il s'agissait de ma personne, j'ai prié l'abbé d'Isoard, dont vous connaissez le bon esprit et le zèle, de voir le cardinal Lambruschini, et au besoin le pape. C'était, de ma part, une réserve et une malice. Averti, bien que sans y croire, je l'avoue, de la lettre du cardinal au nonce, j'en avais, dans le temps, dit un mot à Isoard, qui avait trouvé l'occasion d'en parler à Lambruschini ; et celui-ci, tout en lui disant que la présence d'une ambassadrice protestante à Rome était une difficulté, lui avait cependant affirmé qu'il n'en avait point écrit au nonce : « Vous avez bien fait, avait répliqué Isoard, car je sais que madame Rossi ne songe pas à s'établir à Rome, et qu'ainsi l'objection tombe. »

« Je priai donc l'abbé d'Isoard de leur dire qu'il m'avait trouvé fort surpris et plus que surpris des objections du nonce ; que, s'ils s'étaient mis dans l'esprit de me garder à Rome comme simple ministre, et de donner ainsi gain de cause à ceux qui affectaient de ne plus regarder la mission de France que comme une *légation*, ils avaient fait un rêve que mon gouvernement ni moi ne partagions pas le moins du monde. Le cardinal a été fort embarrassé; mais comme, fidèle à vos instructions, je n'avais pas dit que vous aviez lu sa lettre, il a pu tout à son aise tomber sur le nonce; il a dit que Fornari allait toujours trop loin, qu'il n'y avait absolument rien qui me fût personnel, qu'ainsi qu'on me l'avait fait sentir mille fois, on était enchanté de m'avoir et de me garder, que la seule difficulté était la présence à Rome d'une ambassadrice protestante; que, si le nonce avait dit autre chose, cela lui avait sans doute été suggéré par ses amis de Paris. Enfin, *more solito*, il a mis la chose sur le compte du pape.

« L'abbé d'Isoard a été le jour même chez le pape. Le pape lui a dit qu'il était fâché d'apprendre que cela m'avait fait de la peine, que ce n'était certes pas son intention, que tout le monde savait tout ce qu'il avait pour moi d'estime et d'affection, et combien il aimait à traiter d'affaires avec moi : « Je puis, a-t-il dit, m'expliquer avec lui directement, et je me suis toujours plu à reconnaître hautement sa prudence, sa modération et sa loyauté. Mais que voulez-vous? On m'a dit que je ne pouvais pas ne pas faire l'observation d'une ambassadrice protestante ; je l'ai faite, voilà tout ; mon rôle est fini. Je n'ai pas dit que je ne recevrais pas M. Rossi comme ambassadeur, bien que mari d'une protestante. Je le recevrai, et je le recevrai avec la même bienveillance. — Votre Sainteté m'autorise à le lui dire ? — Sans doute. »

« M. Rossi, a repris l'abbé d'Isoard, sera touché de la

bonté de Votre Sainteté; mais, comme il s'agit de sa personne, il ne voudrait pas... il ne pourrait pas... — Je comprends, a dit le pape; vous avez raison; mais que pourrait-on faire ? Je ne puis pas me donner un démenti à moi-même. — Cela n'est nullement nécessaire; il suffirait d'une lettre explicative au nonce, disant ce que Votre Sainteté m'a fait l'honneur de me dire. — Eh bien, parlez-en au cardinal, et dites-lui de me porter un projet de lettre à l'audience de demain. Je désire faire tout ce qui sera décemment possible. Dites-le à M. Rossi.

« Bref, la lettre a été signée hier, et on a assuré qu'elle était partie. On l'a lue à M. d'Isoard ; elle porte :

« Que lors de ma nomination comme ministre, certains journaux avaient répandu beaucoup de bruits sur mon compte;

« Que néanmoins j'avais été reçu à Rome avec tous les égards dus à un représentant du roi;

« Qu'ensuite j'avais, dans toutes les circonstances, été accueilli par le saint-père avec toute la bienveillance (*amorevolezza*) que j'avais su mériter par la manière dont j'avais rempli ma mission et traité les affaires;

« Qu'ayant appris que j'allais être nommé ambassadeur, on n'avait pas pu ne pas faire connaître qu'il ne serait pas agréable d'avoir à Rome une ambassadrice protestante, à laquelle on ne pourrait pas témoigner tous les égards que l'usage avait consacrés;

« Mais que néanmoins, si j'étais nommé, je recevrais du Saint-Père l'accueil que Sa Sainteté fera toujours au représentant d'un Roi pour lequel elle professe la plus vive affection, etc., etc.

« La lettre porte donc uniquement sur la présence de l'ambassadrice. Elle est faite pour se faire dire : — Comme il n'y aura pas d'ambassadrice, il n'y a pas d'objection.

« Vous le voyez, tout se réduit à une vétille. Ils le savent, et, comme ils me l'ont fait dire ce matin encore, ils ne doutent pas que la réponse ne soit ma nomination. »

On ne pouvait déjouer plus galamment une plus timide manœuvre. Si timide qu'on put se demander si ce n'était pas une complaisance vaine pour les adversaires de M. Rossi plutôt qu'une tentative sérieuse d'entraver sa nomination comme ambassadeur. Quoi qu'il en fût, ma réponse fut immédiate. J'écrivis le 17 mai à M. Rossi : « Votre nomination comme ambassadeur est signée. On va préparer vos lettres de créance. Vous les recevrez par le prochain paquebot. J'ai vu le nonce; il venait de recevoir la lettre que vous m'aviez annoncée, et il m'a déclaré qu'il n'avait plus d'objection ni d'observation à faire, plus rien à dire. » Le courrier du 27 mai porta en effet à M. Rossi ses lettres de créance : « Vous voilà définitivement établi, lui dis-je, dans la situation et au milieu des affaires que je vous désire depuis longtemps. Il y a là d'immenses services à rendre à ce pays-ci, à ce gouvernement-ci, et à la bonne politique de l'Europe. Vous les rendrez. Personne n'y est plus propre que vous.

Quand notre session sera finie, nos élections faites, et moi en repos pour quelques semaines au Val-Richer, je vous écrirai de là avec détail ce que je pense de l'attitude et de la conduite qui conviennent à la France catholique moderne, en Europe et en Orient. »

M. Rossi n'avait pas encore reçu cette lettre quand il m'écrivit le 1ᵉʳ juin 1846 : « Le saint-siége est vacant ; Rome est dans la stupeur ; on ne s'attendait pas à une fin si prompte. Toute conjecture sur le conclave serait aujourd'hui prématurée. Il ne s'offre aucune candidature fortement indiquée, aucun de ces noms que tout le monde a sur les lèvres. Si vous demandez quels seront les cardinaux *papeggianti,* chacun vous en nommera sept ou huit, la plupart des hommes peu connus et absents de Rome. Chacun sait ce qu'il ne veut pas, non ce qu'il veut. »

Ce n'était plus des jésuites, ni de la liberté d'enseignement qu'il s'agissait. En obtenant, sur ce point, tout ce qui nous importait, nous avions donné un exemple de l'influence qu'on pouvait exercer sur le Saint-Siége, même contre ses propres penchants, quand on lui inspirait la ferme confiance qu'on respectait et qu'on respecterait scrupuleusement, en toute occasion, ses droits et sa situation dans le monde. Nous étions à la veille de problèmes et de périls bien autrement graves. C'était le monde catholique tout entier, État et Église, qui allait tomber en fermentation et en question. Je pressentais l'immensité et les ténèbres de cet avenir. Quels qu'en fussent les événements, nous étions bien résolus à nous y conduire selon la politique libérale et anti-révolutionnaire dont nous avions fait partout notre drapeau, et je me félicitais d'avoir établi à Rome un ambassadeur capable de la soutenir habilement et dignement. J'étais loin de prévoir quel sort et quelle gloire l'y attendaient.

FIN DU SEPTIÈME VOLUME.

PIÈCES HISTORIQUES

PIÈCES HISTORIQUES

I

(Page 47.)

1° *Instructions données à l'amiral Dupetit-Thouars par M. l'amiral Duperré, ministre de la marine et des colonies.*

Paris, 15 octobre 1841.

« Monsieur le contre-amiral,

« Parmi les services importants que vous êtes appelé à rendre dans l'exercice du commandement que le Roi vous confie dans les mers du Sud, et pour lequel des instructions générales vous ont été remises sous la date du 17 septembre, il en est un spécial pour lequel Sa Majesté attend de vous sagesse, prudence et fermeté.

« Notre commerce, et surtout nos pêcheurs de baleine, ont besoin d'un point de relâche et d'appui dans le grand Océan.

« L'archipel des îles Marquises, dont la principale, Nouka-Hiva, est située par les 9° de latitude méridionale et 142° 30' de longitude occidentale (méridien de Paris), se trouve éloigné d'environ 1,100 lieues des côtes du Pérou.

« Ces îles, dont la position a d'ailleurs été déterminée par vous-même dans un voyage d'exploration, semblent être, d'après vos propres rapports, le point le plus convenable pour atteindre le but que se propose le gouvernement du Roi, de fonder un établissement offrant abri et protection à notre pavillon dans le grand Océan.

« Les habitants de ces îles, parmi lesquels résident, depuis plusieurs années, des missionnaires français, n'opposeront sans doute aucun obstacle sérieux à notre établissement.

« Une attitude, ferme au début, doit assurer notre souveraineté ; des procédés humains et généreux envers les chefs et les populations achèveront de la consolider.

« Vous jugerez, sur les lieux, des moyens d'établir cette souveraineté, soit qu'elle doive être acquise par des concessions et des présents, ou obtenue par la force.

« Dans tous les cas, notre domination devra être confirmée par des traités avec les chefs, et constatée par un acte authentique dressé par triplicata. Deux expéditions en seront adressées au ministre de la marine qui en transmettra une au ministre des affaires étrangères, et la troisième sera réservée par le commandant de la station, jusqu'à son retour en France où il en fera remise au ministre de la marine.

« Une somme de 6,000 fr. sera mise à votre disposition par M. le ministre des affaires étrangères, pour l'achat des présents.

« Vous trouverez, dans le personnel et le matériel des bâtiments de guerre réunis sous vos ordres, monsieur le contre-amiral, les moyens d'assurer le succès de l'opération à la fois délicate et importante qui vous est confiée par le gouvernement de Sa Majesté.

« La division stationnaire, aujourd'hui commandée par M. le capitaine de vaisseau Buglet, se compose d'une frégate, d'une corvette et de deux grands bricks de guerre.

« Vous allez rejoindre cette division avec une frégate de second rang et deux corvettes, l'une de premier, l'autre de deuxième rang.

« Le personnel de ces sept bâtiments sera d'environ 1,700 à 1,800 hommes.

« Pour la formation des garnisons que vous aurez à établir sur les îles, soit simultanément, soit successivement, ainsi que vous le jugerez le plus convenable, vous embarquerez, sur les bâtiments de votre division, une compagnie d'équipage de ligne, deux compagnies d'infanterie de marine et un détachement d'artillerie.

« L'effectif de ce corps expéditionnaire présentera donc environ 400 hommes. Il sera pourvu d'un petit matériel d'artillerie en pièces de campagne, obusiers de montagne et fusils de rempart.

« Vous disposerez, en outre, de toutes les ressources que vous offrira, en hommes, en artillerie et en munitions de guerre, votre division navale.

« Les deux groupes réunis des îles seront sous le commandement supérieur de l'officier du rang le plus élevé et le plus ancien de grade.

« Un capitaine de corvette ou un lieutenant de vaisseau sera appelé au commandement de chacune des deux grandes îles.

« Chacune des petites îles de chaque groupe, quand elles recevront garnison, sera commandée par l'officier ou le sous-officier, chef du poste.

« Le premier soin de chaque officier commandant sera de prendre toutes les dispositions nécessaires pour se mettre à l'abri de toute attaque, à l'intérieur ou à l'extérieur.

« A cet effet, il fera établir les ouvrages de défense qu'il jugera utiles.

« Après la prise de possession au nom du Roi et l'établissement des garnisons, vous aurez à veiller à leur sûreté, et vous assurerez leur subsistance.

« Vous pourvoirez à ce double objet par les bâtiments sous vos ordres, dont un ou deux devront stationner dans les îles, et par les ressources, en vivres, que vous trouverez à Valparaiso et sur d'autres points de la côte d'Amérique.

« Les garnisons devront d'ailleurs chercher à se créer des ressources par les cultures dont les terres seront jugées susceptibles, en élevant des bestiaux, en multipliant les espèces volatiles et en se livrant à la pêche.

« Vous donnerez à la culture et aux industries, particulièrement à celles qui s'appliqueront à créer des ressources alimentaires, tous les encouragements en votre pouvoir.

« Vous pourvoirez, jusqu'à nouvel ordre, au payement des diverses dépenses auxquelles donneront lieu l'établissement, l'entretien de vos bâtiments et la subsistance de vos équipages ainsi que des troupes, par l'émission de traites, suivant le mode prescrit par ma dépêche du 22 avril 1841, dont copie vous sera transmise.

« Vous profiterez, monsieur le contre-amiral, de toutes les occasions pour me tenir au courant de vos opérations.

« Une nouvelle voie de communication, ouverte entre Panama et la côte du Chili et du Pérou, vous offrira sans doute des moyens de correspondance plus prompts. Vous vous servirez alors du couvert de M. le consul général du Roi à Londres.

« Mais je dois vous recommander de ne vous servir de cette voie anglaise qu'autant que vous le jugerez absolument sans inconvénient et non susceptible de nuire à la réserve et à la discrétion que vous devrez garder dans cette opération, comme dans toutes celles qui se rattacheront au commandement dont vous êtes chargé.

« Enfin, l'intérêt du service du Roi exige de prévoir le cas où, par une cause quelconque, vous vous trouveriez dans l'impossibilité de continuer l'exercice de votre commandement.

« Ce cas échéant, l'officier du rang le plus élevé et le plus ancien de grade serait appelé de droit à vous remplacer. Il lui est bien recommandé, en prenant le commandement, de se conformer en tout point aux présentes instructions et aux directions que vous auriez prescrites, soit pour le commandement de la station, soit pour la conduite de toutes les affaires relatives à l'opération spéciale de la prise de possession et de la conservation des îles Marquises.

« En vous appelant au commandement de ses forces navales dans les mers du Sud, et en vous chargeant de réaliser un projet dont le succès est à ses yeux d'un si grand intérêt pour notre pavillon, le Roi vous prouve, monsieur le contre-amiral, toute sa confiance en votre caractère comme en votre habileté.

« Vous ne pouvez manquer de justifier cette confiance du Roi et d'acquérir de nouveaux titres à la bienveillance de Sa Majesté.

« Recevez, monsieur le contre-amiral, avec l'expression des vœux qui vous suivront, l'assurance de ma considération très-distinguée.

« Le ministre secrétaire d'État de la marine et des colonies,

« *Signé :* Amiral DUPERRÉ. »

2° *Le contre-amiral Dupetit-Thouars à M. le ministre de la marine et des colonies.*

Baie de Taiohae, frégate *la Reine-Blanche*, le 25 juin 1842.

« Monsieur le ministre,

« J'ai l'honneur d'informer Votre Excellence que la prise de possession, au nom du Roi et de la France, des deux groupes qui forment l'archipel des îles Marquises, est aujourd'hui heureusement effectuée.

« La reconnaissance de la souveraineté de S. M. Louis-Philippe Ier a été obtenue par les voies de conciliation et de persuasion, et, conformément à vos ordres, elle a été confirmée par des actes authentiques dressés en triple expédition ; j'en adresse une ci-jointe à Votre Excellence. Je ferai parvenir la seconde qu'elle m'a demandée, par la frégate *la Thétis.*

« Je suis, etc.

« *Signé :* Amiral DU PETIT-THOUARS. »

II

(Page 57.)

Le contre-amiral Dupetit-Thouars au ministre de la marine.

Rade de Taïti, frégate la *Reine-Blanche*, le 25 septembre 1842.

« Monsieur le ministre,

« A mon arrivée en ce port, le 30 août dernier, j'ai été accablé d'une masse de réclamations faites par tous les Français établis ici, y compris même les missionnaires. Tous m'adressaient des plaintes, tant contre le gouvernement local que contre le consul de France qui, selon eux, a négligé de prendre leurs intérêts ou de les défendre avec assez d'instance auprès du gouvernement de S. M. la reine Pomaré. Le consul lui-même se plaignait aussi de plusieurs Français qui, étant sans cesse en contravention avec les lois du pays en vendant des liqueurs prohibées, étaient souvent saisis en fraude par la police, et prétendaient pourtant devoir être indemnisés des pertes qu'ils éprouvaient ; car, seuls, disent-ils, et par un esprit de vengeance du gouvernement taïtien contre les nôtres, ils sont victimes des vexations que leur attire ce commerce, tandis que les Anglais et les Américains le font ouvertement sans jamais en éprouver de préjudice. D'autres Français, qui se sont volontairement rendus acquéreurs de terres encore en litige, prétendent que le consul devait employer son influence pour les leur faire adjuger, droit ou non, et ils auraient voulu qu'usant de la force dont je dispose, je l'employasse pour faire prononcer, en leur faveur, une spoliation manifeste.

« Après avoir bien écouté toutes les plaintes et attendu jusqu'au 6 septembre pour m'éclairer sur tous ces faits, j'ai reconnu que les plaintes, tant d'un côté que de l'autre, n'étaient pas tout à fait sans fondement, mais que d'un côté comme de l'autre, il y avait une exagération ridicule et des prétentions exorbitantes. J'ai également reconnu :

« 1° Qu'il n'était que trop vrai que le gouvernement local, oublieux du passé, ou plutôt toujours sous la même influence étrangère qu'il subit, n'était point exempt de blâme et se montrait souvent hostile dans sa conduite envers nos compatriotes ;

« 2° Que MM. les missionnaires, précédemment à l'arrivée de *l'Aube*, avaient été expulsés très-brutalement d'une vallée qu'ils avaient acquise *bona fide*, et que, rentrés en possession de leurs biens à la demande de M. Dubouzet, ils réclament aujourd'hui des indemnités pour des vexations dont ils ont déjà obtenu le redressement ;

« 3° Qu'un Français, M. Lucas, le même qui a perdu le navire *l'Oriental*, sous le phare de Valparaiso, acquéreur d'un bien dont il avait été injustement dépossédé comme les missionnaires, et dans lequel il est également rentré à la demande du commandant de *l'Aube*, veut aussi, comme les missionnaires, être indemnisé du retard qu'il a éprouvé dans son établissement, prétendant qu'aujourd'hui ses cafés auraient 18 pouces de haut ;

« 4° Qu'un autre Français, M. Desentis, venu de la Nouvelle-Zélande à Taïti, ayant acheté d'un Anglais une propriété dont celui-ci n'était point en jouissance, prétendait que le consul devait le faire mettre en possession, afin de donner cours à son contrat. Le fait de ce marché m'ayant paru cacher une horrible connivence pour spolier un indigène au moyen d'un abus de pouvoir, j'ai repoussé de si honteuses prétentions ;

« 5° Que la conduite de la police envers les Français était toujours plus brutale qu'envers les autres étrangers, et qu'elle avait profité d'une querelle élevée à l'occasion d'un combat de chiens, pour assommer quelques Français qui en étaient témoins, entre autres le capitaine d'un bâtiment baleinier en relâche dans le port, et que M. Dubouzet, ayant également obtenu justice de la reine Pomaré pour ce fait, elle avait prononcé l'exil du plus coupable de ses agents; mais qu'aussitôt que *l'Aube*, qui venait d'apporter des présents du Roi à la reine Pomaré, avait été sous voiles, cette sentence de la Reine avait été mise en oubli, et que le coupable, restant impuni malgré une promesse formelle, était encore libre à Taïti, lors de notre arrivée.

« Tous ces dénis de justice et ce manque continuel à toutes les bienséances envers le Roi et son gouvernement sont, à n'en pas douter, l'effet de la triste influence à laquelle la reine obéit; mais ces faits ne m'en ont pas moins paru d'une nature tellement grave et compromettante pour notre dignité nationale, et si dangereux pour nos compatriotes si je n'en demandais pas le redressement, que je me suis décidé, étant chargé de soutenir dans ces mers l'honneur de notre pavillon et de le faire respecter, à envoyer à la reine Pomaré la déclaration dont je joins ici une copie conforme, ainsi que de celles :

« 1° De la proposition à laquelle cette déclaration a donné lieu de la part de la reine et des chefs principaux qui forment le gouvernement de Taïti;

« 2° De l'acceptation que j'ai faite au nom du Roi et, sauf sa ratification, du protectorat des États de la reine Pomaré et de la souveraineté extérieure de ces États, qui m'ont été offerts;

« 3° De ma lettre au régent pour qu'il fasse arborer le pavillon du protectorat et qu'il notifie aux consuls étrangers la détermination que venaient de prendre la reine Pomaré et les principaux chefs de Taïti;

« 4° De la proclamation que j'ai publiée pour calmer les

inquiétudes des indigènes, pour arrêter les déclamations des missionnaires biblistes, et donner un commencement d'exécution au protectorat, afin de l'établir ;

« 5° Enfin, les copies conformes de toutes les lettres qui ont rapport à ces transactions et que j'ai dû écrire, à cette occasion, tant au gouvernement de la reine Pomaré, aux consuls des États-Unis d'Amérique et de la Grande-Bretagne, qu'au gouvernement provisoire que j'ai établi.

« Votre Excellence verra, par ces diverses correspondances, que les consuls étrangers ont grandement approuvé les mesures que j'ai prises, et applaudi à l'établissement de l'ordre à Taïti. Votre Excellence reconnaîtra encore que, par la conduite pleine de circonspection que j'ai tenue dans cette mission, je me suis concilié l'assentiment des indigènes, celui des populations étrangères établies à Taïti et même celui des missionnaires anglicans.

« J'ai amené les choses au point que, s'il convient au Roi et à son gouvernement d'accepter cette très-belle et très-fertile possession, d'une défense si facile et d'un intérêt si grand dans un avenir peu éloigné, située au vent de toutes les colonies anglaises et à portée de recevoir et de donner des nouvelles à la métropole en moins de trois mois, au moyen d'une correspondance par la vapeur et par Panama, si, dis-je, la France ne veut pas laisser échapper l'occasion, unique peut-être, de faire une si belle proie, il suffira presque de dire : oui. Alors, si le gouvernement m'envoie les objets d'armement que j'ai demandés pour les Marquises, je trouverai dans ce secours le moyen de fortifier Taïti, même contre une division, fût-elle nombreuse ; car la nature, en enveloppant ces îles de ceintures de coraux qui les rendent inaccessibles sans de bons pilotes, a fait presque tout ce qui était nécessaire pour leur défense.

« Le gouvernement, cependant, pensera peut-être que je suis allé un peu loin dans cette affaire, mais voici quels ont été les motifs qui m'ont déterminé.

« Dans la position où se trouvaient les relations de la

France avec Taïti, il était impossible de partir sans faire des représentations ou même des menaces, tout en annonçant que j'en référerais à mon gouvernement : mais dans l'état où étaient les esprits et les choses, l'une ou l'autre de ces mesures eût été sans aucun effet, et on se serait, comme par le passé, moqué de nous ; d'ailleurs cela n'obviait à rien dans l'attente où l'on était de voir arriver à Taïti une corvette anglaise qui en était partie brusquement pour la Nouvelle-Hollande, où les Anglais ont maintenant une station, en apprenant que nous avions pris possession des îles Marquises, et avait annoncé devoir revenir pour prendre Taïti ; il fallait donc, et il y avait urgence, recourir à d'autres moyens plus efficaces pour conjurer ce danger.

« Peut-être encore pensera-t-on que j'aurais dû, sans refuser le protectorat qui nous était offert, en ajourner l'acceptation jusqu'à la réponse du Roi ou m'en tenir à la demande d'une garantie matérielle pour assurer l'avenir de nos relations. La solution de cette affaire eût été ainsi plus modérée, il est vrai ; mais ni l'une ni l'autre de ces mesures n'apportait d'obstacle à la prise de possession de Taïti, que les Anglais auraient pu effectuer pendant qu'on en eût référé au Roi et à son gouvernement, et il me paraissait surtout essentiel d'empêcher ce résultat probable, pour laisser à Sa Majesté son libre arbitre sur la question du protectorat, et éviter le désagrément auquel on se serait trouvé exposé si le Roi acceptant, par exemple, sa réponse ne fût arrivée que lorsqu'il n'aurait plus été temps ; d'un autre côté, toute minime qu'était la garantie matérielle que je demandais par ma note, il était à craindre que la reine ne pût réunir cette somme ; et, ne l'obtenant pas, je me serais trouvé dans la nécessité de prendre le fort de Moutou-Outa comme garantie d'une meilleure exécution des traités ; et alors aussi ma position serait devenue très-difficile dans le dénûment où nous étions de toutes choses, après l'établissement que nous venons de faire aux Marquises.

« L'occupation de Moutou-Outa, comme je l'ai dit, n'obviait à rien non plus; elle laissait toujours aux Anglais le temps d'arriver et la facilité de s'emparer de Taïti en se le faisant donner, ce qui eût été bien fâcheux, à cause du voisinage de nos établissements, et ce qu'il était très-important pour moi d'éviter, je le répète, pour assurer au Roi et à son gouvernement la faculté de se prononcer sur cette grande question qui, par la position où elle est amenée, peut être regardée comme résolue, s'il lui convient, et à la France, de posséder l'archipel de la Société; car, on ne peut disconvenir que le gouvernement de la Grande-Bretagne aurait bien mauvaise grâce de vouloir élever un conflit à l'occasion de ce protectorat, au moment même où, d'un trait de plume, il s'empare d'États aussi importants que le sont ceux de la Nouvelle-Zélande et de la Nouvelle-Guinée, dont on m'a annoncé qu'il vient tout récemment de prendre possession.

« L'adjonction de notre pavillon à celui de la reine Pomaré était aussi une garantie indispensable pour nous assurer que rien ne sera entrepris contre Taïti avant que le Roi ait pu se prononcer. Toute autre mesure, sans celle-là, eût été illusoire et n'eût pas arrêté un amiral anglais qui, sans cet obstacle, n'aurait point hésité à s'en emparer et à nous dire après, comme à la presqu'île de Banks : *Nous y étions les premiers.*

« Je sais que j'ai encouru le risque d'être désapprouvé, s'il ne convient point au Roi d'accepter ce protectorat, ou plus exactement ce riche et important archipel ; mais ma conscience me dit que mon devoir était de m'y exposer ; je me suis seul compromis, mais je l'ai fait pour un intérêt national très-réel et dans celui de la couronne de Sa Majesté ; cela en valait bien la peine.

« Si le Roi et son gouvernement acceptent le protectorat, tout sera terminé; car, à la rigueur, le gouvernement provisoire actuel permettrait d'attendre qu'une institution simple et analogue, qui serait à la fois suffisante et peu dispendieuse pour le Trésor, pût être créée pour l'exercer.

« Avec des procédés généreux envers la reine et les cinq

ou six chefs principaux, nous nous les attacherons invariablement. Jusqu'à ce jour, les étrangers ne leur ont fait que du mal, et la reine comme les chefs sont devenus pauvres par les besoins nouveaux que la civilisation leur a donnés. Le peuple est bon et facile à conduire; il est toujours attaché à ses chefs, et en faisant du bien à ceux-ci, on est sûr de le gagner.

« Le protectorat et la souveraineté extérieure des îles de l'archipel de la Société équivaut, sous le rapport politique et commercial, à une prise de possession définitive et nous assure les mêmes avantages; il nous délivre de voisins incommodes et ne blesse pas, au même degré, l'orgueil et l'intérêt des tiers. Quant aux Américains, ils préfèrent nous voir l'exercer plutôt que les Anglais, et il était devenu de toute impossibilité que ce pays continuât à s'administrer par lui-même; le désordre était déjà venu à son comble; il ne lui restait qu'à opter entre les Anglais et nous.

« Si le Roi juge ne pas devoir accepter ce protectorat, il me désapprouvera nécessairement. Dans ce cas, je demande à être rappelé, car l'influence que j'ai acquise dans ces mers serait ainsi détruite et m'ôterait la possibilité d'y conduire les affaires avantageusement pour la France; mais, si au contraire, je suis assez heureux pour que le Roi approuve ma conduite, je prie Sa Majesté d'avoir aussi la bonté de me témoigner publiquement sa satisfaction, ne serait-ce qu'en me donnant l'autorisation d'ajouter à mon titre de commandement, celui d'inspecteur ou de gouverneur général des possessions françaises dans la Polynésie orientale, jusqu'à ce que le gouvernement ait régularisé le service de ces nouveaux établissements; ce sera d'ailleurs un appui moral qui me donnera le moyen d'accélérer notre colonisation, en aplanissant bien des difficultés.

« Je suis, etc.

« *Signé* : Dupetit-Thouars. »

2° *Instructions de l'amiral Roussin, ministre de la marine et des colonies, à M. le capitaine Bruat, nommé gouverneur des îles Marquises.*

Paris, 28 avril 1843.

Monsieur le gouverneur, vous connaissez les motifs qui ont inspiré le gouvernement du Roi lorsqu'il a fait prendre possession des îles Marquises. Procurer, dès à présent, à nos bâtiments de guerre ainsi qu'à nos navires de commerce, et principalement à nos baleiniers, un lieu de relâche et de ravitaillement dans l'Océanie ; assurer pour l'avenir à la France une des meilleurs positions militaires et maritimes que présentent ces archipels, telles étaient les considérations dominantes qui avaient motivé l'occupation effectuée, d'après les ordres de mon prédécesseur, par M. le contre-amiral Dupetit-Thouars.

Vous savez par quel concours de circonstances les îles de la Société ont été placées sous le protectorat de la France, immédiatement après le débarquement de notre expédition aux Marquises. Le gouvernement du Roi a résolu d'accepter ce protectorat, à l'exécution duquel vous serez chargé de présider, en réunissant à votre titre de gouverneur des îles Marquises, celui de commissaire du Roi près de la reine de Taïti.

Cette détermination n'est pas de nature à faire sensiblement modifier les bases de l'organisation qui avait d'abord été adoptée pour notre nouvelle possession. Les îles Marquises restent destinées à devenir le chef-lieu de votre gouvernement et de nos établissements militaires. Vous serez maître toutefois d'établir à Taïti votre résidence habituelle si les circonstances, les besoins du service et les intérêts politiques et commerciaux qui forment l'ensemble de votre mission vous paraissent exiger que vous preniez ce parti. Vous disposerez de la même manière et dans le même but, pour les porter de préférence sur l'un ou l'autre point, des forces actives et des ressources matérielles qui seront réunies sous votre direction.

En vous investissant de cette double autorité, Sa Majesté vous accorde une haute et honorable marque de confiance. Vos services passés me donnent l'assurance que vous saurez la justifier, et je compte que vous serez secondé, avec tout le dévouement et l'intelligence désirables, par les officiers, par les fonctionnaires civils, par les troupes et les marins placés sous vos ordres. Chacun comprendra, comme vous, qu'il s'agit de contribuer à l'accomplissement d'une grande et belle entreprise sur les suites de laquelle le gouvernement, les chambres et le pays vont avoir les yeux incessamment fixés.

A Taïti, comme aux îles Marquises, vous exercerez l'autorité seul et sans partage. Comme commandant de la subdivision navale de l'Océanie, vous serez placé sous les ordres de M. le contre-amiral commandant la station de l'océan Pacifique. Je vous adresserai, à ce sujet, des instructions spéciales sous le timbre de la première direction.

Votre mission comporte, par sa nature même, une grande latitude d'action, une large liberté d'initiative. Vous marcherez cependant d'autant plus sûrement dans les voies qu'il faudra suivre quand vous connaîtrez les intentions du gouvernement sur les principaux résultats qu'il se propose. Je diviserai les instructions que j'ai à vous donner, à cet effet, en deux parties, l'une relative à nos possessions proprement dites, l'autre concernant les îles à l'égard desquelles nous ne devons exercer qu'un pouvoir de protection.

ILES MARQUISES.

Occupation générale des îles Marquises.

Le gouvernement ratifie les divers actes par lesquels les chefs des principales îles de cet archipel ont fait cession de leurs droits de souveraineté, et les ont soumises à l'autorité française. Cette ratification, suivant l'usage général suivi pour les traités passés avec les chefs de peuplades, n'a pas besoin d'être exprimée par l'apposition de la signature du Roi sur les actes originaux. Elle résultera de la notification que je vous charge d'en faire aux signataires et de l'exécution subséquente des clauses de ces conventions.

Depuis la prise de possession effectuée par M. le contre-amiral Dupetit-Thouars, un rapport du commandant particulier de Nouka-Hiva m'a fait connaître que des hostilités avaient éclaté à l'île Taouata (Whitaho) entre la garnison et les indigènes. J'ignore comment ces hostilités se seront terminées. Je ne puis douter toutefois que, même en l'absence de M. le contre-amiral Dupetit-Thouars, on n'ait promptement réussi à réprimer les agressions des naturels et à ramener la paix entre eux et notre poste. Quoi qu'il en soit, vous aurez, dès votre arrivée aux îles Marquises, pour lesquelles vous ferez route en premier lieu, à assurer ou à rétablir notre domination à Taouata, comme sur les autres points de l'archipel où elle pourrait avoir été troublée, méconnue ou interrompue.

Après les îles Nouka-Hiva et Taouata, les seules qui aient été d'abord occupées, la plus importante est celle d'Ohivava, et il est même possible qu'après une exploration plus complète que celle à laquelle elle a été soumise, on reconnaisse que cette dernière île offre plus d'avantages que la seconde. Dans tous les cas, Ohivava doit être effectivement occupée par un détachement, en attendant que vous fassiez étudier cette localité à l'effet de juger quelle espèce d'établissement elle est susceptible de recevoir.

Si vous pouvez, en outre, sans trop disséminer vos forces, placer un poste sur l'île d'Houa-Poou (Rao-Poua), vous le ferez avec d'autant plus d'utilité que cette île paraît être une de celles dans lesquelles l'influence des missionnaires semble avoir jusqu'à ce jour obtenu le plus de succès. Au surplus, toutes les îles habitées par les naturels, sur lesquelles vous ne mettrez pas de garnison, devront cependant avoir un pavillon aux couleurs de la France, et ce pavillon sera confié à la garde des indigènes qui sauront que vous serez toujours prêt à punir les tribus qui ne le respecteraient pas.

Ports à ouvrir, dans les Iles Marquises, aux bâtiments de guerre et aux navires de commerce.

Une des premières mesures que vous aurez à prendre en arrivant sera de faire connaître, par un arrêté, les ports des Marquises qui seront ouverts aux bâtiments de guerre des autres nations, et aux navires de commerce français et étrangers; ports à l'exception desquels l'accès des côtes devra être défendu et interdit au besoin par la force. Ces ports seront placés sous un régime de franchise absolue, sans distinction de pavillon; l'entrée et la sortie de toutes les marchandises y seront libres et exemptes de tous droits. Vous vous réserverez, toutefois, de prendre, au besoin, des dispositions exceptionnelles pour assurer de préférence à nos nationaux l'usage des aiguades, celui des mouillages et les achats de provisions. Des priviléges et des redevances existent à cet égard au profit des chefs indigènes. Il ne pourrait être question, sans manquer aux conventions faites avec eux, de supprimer purement et simplement les règles établies à cet égard. Mais comme il importe que l'autorité française demeure entièrement libre de faire, sur ce point, tous les règlements, il conviendra de racheter des intéressés les redevances en question, ce qui pourra être obtenu, sans doute, au moyen d'arrangements peu dispendieux. Vous aurez, en outre, à prohiber le débarquement des armes et munitions de guerre, en prononçant à l'égard des contrevenants, en vertu des pouvoirs qui vous seront attribués, les pénalités qui seront nécessaires pour prévenir tout trafic de ce genre, qui ne peut tendre qu'à fournir aux populations indigènes des moyens de se détruire entre elles, et de se mettre en lutte contre la domination française. Le commerce des spiritueux devra être aussi l'objet de mesures exceptionnelles, propres à empêcher parmi les indigènes l'abus des liqueurs fortes, source de désordre et de dégradation, et cause active de mortalité.

Je ne vous désigne pas les points des îles Marquises qui pourront être choisis comme ports de guerre ou de commerce. Une étude attentive des localités pourra seule permettre de faire utilement cette désignation. Sous ce rapport, comme sous beaucoup d'autres, des notions importantes auront sans doute été recueillies depuis l'occupation jusqu'à l'époque de votre installation. Je me borne à vous faire remarquer que, dans les premiers temps surtout, il conviendrait de concentrer les lieux de mouillage, de relâche et d'échanges sur un très-petit nombre de points. La surveillance à exercer sera partout confiée à l'autorité militaire. Les opérations des navires n'entraîneront pas, pour l'administration, d'écritures compliquées. Vous aurez seulement à faire tenir, et à m'envoyer tous les trois mois, des relevés sommaires qui feront connaître les noms et le tonnage des navires, la force de leurs équipages, leurs ports d'armement, la nature ainsi que l'importance présumées de leurs chargement et de leurs opérations, et enfin, autant que possible, la nature et la valeur des marchandises, vivres, etc., débarqués et embarqués par eux aux Marquises.

Rapports à établir avec divers pays.

Parmi les pays que la navigation a déjà mis ou peut mettre en communication directe avec les îles Marquises, les uns sont, dès à présent, des centres importants d'activité commerciale, les autres commencent seulement à attirer l'attention sous ce rapport; d'autres enfin sont restés étrangers à tout mouvement d'échange, et en quelque sorte à tout germe de civilisation.

Les premiers sont : à l'est des Marquises, les divers États de l'Amérique occidentale, principalement le Chili, le Pérou et le Mexique; au sud-ouest, les établissements anglais de Sidney et de Van-Diemen ; au nord-ouest, les archipels de la Sonde et des Philippines, et le continent asiatique. Vous ne manquerez aucune occasion de vous mettre en relation, soit avec les autorités de ces pays, soit avec les agents consulaires que nous y entretenons, soit enfin avec les représentants des puissances européennes. Vous leur ferez connaître tout d'abord la franchise des ports français dans l'Océanie, et vous leur signalerez successivement les avantages qui vous paraîtront pouvoir déterminer le commerce à y diriger des expéditions.

Quant aux autres localités, vous étudierez les nouvelles combinaisons que vous semblera pouvoir faire naître, dans les opérations du commerce, un fait aussi considérable que la formation d'un grand établissement dans des mers où jusqu'à ce jour, depuis la Nouvelle-Hollande jusqu'à la côte nord-ouest d'Amérique, depuis le Chili jusqu'à la Chine, il n'a existé aucun centre de protection et d'influence européennes. Vous vous appliquerez à rechercher quelles relations pourraient se former, dans les îles Marquises et de Taïti ; aux îles Sandwich où l'influence du gouvernement des États-Unis tend à s'établir d'une manière presque exclusive; à la Nouvelle-Zélande, où nous n'avons pu fonder qu'un établissement tardif et précaire, et où il ne sera peut-être pas possible de prévenir la prééminence prochaine et générale de l'occupation anglaise. Enfin sur des points plus rapprochés et notamment dans les archipels situés à l'ouest de celui de la Société, vous ferez apparaître, le plus souvent qu'il vous sera possible, le pavillon français, en vous concertant à cet effet avec M. le commandant de la station de l'océan Pacifique : ce dernier objet se rattache d'ailleurs plus particulièrement au protectorat de Taïti, et je vais avoir l'occasion d'y revenir tout à l'heure.

Admission des consuls étrangers aux îles Marquises.

Je ne vois que de l'avantage à permettre aux gouvernements étrangers d'acréditer près de vous, aux îles Marquises, des agents consulaires qui seront chargés de surveiller et de servir les intérêts commerciaux de leurs sujets respectifs. Mais vous devez tenir strictement la main à ce que, sous aucun prétexte, ils ne s'immiscent dans les affaires intérieures de la colonie. Jusqu'à nouvel ordre, ce sera par vous que l'*exequatur* devra être donné ou retiré à ces agents.

Immigrations aux îles Marquises.

Par un avis inséré au *Moniteur* du 23 février, j'ai fait connaître que mon département ne se proposait pas, quant à présent, de favoriser le passage d'émigrants de France aux Marquises. Toutes dispositions en ce sens seraient au moins prématurées, et le gouvernement attendra, pour prendre un parti à ce sujet, que vos rapports aient fait suffisamment connaître l'intérêt qu'il pourrait y avoir à attirer spécialement dans ces îles une population européenne autre que celle qui sera attachée aux divers services publics, ainsi que les moyens d'existence que des immigrants français pourraient se procurer sur les lieux. Il n'est pas probable qu'il vous en arrive par la voie du commerce. Le cas échéant, vous ne perdrez pas de vue que vous avez dans vos pouvoirs le droit de refuser le débarquement, ou de le subordonner à toutes les garanties nécessaires pour le bon ordre et pour la sûreté de nos possessions. La même observation s'applique aux immigrations qui pourraient avoir lieu, soit de la côte ouest d'Amérique, soit de tout autre point du globe. L'intérêt de l'établissement sera la seule règle à consulter à l'égard de l'admission ou du renvoi des individus qui se présenteront pour y fixer leur résidence.

L'achat des terres par les étrangers a été provisoirement défendu aux îles Marquises par M. le contre-amiral Dupetit-Thouars. Vous aurez à examiner s'il ne convient pas de maintenir provisoirement cette défense.

Il pourra être utile que vous preniez l'initiative d'une introduction de cultivateurs de la Chine ou de l'archipel d'Asie. J'aurai à vous écrire spécialement à ce sujet ; et, à cette occasion, je vous entretiendrai plus particulièrement des questions qui se rattachent à l'emploi, dans les îles de l'Océanie, de travailleurs étrangers appartenant à des races propres à supporter la fatigue sous le climat des tropiques.

Politique à suivre à l'égard des naturels.

J'aurai des instructions spéciales à vous donner au sujet de l'exercice du culte et de l'administration de la justice aux îles Marquises. Je me borne à vous dire ici que les dispositions que j'ai prises sous ce double rapport ont été combinées dans la vue de faire concourir l'action religieuse et l'action judiciaire à la moralisation et à la civilisation des indigènes, ainsi qu'à la consolidation de notre influence parmi ces populations. Toute votre conduite, ainsi que celle des fonctionnaires et des autorités militaires, devra tendre à leur faire aimer la domination française, à leur en faire apprécier le caractère tutélaire et pacifique. A une administration toujours juste et paternelle, vous joindrez une intervention à la fois active et prudente dans les guerres et les dissensions qui agitent les tribus ; une protection vigilante contre tout abus, contre toute injustice de la part des Européens, et de grands égards pour toutes les coutumes civiles et religieuses de ces peuples, afin que l'empire de la persuasion, l'exemple et le contact de notre civilisation accomplissent seuls la révolution morale et intellectuelle à laquelle on peut espérer de les conduire.

ILES DE LA SOCIÉTÉ.

Protectorat.

L'acte par lequel les îles de la Société ont été placées sous le protectorat de la France a stipulé :

« 1° Le maintien de la souveraineté de la reine et de « l'autorité des principaux chefs ; toutes les lois et tous les

« règlements doivent continuer à émaner de la reine et être
« signés par elle;

« 2° Le droit de propriété des indigènes sur les terres,
« et celui de faire juger exclusivement par les tribunaux du
« pays les contestations relatives à ce droit de possession;

« 3° La liberté générale des cultes, et l'indépendance des
« ministres de toutes les religions.

« A ces conditions, la reine et les chefs ont demandé
« la protection du gouvernement français et lui ont aban-
« donné la direction de toutes les affaires avec les gouver-
« nements étrangers, les règlements de port, etc., etc., en
« le chargeant, en outre, de prendre telle autre mesure qu'il
« pourrait juger utile pour la conservation de la bonne har-
« monie et de la paix. »

Le gouvernement du Roi, en accordant la protection qui
lui est demandée, accepte ces stipulations comme base de
son intervention. C'est ce que vous aurez à faire connaître à
la reine et aux chefs en leur déclarant que Sa Majesté compte
sur leur fidélité à leurs engagements, comme ils peuvent désormais se confier au loyal et tutélaire appui de la France.

Le droit international offre plusieurs exemples d'une situation analogue à celle où les îles de la Société se trouvent
maintenant placées à l'égard de la France. Le lien qui nous
les rattache peut être comparé particulièrement à celui par
lequel les îles Ioniennes ont été mises dans la dépendance
du gouvernement de la Grande-Bretagne. D'après leur charte
constitutionnelle du 26 août 1817, le pouvoir exécutif réside
dans un lord haut-commissaire, nommé par le gouvernement anglais, lequel exerce ce pouvoir avec le concours d'un
sénat électif dont les membres doivent être agréés par lui.
Ce sénat fait les règlements administratifs, et nomme, sauf
l'approbation du lord haut-commissaire, à tous les emplois
administratifs et judiciaires. Les lois votées par l'assemblée
élective sur la proposition du sénat sont soumises à la sanction du lord haut-commissaire.

Si l'on compare à cette organisation celle que M. le contre-amiral Dupetit-Thouars a provisoirement adoptée, afin de mettre sans retard le protectorat en vigueur, on voit que cet officier général s'est attaché à procéder d'après des principes analogues, autant que le lui permettaient les circonstances locales, l'état politique des populations qui invoquaient notre appui et l'urgence de la situation. Il faut donc considérer seulement, comme une première ébauche, les institutions qu'il a établies ; des modifications devront probablement y être introduites. Vous y réfléchirez attentivement, et vous ne ferez rien d'ailleurs que de concert avec la reine Pomaré, et d'après les principes que j'ai rappelés plus haut.

Conseil de gouvernement.

Quelle que soit, au surplus, la combinaison à laquelle vous vous arrêtiez, il y a, dans l'organisation du conseil de gouvernement, une première réforme à introduire. M. le commandant de la station en a conféré alternativement la présidence au commissaire civil qu'il a institué près le gouvernement de la reine, et au gouverneur militaire, suivant la nature des questions dont le conseil doit s'occuper. Les motifs qu'il a pu avoir pour effectuer ce partage d'autorité ne sauraient être de nature à le faire maintenir. Il n'y aura près de la reine Pomaré d'autre représentant du gouvernement français que vous-même. C'est comme commissaire du Roi que vous agirez. Il convient, sans contredit, qu'un fonctionnaire civil, à poste fixe, fasse partie du conseil ; mais il ne doit y siéger, comme les autres, qu'à titre consultatif. En votre absence, la présidence du conseil de gouvernement et l'exercice de l'autorité appartiennent exclusivement à l'officier que vous aurez délégué à cet effet, et près duquel le conseil ne doit également exercer qu'une action consultative.

Les fonctions civiles dont je viens de parler devront rester confiées à M. Moërenhout. Cet ancien consul a été, de la part de beaucoup de résidents et de nos missionnaires eux-mêmes, l'objet de plaintes et d'accusations qui étaient de nature à altérer beaucoup la confiance du gouvernement dans l'utilité de ses services. Mais, en définitive, M. le contre-amiral Dupetit-Thouars n'a pas pensé que les principaux torts fussent de son côté. J'approuve donc le parti qu'il a pris de substituer à son titre de consul, devenu incompatible avec notre protectorat, celui d'*agent du gouvernement français*, dans lequel vous lui annoncerez qu'il est confirmé. Cet emploi réunira dans ses attributions les affaires politiques et commerciales, dont la direction supérieure appartiendra au commissaire du Roi, et en son absence à l'officier qui le remplacera et qui présidera le conseil. M. Moërenhout aura donc toujours, dans l'exercice de ses fonctions, à prendre ou vos ordres ou ceux de votre délégué militaire ; mais, dans le second cas, s'il y a dissidence entre M. Foucher d'Aubigny et M. Moërenhout, celui-ci, tout en se conformant provisoirement aux ordres qu'il recevra, aura droit de correspondre directement avec vous et d'en appeler à votre décision supérieure.

M. Moërenhout, devenu fonctionnaire public, doit nécessairement cesser toutes opérations commerciales et liquider immédiatement ses affaires pour se vouer à ses nouveaux devoirs avec un désintéressement égal à l'intelligence et à l'utile expérience dont il a fait preuve. J'ai décidé qu'un traitement de 8,160 francs lui serait alloué, par analogie avec ce qui est réglé pour M. le sous-commissaire chef du service administratif aux îles Marquises.

Sous le rapport militaire, le protectorat des îles Ioniennes donne au gouvernement de la Grande-Bretagne le droit d'y tenir garnison et d'y former des établissements de défense. Ce gouvernement a, de plus, le commandement supérieur de toutes les forces indigènes. Loin de s'opposer à ce que les îles de la Société soient placées, sous ce rapport, dans des conditions analogues, les termes de l'acte de protectorat et l'objet de cet acte nous en font en quelque sorte une obligation, puisque, indépendamment de la protection contre l'ennemi extérieur, il nous charge de prendre les mesures nécessaires pour la conservation de la bonne harmonie et de la paix. Je vous ai déjà dit que vous auriez la faculté de disposer, dans l'intérêt de votre mission spéciale à Taïti, de telle partie de vos forces que vous jugeriez utile d'en détacher dans ce but. Il sera, en effet, indispensable que vous fassiez établir, sur le point que vous reconnaîtrez le plus convenable pour cette destination, une batterie fortifiée, et que vous en donniez la garde à un détachement qui servira en même temps pour la police intérieure, en attendant que vous soyez amené à adopter, dans ce dernier objet, une organisation particulière appropriée aux localités.

La police des ports et des rades est une attribution qui dérive nécessairement du protectorat. Il n'est pas nécessaire d'examiner si elle pourrait aller jusqu'à nous permettre d'exclure tels pavillons ou telles marchandises, ou d'établir des tarifs différentiels ou prohibitifs au profit de notre commerce. L'intention du gouvernement du Roi n'est pas d'user, dans un but étroit de nationalité, des prérogatives et de l'ascendant que lui donnera sa suprématie à l'égard de cet archipel. Il faut, au contraire, chercher, tout en régularisant les opérations commerciales et en les concentrant, autant que possible, sous notre surveillance, à leur procurer, sans distinction d'origine, toutes les franchises favorables au développement de la navigation. On peut considérer, sous ce rapport, comme des obstacles fâcheux, les taxes et redevances établies en ce moment à Taïti au profit de la reine. C'est ce que vous aurez à lui représenter en vous attachant à lui faire comprendre tous les avantages qu'il y aurait, pour la prospérité de ces îles, à attirer, par toutes les facilités possibles, un grand nombre de navires à Papeïti. J'espère que vous parviendrez à vous concerter avec elle pour effectuer la suppression des droits en question.

Le port de Papeïti paraît être le seul que fréquentent les navires : il est à désirer, au moins pour les premiers temps, que tous les autres soient fermés à la navigation. Tout ce que j'ai dit à ce sujet, en ce qui concerne les îles Marquises, se trouve donc naturellement applicable aux îles de la Société. L'inclination des naturels pour la navigation n'est pas douteuse. Un de vos soins les plus constants devra être de développer et d'encourager ce penchant qui peut concourir puissamment à la civilisation de ce peuple, et créer d'utiles éléments de commerce. Vous ferez acheter deux petits bâtiments qui feront partie de la marine locale, exclusivement placée sous vos ordres, et vous composerez en partie leurs équipages d'indigènes que vous ferez passer, après le temps d'apprentissage nécessaire, sur les bâtiments de commerce, et notamment sur ceux qui établiront avec les archipels une navigation de cabotage.

Les rapports politiques du commissaire et du conseil de gouvernement avec les consuls et les résidents étrangers me paraissent avoir été, quant à présent, convenablement déterminés par les actes de M. le contre-amiral Dupetit-Thouars. Je n'ai pas besoin d'y joindre la recommandation d'agir toujours, dans vos relations et dans vos décisions en ce qui les concerne, avec un constant esprit de conciliation et avec les égards dus aux sujets de gouvernements amis. Il importe qu'ils soient toujours les premiers à s'apercevoir que, si le protectorat de la France s'est étendu sur ces îles, c'est afin que les hommes paisibles et industrieux de toutes les nations y trouvent appui et sécurité. Vous aurez donc, à moins de motifs d'une véritable gravité, à respecter chez les étrangers déjà établis à Taïti leurs droits acquis à la résidence, et à laisser également la faculté de s'y fixer à ceux qui se présenteraient en offrant les garanties nécessaires d'industrie et de bonne conduite.

C'est principalement aux missionnaires étrangers que cette recommandation s'applique. Dans votre conduite et vos actes à leur égard, vous ne perdrez jamais de vue que le gouvernement doit rester fidèle à trois grands principes, celui de la liberté des cultes, celui de la protection due aux sujets d'une puissance amie, enfin le devoir non moins sacré de favoriser les travaux entrepris pour étendre les bienfaits du christianisme.

3° *Instructions confidentielles de l'amiral Roussin, ministre de la marine et des colonies, au capitaine Bruat, gouverneur des établissements français dans l'Océanie.*

Paris, le 28 avril 1843.

Monsieur le commandant, le Roi, en vous donnant le titre de gouverneur des établissements français dans l'Océanie et de commissaire près de la reine des îles de la Société, vous confie d'importantes et délicates fonctions. Plusieurs points de votre mission méritent de fixer particulièrement votre attention. Je vais vous les signaler sommairement, et vous indiquer les règles de conduite que vous devrez suivre pour chacun de ces points.

Gouvernement des Marquises.

Votre autorité, en qualité de gouverneur, s'exerce seulement dans les îles Marquises. Là, elle n'est limitée que dans vos rapports de déférence vis-à-vis du gouvernement du Roi. Aux termes des conventions passées avec M. le contre-amiral Dupetit-Thouars et les chefs indigènes de ces îles, la souveraineté de la France est reconnue sans restriction aucune. Il vous est donc loisible de prendre, tant pour l'administration intérieure de ces établissements que pour nos affaires extérieures, les arrêtés et décisions que vous croirez nécessaires. Vous n'avez, à ce sujet, qu'à vous préoccuper des besoins du service et du soin de votre propre responsabilité. Les pouvoirs qui vous seront confiés ont la plus grande étendue. Vous disposerez de forces imposantes relativement aux populations extrêmement réduites qui vous entoureront.

Le régime militaire, qui prévaut dans l'organisation administrative et judiciaire que vous êtes chargé de constituer, vous donne des moyens énergiques d'action, tant sur les indigènes que sur les étrangers qui viendront habiter ces îles. Mais plus votre autorité est grande, plus il est de votre devoir d'en user avec prudence et circonspection. Je ne prévois pas de grandes difficultés dans le gouvernement des îles Marquises. Peut-être éclatera-t-il encore quelques tentatives d'insurrection comme celle du roi Iotété. Les naturels, trop faibles pour vous attaquer autrement que par des embûches, auront besoin d'être surveillés. Vous devrez donc, surtout tant que la confiance la plus entière n'aura pas remplacé, entre les Français et les insulaires, le sentiment de surprise et de défiance qui a dû résulter de notre occupation, vous devrez, dis-je, prescrire par voie de discipline et de règlements, une certaine réserve à nos soldats dans leurs rapports avec les indigènes. Il importe qu'en toute occasion, vous vous montriez plein de bienveillance et de générosité pour les chefs et les tribus qui seront animés de bons sentiments pour les Français; mais aussi que vous réprimiez avec énergie et promptitude tous les actes d'hostilité qui seraient commis contre votre autorité et la souveraineté de la France.

Les étrangers qui aborderont passagèrement dans les îles seront traités par vous de la manière la plus bienveillante. Vous savez que le gouvernement se propose de faire de nouveaux établissements des ports francs; il est donc essentiel que nous donnions à toutes les marines des motifs de les préférer, pour leurs relâches et leur ravitaillement, aux autres points de l'Océanie. Dans ce but, il sera convenable que vous entreteniez de bonnes relations avec les consuls étrangers qui sont accrédités auprès des États de la côte d'Amérique, et que vous ayez de bons procédés avec les commandants des bâtiments de guerre et les capitaines marchands des puissances amies qui aborderont dans notre établissement. Mais, si notre intérêt vous prescrit des devoirs de bienveillance, notre dignité vous impose des obligations rigoureuses. Vous aurez à réprimer sévèrement les désordres et les délits que des étrangers commettraient sur notre territoire. Jusqu'à présent, les équipages baleiniers et les aventuriers qui fréquentent ces parages ont montré qu'en face de la barbarie ils se croient libres de se livrer à toutes sortes d'excès. Il vous appartiendra, monsieur le gouverneur, de les contraindre, quelle que soit la nationalité qu'ils invoquent, à respecter les mœurs et les principes de tous les peuples civilisés.

Clergé aux îles Marquises.

Nous devons donner un grand ascendant à la religion catholique. Jusqu'à présent, les missionnaires de cette Église paraissent avoir exercé une influence presque exclusive dans l'archipel des Marquises. Il doit entrer dans nos vues de la leur conserver. Vous réunissez dans vos mains des moyens suffisants pour obtenir que l'action de ces prêtres se combine avec la pensée de votre administration. Vous savez qu'une convention a été passée avec le supérieur de la maison de Picpus, et que, par elle, le département de la marine a consenti à reconnaître, à chacun des membres de cette congrégation qui exercent leur saint ministère dans notre établissement, un traitement et des frais d'installation. Cette condition servira naturellement votre influence sur ce personnel religieux. Sans vous immiscer dans la direction spirituelle que le chef des missions de l'Océanie imprimera seul aux démarches des missionnaires, il vous sera possible, précisément en considération des dépenses que le département de la marine fait tant pour les prêtres que pour le service du culte, de vous concerter avec M. l'évêque et d'obtenir de lui le redressement des actes qui vous paraîtraient répréhensibles, et le changement des ecclésiastiques qui feraient obstacle aux vues de votre administration. Les rapports qui s'établiront à ce sujet sont d'une nature trop délicate pour que je ne compte pas que vous y mettrez toute la réserve et toute la circonspection désirables.

Protectorat des îles de la Société.

La convention passée entre M. le contre-amiral Dupetit-Thouars et la reine Pomaré doit servir de base à notre protectorat. Les pouvoirs qui nous y sont attribués sont mal définis. Vous devrez néanmoins observer, dans la forme de tous vos actes, le caractère ostensible qui est assigné à notre autorité, sans cependant compromettre, par trop de scrupule, le bien du service et nos intérêts politiques. Vous comprendrez que la limite si imparfaitement fixée à notre pouvoir ne peut être une barrière infranchissable pour votre influence. Déjà, si vous comparez le protectorat qu'exerce l'Angleterre sur les îles Ioniennes avec celui qui nous est conféré sur l'archipel de la Société, vous jugerez combien ce dernier est restreint.

Aux îles Ioniennes, le protectorat s'exerce d'après les conditions suivantes. Une assemblée élective fait les lois que lui propose un sénat également électif, mais remplissant les fonctions de pouvoir exécutif. Les personnes élues pour composer ce dernier corps sont subordonnées, dans leur élection, à l'approbation du lord haut-commissaire, qui représente le gouvernement de la Grande-Bretagne. Les votes de l'assemblée législative sont soumis à la sanction du sénat et, en dernier lieu, à l'approbation de ce commissaire, qui a de plus le droit de sanctionner toutes les nominations aux emplois administratifs et judiciaires. Le haut-commissaire possède, en outre, le commandement général des forces anglaises et celui des forces indigènes. Par cette combinaison qui fait rentrer les actes aussi bien que les personnes sous l'autorité du représentant de la Grande-Bretagne, le gouvernement anglais pèse de tout son poids sur l'administration comme sur la direction des affaires extérieures de ce pays.

A Taïti, M. le contre-amiral Dupetit-Thouars s'est cru

dans la nécessité de faire, à l'indépendance des pouvoirs locaux, une part beaucoup plus large. Je n'ai pas l'intention de formuler dans ces instructions une organisation que vous deviez nécessairement appliquer. Je reconnais qu'il est impossible de le faire *a priori*, et que pour y procéder avec connaissance de cause, il faut se livrer à une étude dont les éléments ne se rencontrent que sur les lieux. Mais j'ai pensé que cette indication vous serait utile.

Rapports avec les consuls étrangers et les autorités étrangères.

Dans les premiers temps, votre position vis-à-vis des consuls étrangers sera entourée de difficultés. Elle exigera de votre part les plus grands ménagements. Vous considérerez comme régulièrement accrédités les consuls que vous trouverez en exercice. Il ne serait pas prudent, quant à présent, de soulever à leur égard des contestations sur la valeur des pouvoirs qu'ils tiennent du gouvernement local. Mais si d'autres puissances que celles qui en ont déjà envoient des agents à Taïti, ou si quelques changements s'effectuent dans le personnel actuel, vous ne donnerez aux nouveaux consuls votre autorisation d'exercer leurs fonctions qu'à la condition que leur titre reconnaîtra expressément le protectorat de la France. Aucune contestation sur ce point ne saurait être admise par vous, car c'est principalement dans le but de confier au roi des Français la direction des affaires extérieures de son État, que la reine Pomaré a signé la convention du 9 septembre.

Par ces premiers actes, M. Dupetit-Thouars a reconnu aux consuls le droit d'intervenir comme assesseurs dans les procédures qui intéressent leurs nationaux. Par cette concession, probablement motivée par les embarras de sa position, il a accordé plus que le droit international n'exigeait. Tous les crimes et délits commis par des étrangers doivent être soumis à la juridiction du lieu où les faits se sont accomplis. Les consuls n'ont droit d'intervenir que dans les affaires commerciales de leurs nationaux. Il sera donc essentiel que vous rappeliez les principes, et que vous obteniez de ces agents qu'ils rentrent dans leurs attributions. Mais ce retrait d'une concession déjà faite doit s'opérer avec prudence et ménagement.

Lorsque je rappelle le droit de protection qui nous est conféré, il me paraît surabondant de vous dire que c'est vous qui devez entretenir les rapports politiques avec les agents des puissances étrangères établis sur la côte d'Amérique ou dans les archipels de l'Océanie, aussi bien qu'avec les commandants des bâtiments de guerre des puissances navales. Vous surveillerez attentivement leurs démarches. Vous ferez en sorte de connaître les projets politiques et commerciaux qu'ils auront formés ou à l'exécution desquels ils seront employés, afin de tenir le gouvernement du Roi averti des événements qui pourraient avoir quelque influence sur nos établissements nouveaux ou compromettre notre prépondérance sur ces mers. Si quelque circonstance venait à exiger de vous une action extérieure pour prévenir des faits qui menaceraient notre occupation, vous auriez, avant d'agir, à consulter le commandant de la station sous les ordres duquel vous restez comme commandant de la subdivision navale de l'océan Pacifique. Si cependant ces circonstances présentaient un caractère de danger imminent, et que le commandant de la station fût, à votre connaissance, trop éloigné pour recevoir à temps vos communications, vous auriez à prendre une décision sous votre responsabilité.

Excepté dans ces cas d'urgence, toutes les fois que des difficultés surgiront entre vous et les représentants des puissances étrangères ou les commandants des stations, vous devrez prendre une attitude expectante et demander, en prétextant l'importance des questions, le temps d'en référer au gouvernement du Roi.

Conduite envers les résidents étrangers.

Quant aux résidents étrangers, vous observerez scrupuleusement toutes les règles du droit international. Si quelques-uns avaient obtenu, par privilége, la faculté de s'immiscer, soit dans l'administration locale, soit dans la magistrature, il sera nécessaire de la leur dénier, à moins qu'ils ne renoncent à se prévaloir du bénéfice de leur nationalité, et ne consentent à se placer, vis-à-vis de votre autorité, dans la classe des indigènes.

Culte ; missionnaires à Taïti.

Ainsi que je vous l'exprime dans les instructions officielles, vous vous ferez un devoir de protéger tous les cultes, et vous veillerez à ce qu'ils se pratiquent en toute liberté. Votre conduite à l'égard des ministres de la religion protestante sera animée d'une parfaite bienveillance. Il ne faut pas oublier qu'ils ont déjà acquis une grande autorité sur la population de ces îles, que c'est à eux qu'elle doit les rudiments de civilisation qu'elle possède. Il serait aussi impolitique qu'injuste de chercher à rompre le lien moral qui existe entre eux. Des prêtres catholiques s'efforcent, depuis plusieurs années, d'attirer à leur foi les habitants de Taïti. Le gouvernement, qui prévoit toutes les difficultés que cette lutte entre les deux religions peut susciter, vous recommande l'impartialité la plus absolue. Vos rapports avec les ministres des deux Églises devront être empreints du respect que méritent toujours ceux qui améliorent l'homme par la double influence de la morale et de la religion. Afin que votre arrivée ne puisse être une menace contre le culte des méthodistes et un triomphe pour les prêtres catholiques, vous laisserez aux Marquises les missionnaires de Picpus qui partent avec vous. Cette même raison nous a décidés à ne point admettre de clergé rétribué à Taïti. Les prêtres catholiques que vous y trouverez seront tout à fait indépendants du gouvernement, et continueront à agir sous la seule direction de leur évêque. Ils insisteront beaucoup auprès de vous pour obtenir, en qualité de Français et de catholiques, des marques toutes particulières de votre bienveillance. Ils voudront que vous répariez, par quelque acte de protection manifeste, tous les torts que le gouvernement local a eus envers eux et pour le redressement desquels nos navires de guerre sont venus souvent réclamer. Mais il sera nécessaire que vous mesuriez votre intervention de manière à ne leur accorder que ce qui leur est dû comme Français. Votre action en leur faveur devra éviter de prendre un caractère religieux.

Cette partie de votre administration est celle qui présente le plus de difficultés. Les missionnaires méthodistes sont anglais. Vous respecterez leur culte et leur laisserez toute liberté pour le pratiquer. Mais il ne faut pas qu'à l'aide de la religion, ils s'immiscent dans l'administration et le gouvernement, et pèsent par leur influence dans vos rapports avec la reine et les chefs. La protection sans réserve que vous leur accorderez est à ce prix. Ainsi vous ne pouvez point admettre qu'ils conservent le droit de délibérer dans les assemblées des chefs, d'émettre leur avis et de provoquer des mesures administratives ou des actes politiques; leur qualité d'étrangers suffit pour que vous demandiez qu'ils soient exclus de la direction des affaires. Ils ont aussi acquis la faculté de percevoir des amendes ou des redevances pour oubli de certains devoirs religieux ou pour violation de règlements administratifs qu'ils ont eux-mêmes rendus. Vous aurez à faire cesser cette intervention en dehors de l'Église, car le gouvernement du Roi ne peut permettre que des étrangers se substituent à la reine Pomaré ou aux chefs indigènes pour exercer la police ou une autorité quelconque dans les îles mises sous notre protectorat. Je comprends que difficilement l'autorité du ministre de la religion s'arrêtera dans les limites que j'indique. La population de Taïti, naguère régie par des institutions théocratiques, sera longtemps disposée à se laisser diriger par ceux qui inspirent sa foi. Il importe donc que nous lui donnions le plus tôt possible des missionnaires qui s'associent par sentiment patriotique autant que par conviction, à nos vues et à nos efforts. A cette fin, nous provoquerons le départ de cinq à six ministres protestants français qui devront, avec l'assistance que vous leur aurez ménagée de la part des chefs et de la reine Pomaré, se substituer peu à peu aux missionnaires anglais. Ce changement ne pourra s'opérer qu'avec beaucoup de prudence. Mais c'est un but qu'il faut atteindre.

Étendue du protectorat.

Nous occupons les îles Marquises et nous avons accepté le protectorat des îles de la Société. Ce dernier fait, ainsi que les rapports du contre-amiral Dupetit-Thouars l'établissent, a été commandé par le premier. Il aurait été très-nuisible à notre politique et peut-être dangereux pour nos intérêts qu'une autre puissance navale fût venue s'emparer de Taïti. Ces actes déjà accomplis tracent une politique qu'il sera de votre devoir de suivre. Il nous importe beaucoup d'éloigner, autant que possible, les rivalités qui pourraient nous disputer la prépondérance sur la partie de la Polynésie au milieu de laquelle flotte notre drapeau. Les îles Gambier, les îles Pomotou ou Archipel dangereux forment, avec les Marquises et les îles de la Société, un triangle où notre pouvoir doit régner sans contestation. Les renseignements qui nous sont fournis par les voyageurs nous apprennent que la reine Pomaré exerce un droit de souveraineté ou de suzeraineté sur la plupart de ces îles. La cession qu'elle a faite au roi des Français de sa souveraineté extérieure étend ses effets sur celles des îles qui relèvent, à un titre quelconque, de son autorité. L'insuffisance des forces militaires de la reine a probablement permis à quelques chefs de se déclarer indépendants ou de se soustraire à son pouvoir. Il sera nécessaire que, de concert avec elle, vous les fassiez rentrer, soit par des négociations, soit par la crainte, et s'il est indispensable, par des moyens coërcitifs, dans leur ancienne obéissance. Toutes les îles qui dépendent de Taïti devront donc reconnaître le protectorat de la France. Quant à celles qui sont indépendantes et qui cependant sont comprises dans la région que j'ai indiquée plus haut, vous aurez à provoquer par de bons rapports, par des marques de bienveillance, par votre intervention officieuse et toujours conciliante dans leurs démêlés et leurs embarras intérieurs, la cession de leur souveraineté au roi des Français, ou la demande de son protectorat. Vous pourrez commencer cette opération importante par les îles Gambier. Elles sont déjà préparées à nous donner leur accession. L'arrivée d'un bâtiment de guerre avec des cadeaux pour les chefs suffira pour les déterminer. Vous savez que là les missionnaires catholiques ont obtenu un plein succès et dirigent la population. Vous devez donc concerter avec eux les mesures qui amèneront la reconnaissance de notre autorité et leur assurer la conservation des avantages qu'ils ont acquis dans ces îles.

Le principe de votre conduite à l'égard des missionnaires sera, partout où les deux Églises seront en présence, le respect de leur culte, la liberté complète pour eux de le pratiquer et d'y attirer des indigènes. Là où le clergé catholique se trouvera en possession exclusive de l'autorité spirituelle, vous devrez la lui maintenir. Enfin dans les îles qui auront résisté jusqu'à ce jour à l'influence salutaire de l'une ou de l'autre religion, vous aurez à réclamer de préférence le concours des prêtres catholiques, car la pompe extérieure de leurs cérémonies doit agir puissamment sur l'imagination vive de ces peuples.

Une somme de 300,000 francs est mise à votre disposition et devra être employée à faire reconnaître notre souveraineté ou notre protectorat sur les archipels désignés. La gouvernement français n'entend pas que vous tentiez aucune entreprise au delà de la sphère que je vous ai marquée. Il ne veut pas non plus que, même dans cette limite, vous agissiez par la force, et que le pouvoir que vous acquerrez soit le résultat de la violence. Les fonds que vous avez entre les mains, la prépondérance que les derniers événements nous ont assurée, doivent nous suffire pour mener pacifiquement cette opération à bonne fin. Sur les points qui proclameront la souveraineté de la France ou qui accéderont à son protectorat, vous devrez arborer le drapeau national ou le drapeau de l'union comme à Taïti, et lier vis-à-vis de vous des rapports de dépendance qui tiennent les autorités locales sous votre administration.

Commerce.

Vous avez dû remarquer que l'importance commerciale de nos établissements est principalement fondée sur la franchise de leurs ports. Il faut donc que vous fassiez cesser au plus tôt les taxes et les redevances que les bâtiments payent, dans la rade de Papeïti, à la reine ou aux chefs principaux de l'île. Mais il est de toute justice que cette mesure ne soit point une cause de sacrifice pour l'autorité locale. Vous supprimerez ces droits en les rachetant au moyen d'une allocation équitable qu'à titre de pension vous reconnaîtrez à la reine. Vous agirez de même à l'égard des chefs qui touchent une partie de ces droits, soit en leur attribuant une part équivalente dans la pension de la reine, soit en leur accordant directement une indemnité qui leur sera payée annuellement. Cette transaction doit être conduite par vous de manière à ce que ceux qui y sont intéressés n'aient point à se plaindre du changement de régime.

Telles sont, monsieur le commandant, les instructions confidentielles que j'ai à vous donner pour vous identifier complétement à la pensée du gouvernement du Roi. Je n'ai voulu traiter que les questions principales, et tracer très-sommairement la marche que vous aurez à suivre dans les cas les plus difficiles. Vos précédents, les services que vous avez rendus m'inspirent la confiance que vous remplirez votre mission avec autant d'habileté que de dévouement, et conformément aux vues que je viens d'exposer.

Recevez, etc.

III

(Page 64.)

1° *Le ministre de la marine à M. Bruat, gouverneur des établissements français dans l'Océanie, commissaire du Roi près la reine des îles de la Société.*

Paris, le 2 juillet 1844.

Monsieur le commandant, ainsi que vous l'ont annoncé mes dépêches des 9 et 12 mars, et que je vous l'ai de nouveau expliqué par celle du 27 avril, le gouvernement n'a pas approuvé la prise de possession des îles de la Société, et a résolu de s'en tenir au protectorat. Cette détermination vous replace, en ce qui concerne vos fonctions à Taïti, dans la situation à laquelle se rapportaient les instructions générales qui vous ont été données par mon prédécesseur, le 28 avril 1843. Je me les suis fait représenter ; elles me paraissent devoir être maintenues de point en point. C'est, en effet, la convention du 9 septembre 1842 qu'il s'agit de faire exécuter. J'ai seulement à entrer dans quelques explications nouvelles que comportent les événements survenus dans l'intervalle : sans altérer aucune des bases essentielles du traité, ces événements exigent, sur certains points, des solutions que le gouvernement n'avait pas eu à prévoir à l'époque de votre départ.

Je dois d'abord bien préciser de nouveau votre position comme commandant de la subdivision affectée spécialement au service et à la protection de nos établissements. Le remplacement de M. le contre-amiral Dupetit-Thouars par M. le contre-amiral Hamelin n'a rien changé, sous ce rapport, à l'ordre de service primitivement établi. La situation de cet officier général sera celle de son prédécesseur. Il est placé à la tête de nos forces navales dans ces mers ; mais vous dirigerez les mouvements de votre subdivision et vous disposerez des équipages et des officiers qui la composent selon les nécessités du double service qui vous est confié ; seulement, si des circonstances graves, dont l'appréciation est laissée à M. le contre-amiral Hamelin, viennent à rendre nécessaire la combinaison des deux stations, votre subdivision rentrera sous les ordres directs de cet officier général, de qui vous relèverez alors pour votre commandement naval. Mais, hors ce cas tout exceptionnel, je ne mets aucune restriction à l'indépendance de votre position. Vous correspondrez directement avec le département de la marine pour tout ce qui sera relatif aux bâtiments placés sous vos ordres.

Ainsi que je vous le fais connaître sous le timbre de la direction du personnel et des mouvements, votre subdivision se compose des bâtiments suivants :

La frégate *l'Uranie*,
La corvette *l'Ariane*,
Le *Phaéton*, bâtiment à vapeur,
La *Meurthe* et la *Somme*, corvettes de charge.

Il est dans mes intentions de vous expédier, dans le courant de cette année, les deux bâtiments à vapeur *l'Australie* et *le Narval*, qui vont bientôt quitter les chantiers. Vous savez aussi que par une décision récente, et pour satisfaire à votre demande, j'ai ordonné la construction d'un troisième bâtiment à vapeur de trente chevaux, *le Pingouin*, qui sera prêt probablement et que je vous expédierai à la même époque que les deux autres. Je combinerai leur départ de manière à ce qu'ils puissent franchir le cap Horn dans la belle saison. Ces bâtiments vous fourniront le moyen de donner un grand déploiement à votre action maritime, et je ne doute pas qu'ainsi fortifiée, elle ne vous permette, non-seulement de consolider notre autorité sur les points que nous occupons, mais encore de faire prévaloir, d'une manière plus générale, notre influence dans cette partie de la Polynésie.

M. le contre-amiral Hamelin reçoit l'ordre de se rendre directement à Taïti. Dès qu'il sera arrivé, il conférera avec vous au sujet des dispositions à prendre pour le rétablissement du protectorat. Il importe essentiellement que cette mesure reçoive, aux yeux des indigènes, son véritable caractère. Les torts de la reine Pomaré sont graves; mais le Roi a bien voulu prendre en considération sa faiblesse et accueillir sa supplique. Il veut qu'un acte solennel de clémence accompagne l'avénement de l'influence française dans la Polynésie; il espère, par l'observation scrupuleuse de la convention que la reine a cherché à éluder, lui montrer le respect dû aux traités et lui donner un salutaire exemple de la bonne foi politique.

M. Hamelin est porteur d'une lettre du Roi à la reine Pomaré. Vous en trouverez ici une copie.

La remise de cette lettre aura lieu à titre de notification du rétablissement du protectorat. Ce rétablissement sera, immédiatement après, proclamé par vous dans une assemblée générale des chefs. Vous règlerez, en même temps, par un ordre du jour, ce qui concerne les pavillons. Le pavillon de la France, signe de la souveraineté extérieure que nous exerçons, devra continuer de flotter seul sur tous les postes militaires et sur les points défensifs de Taïti. Le pavillon du protectorat, c'est-à-dire l'ancien pavillon taïtien, écartelé des couleurs françaises, sera arboré sur les autres établissements publics.

Vous devrez faire saluer ces deux pavillons séparément de vingt et un coups de canon par tous les bâtiments placés sous vos ordres, le jour où l'un et l'autre auront été définitivement arborés. Vous exigerez dans la suite qu'ils reçoivent le même salut des bâtiments de guerre étrangers qui aborderont à Taïti.

Je vous laisse le soin d'arrêter et de faire exécuter toutes les mesures et dispositions qui devront avoir pour effet d'opérer, au plus grand honneur de la France, l'acte important du rétablissement du protectorat. Le gouvernement du Roi procède, dans cette circonstance, selon le vœu d'une politique loyale et éclairée. Il n'a rien à dissimuler, ni de ses intentions, ni de leur accomplissement ; il veut agir au grand jour, avec fermeté et dignité : connaissant toute sa pensée, vous saurez mettre chacun de vos actes en parfait accord avec ses vues.

Nous continuerons d'occuper le fort de Moutou-Outa et les autres points défensifs de Taïti, et vous y maintiendrez les forces militaires que vous jugerez nécessaires à cette occupation. Ce n'est pas là seulement un droit qui résulte du protectorat, c'est une obligation qu'il nous impose ; et le concours du gouvernement local pour créer ou pour conserver les établissements de garnison et les travaux de défense est également dans ses devoirs et dans son intérêt. Vous requerrez ce concours avec toute la latitude que les besoins du service public vous paraîtront exiger.

Ces diverses conséquences de la souveraineté mixte qui régnera désormais sur l'archipel de la Société sont applicables aux îles qui reconnaissent la suzeraineté de la reine Pomaré et aux chefs de ces îles. La convention du 9 septembre 1842 les place également sous le régime du protectorat ; mais, tout en constatant notre droit à cet égard, il n'est à propos d'en établir les signes extérieurs, par le placement du pavillon, que sur les points de l'archipel qui peuvent offrir, sous le rapport maritime et commercial, une véritable importance.

L'intention formelle du gouvernement du Roi est d'ailleurs de ne rien tenter pour étendre officiellement sa souveraineté extérieure sur les îles Gambier et sur tous autres points ne relevant pas de la souveraineté de la reine Pomaré, et vous devrez vous abstenir de donner suite aux dispositions que vous auriez pu être précédemment amené à prendre dans un pareil but.

Je n'ai pas besoin de vous dire que c'est de vous que doivent continuer à émaner les règlements de port et les mesures de police relatives à l'admission des bâtiments et à la surveillance des équipages à Papeïti et dans les autres ports ou rades des îles de la Société.

Un des usages les plus fâcheux qui s'étaient introduits à Taïti, avant le protectorat, c'était la participation des étrangers aux assemblées des chefs, et l'habitude qu'ils avaient prise d'y exprimer leur opinion sur les affaires du pays, habitude essentiellement contraire à la liberté comme à la tranquillité des délibérations. Cet usage a dû cesser depuis votre arrivée à Taïti. Comme commissaire du Roi, vous avez droit d'exiger qu'il ne se rétablisse pas, et je vous invite à vous y opposer formellement. Dans ces assemblées on met souvent en discussion des questions qui ont un rapport plus ou moins direct avec l'autorité que vous exercez comme représentant du Roi. Vous devez donc toujours être admis, quand vous le demandez, ou y faire admettre un de vos délégués, et vous avez toujours le droit de prendre part à la délibération.

Les consuls qui viendront désormais résider à Taïti ne seront admis à exercer leurs fonctions qu'après avoir été régulièrement accrédités auprès du gouvernement protecteur et après avoir reçu du Roi leur *exequatur*. L'application de cette règle sera faite au successeur de M. Pritchard; celui-ci a reçu du gouvernement anglais une autre destination.

Je n'ai pas besoin de vous recommander d'entretenir avec les représentants des puissances étrangères les relations les plus amicales; en maintenant et en faisant respecter vos droits, vous saurez accorder à ces fonctionnaires toutes les facilités désirables pour qu'ils remplissent, à l'égard de leurs nationaux, les devoirs de la protection comme ceux de la surveillance.

Je n'ai aucune recommandation nouvelle à vous adresser en ce qui concerne l'exercice de la religion à Taïti. La liberté des cultes doit y être complète; c'est une des bases de la convention de 1842; c'est un des principes de notre gouvernement. Les missionnaires étrangers ont donc le même droit que les nôtres à votre protection, tant qu'ils se renferment dans leur ministère de piété et qu'ils s'abstiennent de toute intervention dans les affaires politiques. Si vous aviez malheureusement à prévenir ou à réprimer, de leur part, quelques menées contraires à nos intérêts, vous feriez d'abord un loyal appel au consul de leur nation afin qu'il vous secondât dans les avertissements que vous donneriez aux agitateurs qui cacheraient leurs entreprises sous le manteau de la religion. Si ces avertissements ne suffisaient pas et que leur exclusion des îles de la Société vous parût indispensable, vous devriez la prononcer, après avoir prévenu le représentant officiel de leur gouvernement.

Vous vous attacherez, en outre, avec un soin particulier, à maintenir entre les ministres des différentes religions un esprit de concorde et de fraternité, et vous empêcherez toujours que le zèle du prosélytisme n'engendre des rivalités et des querelles soit entre eux, soit à leur instigation entre les indigènes. Vous y emploierez votre ascendant, votre autorité morale, et au besoin les pouvoirs dont vous disposez, dans l'intérêt du maintien de la tranquillité générale.

Je termine, monsieur le commandant, en vous réitérant l'expression de ma pleine confiance dans vos lumières, dans votre dévouement, et dans le concours des officiers et fonctionnaires appelés à vous seconder.

Signé : DE MACKAU.

2° *Le ministre de la marine à M. Bruat, gouverneur des établissements français dans l'Océanie, commissaire du Roi près la reine des îles de la Société.*

Paris, le 16 juillet 1844.

Monsieur le commandant, M. le contre-amiral Hamelin se rend à Taïti. Dès son arrivée, il conférera avec vous au sujet des mesures à prendre pour l'exécution du traité du 9 septembre 1842, et le rétablissement du protectorat. Je vous laisse le soin d'examiner avec cet officier général qui de vous deux devra procéder officiellement à la réintégration de la reine Pomaré dans la situation et l'autorité que lui conservait ledit traité. La solution de cette question dépend beaucoup de la position que vous aura faite, vis-à-vis des indigènes et des chefs, l'exercice de la souveraineté pendant plusieurs mois. Ce qui importe essentiellement, c'est que le fait qu'il s'agit d'accomplir conserve, aux yeux de tous, le caractère que le gouvernement du Roi veut lui imprimer. Les torts de la reine ont été graves, mais le Roi prend sa faiblesse en considération. Il tient à ce que l'avénement de l'influence française dans ces mers soit accompagné d'un acte solennel de clémence; il veut de plus que, par l'observation scrupuleuse de la convention du 9 septembre 1842, que la reine a essayé d'éluder, nous lui enseignions le respect dû aux traités; ce sera tout à la fois lui donner une preuve de bonne foi et un exemple de générosité. M. Hamelin est porteur d'une lettre du Roi par laquelle Sa Majesté accorde à la reine Pomaré l'acte de haute indulgence qu'elle a sollicité dans sa lettre du 9 novembre.

Pour attacher au rétablissement de la reine Pomaré la signification que je viens d'indiquer, il y aurait certainement avantage à ce que cet acte fût accompli par vous. Vous devez rester commissaire du Roi près de la reine ; il serait d'un bon effet, pour la suite de vos relations avec elle, que ce fût de vous qu'elle tînt la restitution de son autorité. Cependant, je vous le répète, c'est une question de conduite que vous déciderez suivant les circonstances et après en avoir conféré avec M. le contre-amiral Hamelin.

Ainsi que je vous l'ai indiqué plus haut, c'est le rétablissement du protectorat, tel qu'il résulte de la convention du 9 septembre 1842, que nous entendons opérer. Je ne puis donc que maintenir ici, dans leur sens général, les instructions confidentielles que vous avez reçues de mon prédécesseur, sous la date du 28 avril 1843, en tout ce qui a rapport à votre autorité et aux vues qui devront vous diriger pour assurer et fortifier votre intervention protectrice dans les affaires du pays. Je les ai relues avec grand soin, et les événements qui se sont passés depuis qu'elles ont été rédigées ne me fournissent que des motifs de les confirmer et de vous inviter à en faire la règle constante de votre conduite. Il est quelques points seulement sur lesquels je dois plus spécialement appeler votre attention.

Vous garderez, pour occuper le fort Moutou-Outa et les autres points défensifs de Taïti, les forces militaires que vous jugerez nécessaires. L'exercice du protectorat nous en fait une obligation, et nous donne le droit de réclamer le concours du pouvoir local pour conserver ou créer les établissements militaires qu'exige notre garnison.

Le pavillon national français continuera d'être arboré sur tous les postes militaires et sur les points défensifs de l'île.

Le pavillon du protectorat, c'est-à-dire l'ancien pavillon taïtien écartelé du pavillon français, flottera sur les établissements municipaux. Si la reine veut avoir un troisième pavillon, comme signe de son autorité personnelle, vous pourrez le lui accorder; mais vous devrez préalablement obtenir qu'elle renonce à celui qui a été la cause de sa rupture avec l'amiral Dupetit-Thouars. C'est un point qu'il vous appartient de régler dans les conférences que vous aurez avec elle, avant de procéder à la réinstallation de son autorité royale. Elle comprendra sans doute qu'elle doit cette marque de déférence à un gouvernement qui agit avec tant de loyauté et de déférence à son égard.

Quant aux saluts, vous exigerez de la part des étrangers ceux qui sont dus au pavillon français et à celui du protectorat; et vous pourrez convenir avec la reine Pomaré, lorsque vous serez satisfait de vos rapports avec elle, qu'un salut de dix-sept coups de canon sera fait à son pavillon particulier, à celui qu'elle aura reçu de vos propres mains et que vous apporte M. le contre-amiral Hamelin.

Les dispositions que je viens de vous prescrire, pour les

signes extérieurs de la souveraineté mixte qui régnera désormais sur l'archipel de la Société, sont applicables aux îles et aux chefs qui reconnaissent la suzeraineté de la reine Pomaré, car la convention du 9 septembre étend également sur eux notre protectorat. Néanmoins, tout en constatant votre droit à cet égard, il sera suffisant d'arborer le pavillon français sur les points du groupe qui auront une importance réelle sous le rapport commercial ou maritime.

Je n'ai pas besoin de vous rappeler que c'est de vous que devront émaner les règlements de port et les mesures de police pour l'admission et la surveillance des bâtiments et des équipages qui aborderont la rade de Papeïti et les autres baies.

Dans les instructions particulières qui vous ont été délivrées, à la date du 28 avril 1843, il était dit, sous le titre : *Étendue du protectorat*, que vous deviez vous efforcer de provoquer, près des indigènes des îles Gambier, la cession de la souveraineté de ces îles au roi des Français ou la demande de son protectorat.

Les vues du gouvernement à cet égard sont aujourd'hui d'éviter toute tentative qui aurait pour effet d'engager sa politique dans le sens indiqué. Vous devrez donc vous abstenir d'entrer à l'avenir dans des négociations dirigées vers un but semblable, et vous aurez à interrompre celles qui auraient été précédemment ouvertes par vous en vertu des instructions précitées.

Vous vous bornerez, dans ce cas, à me faire connaître exactement à quel point vous vous trouverez avancé envers les chefs de ces îles indépendantes, par les démarches ou communications qui ont pu avoir lieu de votre part.

Depuis plusieurs années une législation a été donnée au peuple de Taïti. Je ne l'examinerai pas en détail; mais vous avez dû être frappé de ce qu'elle renferme d'incohérent et d'inconciliable avec la part d'autorité qui nous appartient; son vice radical est d'attribuer aux missionnaires un pouvoir sans contrôle, de leur accorder la faculté de prononcer des pénalités qui se traduisent, dans la plupart des cas, en amendes, et d'établir des impôts dont la perception tourne le plus souvent à leur profit. Lors du séjour de la *Vindictive* à Taïti, des assemblées ont eu lieu où des ordonnances conçues dans le même esprit ont été rendues. Je pense que, pendant l'exercice de la souveraineté absolue, vous aurez rapporté ceux de ces actes qui blessaient le plus nos droits ou qui conféraient à des étrangers une action quelconque dans l'administration intérieure des îles. Je suppose que ces réformes n'auront soulevé aucune réclamation de la part des indigènes et des chefs, et qu'elles n'auront froissé que les personnes qui jouissaient de l'ancien état de choses. En conséquence, vous devez maintenir vos décisions. Si, par des motifs légitimes ou sous l'influence d'anciens usages, la reine et les chefs venaient à réclamer le rétablissement de quelques-unes de ces ordonnances, vous devriez vous y prêter, mais après avoir obtenu d'eux qu'il en soit délibéré dans la forme usitée dans le pays et en constatant que tel est le vœu général.

Vous avez déjà probablement aboli le droit que des étrangers s'étaient arrogé de concourir aux réunions publiques des chefs et de délibérer sur les affaires du pays. Il vous appartient, dans votre position de commissaire du Roi, d'établir et de faire prévaloir cette règle. Les habitants seuls de Taïti devront désormais prendre part aux réunions qui ont pour objet leurs affaires propres et intérieures ; mais il est évident que souvent les matières de ces délibérations auront quelque corrélation avec l'autorité que vous exercez au nom du roi des Français. Vous ferez donc reconnaître votre droit d'assister, en personne ou par délégué, à toutes les assemblées du peuple et des chefs, et d'y faire entendre votre avis. Votre présence dans ces réunions, les relations que vous avez nouées avec les hommes les plus considérables des îles, et les moyens d'influence dont vous disposez, vous assurent le pouvoir de faire presque toujours prévaloir vos vues. Cependant, je vous invite, excepté pour les actes qui seraient réellement contraires à nos intérêts, tels que ceux dont j'ai parlé plus haut, à ne provoquer la réforme de l'ancienne législation qu'avec prudence et ménagement. Ne cherchons pas à tout changer du jour au lendemain. C'est une œuvre qui, pour être bien faite et ne point choquer des habitudes prises, a besoin de l'aide du temps. Un peuple aussi neuf à la civilisation que celui de Taïti serait d'ailleurs, plus qu'un autre, exposé à des mécomptes qui nuiraient à ses progrès, s'il voyait s'opérer, dans la manière de le diriger, de trop brusques changements.

Indépendamment de la faculté d'assister aux réunions, vous devez, pour les mêmes raisons, vous faire reconnaître, ainsi qu'il vous a été prescrit dans les premières instructions confidentielles qui vous ont été remises, le droit d'approuver ou de désapprouver, en conseil de gouvernement, les actes et règlements qui émaneront de la reine ou de l'assemblée des chefs.

Ce n'est là que la simple conséquence de l'ensemble des attributions dont ce conseil a été investi par la proclamation qui a suivi le traité du 9 septembre 1842, à la même date et sous les mêmes signatures ; et d'ailleurs vous ne perdrez pas de vue que si, pour obtenir le plein exercice de ce droit, il est nécessaire de donner quelques garanties à la reine et aux notables, vous êtes autorisé à le faire en consentant à l'admission, dans le conseil de gouvernement, de quelques-uns des chefs qui inspireront le plus de confiance.

Les consuls qui viendront désormais résider à Taïti devront être régulièrement accrédités près du gouvernement protecteur et munis de l'*exequatur* du roi des Français. Il est probable que la première application de cette règle sera faite au successeur de M. Pritchard, car cet agent a dû recevoir de son gouvernement l'ordre d'aller remplir ses fonctions dans les îles des Navigateurs. Nos communications avec le cabinet britannique ne laissent prévoir aucune difficulté pour vous lors de l'arrivée du nouveau consul. Je n'ai pas besoin de vous recommander d'entretenir, avec les représentants des puissances étrangères, les relations les plus amicales ;

PIÈCES HISTORIQUES. 515

maintenez et faites respecter tous vos droits, mais accordez à ces agents toutes les facilités possibles pour qu'ils exercent sur leurs nationaux la protection et la surveillance qu'ils leur doivent.

Enfin, il est un point sur lequel je ne saurais trop appeler votre sollicitude : je veux parler de la situation religieuse de ces îles. Ainsi que j'ai déjà eu l'occasion de vous le faire observer, c'est la partie de nos rapports avec les indigènes qui offre les plus graves difficultés. Ceux des insulaires qui ont une croyance la doivent aux missionnaires anglais qui se sont succédé depuis près d'un demi-siècle à Taïti. Ils ont confiance dans ces prêtres ; ils suivent leurs leçons et pratiquent le culte qui leur a été enseigné par eux ; nous devons tenir grand compte d'un fait si grave. D'ailleurs le respec que nous accorderons aux croyances des indigènes est non-seulement conforme au texte de la convention du 9 septembre 1842, mais au principe de notre gouvernement qui a proclamé la liberté des cultes. Les missionnaires étrangers répandus dans l'archipel de la Société pourront continuer, en toute sécurité, l'œuvre qu'ils ont commencée. Vous leur donnerez votre assistance, mais à la condition qu'ils se renfermeront dans leur ministère de charité et de religion, et qu'ils s'abstiendront de toute tentative d'influence politique et de menées contraires à nos intérêts. Vous serez, je n'en doute pas, appuyé dans les avertissements que vous donnerez sur ce dernier point aux missionnaires anglais, par le résident anglais, qui voudra vous épargner la nécessité de recourir à des mesures de sévérité. Si, contre mon attente, vous aviez à prévenir quelque entreprise d'agitation ou d'hostilité qui se cacherait sous le manteau de la religion, vous devriez, après en avoir donné avis au consul de la nation de celui ou de ceux qui en seraient les auteurs, prononcer leur exclusion des îles de la Société ; mais cette mesure est extrême, et vous ne la prendrez qu'avec la conviction qu'elle est réellement indispensable.

Indépendamment des intrigues politiques que vous surveillerez soigneusement, je vous recommande expressément de prévenir, autant qu'il dépendra de vous, soit entre les indigènes, soit entre les missionnaires de différents cultes, l'explosion de dissentiments religieux. C'est pour éviter de donner motif à des troubles semblables que le gouvernement du Roi n'a pas voulu que des missionnaires catholiques fussent attachés, au moins dans les premiers temps, à notre protectorat de Taïti.

J'ai lieu de supposer que vous ne vous serez point écarté de la ligne de neutralité qui vous a été tracée à cet égard. J'ajoute aujourd'hui que vous pourrez vous borner à avoir le personnel ecclésiastique nécessaire à Taïti pour le service de la garnison et de l'administration française.

L'exemple de nos pratiques et des vertus de notre clergé, la pompe de notre culte, pourront éveiller quelques âmes et les prédisposer à recevoir la lumière de notre foi ; mais vous devrez rester maître de diriger et de restreindre les entreprises de conversion qui pourront être faites.

A cet effet, vous prendrez telles dispositions que vous jugerez convenables pour qu'aucun missionnaire ne s'introduise dans l'archipel de la Société, sans, au préalable, avoir obtenu une autorisation de vous. Par là, vous serez en mesure de prévenir tout conflit. Vous accorderez au Père de la congrégation de Picpus la faculté de résider dans telle ou telle localité et de propager la religion catholique lorsqu'il sera réclamé par les habitants, ou lorsque vous vous serez assuré qu'il ne peut résulter de sa présence aucun inconvénient.

Telles sont, monsieur le gouverneur, les instructions que j'ai à vous donner pour vous identifier avec la pensée du gouvernement du Roi. J'ai la confiance que vous les exécuterez avec autant d'habileté que de dévouement.

Signé : Baron DE MACKAU.

P. S. — En même temps que la présente dépêche, vous recevrez des instructions officielles et ostensibles qui sont conformes à celles-ci, à l'exception des explications qui m'ont paru de nature à être réservées pour vous seul. Je me réfère au *post-scriptum* de ces instructions, en date du 2 de ce mois, pour ce qui concerne les points sur lesquels des relations ordinaires de service sont obligatoires entre vous et M. le contre-amiral Hamelin.

IV

(Page 134.)

1° *Résumé des campagnes du maréchal Bugeaud, de 1841 à 1847, et principaux résultats de ces campagnes quant à l'extension et à la consolidation de la domination française en Algérie.*

Système du maréchal Bugeaud au sujet de l'Algérie.

L'occupation de l'Algérie, dans les idées du maréchal Bugeaud, nécessitait trois lignes de postes parallèles entre elles :

1° Les postes du littoral, pied-à-terre obligé des arrivages de la métropole, grandes bases d'opération de l'armée, places d'où les réserves pouvaient être rapidement transportées d'une province à l'autre, à l'aide de la mer et des bâtiments à vapeur ;

2° Les postes agissants de la ligne centrale, embrassant dans leur rayonnement contigu toute la surface du Tell ;

3° Les postes de la ligne des Keffs, sentinelles du désert, bases d'opérations avancées pour nos *colonnes mobiles*, véritables *bras de leviers* nécessaires pour les transporter au loin et maintenir le Sud dans l'obéissance.

C'est au complet établissement de ces trois lignes que va se vouer le maréchal pendant son gouvernement de l'Algérie, de 1841 à 1847.

RÉSUMÉ DES CAMPAGNES DU MARÉCHAL BUGEAUD.

Année 1841. Campagne du printemps.

Les instructions du lieutenant général Bugeaud lui prescrivant de poursuivre la destruction de la puissance de l'Émir, son premier soin fut de choisir de bonnes bases d'opération.

Ces bases d'opération, choisies dans la ligne centrale (ligne intérieure du Tell) furent : Médéah et Milianah pour la province d'Alger, Mostaganem pour la province d'Oran.

Les ravitaillements de Médéah et Milianah sont, en conséquence, le prélude de la campagne.

Le 18 mai, la campagne du printemps commence.

De ces nouvelles bases, les colonnes du maréchal se dirigent vers le Sud. Le maréchal s'empare d'abord de Tegedemt une des meilleures places de l'Émir (25 mai). De Tegedemt, le gouverneur général marche sur Mascara, dont il se rend maître également (30 mai), puis il revient à Mostaganem.

Au même moment, le général Baraguey d'Hilliers détruisait Boghar (23 mai), puis Thaza (26 mai), pendant que le général Négrier détruisait l'influence d'Abd-el-Kader à Msilah (28 lieues de Sétif.)

En résumé :

La campagne du printemps était terminée : des combats heureux, dans lesquels l'ennemi éprouva des pertes considérables, l'invasion de pays qui nous étaient encore inconnus, la capture de nombreux troupeaux, des récoltes abondantes de céréales, *la création de bases importantes munies de garnisons agissantes*, enfin, la destruction de Tegedemt, de Boghar, de Thaza, la prise et l'occupation de Mascara, tels avaient été ses résultats.

Campagne d'automne.

Le gouverneur général arrive à Mostaganem le 19 septembre pour la diriger.

Le 21, il sort de Mostaganem, se dirigeant vers le Chéliff pour appuyer Hadj-Mustapha (fils de l'ancien bey Osman) que les succès de la campagne du printemps avaient permis de nommer bey de Mostaganem et de Mascara. Le gouverneur général pénètre, à la poursuite des tribus hostiles, dans les montagnes de Sidi-Yahia, où les Turcs n'avaient jamais osé s'engager. Après une forte razzia, la colonne rentre à Mostaganem.

En même temps, le général de Lamoricière opérait le ravitaillement de Mascara.

Le corps expéditionnaire se porte ensuite au sud de Mascara, détruit le village de la Guetna, berceau de la famille d'Abd-el-Kader, et renverse le fort de Saïda.

Enfin, le général de Lamoricière, commandant de la province d'Oran, reçoit l'ordre d'établir son quartier général à Mascara même.

En résumé :

De grands progrès sont accomplis pendant cette première année de commandement du général Bugeaud. La guerre a changé de face; Abd-el-Kader se voit réduit à la défensive; tandis qu'il venait, à la fin de 1839, incendier nos établissements non loin d'Alger, il a essayé vainement, en 1841, de défendre les siens, détruits et brûlés jusque sur la limite du désert.

Année 1842. Campagne du printemps.

Le gouverneur général part de Mostaganem le 14 mai, rallie à sa colonne 2,300 cavaliers arabes de la basse Mina; et remonte la vallée du Chéliff, allant à la rencontre du général Changarnier, parti de Milianah. Pendant cette marche, il obtient de nombreuses soumissions. Après s'être rejointes, les deux colonnes se séparent de nouveau pour envelopper dans un grand mouvement combiné les tribus de l'Atlas entre Milianah et Médéah. Le 9 juin, le mouvement est achevé et le lendemain une grande partie des tribus envoient leur soumission.

Résumé :

« Le cercle de granit qui enveloppe la Mitidja est brisé...
« j'entends par là cette chaîne de montagnes que peuplent
« des Kabyles hostiles et belliqueux qui nous tenaient étroite-
« ment bloqués et qui rendaient si difficiles nos convois sur
« Médéah et Milianah. » (Le lieutenant général Bugeaud au Ministre de la Guerre. — Alger, 13 juin 1842. — Archives du Dépôt général de la guerre.)

Sauf la tribu des Beni-Menacer, toute la montagne était conquise depuis les Béni-Salah (sources de l'Harratch) jusqu'à Cherchell. Le général Bugeaud se flattait d'avoir facilement raison de l'autre quart de cercle des montagnes que forme l'Atlas entre les sources de l'Harratch et l'embouchure de l'Isser. « Alors, nous aurons autour de la Mitidja
« l'obstacle continu qui convient à une grande nation comme
« la nôtre... Les montagnards garderont longtemps le sou-
« venir de la rude guerre que nous leur avons faite, et cette
« pensée gardera mieux la Mitidja qu'un misérable fossé
« garni de blockhaus... etc... » (Le lieutenant général Bugeaud au Ministre de la Guerre. — Alger, 13 juin 1842.)

Il faut ajouter que l'arrivée du général Bugeaud à Blidah, amenant avec lui 2,300 cavaliers arabes pris dans les diverses tribus soumises de l'Ouest, dut produire un immense effet moral et politique sur les tribus encore insoumises.

Campagne d'automne.
Expédition contre Ben-Salem, par le gouverneur général.

La campagne d'automne nous laisse dans la situation suivante :

Du pied du Jurjura à une ligne tirée de l'embouchure de l'Oued-Ruina dans le Chéliff jusqu'à Thaza et le désert, tout le pays est soumis et commerce avec Alger. Il en est de même de tout le pays compris entre la Mina, la frontière du Maroc et le désert.

La guerre se trouve ainsi concentrée entre le Chéliff et la

Mina, sur un carré d'environ 25 lieues de côté. Or, comme il y a environ 150 lieues du Jurjura à la frontière du Maroc, il en résulte qu'Abd-el-Kader a perdu les cinq sixième de ses États, tous ses forts ou dépôts de guerre, son armée permanente et une partie du prestige qui l'entourait encore en 1840.

Campagne d'hiver.
Expédition contre Abd-el-Kader, par le gouverneur général.

Abd-el-Kader s'étant établi dans la chaîne de montagnes de l'Ouarensenis, le maréchal se décide à une campagne d'hiver (24 novembre-17 décembre). A la fin de cette campagne, Abd-el-Kader n'avait plus à sa disposition que quelques tribus comprises entre Tegedemt, notre aghalick du sud de Milianah, la chaîne de l'Ouarensenis et le désert.

Résumé général.

A la fin de 1842, tout, dans la province de Tittery, était soumis et organisé jusqu'au désert. L'aghalick du sud, de même que les aghalicks du sud et de l'ouest de l'ancien gouvernement de Sidi M. Barck, seuls exigeaient encore de temps à autre la présence de nos troupes. Au-dessous de Milianah, toutes les tribus de la vallée du Chéliff étaient sérieusement soumises. Presque tous les Kabyles, jusqu'à Tenez, s'étaient réunis sous un chef dont le dévouement à la France était connu. La ville de Mazouna s'était repeuplée. Entre Tenez et Cherchell, il restait quelques tribus kabyles à réduire. La soumission était réelle et bien assurée dans tout l'Atlas, depuis l'Arba jusqu'à Cherchell. Une égale sécurité régnait dans le carré entre Oran et Tlemcen, Mascara et Mostaganem. La construction de ponts sur le bas Chéliff et sur la Mina devant favoriser l'action de notre autorité, les reconnaissances nécessaires dans ce but avaient été faites. Enfin, la possibilité des communications entre Bône et Philippeville était constatée, et des troupes établies dans l'Édough, continuant la route stratégique déjà ouverte dans cette contrée par les soins du général Randon, préparaient les moyens d'entreprendre l'exploitation des riches forêts qui couvrent cette montagne.

Année 1843. Campagne du printemps.

Abd-el-Kader avait su profiter habilement de la retraite forcée de nos troupes. (Il n'y avait pas encore d'établissement ni de dépôt de vivres dans la vallée du Chéliff, le Dahra et l'Ouarensenis). Il reparut dès le mois de janvier 1843 et porta l'insurrection jusqu'aux portes de Cherchell, menaçant de l'étendre dans tout l'Atlas, autour de la Mitidja.

Le gouverneur général jette les bases d'Orléansville et de Tenès, puis il pénètre dans le pays soulevé par Abd-el-Kader avec trois colonnes. La marche simultanée de ces colonnes arrête les progrès de l'Émir. La ville d'Haïnda est brûlée; Abd-el-Kader est refoulé dans les monts Gouraïa, et les tribus sont ramenées à la soumission.

L'Émir en retraite est poursuivi par le duc d'Aumale à la tête d'une colonne légère de 500 cavaliers. Le prince rencontre la smalah d'Abd-el-Kader près de Taguin; elle comptait plus de 5,000 combattants : « C'était, dit le général Bugeaud, « une grande ville ambulante, qu'on pouvait considérer « comme la capitale de l'empire arabe. » (Le lieutenant général Bugeaud au Ministre de la guerre. — Alger, 28 juillet 1843.) La petite colonne du prince lui tue 300 hommes, prend 4 drapeaux, un canon, un immense butin et ramène près de 4,000 prisonniers. Coup funeste porté à la fortune d'Abd-el-Kader.

Au mois de juin, une seconde expédition, conduite par le gouverneur général dans l'Ouarensenis, achève de soumettre ce pays à l'obéissance, et amène une première organisation sous un chef dévoué à la France, l'agha Hadj-Ahmed-Ben-Salah.

Campagne d'automne,

A peine les colonnes françaises étaient-elles rentrées à Milianah et à Orléansville qu'il se formait dans l'Ouarensenis une association des principaux chefs arabes de ces contrées ayant pour but de relever le drapeau d'Abd-el-Kader.

Le gouverneur général envahit de nouveau les montagnes avec quatre colonnes et eut bientôt forcé les chefs ligués à faire leur soumission. Le commandement de l'Ouarensenis fut maintenu à l'agha Ben-Slah, moins influent, il est vrai, mais plus sûr que les chefs soumis.

Le poste de Teniet-el-Had (3me ligne) était en même temps établi par le général Changarnier et celui de Tiaret (3me ligne) par le général de Lamoricière.

Résumé :

La smalah d'Abd-el-Kader prise.

Le Dahra, la vallée du Chéliff, la plus grande partie de l'Ouarensenis soumis.

Les bases de quatre établissements nouveaux jetées; (Orléansville, Tenès, Teniet-el-Had et Tiaret.)

D'autre part :

Par suite de la plus grande sécurité, développement plus rapide de la colonisation. 65,000 colons à la fin de 1843, au lieu de 44,531 à la fin de 1842.

22 villages créés par nous sont habités par des colons européens.

16 autres sont en construction ou en projet.

19 grandes routes sont entreprises.

12 sont déjà praticables dans tout leur parcours, parmi lesquelles il faut citer celle de Tenès à Orléansville et celle de Milianah à Teniet-el-Had.

Enfin :

Sur 450 mètres de développement que devait avoir la jetée du nord, au port d'Alger, 259 étaient déjà faits.

Année 1844. Campagne du printemps.

Le gouverneur général dirige en personne une expédition contre la Kabylie.

Le 29 avril, il arrive sur les bords de l'Isser. Le 3 mai, il s'empare de Dellys où il installe l'autorité française. Deux combats sont livrés aux Kabyles. A la suite de ces combats, quelques tribus des versants de la Kabylie font leur soumission. Le gouverneur général divise le pays soumis en trois aghalicks, installe les aghas et leurs khalifas le 30 mai.

Résultats :

Acquisition d'une excellente base d'opération contre le Jurjura. (Ville de Dellys.)

Destruction de l'influence d'un lieutenant de l'Émir dans ces montagnes. (Ben-Salem.)

Ce coup d'autorité permet au gouverneur général de se porter dans la province d'Oran pour agir contre le Maroc sans crainte d'être attaqué pendant son absence, du côté de l'Isser.

A la suite d'une expédition du général Marey dans le sud de la province d'Alger (mai et juin 1844) une partie du petit désert reconnaît notre domination. Le marabout Tedjini envoie sa soumission.

Dans la province de Constantine, le duc d'Aumale expulse du Zab les agents de l'Émir, s'empare de Biskra, soumet les Ouled Sultan et pacifie le Belezma tout entier.

Une excursion dans la subdivision de Bône permet au général Randon de reconnaître la ligne frontière entre l'Algérie et la régence de Tunis, et de faire cesser l'anarchie qui régnait dans les tribus de Hanencha. De nouvelles relations s'établissent alors entre Bône et les contrées du sud.

Campagne d'été. Guerre contre le Maroc.

Un camp est établi à Lalla-Maghrania, en face d'Ouschda.

Le 30 mai, un corps marocain de 12 à 1,500 chevaux, franchit la frontière et vient insulter le général de Lamoricière.

Le gouverneur général, après son expédition contre les Kabyles du Jurjura (voir campagne du printemps), revient à Oran pour prendre le commandement des forces françaises. Le 15 juin et le 3 juillet, deux nouvelles attaques des Marocains sont également repoussées; à la suite de cette dernière affaire, le gouverneur général franchit la frontière et s'empare d'Ouchda.

6 août. — Bombardement de Tanger.
14 août. — Bataille d'Isly.
14 août. — Prise de Mogador.
Paix signée avec le Maroc, le 10 septembre 1844.

Les résultats de cette campagne sont évidents, vis-à-vis le Maroc et vis-à-vis Abd-el-Kader. A partir de ce moment, le calme, partout rétabli, favorise de plus en plus les progrès de la colonisation; et, en dehors des territoires civils, de Guelma jusqu'à Sétif et Msilah, de Boghar jusqu'à Teniet-el-Had, Tiaret, Mascara et Tlemcen, la France possède une ligne de points fortifiés, protecteurs et garants de notre domination de l'Algérie.

Année 1845. Campagne du printemps.

Abd-el-Kader, qui, depuis la bataille d'Isly, sentait l'appui du Maroc perdu pour lui, redouble d'énergie pour agiter l'Algérie et y préparer l'insurrection; ses prédications et ses menaces agissent rapidement sur l'esprit mobile et inquiet des populations. Une fermentation sourde présage une révolte générale qui éclate bientôt à la voix d'un chériff fanatique Sidi-Mohammed ben Abd-Allah (surnommé Bou-Maza, *l'homme à la chèvre*). Le Dahra donne le signal et l'Ouarensenis tout entier ne tarde pas à suivre l'exemple du Dahra.

Le gouverneur général envoie trois colonnes dans le

Dahra qui est soumis et désarmé par les opérations des colonels Pélissier, Saint-Arnaud, et Ladmirault.

Le gouverneur général se porte de sa personne dans l'Ouarensenis (26 mai), atteint successivement chacune des tribus révoltées et les amène à capituler. Il leur impose alors la plus dure des conditions pour ces peuples guerriers : « *l'obligation de verser toutes leurs armes entre nos mains. Cette mesure produit le plus salutaire effet.* »

Le général Marey réprime en même temps les germes d'insurrection qui se manifestaient parmi les tribus du Djebel-Dira. (Province de Tittery.)

Le colonel Géry prend possession des ksours (villages) de Stitten et Brézina (au sud de Mascara.)

Le général Bedeau dirige une expédition dans les monts Aurès (au sud de Bathna), soumet les tribus de ces montagnes, chasse le khalifat d'Abd-el-Kader et l'ancien bey de Constantine. (Province de Constantine.)

Résumé :

La révolte fomentée par Abd-el-Kader et Bou-Maza est apaisée; le Dahra et l'Ouarensenis sont de nouveau soumis et désarmés.

Le Djebel-Dira est pacifié.

La domination française est définitivement reconnue par les populations nombreuses, riches et guerrières de l'Aurès.

Nos armes paraissent avec éclat, pour la première fois, chez les Ouled-Sidi-Cheikh (à plus de quatre-vingts lieues de la côte.)

Campagne d'été.

L'insurrection de l'Ouest avait eu son contre-coup dans la Kabylie.

Ben-Salem, qui s'y était refugié, suscite des troubles dans le cercle de Dellys.

Le gouverneur général part le 23 juillet d'Alger et peu de jours lui suffisent pour ramener l'ordre dans ce cercle important. Le 28 juillet, les tribus révoltées des Beni-Ouaguenoun et des Flicet-el-Bahar sollicitent l'aman.

Comme résultat de la campagne du printemps et de celle d'été, on peut dire qu'au commencement de septembre, la plupart des tribus révoltées étaient rentrées dans l'ordre; toutefois, les principaux instigateurs de ces troubles n'ayant pu être atteints, on pouvait prévoir que de nouvelles tentatives d'insurrection auraient lieu bientôt.

Le gouverneur général est parti pour la France en congé, le 4 septembre 1845 (congé de trois mois à compter du 1er septembre.)

Campagne d'automne.
Le lieutenant général de Lamoricière gouverneur général par intérim.

Abd-el-Kader envahit notre territoire au commencement de septembre; nouvelle levée de boucliers dans l'Ouest ; (22 septembre) massacre de la garnison de Djemma-Ghazaouât au marabout de Sidi-Brahim. En quelques jours, la majeure partie des tribus de la subdivision de Tlemcen rejoint la deïra de l'Émir.

Les troupes entrent immédiatement en campagne. Leurs premiers mouvements sont dirigés par le général de Lamoricière.

Le gouverneur général apprend à Excideuil, le 6 octobre, la catastrophe de Djemma-Ghazaouât, et part pour Alger dans la nuit du 7 au 8. Il arrive à Alger le 15, et dès le 24 il était à Teniet-el-Had avec une colonne destinée à barrer à Abd-el-Kader sa rentrée dans le Tell. Le succès de nos troupes fut prompt et décisif.

Dès le commencement de novembre, les Traras et les Ghossels sont battus; la tribu des Ouled-Ammar rasée se rend à discrétion. D'autres tribus suivent cet exemple; une grande fraction des Medjehers demande l'aman ; les Beni-Chougran eux-mêmes qui, les premiers, avaient levé l'étendard de la révolte, se soumettent, et toutes ces tribus reviennent sur leurs territoires qu'elles avaient abandonnés pour suivre l'Émir.

Campagne d'hiver.

La province de Titteri est maintenue dans l'ordre.

L'agitation excitée dans la province de Constantine par un nouveau Bou-Maza est apaisée par le colonel Herbillon. Les Ouled-Sellam et les Ouled-Sultan, soulevés par ce chériff, sont ramenés à l'obéissance.

Résumé :

L'Algérie, soulevée tout entière par Abd-el-Kader, est de nouveau conquise et apaisée. Ce résultat prouve aux indigènes l'inanité des efforts d'Abd-el-Kader, et leur fait comprendre que l'armée française qui a conquis l'Algérie saura toujours la maintenir dans l'obéissance.

Année 1846. Campagne d'hiver. (Janvier, février et mars 1846.)

Abd-el-Kader, expulsé du Tell à la fin de 1845, reparaît inopinément au commencement de 1846. Il se porte dans le sud-est de Médéah, rase les tribus du Petit Désert, les entraîne à sa suite, échappe aux colonnes françaises qui le poursuivent, et, trompant la vigilance de tout le monde, apparaît sur le bas Isser, aux portes d'Alger.

Le général Gentil, qui gardait les abords de la Mitidja, se porte droit à l'Émir, surprend son camp et le met en fuite. Le gouverneur général, qui depuis sa rentrée de France opérait dans l'Ouarensenis, accourt de ce côté et force Abd-el-Kader à se jeter dans les pentes sud du Jurjura. Il lance à la poursuite de l'Émir une colonne légère (Yusuf) qui va le harceler, le détruire en partie et finalement le rejeter dans le Maroc.

Campagne du printemps.

Le gouverneur général dirige plusieurs colonnes contre Bou-Maza qui avait reparu dans le Dahra.

De sa personne, il marche pour la cinquième fois dans l'Ouarensenis pour y détruire la puissance d'El-Hadj-Seghir, nouveau khalifat d'Abd-el-Kader. Le duc d'Aumale dirige cette expédition.

Résumé de ces deux campagnes :

L'insurrection générale de 1845 est éteinte.

Le Djebel-Amour, l'Ouarensenis, le Dahra, l'Ouennougha, ont soumis.

Le Bou-Thaleb (Constantine) et le sud de la province d'Oran sont pacifiés.

Quelques tribus marocaines, qui avaient violé notre territoire, sont vigoureusement châtiées.

La France paraît, à l'issue de cette longue lutte, aux yeux des indigènes, plus grande et plus redoutable qu'avant la crise.

Campagne d'été.

L'événement le plus intéressant de cet été de 1846 est la grande poursuite de l'Émir par le général Yusuf. Abd-el-Kader est surpris une première fois par lui, le 13 mars, à Gouigua, une seconde fois, le 5 avril, à Djemmet-el-Messad, et le 22, une troisième fois à Gharza. Vaincu, isolé, désespéré, l'Emir finit par disparaître dans le sud-ouest et s'enfonce dans le Maroc (juin 1846). Une conséquence affreuse de la situation critique de l'Emir fut le massacre des prisonniers de la deïra. 270 Français furent mis à mort ; onze seulement furent épargnés, dans le but d'en tirer rançon.

Résultats :

Abd-el-Kader quitte l'Algérie.

Les tribus nomades de la province d'Oran se soumettent (*Ouled-Ziad, O-Abd-el-Kerim, Derraga, O-Houmen, O-Bou-Zezig, O-Aïssa, gens de Chellala, de Bou-Semghoun, Hamian Charaga, O-Sidi-Nasser-Mackna*, etc...)

Fondation d'Aumale et soumission des Beni-Zala.

Soumission des tribus kabyles du Sahel de Sétif.

L'automne et l'hiver se passent sans troubles sérieux.

Le 25 novembre, nos onze prisonniers de la deïra sont délivrés.

Les établissements militaires sont portés dans la zone intérieure. Médéah, chef-lieu de la division d'Alger; Batna, principal siége de l'autorité militaire dans la province de Constantine; Sidi-Bel-Abbès chef-lieu de la subdivision d'Oran. (Le gouvernement et l'autorité militaire en Algérie étaient d'accord sur ce projet dont le développement devait être progressif.)

Le gouverneur général se propose de créer un poste chez les Flittas.

La position de Dar-ben-Abdallah est étudiée.

Année 1847. Faits accomplis pendant les quatre premiers mois.

Reconnaissance de notre autorité par les tribus kabyles des environs de Sétif et de Bougie.

Reconnaissance de notre autorité par Ben-Salem, ancien khalifat de l'Émir.

Reconnaissance de Bel-Kassem ou Kassy, personnage très-influent du Sebaou.

Reconnaissance de notre autorité par tous les chefs notables du Sebaou et des revers ouest et sud du Jurjura.

Bou-Maza se livre lui-même à Orléansville; il est amené en France.

Campagne de printemps

Il s'agissait de mettre à profit les soumissions de Ben-Salem et de Bel-Kassem.

Le gouverneur général voulut assurer les communications entre Sétif et Bougie et dirigea deux colonnes sur la Kabylie (mai 1847). Ces colonnes se rejoignent après de légers combats.

Résultats :

Reconnaissance de notre autorité par 55 tribus comprises

dans le triangle formé par les trois points, Bougie, Hamza et Sétif. Le pays est organisé administrativement.

Dans la province de Constantine, trois colonnes sous le commandement du général Herbillon obtiennent la soumission de la grande tribu des Nemencha.

Les Beni-Salah se soumettent également et s'engagent à prévenir désormais tout désordre sur la route de Philippeville à Constantine.

Le maréchal quitte *définitivement* l'Algérie le 5 juin.

Voici l'état de nos positions stratégiques en Algérie à la fin du gouvernement du maréchal Bugeaud (1847).

Première ligne. — *Ligne du littoral.*

PROVINCE D'ORAN	Nemours, Rachgoun, Mers-el-Kebir, Arzew, Mostaganem.
PROVINCE D'ALGER	Tenès, Cherchell, Alger, Dellys, Bougie.
PROVINCE DE CONSTANTINE	Gigelli, La Calle, Bône, Philippeville.

Deuxième ligne. — *Ligne intérieure du Tell.*

PROVINCE D'ORAN	Lalla-Maghrania, Tlemcen, Sidi-bel-Abbès, Mascara.
PROVINCE D'ALGER	Orléansville, Milianah, Medeah, Aumale.
PROVINCE DE CONSTANTINE	Sétif, Constantine, Guelma.

Troisième ligne. — *Ligne des postes avancés au sud du Tell.*

PROVINCE D'ORAN	Sebdou, Daïa, Saïda, Tiaret.
PROVINCE D'ALGER	Teniet-el-Had, Boghar.
PROVINCE DE CONSTANTINE	Batna, Biskara.

2º *Bureaux arabes.*

En 1831 (24 juin), le général Berthezène nomma un agha des Arabes (Sidi-Hadj-Maiddin), avec pouvoir de nommer dans les tribus les cheiks et les caïds, de recevoir les plaintes des Arabes, de les transmettre au commandant en chef et de punir les coupables d'après les lois musulmanes. Sidi-Hadj-Maiddin garda cette charge très-peu de temps et se retira chez les Hadjoutes (septembre 1832).

En 1833 (10 avril), pendant l'absence du duc de Rovigo, le maréchal de camp Avizard, commandant en chef par intérim, fit établir, par les conseils du général Trézel, un bureau qui prit le nom de *Bureau arabe*. Ce bureau, qui faisait partie de l'état-major général, fut dirigé d'abord par M. de Lamoricière, alors capitaine des zouaves [1].

En 1834 (18 novembre), le comte d'Erlon réunit la direction de ce bureau à la charge d'agha des Arabes, et y plaça un officier supérieur français (lieutenant-colonel Marey, commandant le corps des spahis réguliers d'Alger), qui fut chargé des rapports avec les tribus de l'intérieur et de la police du territoire.

Le nouvel agha devait avoir à sa disposition, pour l'aider, deux officiers et deux interprètes désignés par le commandant en chef.

On reconnut bientôt que cette institution de l'agha des Arabes n'atteignait pas le but qu'on se proposait, d'étendre nos rapports avec les tribus de l'intérieur et de les attirer sous notre domination, en respectant leurs usages et protégeant leurs intérêts; l'institution fut remplacée par la création d'une direction des affaires arabes, sous l'action immédiate du gouverneur général (15 avril 1837).

Le comte de Damrémont nomma, par arrêté du même jour, M. Pelissier, capitaine d'état-major, directeur des affaires arabes, auteur des *Annales algériennes*, et depuis consul à Sous (régence de Tunis).

Le 5 mars 1839, le maréchal comte Valée supprima la

[1] Un des principaux avantages de la création du bureau arabe fut d'enlever la direction des affaires arabes aux interprètes qui jusque-là avaient été les seuls intermédiaires entre les indigènes et l'autorité française.

direction des affaires arabes, dont les attributions furent conférées à l'état-major général du gouverneur.

Enfin, le 16 août 1841, la direction des affaires arabes, créée par arrêté du 15 avril 1837, et rentrée dans les attributions de l'état-major général par décision du maréchal Valée, fut rétablie par ordre du lieutenant général Bugeaud.

Voici les considérants sur lesquels était basé le rétablissement de la direction des affaires arabes :

1° Considérant que le commandement des troupes indigènes irrégulières de la province d'Alger est devenu assez important pour absorber tous les moments de l'officier qui en est chargé [1] ;

2° Que la police du pays, en ce qui concerne les indigènes soumis, les relations à ouvrir avec les tribus non encore soumises, et généralement tout ce qui se rattache aux fonctions dévolues par les précédents arrêtés à l'agha des Arabes et au directeur des affaires arabes, suffisent pour motiver la création d'un emploi spécial ;

3° Qu'il est important, tant sous le rapport de la discrétion que de la promptitude d'exécution, que l'officier revêtu de cet emploi soit attaché à notre état-major particulier, etc., etc. ;

M. Daumas, chef d'escadron au 2ᵉ régiment de chasseurs d'Afrique fut nommé directeur des affaires arabes.

La direction fonctionna ainsi jusqu'en 1844.

A cette époque, les affaires arabes avaient pris une telle extension que le maréchal Bugeaud crut devoir organiser à nouveau cette direction en même temps que le gouvernement des indigènes.

L'organisation du gouvernement des indigènes par le maréchal Bugeaud fut calquée sur celle d'Abd-el-Kader, au moins quant à ce qui concerne la hiérarchie adoptée pour les

---

[1] Elles se montaient alors à un effectif de 806 hommes et 332 chevaux.

chefs indigènes; mais elle fut rendue mixte par l'adjonction des agents français, qui devaient représenter aux yeux des Arabes l'autorité suprême dont ils étaient les délégués.

Le but que voulait atteindre le maréchal était double :

1° Imposer aux tribus une hiérarchie des pouvoirs bien combinée, déjà pratiquée et entrée dans leurs habitudes;

2° Laisser la preuve de la conquête constamment sous leurs yeux et en marquer la trace dans toutes leurs transactions. Ce dernier rôle était réservé aux agents français qui, comme chefs militaires et comme chefs politiques, devaient tenir entre leurs mains la source réelle du pouvoir.

Le bureau arabe, dans la pensée du maréchal, ne devait pas être une autorité proprement dite, mais une sorte d'état-major chargé des affaires arabes auprès du commandant proprement dit, et n'agissant qu'au nom et par ordre de celui-ci. Ainsi, chaque cercle, chaque subdivision eut un bureau arabe, ou état-major spécial des affaires arabes. Le directeur des affaires arabes de la division fut le chef d'état-major des affaires arabes de la province. Enfin, le directeur central fut, auprès du gouverneur général, le chef d'état-major général des affaires arabes de toute l'Algérie. Un des grands avantages de ce système était le suivant : les commandants de cercles, de subdivisions, de divisions, le gouverneur général lui-même pouvaient changer; les institutions restaient, et les traditions de gouvernement des Arabes se transmettaient sans interruption dans le fonctionnement général de l'administration.

Un code succinct, renfermant les principales mesures administratives et judiciaires applicables aux tribus suivant les lieux et les circonstances, fut rédigé par les soins du lieutenant-colonel Daumas, premier directeur central des affaires arabes. Ce code devint une règle uniforme pour tous les bureaux.

Ce travail achevé, parut le décret constitutif des bureaux arabes. Il est signé du maréchal duc de Dalmatie, et porte la date du 1er février 1844.

Article premier. — Il y aura, dans chaque division militaire de l'Algérie, auprès et sous l'autorité immédiate de l'officier général commandant, une *direction des affaires arabes*.

Des bureaux, désignés sous le nom de *bureaux arabes*, seront en outre institués :

Dans chaque subdivision, auprès et sous les ordres directs de l'officier général commandant ;

Subsidiairement sur chacun des autres points occupés par l'armée où le besoin en sera reconnu, et sous des conditions semblables de subordination à l'égard des officiers investis du commandement.

Art. 2. — Les bureaux arabes seront de deux classes, savoir : de première classe, ceux établis aux chefs-lieux de subdivision ; de deuxième classe, ceux établis sur les points secondaires.

Ces bureaux ressortiront respectivement à chacune de divisions militaires dans la circonscription de laquelle ils se trouveront placés.

Art. 3. — Les directions divisionnaires et les bureaux de leur ressort seront spécialement chargés des traductions et rédactions arabes, de la préparation et de l'expédition des ordres et autres travaux relatifs à la conduite des affaires arabes, de la surveillance des marchés et de l'établissement des comptes de toute nature à rendre au gouverneur général sur la situation politique et administrative du pays.

Indépendamment de ses attributions comme direction divisionnaire, la direction d'Alger centralisera le travail des directions d'Oran et de Constantine, sera chargée de la réunion et de la conservation des archives, et de la préparation des rapports et des comptes généraux à adresser au ministère de la guerre, et prendra, en conséquence, le titre de *Direction centrale des affaires arabes*.

Elle exercera sous l'autorité immédiate du gouverneur général.

Art. 4. — Partout et à tous les degrés, les affaires arabes

PIECES HISTORIQUES.

dépendront du commandant militaire, qui aura seul qualité pour donner et signer les ordres, et pour correspondre avec son chef immédiat, suivant les règles de la hiérarchie, etc.

Les bureaux arabes, constitués comme il vient d'être dit, ont fonctionné pendant toute la durée du gouvernement du maréchal Bugeaud.

La seule modification qui y fut introduite fut celle par laquelle le directeur central des affaires arabes devint membre du conseil supérieur d'administration de l'Algérie, réorganisé par ordonnance royale du 15 avril 1845.

Le motif allégué à ce sujet par le maréchal duc de Dalmatie, dans son rapport au Roi, était l'importance du gouvernement des indigènes, qui exigeait que ce service fût représenté dans le conseil appelé à délibérer sur les grands intérêts du pays.

Il reste maintenant à faire connaître le nombre et l'emplacement des bureaux arabes.

A mesure que notre occupation s'étendait, les bureaux arabes s'installaient sur les points nouvellement conquis. Dès 1844, aux bureaux de Constantine, Médeah, Miliana, Mascara, Tlemcen, il fallait ajouter ceux de Boghar, Teniet-el-Had, Tiaret, Saïda. Cette même année, des points nouveaux dans le Tell étaient fortifiés, recevaient garnison et bureau arabe : Sétif, Batna, Orléansville, Ammi-Moussa, Tenès.

Enfin, la dernière année du commandement du maréchal Bugeaud, on comptait dans les trois provinces trente bureaux des deux classes, ainsi répartis :

Situation des bureaux arabes à la fin du gouvernement du maréchal Bugeaud (1847).

Direction centrale à Alger.

DIRECTION DIVISIONNAIRE D'ALGER. Bureaux arabes.		DIRECTION DIVISIONNAIRE D'ORAN. Bureaux arabes.		DIRECT. DIVISIONNAIRE DE CONSTANTINE. Bureaux arabes.	
de 1re classe	de 2e classe	de 1re classe	de 2e classe	de 1re classe	de 2e classe
Alger.		Oran.	Nemours.	Constantine.	
Dellys.		Mostaganem.	Ammi-Moussa.	Bône.	La Calle.
Blidah.		Mascara.	Tiaret.	Sétif.	
Milianah.	Cherchell.		Saïda.	Batna.	Biskra.
	Teniet-el-Had.	Tlemcen.	Sebdou.	Guelma.	
Médéah.	Boghar.		Lalla-Maghrania.	Philippeville.	
Aumale.					
Orléansville.	Tenès.				
Bougie.					
8	4	4	6	6	2
12		10		8	
Ensemble : 30 bureaux arabes.					

On peut se rendre compte du développement des institutions des bureaux arabes en comparant leur situation en 1847 avec celle d'aujourd'hui.

PIÈCES HISTORIQUES.

Situation actuelle des bureaux arabes (1864).

Direction centrale à Alger.

DIRECTION DIVISIONNAIRE D'ALGER. Bureaux arabes.		DIRECTION DIVISIONNAIRE D'ORAN. Bureaux arabes.		DIRECT. DIVISIONNAIRE DE CONSTANTINE. Bureaux arabes.	
de 1re classe	de 2e classe	de 1re classe	de 2e classe	de 1re classe	de 2e classe
Dellys.	Tizi-Ou-zou.	Oran.	Aïn-Temouchent (annexe).	Constantine.	El-Miliah (annexe).
	Drâ el-Mizan.	Mostaganem.	Ammi-Moussa.		Collo.
	Fort-Napoléon.		Zamorah (annexe).		Djidgelli.
Aumale.	Beni-Mançour (annexe).	Sidi-bel-Abbès.	Daya (annexe).		Aïn-Beïda.
Médeah.	Boghar.	Mascara.	Tiaret.		Tebessa.
	Laghouat.		Saïda.	Bône.	La Calle.
	Djelfa (annexe).		Géryville.		Souk-Akras.
Milianah.	Cherchell.	Tlemcen.	Nemours.	Sétif.	Bordj-ben-Areridj.
	Teniet-el-Hâd.		Lalla-Maghrania.		Bougie.
Orléansville.	Tenès.		Sebdou.		Bouçaada.
					Takitount (annexe).
				Batna.	Biskra.
5	10	5	10	4	12
15		15		16	

Ensemble : 46 bureaux arabes.

FIN DES PIÈCES HISTORIQUES DU TOME SEPTIÈME.

TABLE DES MATIÈRES

DU TOME SEPTIÈME.

CHAPITRE XXXIX.

ÉLECTIONS DE 1842. — MORT DE M. LE DUC D'ORLÉANS.
LOI DE RÉGENCE.
(1842).

M. Royer-Collard et le général Foy.— Par quels motifs je me suis appliqué à garder toute l'indépendance de ma pensée et de ma conduite en présence des sentiments et des désirs populaires. — Mes entretiens avec le comte Siméon et M. Jouffroy peu avant leur mort. — Leur opinion sur notre politique. — Caractère et résultats des élections de la Chambre des députés en juillet 1842. — Mort de M. le duc d'Orléans. — Ma correspondance diplomatique après sa mort. — Attitude des gouvernements européens. — Conversation du prince de Metternich avec le comte de Flahault. — Obsèques de M. le duc d'Orléans à Paris et à Dreux. — Préparation et présentation du projet de loi sur la régence. — Discussion de ce projet dans les deux Chambres.— Le duc de Broglie, M. Dupin, M. Thiers, M. de Lamartine, M. Berryer et moi. — Sollicitude du roi Louis-Philippe. — Adoption du projet. — M. le duc d'Orléans et son caractère. — Conséquences de sa mort. 1

CHAPITRE XL.

LES ILES MARQUISES ET TAITI.
(1841-1846.)

Un inconvénient du gouvernement représentatif. — Premières navigations dans l'océan Pacifique. — Découverte de l'île de Taïti. — Divers voyageurs qui l'ont visitée du xviie au xixe siècle. — La Nouvelle-Zélande et la Compagnie nanto-bordelaise. — L'amiral Dupetit-Thouars et les îles Marquises. — Motifs de notre prise de possession des îles Marquises. — L'amiral Dupetit-Thouars à Taïti. — Établissement et conditions du protectorat français à Taïti. — Les missionnaires anglais à Taïti. — Les missions protestantes et les missions catholiques dans l'océan Pacifique. — Débats dans la Chambre des députés à ce sujet. — Le capitaine Bruat nommé gouverneur des établissements français dans l'océan Pacifique. — Retour de l'amiral Dupetit-Thouars à Taïti. — Il substitue la complète souveraineté de la France au protectorat. — Réclamation de la reine Pomaré et des Taïtiens. — Fermentation à Taïti. — — Menées de M. Pritchard, ancien missionnaire anglais. — Il abat son pavillon de consul d'Angleterre et en cesse les fonctions. — Le gouvernement français ordonne le rétablissement du protectorat. — Débats dans les Chambres à ce sujet. — Arrestation, emprisonnement et expulsion de M. Pritchard à Taïti. — Effet de cet incident à Londres. — Langage de sir Robert Peel. — Mon langage. — Négociation à ce sujet. — Conduite et correspondance du capitaine Bruat. — L'expulsion de M. Pritchard est maintenue et une indemnité lui est accordée. — Motifs de cette double mesure. — Les amiraux Hamelin et Seymour, commandants des stations française et anglaise dans l'océan Pacifique, sont chargés de s'entendre pour la fixation du taux de l'indemnité. — Lettre que m'écrit le roi Louis-Philippe pour se charger du payement de l'indemnité. — Le cabinet s'y refuse. — Débat dans la Chambre des députés. — Attitude du cabinet. — Il n'obtient qu'une faible majorité. — Il annonce sa résolution de se retirer. — Démarche du parti conservateur. — Le cabinet reste en fonctions. — Appréciation de cet incident..... 40

CHAPITRE XLI.

L'ALGÉRIE ET LE MAROC.
(1841-1847).

Le général Bugeaud gouverneur général de l'Algérie. — Son caractère et ses deux idées principales sur sa mission. — Désaccord entre ces idées et les dispositions des Chambres. — Le cabinet est résolu à soutenir fortement le général Bugeaud dans l'œuvre de la complète domination française sur toute l'Algérie. — Campagnes et succès du général Bugeaud. — Son jugement sur Abd-el-Kader. — Sa susceptibilité dans ses rapports avec le ministère de la guerre, les Chambres et les journaux. — Ses brochures. — Sa correspondance particulière avec moi. — Il est fait maréchal. — Abd-el-Kader se replie sur le Maroc. — Dispositions du peuple marocain et embarras de l'empereur Abd-el-Rhaman. — Invasion des Marocains sur le territoire de l'Algérie. — Nos réclamations à l'empereur du Maroc. — Mes instructions au consul général de France à Tanger. — Le prince de Joinville est nommé commandant d'une escadre qui se rend sur les côtes du Maroc. — Inquiétude du gouvernement anglais. — Méfiance de sir Robert Peel. — Sagacité et loyauté de lord Aberdeen. — Ses démarches pour décider l'empereur du Maroc à se rendre à nos demandes. — Elles ne réussissent pas ; la guerre est déclarée. — Le prince de Joinville bombarde Tanger et prend Mogador. — Le maréchal Bugeaud bat et disperse l'armée marocaine sur les bords de l'Isly. — L'empereur du Maroc demande la paix. — Elle est conclue à Tanger. — Ses conditions et ses motifs. — Débats dans les Chambres à ce sujet. — Négociation pour la délimitation des frontières entre l'Algérie et le Maroc. — Traité de Lalla-Maghrania. — Velléités de retraite du maréchal Bugeaud. — Abd-el-Kader recommence la guerre en Algérie. — Incident des grottes du Dahra — Le maréchal Bugeaud met en avant son plan de colonisation militaire. — Ce plan est mal vu dans les Chambres et dans le ministère de la guerre. — Le maréchal Bugeaud veut se retirer. — Il vient en France. — Nouvelle et générale insurrection en Algérie. — Le maréchal Bugeaud y retourne et triomphe de l'insurrection. — Il est disposé à poursuivre Abd-el-Kader dans le Maroc. — Je lui écris à ce sujet. — Il y renonce. — Il insiste sur son plan de colonisation militaire

— Sa lettre au Roi pour le réclamer. — Présentation à la Chambre des députés d'un projet de loi conforme à ses vues. — Mauvais accueil fait à ce projet. — Le maréchal Bugeaud en pressent l'insuccès. — Il est souffrant et ne se rend pas à Paris. — La commission de la Chambre des députés propose le rejet du projet de loi. — Le gouvernement le retire. — Le maréchal Bugeaud donne sa démission. — Le duc d'Aumale est nommé gouverneur général de l'Algérie. 118

CHAPITRE XLII.

LES MUSULMANS A PARIS. — LA TURQUIE ET LA GRÈCE.
(1842-1847.)

Chefs musulmans à Paris, de 1845 à 1847. — Ben-Achache, ambassadeur du Maroc. — Ahmed-Pacha, bey de Tunis. — Ibrahim-Pacha, fils du vice-roi d'Egypte Méhémet-Ali. — Mirza-Mohammed-Ali-Khan, ambassadeur de Perse.— Réchid-Pacha, grand-vizir. — Stérilité des tentatives de réforme de l'Empire ottoman. — Il ne faut pas se payer d'apparences. — Affaires de Syrie. — Progrès dans la condition des chrétiens de Syrie, de 1845 à 1848. — Affaire du consulat de France à Jérusalem en 1843. — Question des renégats en Turquie. — De la situation de l'Empire ottoman en Europe.— Affaires de Grèce. — M. Colettis et M. Piscatory. — M. Piscatory et sir Edmond Lyons. — Le roi Othon. — Mes instructions à M. Piscatory. — Révolution d'Athènes (15 septembre 1843). — Opinion de M. Colettis. — Assemblée nationale en Grèce. — Etablissement du régime constitutionnel. — Sentiments des cabinets de Londres, de Pétersbourg et de Vienne. — Arrivée de M. Colettis en Grèce. — Ministère Maurocordato. — Sa chute. — Ministère Colettis et Metaxa. — M. Metaxa se retire. — Ministère Colettis. — Hostilité de sir Edmond Lyons. — Ma correspondance avec M. Colettis. — Attitude de sir Edmond Lyons envers M. Piscatory. — Instructions de lord Aberdeen. — Chute du cabinet de sir Robert Peel et de lord Aberdeen. — Lord Palmerston rentre aux affaires en Angleterre. — Son attitude envers la Grèce et le ministère de M. Colettis. — Fermeté de M. Colettis. — Troubles intérieurs en Grèce. — M. Colettis les réprime. — Querelle entre les cours d'Athènes et de Constantinople. — Maladie et mort de M. Colettis............................. 129

TABLE. 545

CHAPITRE XLIII.

LA LIBERTÉ D'ENSEIGNEMENT.— LES JÉSUITES ET LA COUR DE ROME.

(1840-1846.)

En quoi consiste la liberté d'enseignement. — Résolution du cabinet du 29 octobre 1840 de tenir, à cet égard, la promesse de la charte de 1830. — Divers projets de loi présentés par MM. Villemain et Salvandy. — Caractère de l'Université de France, corps essentiellement laïque et national. — Que la liberté d'enseignement peut et doit exister en même temps que l'Université. — Succès permanent de l'Université. — Difficulté de sa situation quant à l'éducation religieuse. — Légitimité et nécessité de la liberté d'enseignement. — Lutte entre l'Université et une partie du clergé. — Par quelle fâcheuse combinaison les jésuites devinrent les principaux représentants de la liberté d'enseignement. — Du caractère primitif et historique de la congrégation des jésuites. — Méfiance et irritation publique contre elle.— On demande que les lois de l'État qui la frappent soient exécutées. — Je propose que la question des jésuites soit portée d'abord à Rome, devant le pouvoir spirituel de l'Église catholique. — Le Roi et le conseil adoptent ma proposition. — M. Rossi est nommé envoyé extraordinaire et ministre plénipotentiaire par intérim à Rome. — Motifs de ce choix. — Négociation avec la cour de Rome pour la dissolution en France de la congrégation des jésuites, sans l'intervention du pouvoir civil. — Embarras et hésitation de la cour de Rome. — Grégoire XVI et le cardinal Lambruschini. — Succès de M. Rossi. — Le Saint-Siége décide la Société de Jésus à se dissoudre d'elle-même en France. — Effet de ce résultat de la négociation. — Efforts pour en retarder ou en éluder l'exécution. — Ces efforts échouent et les mesures convenues continuent de s'exécuter, quoique lentement. — Maladie du pape Grégoire XVI. — Troubles dans la Romagne. — M. Rossi est nommé ambassadeur ordinaire de France à Rome. — Mort de Grégoire XVI. — Pressentiments du conclave. 376

PIÈCES HISTORIQUES

I

1° Instructions données à l'amiral Dupetit-Thouars, par M. l'amiral Duperré, ministre de la marine et des colonies 467
2° Le contre-amiral Dupetit-Thouars à M. le ministre de la marine et des colonies 471

II

1° Le contre-amiral Dupetit-Thouars au ministre de la marine 472
2° Instructions de l'amiral Roussin, ministre de la marine et des colonies, à M. le capitaine Bruat, nommé gouverneur des îles Marquises 479
3° Instructions confidentielles de l'amiral Roussin, ministre de la marine et des colonies, à M. le capitaine Bruat, gouverneur des établissements français dans l'Océanie ... 492

III

1° Le ministre de la marine à M. Bruat, gouverneur des établissements français dans l'Océanie, commissaire du Roi près la reine des îles de la Société 504
2° Le ministre de la marine à M. Bruat, gouverneur des établissements français dans l'Océanie, commissaire du Roi près la reine des îles de la Société 509

IV

1° Résumé des campagnes du maréchal Bugeaud, de 1841 à 1847, et principaux résultats de ces campagnes quant à l'extension et à la consolidation de la domination française en Algérie 518
2° Bureaux arabes 532

FIN DE LA TABLE DU TOME SEPTIÈME.

PARIS. — IMPRIMÉ CHEZ BONAVENTURE, DUCESSOIS ET Cⁱᵉ.

www.ingramcontent.com/pod-product-compliance
Lightning Source LLC
Chambersburg PA
CBHW070841230426
43667CB00011B/1889